KB140952

수학으로 이해하는 암호의 원리

고대 시저 암호부터 현대 디지털 암호까지

수학으로 이해하는 암호의 원리

고대 시저 암호부터 현대 디지털 암호까지

초판 1쇄 2017년 11월 30일
2쇄 2019년 2월 20일

지은이 조슈아 홀던
옮긴이 허성심
발행인 최홍석

발행처 (주)프리렉
출판신고 2000년 3월 7일 제 13-634호
주소 경기도 부천시 원미구 길주로 77번길 19 세진프라자 201호
전화 032-326-7282(代) **팩스** 032-326-5866
URL www.freelec.co.kr

편집 강신원
표지 이대범
본문 북누리

ISBN 978-89-6540-198-8

수학으로 이해하는 암호의 원리

The Mathematics of Secrets

조슈아 홀던 지음 | 허성심 옮김

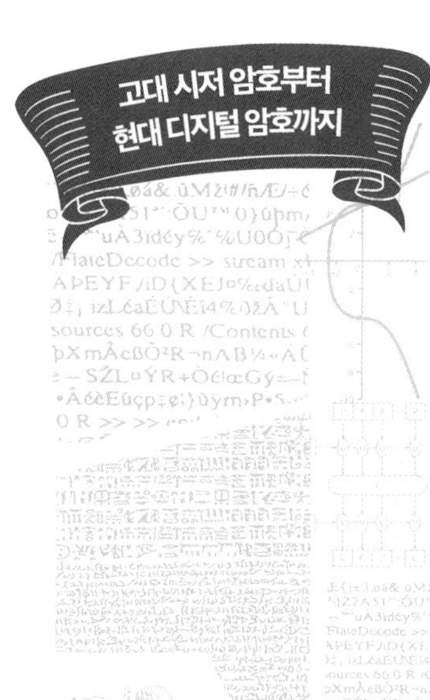

프리렉

사랑하는 라나와 리처드의 격려에 감사하며

3 전치 암호

4 암호와 컴퓨터

5 스트림 암호

6 지수와 관련된 암호

7 공개키 암호

8 기타 공개키 암호체계

9 암호의 미래

■ ■ ■ ■ 서문 ■ ■ ■ ■

이 책에서는 비밀 메시지를 보내는 암호기술의 밑바탕이 되는 수학을 다룬다. 현대 암호기술은 과학의 한 분야이며, 다른 모든 현대 과학과 마찬가지로 수학을 바탕으로 전개된다. 수학이 없다면 암호를 이해하는 데 한계가 있다. 나는 여러분이 그런 한계에서 벗어나 더 깊이 이해할 수 있기를 바란다. 암호기술을 알아 두는 것도 필요하지만 여기에 사용되는 수학이 정말로 아름답다고 생각하기 때문에 여러분에게 암호 속 수학에 관한 이야기를 들려주고 싶다.

스티븐 호킹(Stephen Hawking)은 그의 저서 《시간의 역사(A Brief History of Time)》에서 그가 책에 방정식을 하나 포함시킬 때마다 책 판매량이 절반씩 줄어들 것이라는 말을 들었다고 한다. 나는 그 말이 이 책에는 적용되지 않기를 바란다. 이 책에 방정식이 아주 많이 포함되어 있어서 하는 말이다. 그러나 수학이 반드시 그렇게 어려워야 한다고 생각하지는 않는다. 한번은 암호학 강의 시간에 학생들에게 강좌에 필요한 선수과목이 고등학교 대수학이라고 말한 적이 있다. 아마도 고등학교 대수학과 그러한 대수학 문제를 끝까지 생각하려는 의지가 필요하다고 말했어야 옳았을 것이다. 이 책에는 삼각함수도 없고, 미적분과 미분방정식도 없다. 대수학 책에 보통은 등장하지 않는 몇 가지 대수학 개념이 있을 뿐이다. 그래서 독자들에게 그 개념을 보여 주고자 한다. 개념을 제대로 이해하는 데는 대학 수학 수준의 지식이 없어도 가능하지만, 정말 여러분의 사고력을 최대로 발휘해야 할 것이다.

암호학에 필요한 것이 수학만은 아니다. 대부분의 과학과는 달리, 암호학은 비밀 정보를 둘러싸고 적과 벌이는 격렬한 지능 싸움이다. 케임브리지대학교의 저명한 수학자이자 2차 세계대전 동안 영국군 암호해독가로 활동했던 이안 캐슬스(Ian Cassels)는 이 문제에 대해 균형 있는 관점을 제시한다. 그는 "암호학은 수학과 무질서의 혼합물이며 무질서가 없다면 수학은 우리에게 불리하게 사용될 수 있다."라고 말한다. 이 책에서 나는 수학에 초점을 맞추기 위해 무질서를 조금 제거했다. 그것을 문제 삼는 암호전문가도 더러 있을 것이다. 아마 보여줄 수 있는 가장 안전한 암호체계를 이 책에서는 실제로 보여주지 않기 때문일 것이다. 다시 한 번 말하지만 이 책은 단지 암호학의 한 측면인 암호의 수학적 바탕을 알고 싶어 하는 독자들을 위한 것이다. 암호의 다양한 측면을 섭렵한 전문가가 되고 싶은 독자들을 위해서 별도로 추천도서와 참고문헌에 반드시 읽어야 할 책을 실어두었다.

이 책을 쓰면서 내가 염두에 둔 원칙은 이렇다. 첫째, 내용을 간략히 하고자 책에 포함하지 않은 것은 있어도 그런 명목으로 사실이 아닌 것을 말하지는 않았다. 그래서 암호체계를 가장 안전하게 사용하는 방법에 대해 세부적인 내용은 생략했다. 둘째, 이 책에서 말하는 수학적 내용과 무관해 보이는 암호체계는 다루지 않았다. 셋째, 가능하면 진짜 비밀 정보를 보호하기 위해 실제로 사용된 적이 있는 암호체계를 소개하려 노력했다. 물론 요점을 가장 잘 보여준다고 생각될 때는 직접 만든 암호체계나 다른 연구용 암호체계를 사용했다.

컴퓨터 기술은 암호전문가들이 다루는 데이터 유형과 함께 실현 가능한 암호화 기술을 동시에 변화시켰다. 이 책에서 논의하는 암호체계 중 일부는 과거에 안전하게 사용됐을지라도 오늘날에는 아예 적용할 수 없거나 더 이상 안전하지 않은 것이다. 마찬가지로 암호해독 기법 중에도 지금의 형태로는 더 이상 효과적이지 않은 것도 있다. 그럼에도 불구하고 이 책에서 설명하는 모든 주제가 현대 암호기술에 중요하고, 여전히 현대 암호와 관련된 문제를 잘 보여준다고 생각한다. 그래서 나는 실제로 더는 사용되지 않는 암호체계일지라도 그 원리가 오늘날 어떻게 사용되는지 보이고자 노력했다. 독자들은 각 장의 마지막 절에서 해당 장의 내용과 다음 장의 내용을 어떻게 서로 연관지을지, 혹은 장차 어떻게 발전할 수 있을지 미리 생각해 볼 수 있을 것이다.

대부분 각 장은 주제로 다루는 암호가 역사적으로 어떤 발전 과정을 거쳤는지에 관한 이야기로 시작된다. 그래야 설명하려는 아이디어가 논리적으로 전개될 수 있기 때문이다. 역사는 이야기를 펼치기에 좋은 방법의 하나다. 그래서 나는 적당한 곳이 나오면 역사를 포함시켰다. 찾아보면 암호의 역사에 관한 이야기가 굉장히 많다. 더 많은 정보를 원하는 독자들은 '추천도서' 목록을 확인해보기 바란다.

내가 교수가 된 것은 수학도 좋아하고 이야기하는 것도 좋아하기 때문이다. 이 책은 내가 정말로 좋아하는 수학의 특정 응용 분야에 대해 여러분에게 들려주는 이야기이다. 이 책의 마지막 페이지에 이르렀을 때 여러분도 정말 수학을 좋아하게 되기를 바란다.

■ ■ ■ ■ 감사의 글 ■ ■ ■ ■

지금까지 수학이나 암호에 대해 유익한 대화를 함께 나눈 모든 분에게 한 분 한 분 고마움을 전할 수 있으면 좋겠지만 분명히 그것은 불가능할 것이다. 그래도 내가 암호를 가르칠 수 있도록 수업 참관을 허락하고 격려를 아끼지 않고, 게다가 공동 강의를 추진해주고 관련 자료를 공유하면서 각별한 도움을 준 몇 분을 특별히 언급하고 싶다. 시간 순서로 나열하자면 데이비드 헤이스(David Hayes), 암호와 관련된 여러 가지 중에서 특히 '우주선(cosmic ray)'의 원리를 알게 해준 수잔 랜도(Susan Landau), 리처드 하인(Richard Hain), 스티븐 그린필드(Stephen Greenfield), '신발과 양말 원리'를 가르쳐준 개리 셔먼(Gary Sherman), 마지막으로 데이비드 머첼러(David Mutchler)에게 감사하다. 혹시 빠진 분이 있다면 미리 사과드린다.

알고리즘 정수론 심포지엄에 참석한 모든 분, 특히 칼 포머런스(Carl Pomerance), 존 소렌슨(Jon Sorenson), 휴 윌리엄스(Hugh Williams)와 캐나다 캘거리대학에 있는 그의 '일당' 모두에게 고마움을 전한다. 또한, 브라이언 윈켈(Brian Winkel), 크레이그 바우어(Craig Bauer), 학술지 〈Cryptologia〉의 전 • 현직 편집위원들에게도 감사하다. 모두의 격려와 우정이 없었다면 나는 암호를 연구할 엄두도 내지 못했을 것이다. 그리고 로즈헐먼 공과대학 연구생과 학부 학생을 위한 여름 연구캠프에 참석한 모든 학생에게도 고마운 마음을 전한다. 학생들은 내가 연구를 계속할 수 있게 힘을 주는 최고의 에너지원이다.

이 책은 오랜 시간에 걸쳐 작업이 진행됐고 그동안 많은 사람이 다양한 버전의 원고를 검토해 줬다. 그중에는 개인적으로 잘 알지 못한 분도 있고 이름도 모르는 분도 더러 있지만 모든 분에게 감사하다는 말을 꼭 전하고 싶다. 특히 진 도널드슨(Jean Donaldson)과 존 소렌슨에게 그야말로 더할 나위 없이 감사한 마음을 전한다. 개인적으로나 이력에나 이로울 것이 전혀 없는데도 진은 자청해서 초고를 읽어주었다. 수학자도 암호전문가도 아니지만, 그녀는 최고의 독자였고 그녀가 해준 모든 말이 큰 도움이 되었다. 존 소렌슨 역시 초고를 읽고 유용하고 격려가 되는 말을 잊지 않았다. 그뿐만 아니라 존은 수년 동안 좋은 친구이자 동료였으며 여러모로 내가 경력을 쌓아나가는 데 도움을 아끼지 않았다. 폴 나힌(Paul Nahin), 데이비드 칸(David Kahn), 존 매코믹(John MacCormick)을 비롯해 책을 검토하고 유용한 의견과 고무적인 조언을 준 모든 분에게 감사하다.

책을 펴는 과정에서 로즈헐먼 공과대학 도서관 직원들에게 받은 도움은 내게 더없이 귀중한 자산이었다. 에이미 하시바거(Amy Harshbarger)는 도서관 상호대차 서비스를 통해 혼자서는 절대 찾아내지 못할 것 같은 논문과 기술보고서를 찾아 주었고, 잰 제럴(Jan Jerrell) 덕분에 정해진 대출권수보다 훨씬 많은 책을 대출할 수 있었다. 두 분을 비롯한 도서관의 모든 직원에게 아낌없는 감사의 말을 전한다. 도서관에 관해서 말한다면 헤더 체네트(Heather Chenette)와 미셸 매린슬 페인(Michelle Marincel Payne)의 도움도 그에 못지않다. 두 사람은 '닥치고 글쓰기(Shut Up and Write)' 모임을 조직해서 내가 최종 교정본을 마무리 지을 수 있도록 도와주었다.

무엇보다 아내 라나(Lana)와 우리와 한집에 사는 리처드(Richard)의 지원과 인내심, 가끔 저녁밥이 늦어져도 '참아 준' 우리 고양이들이 없었다면 나는 집필을 마치지 못했을 것이다. 모두 지금까지 많은 것을 견뎌준 것에 정말로 고맙게 생각한다.

마지막으로 프린스턴대학교 출판부의 모든 분께 감사드린다. 특히 편집자 비키 컨(Vickie Kearn)에게 고마운 마음을 전한다. 비키가 내게 처음으로 암호에 대한 책을 쓰지 않겠느냐고 제안한 것은 12년 전이었고, 그동안 비키는 언젠가 이 일이 이뤄지리라는 믿음을 결코 버리지 않았다. 마침내 책이 완성되었다는 것이 나는 아직도 믿어지지 않는다. 진심으로 감사하다.

▪ ▪ ▪ ▪ ▪ ▪ 1 ▪ ▪ ▪ ▪ ▪ ▪

암호의 개요와 치환 암호

1.1 앨리스와 밥, 가우스와 시저: 기본 용어 및 시저 암호

암호의 역사는 문자의 탄생과 더불어 시작됐다. 인간은 문자를 써서 메시지를 전달할 수 있게 되면서부터 그 내용을 감추고 싶어 했고, 다른 사람이 보게 되더라도 판독할 수 없도록 다양한 방법을 추구했다. 사람들이 메시지를 감추는 방법을 고안해 내면 학자들은 어김없이 그 방법들을 분류하고 기술했다. 따라서 그 과정에서 생겨난 많은 전문 용어로 독자들은 골치가 아플지도 모르겠다. 일상에서 쓰는 많은 언어도 암호전문가들 사이에서는 특정한 의미로 사용되기도 한다. 그나마 다행인 것은 어떤 의미로 쓰였는지 쉽게 분간할 수 있다는 것이다.

첫 번째로 소개할 용어는 **코드**(code)와 **암호**(cipher)이다. 비밀 메시지를 연구하는 사람들은 보통 두 용어를 구별해서 사용한다. 암호 역사에 관한 권위 있는 책을 집필한 데이비드 칸(David Kahn)은 두 용어를 이해하기 쉽게 설명한다. "코드는 코드워드(codeword)나 코드넘버(code number)로 재구성한 수천 개의 단어, 어구, 문자, 음절로 이루어져 있다. 이에 반해 암호의 기본 단위는 문자나 문자쌍이며, 드물지만 긴 문자열이 기본 단위로 쓰이기도 한다." 비밀 메시지를 보내는 또 다른 방법으로 **스테가노그래피**(steganography)가 있다. 눈에 보이지 않는 잉크로 쓴 편지처럼 겉으로 드러나지 않도록 메시지의 존재 자체를 숨기는 기술이다. 이 책에서는 코드와 스테가노그래피의 예도 가끔 소개하지만 세 가지 방법 중 수학적으로 가장 흥미로운 암호를 중점적으로 다룰 것이다.

본격적으로 시작하기에 앞서 암호와 관련된 기본 용어를 몇 가지 더 살펴보자. 코드와 암호를 이용해 비밀 정보를 안전하게 보내는 수단과 그것에 대한 연구를 **암호기술**(cryptography)이라 하고, 권한이 없는 자가 암호화된 정보를 읽어내는 기술과 그것에 대한 연구를 **암호해독**(cryptanalysis) 또는 **코드**

파괴(codebreaking)라 한다. 그리고 이러한 두 가지를 통틀어 연구하는 학문을 **암호학**(cryptology)이라 한다. 암호기술과 암호학을 섞어 쓰기도 하지만 이 책에서는 구별하기로 하겠다.

암호기술에 관한 이야기에는 관례적으로 송신자 앨리스(Alice)와 수신자 밥(Bob)이 자주 등장한다. 하지만 우선은 로마 제국의 종신 독재관이자 군사지략가, 문필가, 암호사용자였던 줄리어스 시저(Julius Caesar)에 관한 이야기부터 해보자.

줄리어스 시저가 오늘날 '**시저 암호**(Caesar cipher)'라 불리는 암호방식을 처음으로 고안한 사람은 아니었을지 모르지만, 그가 즐겨 사용하면서 이 방식이 널리 알려지게 된 것만은 분명하다. 로마의 역사학자 수에토니우스(Suetonius)는 시저 암호에 대해 다음과 같은 글을 남겼다.

> *시저가 키케로와 가까운 친지들에게 사적인 내용이 담긴 편지를 보내기도 했는데, 내용을 비밀로 하고 싶을 때는 암호를 사용해 편지를 썼다. 그는 알파벳의 순서를 바꾸어 다른 사람이 무슨 말인지 이해할 수 없게 만들었다. 암호를 풀어 시저의 편지 내용을 알고 싶으면 각 문자를 알파벳 순서에서 거꾸로 세 번째인 문자로 치환해야 한다. 이를테면 D는 A로 바꿔야 한다.*

앨리스와 밥의 이야기로 바꿔 말한다면, 앨리스가 밥에게 메시지를 보내려 할 때마다 먼저 일상 언어로 된 **평문**(plaintext)을 작성하고, 다음으로 암호를 사용해 다른 사람은 이해하지 못하는 비밀 형태로 바꾼다. 그러면 **암호문**(ciphertext)이 완성된다. 이 과정을 **코드화**(encode) 또는 **암호화**(encrypt)라 한다. 앨리스는 평문 속 a를 모두 D로 바꾸고, b는 E로 바꾼다. 다른 문자도 각각 알파벳 순서로 3칸 이동한 문자로 바꾸어 암호문을 작성한다. 방식은 아주 간단하다. 그러나 앨리스가 마지막 알파벳에 도달해서 더 이상 갈 곳이 없다면 어떻게 될까? w는 Z로 바뀌지만 x는 어떻게 처리해야 할까? 흥미롭게도 처음으로 돌아간다! x는 A가 되고 y는 B로, z는 C로 바뀌는 것이다. 예를 들어 "and you too, Brutus"라는 평문을 암호문으로 바꾸면 다음과 같다.

평문:	a	n	d	y	o	u	t	o	o	b	r	u	t	u	s
암호문:	D	Q	G	B	R	X	W	R	R	E	U	X	W	X	V

이것이 바로 앨리스가 밥에게 보낼 메시지의 모습이다.

사실 우리는 어릴 때부터 '처음으로 돌아가는' 순환의 개념을 매일 사용해왔다. 1시 정각에서 3시간 후는 몇 시인가? 4시 정각이다. 2시에서 3시간 후는 5시다. 그렇다면 10시 정각에서 3시간 후는 몇 시일까? 정답은 1시 정각이다. 다시 처음으로 돌아간 것이다.

1800년경, 칼 프리드리히 가우스(Carl Friedrich Gauss)는 이와 같은 계산 방식을 수학적 형식으로 나타냈는데, 오늘날 **모듈로 연산**(modular arithmetic)이라 불리는 수학이다. 이때 순환되는 주기는 **모듈로**(modulus)라 한다. 수학자라면 앞서 시간을 계산한 것을 다음과 같이 수식을 써서 나타내고 '10 더하기 3은 모듈로 12에 대해 1과 합동이다.'라고 말한다.

$$10 + 3 \equiv 1 \quad \text{mod } 12$$

그렇다면 시저 암호는 어떻게 될까? 알파벳 문자를 숫자로 바꿔 생각한다면 시저 암호도 모듈로 연산으로 표현할 수 있다. 즉, 알파벳 문자를 차례대로 1부터 26까지의 수로 표현할 수 있다. 이를테면 a는 1, b는 2로 바꾸는 것이다. 문자를 수로 바꾸는 것 자체는 암호화가 아니다. 디지털 시대를 살아가고 있는 우리 눈에는 숫자화가 아주 익숙한 개념이다. 앨리스는 이것만으로 비밀 정보가 된다고 생각할 리 없다. 오직 숫자들 사이에 작용하는 관계식만 비밀로 간주한다.

시저 암호를 모듈로 26에 대한 수로 표현하면 다음과 같다.

평문	숫자	더하기 3	암호문
a	1	4	D
b	2	5	E
...	...	...	...
x	24	1	A
y	25	2	B
z	26	3	C

'더하기 3'을 하다가 26에 이르면 다시 앞으로 돌아간다는 점을 기억하자.

메시지를 **복호화**(decipher)하기 위해, 즉 암호문을 원래의 평문으로 되돌리기 위해 밥은 문자를 반대 방향으로 3칸씩 이동한다. 이번에는 a를 지나면, 즉 수로 말하자면 1을 지나면 끝으로 되돌아간다. 0은 26이 되고 −1은 25가 되는 것이다. 앞에서와 같은 형식으로 나타내면 다음과 같다.

암호문	숫자	빼기 3	평문
A	1	24	x
B	2	25	y
C	3	26	z
...	...	...	...
Y	25	22	v
Z	26	23	w

1.2 시저 암호의 일반화

시저의 관점에서 보면 그가 사용한 암호가 꽤나 안전하다고 생각했을 것이다. 어쨌든 당시에는 시저의 비밀 메시지를 중도에 낚아채더라도 대부분은 암호를 분석하기는커녕 글자를 읽지도 못했을 것이다. 그러나 현대 암호학의 관점에서 보면 시저 암호는 중대한 결함을 가지고 있다. 만일 우리가 어떤 사람이 시저 암호를 사용한다는 정보를 얻었다면 우리는 그 사람의 암호체계 전체를 파악할 수 있다. 암호를 변형할 수 있는 추가 정보, 즉 **키**(key)가 없기 때문이다. 키가 없는 시저 암호는 아주 원시적인 수준에 불과하다.

여기서 잠깐 암호에서 중요한 성질이 무엇인지 생각해보고 가자. 바로 기밀성이지 않은가? 그것은 시저가 살았던 시대뿐만 아니라 이후 수세기 동안 지속된 보편적 관점이었다. 그러나 1883년 오그스트 케르크호프스(Auguste Kerckhoffs)는 그간의 관점을 뒤흔드는 혁명적인 논문을 발표했다. 그는 "암호체계는 반드시 기밀성을 요구하지 않으며, 적이 훔쳐가더라도 문제가 되어서는 안 된다."라고 주장했다. 놀랍지 않은가! 어떻게 암호체계가 적에게 노출되었는데도 문제가 되지 않을 수 있단 말인가?

케르크호프스는 도청자 이브(Eve)가 앨리스와 밥이 사용하는 암호체계를 너무나 쉽게 알아낼 수 있다는 점을 지적했다. 케르크호프스가 살았던 시대도 줄리어스 시저의 시대나 마찬가지로 암호기술이 주로 군사용이나 국가안보용으로 사용되었다. 케르크호프스는 적이 앨리스나 밥의 직원을 매수하거나 포섭해서 정보를 빼어 갈 가능성을 염두에 두었다. 오늘날에도 여러 분야에서 충분히 생길 수 있는 일이다. 게다가 이브가 전화선을 도청하거나 컴퓨터에 스파이웨어를 심어놓거나 하물며 뜻밖의 행운으로 정보를 입수할 수도 있다.

앨리스와 밥이 암호화나 복호화에 키가 반드시 필요한 체계를 사용한다면 안전성은 더 좋아질 것이다. 설령 이브가 앨리스와 밥이 사용하는 암호의 일반 체계를 알아내더라도 키가 없다면 메시지를 쉽게 읽어낼 수 없을 것이다. 키가 없는데도 메시지를 읽으려 하거나 메시지에 사용된 키를 밝히려는 시도를 두고 '암호를 해독하려 한다.' 또는 '코드를 파괴하려 한다.'라고 말한다. 설령 이브가 용케 키를 알아낸다고 해도 모든 문제가 해결된 것은 아니다. 영리한 앨리스와 밥은 주기적으로 키를 변경할 것이다. 기본 체계는 동일하기 때문에 키를 바꾸는 작업은 별로 어렵지 않다. 게다가 이브가 메시지 일부에 대한 키를 알아냈더라도 메시지 전체를 쉽게 읽어내지는 못할 것이다.

따라서 우리는 키 값에 따라 시저 암호가 변경되도록 하는 방법을 찾아야 한다. 앨리스가 평문의 알파벳을 다른 숫자도 아니고 왜 하필 3칸씩 옮기는지에 관한 논리적인 이유부터 알아내야 한다. 사실 특별한 이유는 없다. 아마 시저가 좋아하는 숫자가 3이었을지도 모른다. 시저의 후계자 아우구스투스(Augustus)도 비슷한 암호체계를 사용했는데, 그의 방식은 문자를 오른쪽으로 한 칸씩 이동하는 것이었다. 각 문자를 13자리씩 밀어내 치환하고 끝에 도달하면 앞으로 돌아가는 방식도 있다. 이 암호는 로트13(rot13)이라 하는데, 회전을 의미하는 영어 단어 rotate를 줄여서 붙인 이름이다. 로트13은 핵심을 찌르는 유머나 공격적인 말을 숨길 때 인터넷상에서 종종 사용된다. 이 암호들의 일반 원리는 k자리만큼 문자를 이동하는 것이다. 즉 모듈로 26에 대해 k를 더하는 방식이다. 이를 일반적으로 키 값이 k인 **이동 암호**(shift cipher) 또는 **덧셈 암호**(additive cipher)라 한다. 예를 들어 키 값이 21인 이동 암호를 이용해 시저의 메시지를 암호화하면 다음과 같다.

평문:	a	n	d	y	o	u	t	o	o	b	r	u	t	u	s
숫자:	1	14	4	25	15	21	20	15	15	2	18	21	20	21	19

더하기 21:	22	9	25	20	10	16	15	10	10	23	13	16	15	16	14
암호문:	V	I	Y	T	J	P	O	J	J	W	M	P	O	P	N

이동 암호에 사용할 수 있는 서로 다른 키는 모두 몇 개 있을까? 0자리만큼 이동하는 것은 좋은 생각은 아니지만 할 수는 있다. 26은 모듈로 26에 대해 0과 합동이기 때문에 26자리를 이동하는 것은 0자리를 이동하는 것과 같다. 마찬가지로 27자리를 이동하는 것은 1자리를 이동하는 것과 같고, 더 큰 수에 대해서도 같은 관계가 성립한다. 따라서 서로 다른 결과가 나오도록 이동하는 방법은 26가지이고, 키도 26개 있다. 물론 여기에는 평문에 아무 변화도 일으키지 않는 '쓸모없는 키'인 0도 포함되어 있다. 이렇게 평문에 아무 변화도 일으키지 않는 암호를 가리켜 전문 용어로 '**자명한 암호**(trivial cipher)'라 한다. 앨리스가 이동 암호를 사용해 만든 암호문 메시지를 밥에게 보냈는데, 이브가 중간에 가로챘다고 가정하자. 앨리스와 밥이 이동 암호를 사용한다는 정보를 입수했더라도 이브는 암호문을 해독하기 위해 26개의 서로 다른 키를 시험해 봐야 한다. 키 값을 1부터 하나씩 넣고 해독을 시도하는 것이 특별히 번거로운 일은 아니다. 그래도 분명 시저 암호보다는 안전하다.

다른 키가 더 있는지 살펴보자. 문자를 오른쪽이 아니라 왼쪽으로 이동하면 어떨까? 안타깝지만 새로울 것이 없다. 문자를 왼쪽으로 한 자리 이동하고 끝에 이르면 반대 끝으로 돌아간다고 해보자.

평문:	a	n	d	y	o	u	t	o	o	b	r	u	t	u	s
숫자:	1	14	4	25	15	21	20	15	15	2	18	21	20	21	19
빼기 1:	0	13	3	24	14	20	19	14	14	1	17	20	19	20	18
암호문:	Z	M	C	X	N	T	S	N	N	A	Q	T	S	T	R

0은 모듈로 26에 대해 26과 합동이므로 암호문 문자 Z에 0과 26 두 값을 자유롭게 바꿔 쓸 수 있다. 이것을 생각해보면 문자를 왼쪽으로 한 자리 이동하는 것은 오른쪽으로 25자리 이동하는 것과 같다는 것을 알 수 있다. 게다가 왼쪽으로 이동하는 것은 음수의 개념으로 생각할 수 있으므로 모듈로 연산에서 −1은 모듈로 26에 대해 25와 합동이다. 결국 왼쪽으로 이동한다고 해도 새로운 암호키가 생기는 것은 아니다.

1.3 곱셈 암호

암호에 대한 영감을 얻을 수 있도록 다른 형태의 암호를 하나 살펴보자. 이것은 **데시메이션 기법**(decimation method)이라 불리는 암호 생성 방법이다. 먼저 키를 정하자. 예를 들어 3이라 하자. 그리고 일단 평문의 알파벳을 다음과 같이 나열한 상태에서 시작한다.

평문: a b c d e f g h i j k l m n o p q r s t u v w x y z

이제 세 번째에 오는 문자마다 사선으로 표시하고, 그 문자를 차례대로 암호문의 알파벳으로 가져와 사용한다.

평문: a b c d e f g h i j k l m n o p q r s t u v w x y z

암호문: C F I L O R U X

문자열 끝에 도달하면 다음 그림과 같이 앞부분으로 돌아온다. 이제 a에 사선을 그을 차례이다. 그 다음 같은 방식으로 계속 진행한다.

평문: a b c d e f g h i j k l m n o p q r s t u v w x y z

암호문: C F I L O R U X A D G J M P S V Y

끝에 도달해 다시 앞으로 돌아오면 b 차례이고, 같은 방식을 다시 적용하면 암호문 알파벳이 완성된다.

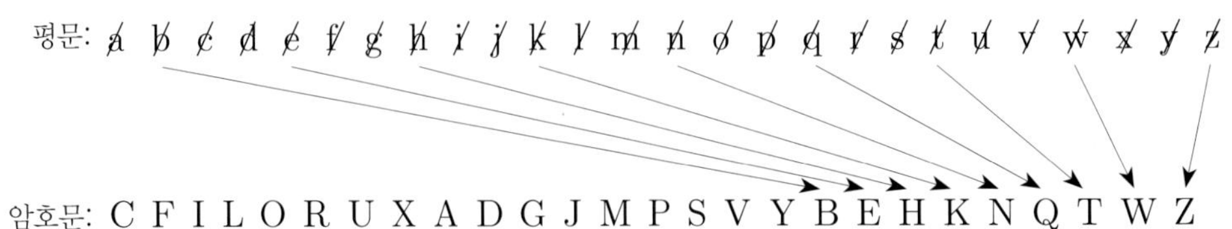

이렇게 데시메이션 기법으로 암호문으로 변환하면 최종적으로 다음과 같은 대응관계가 나온다.

평문:	a	b	c	d	e	f	g	h	i	j	k	l	m
암호문:	C	F	I	L	O	R	U	X	A	D	G	J	M

평문:	n	o	p	q	r	s	t	u	v	w	x	y	z
암호문:	P	S	V	Y	B	E	H	K	N	Q	T	W	Z

자, 이제 이것을 수학적으로 표현해보자. 데시메이션 기법을 모듈로 연산으로 어떻게 기술할 수 있을까? 당연히 먼저 문자를 숫자로 변환해야 한다.

평문:	a	b	c	d	e	f	g	h	i	j	…	y	z
숫자:	1	2	3	4	5	6	7	8	9	10	…	25	26
어떤 연산?:	3	6	9	12	15	18	21	24	1	4	…	23	26
암호문:	C	F	I	L	O	R	U	X	A	D	…	W	Z

꽤 흥미롭다! 처음 여덟 문자는 대응하는 수에 키 값 3을 곱하기만 하면 된다. 그러나 9번째 문자 i는 앞의 여덟 문자와 완전히 같은 규칙을 따른다고 할 수 없다. 9에 3을 곱하면 27이기 때문이다. 하지만 27은 모듈로 26에 대해 1과 같고 1에 대응하는 암호문은 A인데, 앞의 암호표를 보면 i는 정확하게 A로 대응된다.

덧셈 암호에서 덧셈 자체는 특별한 의미가 없었다. 따라서 평문 숫자에 3을 더하는 대신 3을 곱하고, 26에 이르렀을 때 앞으로 돌아가는 모듈로 곱셈 연산을 생각할 수 있다. 모듈로 곱셈은 '시계 연산'에서도 통한다. 지금이 자정이라고 할 때, 3시간의 세 배의 시간이 지나면 9시이다. 4시간의 세 배의 시간이 지나면 12시 정각이다. 그리고 5시간의 세 배의 시간이 지나면 3시가 된다. 새로이 모듈로 곱셈에 기반을 둔 이 암호방식은 **곱셈 암호**(multiplicative cipher)라 하며, 키가 3이면 다음과 같은 모습이다.

평문	숫자	곱하기 3	암호문
a	1	3	C
b	2	6	F
...	...	...	...
y	25	23	W
z	26	26	Z

이 암호로 "be fruitful and multiply"라는 메시지를 암호화한다면 다음과 같다.

평문:	b	e	f	r	u	i	t	f	u	l	a	n	d
숫자:	2	5	6	18	21	9	20	6	21	12	1	14	4
곱하기 3:	6	15	18	2	11	1	8	18	11	10	3	16	12
암호문:	F	O	R	B	K	A	H	R	K	J	C	P	L

평문:	m	u	l	t	i	p	l	y
숫자:	13	21	12	20	9	16	12	25
곱하기 3:	13	11	10	8	1	22	10	23
암호문:	M	K	J	H	A	V	J	W

모듈로 연산을 할 때 26을 반복해서 빼는 것보다 더 빠른 계산 방법이 있으면 유용할 것이다. 다행히 우리는 이미 한 가지 방법을 알고 있다. 바로 초등학교에서 배우는 나머지가 있는 나눗셈이 그것이다. 26으로 나눠 몫은 모두 버리고 나머지만 남겨두면 된다. 앞의 예에서 마지막 문자 y를 암호화하려고 25에 3을 곱하면 75를 얻는다. 75를 26으로 나누면 다음과 같다.

$$\begin{array}{r} 2 \\ 26\overline{)75} \\ -52 \\ \hline 23 \end{array}$$

몫이 2이고 나머지가 23인데, 몫은 버리고 나머지만 사용한다. 나눗셈 식으로 표현하면 75 = 2 × 26 + 23이다. 다시 말해 75는 26의 2배수에 23을 더 가지고 있다. 모듈로 26에 대해 26은 0과 합동이므로 75는 2 × 0 + 23 = 23과 합동이다.

곱셈 암호에는 키가 몇 개 있을까? 언뜻 보기에 쓸모없는 키를 포함해 26개 있다고 예상할 것이다. 그러나 잠시 시간을 내서 생각해보자. 모듈로가 26일 때 26을 곱하는 것은 0을 곱하는 것과 같다. 0을 곱하는 것은 쓸모만 없는 것이 아니라 암호로서 역할을 할 수 없는 '나쁜' 암호를 생성한다. 키가 0이라면 곱셈 암호는 다음과 같다.

평문	숫자	곱하기 0	암호문
a	1	0	Z
b	2	0	Z
...	...	...	...
y	25	0	Z
z	26	0	Z

따라서 이 암호를 사용해 메시지를 암호화한다면 결과는 다음과 같다.

평문:	a	r	e	a	l	l	y	b	a	d	k	e	y
숫자:	1	18	5	1	12	12	25	2	1	4	11	5	25
곱하기 0:	0	0	0	0	0	0	0	0	0	0	0	0	0
암호문:	Z	Z	Z	Z	Z	Z	Z	Z	Z	Z	Z	Z	Z

지구 상에 이런 암호문을 복호화할 수 있는 방법은 없다! 그래서 26은 키로 사용할 수 없는 것이다.

이처럼 사용할 수 없는 키가 또 있을까? 키가 2일 때를 생각해보자. 2를 곱하면 모든 수가 짝수가 되므로 곱셈 암호는 다음과 같다.

평문	숫자	곱하기 2	암호문
a	1	2	B
b	2	4	D
...	...	...	...
l	12	24	X
m	13	26	Z
n	14	2	B
o	15	4	D
...	...	...	...
y	25	24	X
z	26	26	Z

0을 곱하는 것보다 낫기는 하지만 이것 역시 복호화할 때 문제가 된다. 암호문 B의 평문은 a일 수도 있고 n일 수도 있다. 암호문의 다른 문자도 마찬가지로 대응되는 평문 문자가 두 개씩 있다. 모든 짝수 키에 대해 비슷한 현상이 일어난다. 따라서 지금까지 찾은 나쁜 키는 13개이고, 이제 후보가 13개 남았다. 이 중에 나쁜 키가 하나 더 있다. 시간을 내서 여러분이 직접 찾아보라. 최종적으로 자명한 키 1을 포함해 좋은 키는 12개이다.

지금까지 우리는 곱셈 암호를 이용한 암호화를 이야기했고, 복호화에 대해서는 별도로 이야기하지 않았다. 메시지를 복호화하려면 암호화의 과정을 역으로 수행해야 한다는 점을 기억하자. 시저 암호는 복호화할 때 암호문 문자를 오른쪽이 아니라 왼쪽으로 3자리 이동한다. 이동 암호를 복호화할 때는 왼쪽으로 k 자리 이동하면 된다. 그렇다면 곱셈 암호는 어떻게 복호화할 수 있을까? 평문과 암호문 문자를 모두 써놓고 암호표를 만들어 거꾸로 대응시키는 방법이 있다. 아마 실제로 대부분 그렇게 하고 있을 것이다. 그러나 짧은 메시지 하나를 해독하려고 암호표를 일일이 다 작성하는 것은 너무 비효율적이다. 곱셈을 역으로 수행하는 연산은 무엇일까?

보통은 나눗셈이라고 대답할 것이다. 즉, 3을 곱하는 것의 반대 연산은 3으로 나누는 것이다. 키가 3인 곱셈 암호에서 일부 문자에 대해서는 이것이 통한다. 암호문 문자 C는 숫자 3이고, 3을 3으로 나누면 1이고, 1은 평문의 a이다. 암호문 문자 F의 숫자 6을 3으로 나누면 2이고, 2는 b이다. 하지만 A는 어떤가? A는 1이고 1을 3으로 나누면 1/3인데, 1/3에 대응하는 문자는 없다. 이 문제를 해결할 수 있는 것은 역시 모듈로 연산이다. 숫자 1은 모듈로 26에 대해 27과 합동이므로 A는 27이라고도 할 수 있다. 27을 3으로 나누면 9이고, 9는 i이다. 마찬가지로 B도 그냥 2가 아니라 28이나 54로 생각할 수 있다. 54는 3으로 나누면 18이고, 이것은 r에 해당한다.

암호문	숫자	나누기 3	평문
B	2	$\frac{2}{3}$	(문자가 아님)
B	28	$9\frac{1}{3}$	(문자가 아님)
B	54	18	r

이렇게 하나씩 시험하면서 찾는 것이 나름 효과가 있다. 하지만 효율성의 측면에서 보면 암호표를 작성하는 것과 별반 다르지 않다. 예를 들어, 키가 3이 아니라 15라고 해보자. 암호문 B에 대응하는 평문 문자는 무엇인가? 모듈로 26에 대해 B는 2, 28, 54, 80, 106, 132, 158, 184, 210 등등에 대응될 수 있다.

암호문	숫자	나누기 15	평문
B	2	$\frac{2}{15}$	(문자가 아님)
B	28	$1\frac{13}{15}$	(문자가 아님)
B	54	$3\frac{9}{15}$	(문자가 아님)
B	80	$5\frac{5}{15}$	(문자가 아님)
B	106	$7\frac{1}{15}$	(문자가 아님)
B	132	$8\frac{12}{15}$	(문자가 아님)
B	158	$10\frac{8}{15}$	(문자가 아님)
B	184	$12\frac{4}{15}$	(문자가 아님)
B	210	14	n

앞선 표와 같이 15로 나누어떨어지는 수를 찾을 때까지 아홉 번의 나눗셈이 필요하다. 다른 문자의 경우 이보다 더 좋으리라는 보장이 없다. 이럴 때 예를 들어, 모듈로 26에 대해 $\frac{1}{3}$과 같은 기능을 하는 정수가 있다면 정말로 유용할 것이다. 우리는 이러한 정수를 $\overline{3}$라고 부를 것이다. 즉, 모듈로 26에 대해 $\overline{3}$를 곱하는 것은 $\frac{1}{3}$을 곱하는 것과 같고, 모듈로 26에 대해 3으로 나눈다는 의미이다.

$\overline{3}$가 존재한다고 할 수 있는 근거는 무엇일까? 키가 3인 곱셈 암호를 다시 살펴보면 암호문 알파벳을 다음과 같이 복호화할 수 있다.

암호문	숫자	모듈로 26에 대해 3으로 나누기	평문
A	1	9	i
B	2	18	r
C	3	1	a
D	4	10	j
...	...	...	...
Y	25	17	q
Z	26	26	z

표를 보면 모듈로 26에 대해 3으로 나누는 것은 모듈로 26에 대해 9를 곱하는 것과 같은 것처럼 보인다. 이것이 사실이라면 다른 문자를 복호화하기 위해, 예를 들어 E를 복호화한다고 하면 다음처럼 계산할 수 있다.

암호문	숫자	곱하기 $\overline{3}$ = 곱하기 9	평문
E	5	19	s

$\overline{3}$의 개념을 제대로 이해한다면 맞는 값을 찾을 때까지 여러 수를 시험하거나 암호표를 찾아보지 않고도 $\overline{3}$를 곱한 값을 계산할 수 있다.

곱셈 암호의 키가 k일 때 $\overline{k}$가 존재한다고 어떻게 확신할 수 있을까? 만약 존재한다면 어떻게 찾을 수 있을까? 이 물음의 답을 찾으려면 길을 조금 돌아 곱셈 암호의 '나쁜 키'에 해당하는 수를 다시 살펴봐야 한다.

우리가 찾아낸 나쁜 키는 2, 4, 6, 8, 10, 12, 14, 16, 18, 20, 22, 24, 26이고 여기에 하나 더 있다고 했다. 지금 밝히지만, 나머지 하나는 13이다(실제로 13이 나쁜 키가 되는지 직접 확인해 보라). 이 수들은 모두 2의 배수이거나 13의 배수이거나 두 수의 공배수이다. 그리고 2 × 13 = 26이라는 사실은 단순한 우연이 아니다. 만약 시저 암호를 모듈로 21로 해서 사용한다면, 즉 알파벳을 21개만 사용한다면 나쁜 키는 3의 배수이거나 7의 배수일 것이다. 21 = 3 × 7이기 때문이다. 알파벳이 28개인 루마니아어로 곱셈 암호를 만든다면 28 = 2 × 2 × 7이므로 2의 배수나 7의 배수가 나쁜 키가 될 것이다. 덴마크어, 노르웨이어, 스웨덴어의 경우 모두 알파벳의 수가 29개이므로 나쁜 키는 오직 한 개만 존재할 것이다.

나쁜 키를 이야기하면서 우리는 26, 21, 28, 29에 대해 각각 더 이상 쪼개지지 않는 **소수**(prime number)의 곱으로 표현했다. 이 과정을 소인수분해라 하는데, 모든 수는 고유하게 소인수분해된다. 소인수분해는 유클리드의 《원론(Elements)》에 기술되어 있는 것으로 미루어 적어도 기원전 4세기경에 알려진 개념이었을 것이다. 우리의 관심사는 키와 모듈로를 동시에 나누는 수, 즉 두 수의 공약수가 존재하느냐이다. 1은 모든 수의 공약수이지만 자명한 키가 되기 때문에 제외한다. 유클리드의 《원론》에는 공약수 중에서 가장 큰 수인 **최대공약수**(greatest common divisor, GCD)를 찾는 효율적인 방법이 소개되어 있다. 유클리드가 처음 만들었는지 다른 사람의 방법을 빌려왔는지는 알 수 없지만, 어쨌든 최대공약수를 구하고자 유클리드가 사용한 알고리즘을 가리켜 **유클리드 호제법**(Euclidean algorithm)이라 한다. **알고리즘**이란 컴퓨터 프로그램처럼 각각의 입력값에 대해 항상 정확한 값을 산출하도록 어떤 작업을 단계적으로 수행하는 구체적인 방법을 말한다.

예를 들어 756과 210의 최대공약수를 유클리드 호제법으로 구해 보자.

$$756 = 3 \times 210 + 126$$
$$210 = 1 \times 126 + 84$$
$$126 = 1 \times 84 + 42$$
$$84 = 2 \times 42 + 0$$

유클리드 호제법의 각 단계는 정수인 몫과 나머지가 있는 나눗셈이며, 이전 단계의 몫을 나머지로 나눈다. 최종적으로 0이 아닌 마지막 나머지인 42가 756과 210의 최대공약수이다.

유클리드 호제법을 이용해 26과 6의 최대공약수를 구하면 모듈로 26에 대해 6이 나쁜 키인지 아닌지 알 수 있다.

$$26 = 6 \times 4 + 2$$
$$6 = 2 \times 3 + 0$$

유클리드 호제법에 의하면 6과 26의 최대공약수는 2이므로 6은 나쁜 키가 된다. 3과 같은 좋은 키는 어떨까?

$$26 = 3 \times 8 + 2$$
$$3 = 2 \times 1 + 1$$
$$2 = 1 \times 2 + 0$$

3과 26의 최대공약수는 1인데, 1은 예외다. 따라서 3은 좋은 키다.

두 수를 각각 소인수분해를 해서 공통의 소인수를 찾지 않고 애써 유클리드 호제법을 사용하는 이유가 궁금할 것이다. 여기에는 두 가지 이유가 있다. 첫째, 큰 수의 경우는 유클리드 호제법으로 계산하는 것이 더 빠르다. 둘째, 유클리드 호제법을 이용해 간단하지만 훌륭한 요령을 부리면 3를 얻을 수 있다.

이제 우리는 1을 $3 \times s$와 $26 \times t$ 꼴의 두 항의 합으로 표현하려고 한다. 먼저 26과 3에 대한 유클리드 호제법에서 각 단계의 식을 변형해서 3과 26이 우변에 오도록 만든다. 식의 우변에 3이나 26이 들어 있지 않은 항이 있으면 이전 단계의 식을 대입해 3과 26의 항으로 바꾼다.

$26 = 3 \times 8 + 2$:

$2 = \boxed{26} - (\boxed{3} \times 8)$ 우변에 26의 항과 3의 항만 있으므로 괜찮다.

$\quad = (\boxed{26} \times 1) - (\boxed{3} \times 8)$ 두 항의 형식을 같게 만든다.

$3 = 2 \times 1 + 1$:

$1 = \boxed{3} - (2 \times 1)$ 우변 마지막 항에 26이 없으므로 안 된다.

$= 3 - (\overbrace{(\boxed{26} - (\boxed{3} \times 8))}^{= 2 \text{ 대신 이전 단계 식을 대입한다.}} \times 1)$

$= (\boxed{3} \times 1) + (\boxed{3} \times 8) - (\boxed{26} \times 1)$ 3의 항과 26의 항으로만 표현되었다.

$= (\boxed{3} \times 9) - (\boxed{26} \times 1)$ 같은 항끼리 묶어 정리한다.

결국 1을 3과 26의 관계식으로 표현했다. 왜 이런 작업이 필요할까? 사실 우리는 모듈로 26을 다루고 있고, 26은 모듈로 26에 대해 0과 합동이다. 그러므로 우리가 찾아낸 다음 관계식은

$$1 = (3 \times 9) - (26 \times 1)$$

모듈로 26에 대해 다음과 같은 합동이 성립함을 의미한다.

$$1 \equiv (3 \times 9) - (0 \times 1) \quad \mod 26$$

$$1 \equiv 3 \times 9 \quad \mod 26$$

$$\frac{1}{3} \equiv 9 \quad \mod 26$$

따라서 모듈로 26에 대해 $\frac{1}{3}$처럼 행동하는 정수 3는 9임이 증명되었다. 아직도 3를 찾으려면 여러 수를 시험해보는 것이 더 빠르다고 생각할지 모르겠지만 큰 숫자들의 역원을 찾을 때는 이 방법이 훨씬 빠르다.

암호문	숫자	곱하기 9	평문
A	1	9	i
…	…	…	…
E	5	19	s
…	…	…	…

이와 같은 $\bar{3}$를 가리켜 모듈로 26에 대해 3의 곱셈에 대한 **역원**(inverse)이라 한다. 역원에 대한 일반적인 개념은 모든 수학 분야에서 더할 나위 없이 중요하다. 우리는 이미 덧셈에 대한 역원인 음수를 알고 있고, 곱셈에 대한 역원까지 살펴보았다. 앞으로 다른 예도 만나게 될 것이다. 모듈로 연산에서 주목할 점은 일반 연산과 달리 주어진 수와 그 수의 역원이 질적으로 다르지 않다는 것이다. 쉽게 말해 일반 연산에서 2는 양수이고 덧셈에 대한 역원인 −2는 음수이지만 모듈로 26에 대해 −2는 24와 같다. 따라서 2와 24는 모듈로 연산에서 서로 역원이지만 둘 다 '음수'가 아니다. 마찬가지로 일반 연산에서 3은 정수이고 곱셈에 대한 역원 $\frac{1}{3}$은 분수이지만, 모듈로 26에 대해 3과 9는 서로 곱셈에 대한 역원이지만 둘 다 '분수'가 아니다. 이것은 사칙연산을 만족하는 유한개의 원소로 구성된 집합에서만 나타나는 특유의 성질이다. 다른 관점에서 이 성질을 살펴보면 결국 주어진 연산을 실행하나 거꾸로 실행하나 실질적으로 구별되지 않는다고 말할 수 있다. 마찬가지 이유로 이런 연산으로 암호를 만들었을 때 암호화와 복호화 사이에는 수학적인 차이가 없다. 역원을 알아냈다면 '역의 연산을 수행하기 위해 주어진 연산을 그대로 수행'하면 된다. 이 원리는 나중에 매우 중요하게 쓰이므로 조금 더 깊이 생각해볼 필요가 있다.

1.4 아핀 암호

이제 우리에게는 26개의 좋은 키가 있는 이동 암호와 12개의 좋은 키가 있는 곱셈 암호가 있다. 둘 다 자명한 키를 하나씩 포함한다. 둘 중 어느 암호를 사용하더라도 이브는 **무차별 대입 공격**(brute-force attack)을 쉽게 감행할 수 있다. 무차별 대입 공격이란 모든 가능한 키를 조사해 복호화할 수 있는 키를 찾아내는 방법을 말한다. 앨리스와 밥이 두 유형 중 어느 방식을 사용하든 이브는 38가지 방식을 시험해보면 된다. 하지만 둘 이상의 암호를 동시에 사용한다면 어떻게 될까?

문제가 복잡해질 수 있으므로 수학적인 표기법이 필요하다. 알파벳 문자를 나타내는 1부터 26까지 수에 대해 평문을 나타내는 수를 P, 암호문을 나타내는 수를 C라 하자. 키는 k로 나타내자. 키가 k인 이동 암호를 공식으로 나타내면 다음과 같이 표기할 수 있다.

$$C \equiv P + k \mod 26$$

또한, 키가 k인 곱셈 암호의 암호화 공식은 다음과 같다.

$$C \equiv kP \quad \mod 26$$

비슷한 방식으로 이동 암호의 복호화 공식은 다음과 같으며,

$$P \equiv C - k \quad \mod 26$$

곱셈 암호의 복호화 공식은 다음과 같이 표현된다.

$$P \equiv \overline{k}C \quad \mod 26$$

만약 앨리스가 키를 k와 m 두 개를 사용해서 이동 암호를 두 번 적용한다면 어떨까?[1] 두 배로 더 안전할까? 키를 두 개 사용한 이동 암호는 다음과 같을 것이다.

$$C \equiv P + k + m \quad \mod 26$$

앨리스와 밥에게는 안 된 일이지만 이브의 관점에서 보면 이것은 키 값이 $k + m$인 이동 암호를 사용한 것과 다름없다. 무차별 대입 공격을 시도한다면 이브는 꽤 쉽게 이 암호를 해독할 수 있다. 곱셈 암호의 키를 두 개 동시에 사용한다 해도 비슷한 결과가 나올 것이다. 그렇다면 이동 암호와 곱셈 암호를 각각 하나씩 동시에 사용한다면 어떨까? 앨리스가 먼저 키 값이 k인 곱셈 암호를 평문에 적용하고 나서, 다시 키 값이 m인 이동 암호를 써서 암호문을 만들었다고 가정하자.

$$C \equiv kP + m \quad \mod 26$$

그러면 밥은 먼저 m을 빼고 나서 $\overline{k}$를 곱해 복호화할 것이다.

$$P \equiv \overline{k}(C - m) \quad \mod 26$$

1 암호전문가들은 두 번째 암호키를 나타낼 때 m을 사용한다. k 바로 다음에 나오는 알파벳 l은 숫자 1과 너무 비슷해 보이기 때문에 그다음 알파벳 m을 사용하는 것이다.

밥은 반대 연산을 실행해야 함은 물론이고 실행 순서도 반대로 해야 한다. 직관적으로 이해가 되지 않는다면 양말과 신발을 신고 벗을 때를 생각해보자. 신을 때는 양말 먼저 신고 신발을 신는다. 벗을 때는 양말과 신발 둘 다 벗어야 하는데, 신을 때 순서와 정반대로 벗는다. 그렇지 않으면 어떤 일이 벌어질지 뻔히 알 수 있다.

두 암호를 결합해 새로 탄생한 암호를 전문 용어로 **아핀 암호**(affine cipher)라 한다. 나는 가끔 간단하게 $kP + m$ 암호라고 부른다. k가 될 수 있는 값은 12개이고 m이 될 수 있는 값은 26개이므로 아핀 암호는 12 × 26 = 312개의 암호키가 있다. 이 정도면 이브가 무차별 대입을 해서 공격하기에 버거울 것이다. 물론 이브가 컴퓨터를 이용할 수만 있다면 그다지 어려운 일도 아니다.

두 암호를 결합해 사용한다는 이 명백한 아이디어는 꽤 오래전에 착안되었다. 이런 암호기법을 **곱암호**(product cipher)라 하는데, 데시메이션 기법(즉, 곱셈 암호)과 이동 암호(즉, 덧셈 암호)를 결합한 곱암호의 역사는 적어도 1930년대로 거슬러 올라간다. 이보다 역사가 더 오랜 곱암호가 있다는 사실도 주목할 만하다. **아트바시 암호**(atbash cipher)는 구약성서 예레미아서보다 오랜 역사를 자랑하는 암호로서, $kP + m$의 형태를 보인다. 데시메이션 기법처럼 아트바시 암호 생성도 평문의 알파벳 문자를 나열하는 것부터 시작한다. 암호문 알파벳은 평문 알파벳을 역순으로 적어 놓은 것과 같다. 이 책에서는 히브리어 알파벳 대신에 로마자 알파벳을 사용할 것이다.

평문:	a	b	c	d	e	f	g	h	i	j	k	l	m
암호문:	Z	Y	X	W	V	U	T	S	R	Q	P	O	N

평문:	n	o	p	q	r	s	t	u	v	w	x	y	z
암호문:	M	L	K	J	I	H	G	F	E	D	C	B	A

그렇다면 이것이 왜 $kP + m$ 형태의 암호인가? 각 문자를 숫자로 전환해서 살펴보자.

평문:	a	b	c	d	e	f	g	h	i	j	…	y	z
숫자:	1	2	3	4	5	6	7	8	9	10	…	25	26
어떤 연산 ?:	26	25	24	23	22	21	20	19	18	17	…	2	1
암호문:	Z	Y	X	W	V	U	T	S	R	Q	…	B	A

앞선 표로부터 다음과 같은 암호화 규칙이 성립한다는 것을 알 수 있다.

$$C \equiv 27 - P \qquad \text{mod } 26$$

이 식을 바꿔 쓰면 다음과 같고,

$$C \equiv (-1)P + 27 \qquad \text{mod } 26$$

모듈로 26에 대해서는 다음 식과 같다.

$$C \equiv 25P + 1 \qquad \text{mod } 26$$

따라서 이것은 $k = 25$, $m = 1$인 $kP + m$ 형태의 암호이다.

1.5 단순 치환 암호의 해독

모듈로 연산이 점점 더 복잡해지도록 계속 처리하고 조작한다면 결국 평문의 모든 문자가 각기 독립적으로 암호문 문자에 대응하게 하는 방법을 발견할 수 있을 것이다. 그러므로 a는 26개의 암호문 알파벳 중 아무것에나 대응시킬 수 있다. b는 a에 대응되는 것을 제외한 나머지 중 하나에 대응시킬 수 있으므로 b가 선택할 수 있는 암호문 문자는 25개이다. 마찬가지로 c는 24개, d는 23개이다. 이렇게 해서 모든 평문 문자 각각에 대해 선택할 수 있는 암호문 문자의 수를 찾을 수 있고, 마지막으로 z에 대응될 수 있는 것은 오직 한 개가 남는다. 이런 종류의 암호를 **단표식 단일문자 치환 암호**(monoalphabetic monographic substitution cipher)라 한다. **단일문자**(monographic) 치환은 한 번에 한 문자씩 치환하는 방식이고, **단표식**(monoalphabetic)은 모든 문자 각각에 동일한 치환 규칙이 적용된다는 의미이다. 꽤 많이 쓰이는 암호인데 이름이 너무 길기 때문에 간단히 **단순 치환 암호**(simple substitution cipher)라 부르겠다. 단순 치환 암호를 만드는 방법은 26 × 25 × 24 × ⋯ × 3 × 2 × 1 = 403,291,461,126,605,635,584,000,000개 있다. 앞에서 다룬 덧셈 암호, 곱셈 암호, 아핀 암호는 물론이고 여러 일간지에서 볼 수 있는 암호문 퍼즐도 모두 여기에 속한다. 이 암호방식은 무차별 대입 공격을 하기에 키가 너무 많다. 그러나 앨리스와 밥에게는 안 된 일이지만 이브에게는 더 훌륭한 공격 방법이 있다.

단순 치환 암호는 가능한 경우의 수가 많기는 하지만, 알파벳의 출현 빈도를 분석해 매우 효과적으로 해독할 수 있다. 이 방법을 가리켜 **문자 빈도 분석법**(letter frequency analysis)이라 하며, 9세기 아랍인 학자 알 킨디(al-Kindi)에 의해 고안되었다. 아이디어는 간단하다. 영어나 아랍어를 비롯해 기타 여러 언어에는 다른 문자보다 더 빈번히 사용하는 특정 문자가 있다. 예를 들어 전형적인 영어 텍스트에서 e는 다른 문자들보다 훨씬 빈번하게 사용되어 출현 빈도가 대략 13%이다. 만일 이브가 얻은 암호문에 R의 사용 빈도가 대략 13%이고 다른 문자들보다 빈번히 나타난다면 R(C = 18)이 e(P = 5)일 가능성이 상당히 높다. 사용된 암호가 덧셈 암호라면 이브는 다음 식을 얻게 된다.

$$5 + k \equiv 18 \quad \mod 26$$

따라서 사용된 암호는 십중팔구 키 값 k = 13인 덧셈 암호일 것이다.

만약 덧셈 암호가 아닌 다른 암호가 사용되었다면, 예를 들어 아핀 암호라면 지금의 정보만으로는 충분하지 않을 것이다. 이 경우, 사용 빈도가 대략 8%인 t나 빈도가 7% 정도 되는 a와 같은 다른 문자를 더 추정해야 한다. 예를 들어 이브가 R은 e를 나타내고 F는 a를 나타내는 것으로 추정한다면 다음 식을 얻는다.

$$5k + m \equiv 18 \quad \mod 26$$
$$1k + m \equiv 6 \quad \mod 26$$

즉, 미지수가 두 개인 방정식 두 개를 얻으며, 이때 두 방정식을 빼면 다음 식이 나온다.

$$4k \equiv 12 \quad \mod 26$$

만일 4가 모듈로 26에 대해 곱셈에 대한 역원을 가지고 있다면 이브는 양변에 그 역원을 곱해 4를 없애고 k값을 구할 수 있다. 불행히도 4와 26은 최대공약수 2가 존재하므로 4는 역원을 갖지 못한다. 따라서 앞선 방정식은 해가 없거나 둘 이상이다. 해가 없다면 문자 출현 빈도를 이용한 유추가 잘못되었다는 것이므로 다시 시도해야 한다. 실제로 이 식의 해는 k = 3과 k = 16이다. k값에 상관없이 m은 모듈로 26에 대해 6 - 1k이므로 k = 3일 때 m = 3이고, k = 16일 때 m = 16이다. 이브는 이 두 가지 조합을 이용해 복호화를 시도하고, 읽을 수 있는 텍스트로 전환할 수 있는지 확인할 수 있다. a와 t를 비롯해 기타 여러 문자들이 비슷한 출현 빈도를 보이기 때문에 추측이 모두 틀릴 수도 있다. 그럴 경우 이브는 처음으로 돌아가 e와 a를 다시 유추해야 한다. 여러 차례 반복해야 할지도 모르지만 이브는 결국 무차별 대입 공격보다 훨씬 빠르게 정확한 키를 찾아낼 수 있다.

이 방법에서 가장 명심해야 할 점은 암호문이 충분히 길어야 유효하다는 것이다. 여기서 언급한 문자의 출현 빈도는 대략적인 평균치이다. 메시지가 짧으면 사용된 문자의 출현 빈도는 아주 달라질 수 있다. 예를 들어 "Zola is taking zebras to the zoo"라는 메시지를 해독하려 한다고 상상해보라. 나중에 더 복잡한 치환 암호를 해독하려고 할 때, 이것이 얼마나 심각한 문제가 되는지 알게 될 것이다.

1.6 힐 암호 정복: 다중문자 치환 암호

빈도 분석법으로 뚫을 수 없는 암호를 만드는 명백한 방법이 두 가지 있다. 첫째, 메시지 속 문자의 위치에 따라 치환 규칙이 달라지게 만드는 것이다. 이것을 **다표식 치환**(polyalphabetic substitution)이라 한다. 둘째, 한 번에 복수의 문자를 치환하는 **다중문자 치환**(polygraphic substitution)이 있다. 두 방식 모두 현대 암호기법에서 별도의 위치를 차지한다. 먼저 다중문자 치환 방식을 살펴보기로 하자.

다중문자 치환 방식을 쓸 때는 가장 먼저 블록의 크기를 정해야 한다. 즉, 문자가 몇 개 단위로 치환되는지 결정해야 한다. 블록 크기가 2인 암호를 다이어그래프라 하고, 크기가 3인 것은 트라이그래프라 한다. 다이어그래프는 일찌감치 16세기에 제안되었지만 실제로는 19세기 들어서야 사용되었다. 1929년 레스터 힐(Lester S. Hill)은 어떤 블록 크기에 대해서도 사용할 수 있는 암호인 **힐 암호**(Hill cipher)를 발명했다. 블록 크기가 2인 힐 암호의 예를 보도록 하자. 먼저 평문을 두 문자씩 나눈다. 마지막 블록에 빈 공간이 있으면 임의의 문자로 채운다. 그런 문자를 **무효 문자**(null) 또는 **채움 문자**(padding)라 한다. 다음의 예에서 평문의 마지막 문자 x는 무효 문자이다.

ja ck ya nd ji ll ya nd ev ex

평문 블록의 첫 번째 문자를 P_1, 두 번째 문자를 P_2로 나타내자. 그리고 다음 공식을 이용해 두 개의 암호 문자를 계산한다.

$$C_1 \equiv k_1P_1 + k_2P_2 \qquad \text{mod } 26$$
$$C_2 \equiv k_3P_1 + k_4P_2 \qquad \text{mod } 26$$

여기에서 k_1, k_2, k_3, k_4는 1부터 26까지 수 중에서 선택하며 모두 다 키를 구성한다. 예를 들어 키 값이 3, 5, 6, 1이라면 암호화 공식은 다음과 같다.

$$C_1 \equiv 3P_1 + 5P_2 \qquad \text{mod } 26$$
$$C_2 \equiv 6P_1 + 1P_2 \qquad \text{mod } 26$$

이제, 예로 주어진 평문을 다음과 같이 숫자로 전환하자.

평문:	ja	ck	ya	nd	ji	ll	ya	nd	ev	ex
숫자:	10, 1	3, 11	25, 1	14, 4	10, 9	12, 12	25, 1	14, 4	5, 22	5, 24

공식에 대입하면 암호문의 처음 두 문자는 다음과 같다.

$$C_1 \equiv 3 \times 10 + 5 \times 1 \equiv 9 \qquad \text{mod } 26$$
$$C_2 = 6 \times 10 + 1 \times 1 \equiv 9 \qquad \text{mod } 26$$

메시지의 나머지 블록도 각각 공식에 대입하면 전체 암호문을 얻을 수 있다.

평문:	ja	ck	ya	nd	ji	ll	ya	nd	ev	ex
숫자:	10, 1	3, 11	25, 1	14, 4	10, 9	12, 12	25, 1	14, 4	5, 22	5, 24
힐 암호 공식:	9, 9	12, 3	2, 21	10, 10	23, 17	18, 6	2, 21	10, 10	21, 0	5, 2
암호문:	II	LC	BU	JJ	WQ	RF	BU	JJ	UZ	EB

앞의 암호표를 보면 jacky의 j는 I에 대응되지만, 같은 문자라도 jilly의 j는 W에 대응된다. 마찬가지로 jill에 l이 두 개 있지만 서로 다른 문자로 치환되었다. 반면에 jacky의 j와 a는 둘 다 I로 치환되었다. 문자들이 개별적으로 암호화되지 않고 두 문자씩 짝을 지어 암호화되었기 때문에 이런 현상이 생긴다. yand는 두 번 모두 BUJJ로 암호화되었다는 점도 눈에 띈다.

받은 메시지를 밥이 복호화하려면 다음과 같이 미지수가 두 개인 연립방정식을 풀어야 한다.

$$C_1 \equiv k_1 P_1 + k_2 P_2 \qquad \text{mod } 26$$
$$C_2 \equiv k_3 P_1 + k_4 P_2 \qquad \text{mod } 26$$

연립방정식을 푸는 방법은 다양하다. 한 가지 방법은 첫째 방정식에 k_4를 곱하고 둘째 방정식에 k_2를 곱한 다음, 두 식을 빼는 것이다. 예를 들어 마지막 블록을 복호화하려 한다면 밥은 다음 연립방정식을 풀어야 한다.

$$5 \equiv 3P_1 + 5P_2 \qquad \text{mod } 26$$
$$2 \equiv 6P_1 + 1P_2 \qquad \text{mod } 26$$

두 식은 다음과 같이 변형할 수 있다.

$$1 \times 5 \equiv (1 \times 3)P_1 + (1 \times 5)P_2 \qquad \text{mod } 26$$
$$5 \times 2 \equiv (5 \times 6)P_1 + (5 \times 1)P_2 \qquad \text{mod } 26$$

위에서 아래로 두 식을 빼면 P_1만 남아있는 식이 된다.

$$1 \times 5 - 5 \times 2 \equiv (1 \times 3 - 5 \times 6)P_1 \qquad \text{mod } 26$$

비슷한 방식으로 첫째 방정식에 k_3을 곱하고 둘째 방정식에 k_1을 곱한다.

$$6 \times 5 \equiv (6 \times 3)P_1 + (6 \times 5)P_2 \qquad \text{mod } 26$$
$$3 \times 2 \equiv (3 \times 6)P_1 + (3 \times 1)P_2 \qquad \text{mod } 26$$

이번에는 아래에서 위로 두 식을 빼면 P_2만 남아있는 식을 얻는다.

$$3 \times 2 - 6 \times 5 \equiv (3 \times 1 - 6 \times 5) P_2 \quad \mod 26$$

최종적으로 얻은 두 식을 보면 모두 우변에 −27이 있다. 이것은 $k_1k_4 - k_2k_3$의 값이며, 주어진 연립방정식의 **행렬식**(determinant)이라 불린다. 행렬식과 26의 최대공약수가 1이면, 즉 서로소이면 곱셈에 대한 행렬식의 역원이 존재한다. 그러면 밥은 방정식의 양변에 이 역원을 곱해서 P_1과 P_2를 구할 수 있다. 이러한 풀이 방법은 일반 연산과 매우 비슷하다. 일반 연산에서 미지수가 2개인 연립방정식은 행렬식이 0이 아니면 항상 해를 구할 수 있다.

주어진 예에서 연립방정식의 행렬식은 −27이고, −27은 모듈로 26에 대해 25와 합동이다. 유클리드 호제법을 이용한다면 밥은 25의 곱셈에 대한 역원이 25임을 알아낼 수 있다.

$$\overline{25} \equiv 25 \quad \mod 26$$

이 값을 두 식에 각각 대입하면 다음 식을 얻고,

$$P_1 \equiv ((1 \times 5) - (5 \times 2)) \times 25 \quad \mod 26$$
$$P_2 \equiv ((3 \times 2) - (6 \times 5)) \times 25 \quad \mod 26$$

이것을 정리하면 P_1과 P_2의 값이 나온다.

$$P_1 \equiv 5 \quad \mod 26 \qquad\qquad P_2 \equiv 24 \quad \mod 26$$

즉, 마지막 블록을 복호화하면 ex이다.

일반적으로 다음과 같은 연립방정식에서 $k_1k_4 - k_2k_3$의 곱셈에 대한 역원이 존재하면,

$$C_1 \equiv k_1P_1 + k_2P_2 \quad \mod 26$$
$$C_2 \equiv k_3P_1 + k_4P_2 \quad \mod 26$$

해는 다음과 같이 주어진다.

$$P_1 \equiv \overline{(k_1k_4 - k_2k_3)}\,(k_4C_1 - k_2C_2) \qquad \text{mod } 26$$
$$P_2 \equiv \overline{(k_1k_4 - k_2k_3)}\,(-k_3C_1 + k_1C_2) \qquad \text{mod } 26$$

이 방법을 확장하면 미지수의 개수만큼 방정식이 주어졌을 때 연립방정식을 풀 수 있게 된다. 일반적인 연립방정식의 해법은 가브리엘 크래머(Gabriel Cramer)의 이름을 따서 **크래머 규칙**(Cramer's rule)이라 한다. 크래머는 연립방정식과 그 방정식이 나타내는 곡선에 대해 집중적으로 연구한 18세기 스위스 수학자였다. 사실, 크래머보다 조금 앞서 스코틀랜드의 콜린 맥클로린(Colin Maclaurin)이 같은 규칙을 발표한 것으로 보인다. 크래머 규칙은 긴 연립방정식을 풀 수 있는 가장 빠른 방법은 아니지만, 힐 암호에 사용되는 블록 크기를 고려한다면 이 암호를 풀 수 있는 훌륭한 방법이다.

앞의 공식을 간단히 하기 위해 C_1, C_2의 계수를 다음과 같이 두자.

$$m_1 = \overline{(k_1k_4 - k_2k_3)}\,(k_4)$$
$$m_2 = \overline{(k_1k_4 - k_2k_3)}\,(-k_2)$$
$$m_3 = \overline{(k_1k_4 - k_2k_3)}\,(-k_3)$$
$$m_4 = \overline{(k_1k_4 - k_2k_3)}\,(k_1)$$

그러면 P_1과 P_2를 구하는 식을 다음과 같이 간략하게 표현할 수 있다.

$$P_1 \equiv m_1C_1 + m_2C_2 \qquad \text{mod } 26$$
$$P_2 \equiv m_3C_1 + m_4C_2 \qquad \text{mod } 26$$

이 연립방정식은 원래 연립방정식을 거꾸로 나타낸 역의 개념으로 생각할 수 있고, 따라서 m_1, m_2, m_3, m_4는 키 k_1, k_2, k_3, k_4의 '역키(inverse key)'라고 말할 수 있다. 주어진 예에서 역키는 25 × 1, 25 × (−5), 25 × (−6), 25 × 3이다. 이것은 모듈로 26에 대해 각각 25, 5, 6, 23과 같다. 밥이 이 값들을 알아냈다면 복호화는 암호화와 정확히 같은 과정으로 진행된다. 이는 1.3절에서 언급했던 '역의 연산을 수행하기 위해 주어진 연산을 그대로 수행'하는 한 예다.

힐 암호에 쓸 수 있는 좋은 키(즉, 행렬식이 역원을 가질 때)가 몇 개인지 계산하려면 조금 복잡하다. 어쨌든 블록 크기가 2인 경우 대략 45,000개 있고, 블록 크기가 3인 경우 대략 52,000,000,000개 있다. 따라서 무차별 대입 공격은 무리한 일이다. 게다가 메시지의 끝에 무효 문자가 있을 수 있다는 점도 염두에 둬야 한다. 메시지를 읽어낼 때까지는 무효 문자가 있는지 없는지 정확히 알 수 없다.

1931년에 힐은 처음에 만든 암호를 여러 방식으로 확장했다. 그 중 오늘날 **아핀 힐 암호**(affine Hill cipher)라 불리는 암호는 특히 중요하다. 곱셈 암호와 덧셈 암호를 결합해 아핀 암호를 만들었듯이, 힐 암호에 덧셈 단계를 추가한 방식이다. 블록 크기를 2라 가정하면 이 새로운 암호의 공식은 다음과 같다.

$$C_1 \equiv k_1P_1 + k_2P_2 + m_1 \quad \mod 26$$
$$C_2 \equiv k_3P_1 + k_4P_2 + m_2 \quad \mod 26$$

이제 키는 k_1, k_2, k_3, k_4, m_1, m_2 여섯 개로 이루어져 있고, 모두 1부터 26까지 중에서 선택된 수이다. 아핀 힐 암호에서도 26과 행렬식 $k_1k_4 - k_2k_3$의 최대공약수가 1이면 좋은 키가 되며, 새로 추가된 키 m_1, m_2에는 별도의 조건이 없다. 복호화하려면 밥은 먼저 C_1에서 m_1을 빼고 C_2에서 m_2를 뺀 다음, 앞에서와 같은 방식으로 연립방정식을 풀기만 하면 된다.

문자 빈도 분석은 다중문자 치환 암호에 유효하지 않다. 앞에서 예를 통해 봤듯이 같은 평문 문자라 할지라도 암호문에서 항상 같은 문자로 치환되지 않기 때문이다. 그러므로 어느 문자가 e에 대응되는 것인지 알아맞히는 추리는 성공할 수 없다. 반면에 평문에서 같은 블록은 암호문에서도 항상 같은 블록에 대응되었다. 블록 크기가 2나 3인 경우는 이 점을 암호해독에 이용할 수 있다. 예로 들어 다이어그래프(2문자로 된 블록) 중에서 가장 빈번하게 등장하는 것은 'th'로서 출현 빈도가 약 2.5%이다. 출현 빈도가 가장 높은 트라이그래프(3문자로 된 블록)는 'the'로서 빈도는 1%에 살짝 못 미친다. 이브는 이와 같은 사실을 이용해 다이어그래프나 트라이그래프의 빈도 분석을 시행하면 암호를 해독할 수 있을지도 모른다. 그러나 블록 크기가 크면 조합 가능한 블록이 너무 많아지고 블록 사이의 출현 빈도 차가 크지 않기 때문에 이 방법을 쓰기 어렵다. 1929년에 힐은 크기가 6인 블록을 사용해 메시지를 기계적으로 암호화하는 장치를 만들어냈다. 힐의 기계장치는 빈도 분석을 사용하더라도 본질적으로 해독이 불가능한 암호를 생성했지만, 불행히도 인기를 얻지는 못했다.

힐 암호는 수동으로 계산하기에 너무 복잡하기 때문에 많이 사용되지 않았고, 기계장치를 이용한 암호기술은 다표식 치환 암호 쪽으로 방향이 바뀌었다. 연립방정식을 이용해 암호를 생성하는 힐의 아이디어는 디지털 컴퓨터의 출현으로 암호학에서 중요한 의미를 띠게 되었다. 하지만 현대적 관점에서 보면 힐 암호는 우리가 아직 언급하지 않은 새로운 유형의 공격에 상당히 취약하다.

1.7 알려진 평문 공격

지금까지 논의된 모든 암호해독 공격은 이브가 확보한 것이 앨리스와 밥 사이에서 가로챈 암호문뿐일 경우에 실행하는 **암호문 단독 공격**(ciphertext-only attack)이었다. 이제 이브에게 앨리스가 보낸 메시지의 일부나 전체의 평문과 암호문이 둘 다 있다고 가정하자. 그러면 이브는 **알려진 평문 공격**(known-plaintext attack)을 시도할 수 있다. 평문과 암호문을 둘 다 알고 있으므로 이브의 목표는 적용된 키를 분석하는 것이다. 키를 알아내기만 하면 이브는 지금 가지고 있는 메시지의 내용을 파악할 수 있을 뿐만 아니라 동일한 키를 사용한 다른 암호문 메시지도 읽을 수 있다.

블록 크기가 2인 힐 암호를 사용한다고 가정하고, 이브가 평문 P_1, P_2, P_3, P_4와 각각 대응하는 암호문 C_1, C_2, C_3, C_4를 입수했다고 하자. 그러면 이브는 다음 관계식을 알게 된다.

$$\begin{aligned} C_1 &\equiv k_1P_1 + k_2P_2 \quad \bmod 26 \\ C_2 &\equiv k_3P_1 + k_4P_2 \quad \bmod 26 \\ C_3 &\equiv k_1P_3 + k_2P_4 \quad \bmod 26 \\ C_4 &\equiv k_3P_3 + k_4P_4 \quad \bmod 26 \end{aligned}$$

이브의 입장에서는 키 값만 모르고 있으므로 미지수가 4개이고 방정식이 4개인 연립방정식이다. 따라서 이 방정식을 풀어 키 값을 구할 수 있다.

앞 절에서 사용한 예에서 이브가 용케 평문의 마지막 두 블록을 입수했다면 다음 방정식을 얻는다.

$$\begin{aligned} 21 &\equiv k_1 5 + k_2 22 \quad \bmod 26 \\ 0 &\equiv k_3 5 + k_4 22 \quad \bmod 26 \\ 5 &\equiv k_1 5 + k_2 24 \quad \bmod 26 \\ 2 &\equiv k_3 5 + k_4 24 \quad \bmod 26 \end{aligned}$$

이들 방정식을 둘씩 묶으면 다음과 같이 연립방정식 두 쌍이 나온다.

$$\begin{aligned} 21 &\equiv k_1 5 + k_2 22 \quad \mod 26 \\ 5 &\equiv k_1 5 + k_2 24 \quad \mod 26 \end{aligned}$$

$$\begin{aligned} 21 &\equiv k_1 5 + k_2 22 \quad \mod 26 \\ 5 &\equiv k_1 5 + k_2 24 \quad \mod 26 \end{aligned}$$

앞 절에서 밥이 크래머 규칙을 이용해 연립방정식을 풀었듯이 이브도 같은 방법으로 두 연립방정식을 풀 수 있다.

첫 번째 연립방정식에 크래머 규칙을 적용하면 다음과 같다.

$$\begin{aligned} k_1 &\equiv \overline{(5 \times 24 - 22 \times 5)}(24 \times 21 - 22 \times 5) \quad \mod 26 \\ k_2 &\equiv \overline{(5 \times 24 - 22 \times 5)}(-5 \times 21 + 5 \times 5) \quad \mod 26 \end{aligned}$$

이 식을 계산하면 k_1과 k_2의 값을 얻는다.

$$k_1 \equiv 3 \quad \mod 26 \qquad k_2 \equiv 5 \quad \mod 26$$

마찬가지로 두 번째 연립방정식에서 다음 식을 얻을 수 있고,

$$\begin{aligned} k_3 &\equiv \overline{(5 \times 24 - 22 \times 5)}(24 \times 0 - 22 \times 2) \quad \mod 26 \\ k_4 &\equiv \overline{(5 \times 24 - 22 \times 5)}(-5 \times 0 + 5 \times 2) \quad \mod 26 \end{aligned}$$

이것을 계산하면 k_3과 k_4를 얻는다.

$$k_3 \equiv 6 \quad \mod 26 \qquad k_4 \equiv 1 \quad \mod 26$$

일반적으로 알려진 평문 공격을 시행하려면 한 블록을 구성하는 문자의 개수만큼 평문 블록을 알고 있어야 한다. 힐 암호는 복호화하기도 쉽지만 그만큼 알려진 평문 공격을 이용해 해독하기도 쉽다. 이

것은 암호기술에서 용납할 수 없는 일이다. 그래서 힐 암호는 원래 방식 그대로는 절대 사용되지 않는다. 그럼에도 불구하고 다중문자 치환을 할 때 연립방정식을 이용하는 아이디어는 많은 현대 암호 탄생에 영향을 미쳤다.

1.8 장을 마치며

책의 서문에서 밝혔듯이 이 책에서 다루는 일부 암호는 오늘날 관점에서 보면 시대에 뒤진 것들이다. 1장에서 다룬 암호 모두가 고전 암호에 해당하며 그런 암호가 앞으로 두어 개 더 등장할 것이다. 고전 암호는 모두 알파벳을 대상으로 삼지만, 오늘날 우리는 숫자와 그림, 음향 등 다양한 형태의 정보를 암호로 바꾸고 싶어 한다. 사실 이것은 그렇게 어려운 일이 아니다. 다양한 형태의 정보를 숫자로 표현하는 법을 잘 알고 있기도 하고, 문자가 아닌 숫자를 사용하는 암호방식으로 어렵지 않게 조정할 수 있기 때문이다. 덧셈 암호나 곱셈 암호는 키가 충분히 많지 않은 탓에 무차별 대입 공격에 쉽게 무너진다. 암호해독을 도와주는 컴퓨터의 등장으로 아핀 암호도 안전을 보장할 수 없게 되었다. 이보다 더 심각한 것은 모든 단순 치환 암호가 빈도 분석법에 취약하다는 것이다. 단순 치환 암호는 2장에서 다룰 다표식 치환 암호의 기본이 되기 때문에 현대 암호학에서도 중요하게 다룬다. 2장을 이해하려면 단순 치환 암호부터 알아야 한다. 다표식 치환 암호도 안전성 측면에서는 최신 암호라고 볼 수 없지만 그 부분은 2장 후반에서 다룰 것이다.

다중문자 치환 암호는 블록 크기가 충분히 크다면 빈도 분석 공격을 무력화시킬 수 있다. 사실 현대 암호에서 양대 산맥의 한 축을 이루는 블록 암호(5장에서 정의한다)도 단지 0과 1로만 구성된 알파벳 위에서 작동하는 다중문자 치환 암호인 셈이다. 지금까지 살펴본 바로는 힐 암호와 아핀 힐 암호 둘 다 알려진 평문 공격에 약하다. 즉, 다중문자 치환 암호의 특정 형태인 힐 암호나 아핀 힐 암호 모두 안전한 암호라 할 수 없다. 하지만 이미 언급했듯이 이 두 암호는 4장에서 설명할 미국 정부의 블록 암호 표준을 포함해 현대 블록 암호의 기본 구성요소로 쓰인다. 따라서 아핀 힐 암호 없이는 현대 블록 암호를 이해할 수 없고, 덧셈 암호와 곱셈 암호, 아핀 암호를 이해하지 않고는 아핀 힐 암호를 제대로 이해할 수 없다.

이 장에서 소개한 암호 공격 방법들은 최신 방법은 아니지만 현대 암호해독 기법을 이해하는 데 매우 중요하다는 사실을 강조하고 싶다. 현대 블록 암호는 문자의 출현 빈도와 아무 상관없지만, 빈도 분석법은 분명히 블록 암호와도 관련 있다. 예를 들어 4장에서 설명할 차분 공격(differential attack)은 문자 빈도 분석법처럼 통계적 빈도 계산에 전적으로 의존하는 암호해독 기법이다. 다만, 암호문 자체에 나타나는 빈도를 분석하는 것이 아니라 암호문 블록 간의 차이에 적용한다. 4장에서 다룰 또 다른 암호해독 방법인 선형 공격(linear attack)은 힐 암호를 해독할 때 썼던 알려진 평문 공격을 더 정교하게 만든 것이다. 현대 암호는 힐 암호와 아핀 힐 암호처럼 연립방정식 형태로 구성되어 있지 않지만, 연립방정식으로 접근할 수가 있다. 선형 공격은 이 점을 이용한 암호해독 방법이다.

아마 독자들은 모듈로 연산 개념과 표기법이 정말로 필요한지, 이 장에서 소개한 암호를 더 쉽게 기술하는 다른 방법은 없는지 궁금할 수 있을 것이다. 사실 덧셈 암호와 곱셈 암호, 아핀 암호는 누군가 모듈로 연산으로 기술할 생각을 하기 훨씬 이전부터 사용되었을 뿐만 아니라 완벽하게 해독방법이 밝혀진 암호들이다. 반면에 아핀 힐 암호와 힐 암호는 모듈로 연산에 기초해 만들어졌기 때문에 모듈로 개념을 사용하지 않고 설명하기란 여간 어려운 것이 아니다. 특히 모듈로 연산은 6, 7, 8장에서 다루게 될 지수 암호(exponential cipher)와 공개키 암호(public-key cipher)를 이해하는 데 반드시 필요하다.

2

다표식 치환 암호

2.1 동음이의 암호

다중문자 암호는 한 번에 2개 이상의 문자를 암호화하는 방식으로, 단순한 문자 빈도 분석을 방해할 수 있는 암호 생성 기법에 속한다. 이 방식은 블록 크기가 3만 되어도 수동으로 작성하기 아주 어렵거나 불가능하며, 기계를 이용하더라도 여전히 번거롭다. 이와 대조적으로 다표식 암호는 단표식 치환 암호처럼 한 번에 한 문자를 치환하지만 문자마다 다른 치환 규칙을 사용한다. 다표식 암호방식은 아주 간단하다. 송신자인 앨리스는 메시지의 일부 또는 전체에 대해 각각의 평문 문자에 대응하는 암호문 문자를 기분 내키는 대로 여러 개 정한다. 언어학에서 서로 철자가 다른 두 단어가 발음이 같으면 동음이의어(homophone)라고 부르는데, 같은 맥락에서 한 문자를 여러 문자로 암호화하는 암호를 가리켜 **동음이의 암호**(homophonic cipher)라 한다. 따라서 암호학에서 동음이의어란 암호문에서는 다른 형태를 갖지만 동일한 문자로 복호화되는 문자를 가리킨다.

암호기술의 여러 가지 성질과 마찬가지로 동음이의 암호의 기본 원리도 아랍인들에 의해 처음 탐구되었다고 전해진다. 하지만 지금까지 알려진 암호 중에서 동음이의어를 핵심 기법으로 사용한 최초의 암호는 1401년 이탈리아 만토바 공국의 한 암호담당 관리가 만든 것이다. 그 암호는 15세기 이탈리아어에서 사용 빈도가 높은 a, e, o, u 각각에 대해 대응하는 문자를 3개씩 더 추가해서, 즉 암호문 알파벳에 12 부호를 추가해 만든 것으로 아트바시 암호의 변형이라 할 수 있다. 이 아이디어를 현대 로마자 알파벳과 자판 부호로 표현하면 다음과 같다.

평문:	a	b	c	d	e	f	g	h	i	j	k	l	m
암호문:	Z	Y	X	W	V	U	T	S	R	Q	P	O	N
	!				@								
	%				&								
	)				–								

평문:	n	o	p	q	r	s	t	u	v	w	x	y	z
암호문:	M	L	K	J	I	H	G	F	E	D	C	B	A
		#						$					
		*						(					
		=						+					

이렇게 해도 안전성이 그다지 크게 향상되지 않았으리라 의심이 들 수 있다. 그러나 출현 빈도가 높은 평문 문자가 여러 기호 중에서 무작위로 하나를 배분받아 암호화된다면 단순한 빈도 분석법을 적용하기는 어렵다. 이 암호가 제대로 사용되었다면 암호문에는 평문 e에 대응되리라 기대되는, 즉 빈도가 약 13%인 문자가 나타나지 않을 것이다. 대신에 각각의 빈도가 3%를 조금 넘는 네 가지 기호 V, @, &, –가 있을 것이다. 다른 문자들도 대개 3% 정도 빈도로 출현하므로 빈도 분석법을 사용하려는 암호해독가에게 별 도움이 되지 않는다. 이 방법은 앨리스가 정말로 네 기호 중 하나를 무작위로 뽑았을 때만 유효하다. 엉성한 암호사용자는 네 가지 선택 중에서 하나를 집중적으로 사용하고, 이를테면 키보드 자판에서 V가 다른 기호보다 입력하기 편리하다는 이유로 이것만 사용하고 가끔씩만 다른 기호를 사용하는 실수를 저지르기 쉽다. 그렇게 되면 동음이의 방식의 유용성을 상당히 해치게 된다.

만토바 암호가 만들어질 당시 유럽에 빈도 분석법이 얼마나 알려졌었는지는 아무도 모른다. 사용 빈도가 높은 모음 네 개에 대해서만 동음이의를 허용했다는 사실로 미루어 만토바 사람들이 빈도 분석 공격을 알고 있었으리라 추측할 뿐이다. 하지만 확실히 말할 수 있는 것은 아무것도 없다. 주로 학문적으로 암호를 연구한 아랍 세계와 달리 르네상스 시대의 유럽에서는 암호기술이 아주 중요한 외교 전술의 일환이었고 따라서 암호에 관한 것은 모두 철저히 기밀에 부쳤기 때문이다. 유럽에서는 1466년, 1467년 즈음에 레온 바티스타 알베르티(Leon Battista Alberti)가 쓴 책에 빈도 분석법이 등장한다. 알베르티에 대해서는 이제 곧 다시 다룰 것이다. 아마 외교관들의 전형적인 보수적 성향 탓이겠지만, 모음에 이어 자음까지 동음이의어를 사용하는 암호는 1500년대에 들어서야 등장했다.

2.2 우연인가, 계획인가?

우리는 깊이 고찰해보지도 않고 케르크호프스 원리를 기본 가정으로 삼고, 지금까지 이브의 역할에 이 원리를 적용했다. 하지만 이브가 암호의 원리를 추정하기 위해 굳이 암호체계를 훔칠 필요가 없을 때도 있다. 동음이의 암호를 예로 들어보자. 이브는 동음이의 암호가 사용된다는 것을 어떻게 추정할 수 있을까? 일반적으로 동음이의 암호체계에는 문자가 26개 이상이다. 그러나 메시지가 영어가 아닌 다른 언어로 되어 있을 수도 있고, 가능한 모든 암호문 문자가 실제로 메시지에 쓰이지 않을 수도 있다. 어떤 상황인지 어떻게 구별할 수 있을까?

문제 해결을 위한 첫 번째 단계는 암호문 문자 각각에 대한 출현 빈도를 표로 만드는 것이다. 이브가 가로챈 암호문이 다음과 같다고 하자.

QBVDL	WXTEQ	GXOKT	NGZJQ	GKXST	RQLYR
XJYGJ	NALRX	OTQLS	LRKJQ	FJYGJ	NGXLK
QLYUZ	GJSXQ	GXSLQ	XNQXL	VXKOJ	DVJNN
BTKJZ	BKPXU	LYUNZ	XLQXU	JYQGX	NTYQG
XKXQJ	KXULK	QJNQN	LQBYL	OLKKX	SJYQG
XNGLU	XRSBN	XOFUL	YDSXU	GJNSX	DNVTY
RGXUG	JNLEE	SXLYU	ESLYY	XUQGX	NSLTD
GQXKB	AVBKX	JYYBR	XYQNQ	GXKXZ	LNYBS
LRPBA	VLQXK	JLSOB	FNGLE	EXYXU	LSBYD
XWXKF	SJQQS	XZGJS	XQGXF	RLVXQ	BMXXK
OTQKX	VLJYX	UQBZG	JQXZL	NG	

앨리스는 자주 사용되는 짧은 단어를 교묘히 숨기고 이브가 해독하기 더 어렵게 하기 위해 평문에서 띄어쓰기를 모두 없앤 다음, 문자를 다시 5개씩 나누어 암호화했다. 그리고 이브는 총 322개의 문자 중에서 각 문자가 나타나는 출현횟수와 빈도를 계산해 표 2.1을 만들었다.

표 2.1 암호문 문자의 관찰 빈도

문자	출현횟수	빈도(%)
A	3	.9
B	14	4.3
D	6	1.9
E	6	1.9
F	5	1.6
G	23	7.1
J	22	6.8
K	19	5.9
L	30	9.3
M	1	.3
N	20	6.2
O	7	2.2
P	2	.6
Q	30	9.3
R	9	2.8
S	17	5.3
T	9	2.8
U	13	4.0
V	8	2.5
W	2	.6
X	47	14.6
Y	21	6.5
Z	8	2.5

암호문에 나타난 문자는 모두 23개이다. 이것은 이브가 다루고 있는 언어의 전체 문자 수가 26개 이하이거나, 앨리스가 모든 문자를 다 사용하지 않아도 되는 다중문자 치환 방식을 사용했거나, 아니면 평문에서 일부 문자가 나타나지 않았다는 의미이다.

이브가 조사한 암호문의 관찰 빈도와 영어 텍스트의 기대 빈도는 어떻게 다른가? 표 2.2를 살펴보자.

표 2.2 영어 텍스트의 기대 빈도와 주어진 암호문 관찰 빈도 비교

문자	영어 텍스트 기대 빈도(%)	문자	암호문 관찰 빈도(%)
e	12.7	X	14.6
t	9.1	L	9.3
a	8.2	Q	9.3
o	7.5	G	7.1
i	7.0	J	6.8
n	6.7	Y	6.5
s	6.3	N	6.2
h	6.1	K	5.9
r	6.0	S	5.3
d	4.3	B	4.3
l	4.0	U	4.0
c	2.8	R	2.8
u	2.8	T	2.8
m	2.4	V	2.5
w	2.4	Z	2.5
f	2.2	O	2.2
g	2.0	D	1.9
y	2.0	E	1.9
p	1.9	F	1.6
b	1.5	A	.9
v	1.0	P	.6
k	.8	W	.6
j	.2	M	.3
x	.2		
q	.1		
z	.1		

표를 보면 주어진 암호문은 기대 빈도가 가장 낮은 문자들이 우연히 사용되지 않은 단순 치환 암호라고 추정할 수 있다. 만약 동음이의 암호가 사용되었다면 기대 빈도가 낮은 문자는 더 많이 나타나고 기대 빈도가 높은 문자는 오히려 더 적게 나타났을 것이다.

이런 관찰 결과를 보다 정량적으로 분석하기 위한 도구가 **동시발생지수**(index of coincidence)이다. 동시발생지수는 20세기 초 암호학의 핵심 인물로 손꼽히는 윌리엄 프리드먼(William Friedman)이 생각해 낸 방법이다. 프리드먼은 원래 암호학자가 되려고 했던 인물이 아니다. 대학과 대학원에서 유전학을 전공한 프리드먼은 일리노이의 한 괴짜 백만장자가 설립한 리버뱅크 연구소(Riverbank Laboratories)에 초대되어 유전학 연구부에 합류했다. 연구소 내 암호학 연구진은 셰익스피어 작품 속에 숨겨진 암호를 찾으려고 시도하고 있었다. 프리드먼은 사진촬영을 도와 달라는 요청을 받고 그것을 계기로 암호학에 발을 들여놓게 되었다. 결국 셰익스피어 암호는 존재하지 않는다는 결론이 났지만, 프리드먼은 리버뱅크 암호연구팀에서 아내를 만났고 자신의 미래도 발견했다. 1차 세계대전이 발발하자 프리드먼은 리버뱅크 연구소를 떠나 미국 육군에 입대했고, 이후에 2차 세계대전이 끝나고 조직된 미국국가안보국(National Security Agency, NSA)으로 자리를 옮겼다. 프리드먼의 아내 엘리자베스도 해안경비대와 재무부를 포함해 여러 미국 정부기관에서 암호해독가로 성공적인 경력을 쌓았다.

동시발생지수를 고안했을 때 프리드먼은 문자를 무작위로 2개 뽑는다면 각 문자가 뽑힐 확률이 같을 것이라는 가능성에 집중했다. 먼저 각 문자가 동일한 빈도로 출현하도록 무작위로 분포되어 있고 크기가 아주 큰 알파벳 집합에서 문자를 뽑는다고 가정하자. 첫 번째 뽑은 문자가 a일 확률은 1/26이다. 두 번째 선택에서 a를 뽑을 확률도 1/26이다. 확률론에서는 별개의 두 사건이 동시에 일어날 확률은 각각의 확률을 곱해서 구한다. 따라서 두 번 뽑은 문자가 모두 a일 확률은 $(1/26) \times (1/26) = 1/26^2$이다. 선택한 두 문자가 모두 b일 확률도 $1/26^2$이고, 모두 c일 확률도 $1/26^2$이며 다른 문자의 경우도 마찬가지다. 그러면 어떤 문자이든 같은 문자를 2개 뽑을 확률은 얼마인가? 서로 독립적인 두 사건 중 어느 하나가 일어날 확률은 각각의 확률을 더해서 구한다. 따라서 어느 문자이든 서로 같은 문자 2개를 뽑을 확률은 다음과 같다.

$$\underbrace{\frac{1}{26^2}}_{\substack{\text{둘 다} \\ \text{a일 때}}} + \underbrace{\frac{1}{26^2}}_{\substack{\text{둘 다} \\ \text{b일 때}}} + \underbrace{\frac{1}{26^2}}_{\substack{\text{둘 다} \\ \text{c일 때}}} + \cdots \underbrace{\frac{1}{26^2}}_{\substack{\text{둘 다} \\ \text{z일 때}}} + = 26 \times \frac{1}{26^2} = \frac{1}{26} \approx .038$$

선택된 텍스트에서 문자를 하나씩 두 번 뽑을 때, 서로 같은 문자를 뽑을 확률을 동시발생지수라 한다. 무작위의 영어 텍스트에서 동시발생지수는 대략 0.038, 즉 3.8%이다.

이제 실제 영어 텍스트에서 문자를 뽑는다고 해보자. 표 2.2의 기대 빈도에 따르면 a가 뽑힐 확률은 대략 8.2%, 소수로 나타내면 0.082이다. 따라서 a를 두 번 연속 뽑을 확률은 $(0.082)^2$이다. 두 번 모두 b를 뽑을 확률은 대략 $(0.015)^2$이고, 두 번 모두 c를 뽑을 확률은 대략 $(0.028)^2$이다. 다른 문자에 대해서도 두 번 연속 뽑을 확률을 각각 알 수 있다. 따라서 아무 문자라도 같은 문자를 두 번 뽑을 확률은 다음과 같다.

$$\underbrace{(.082)^2}_{\substack{\text{둘 다} \\ \text{a일 때}}} + \underbrace{(.015)^2}_{\substack{\text{둘 다} \\ \text{b일 때}}} + \underbrace{(.028)^2}_{\substack{\text{둘 다} \\ \text{c일 때}}} + \cdots + \underbrace{(.001)^2}_{\substack{\text{둘 다} \\ \text{z일 때}}} \approx .066$$

다시 말해 실제 영어 텍스트의 동시발생지수는 대략 0.066, 즉 6.6%이다.

프리드먼이 첫 번째로 알아낸 것은 텍스트에 단순 치환 암호를 적용하더라도 동시발생지수는 변하지 않는다는 사실이다. 더하는 순서는 바뀌더라도 총합은 같기 때문이다. 그러므로 단순 치환 암호를 사용한 암호문의 동시발생지수는 대략 0.066일 것이라 기대된다. 하지만 동음이의 암호를 사용해 암호문을 만들었다면 동시발생지수는 분명히 달라진다. 동음이의 방식에서는 문자 간의 출현 빈도 차가 적어지기 때문에 동시발생지수는 0.038과 0.066 사이일 것이다. 사실 26개의 문자가 동일한 빈도로 출현한다고 가정했을 때가 0.038이고, 이것은 영어 알파벳에 대한 동시발생지수의 최솟값이다.

이제 주어진 암호문의 동시발생지수를 계산해보자. 표 2.1을 보면 총 322개 문자 중에서 A가 3개 있으므로 A를 뽑을 확률은 3/322이다. 남은 두 개도 같은 A이기는 하지만 두 번째로 뽑을 때 처음 뽑을 때와 엄밀하게 같은 A를 뽑는 것이 아니라고 가정한다. 그러면 남아 있는 321개 중에 A가 2개 있으므로 두 번째 시도에서 A를 뽑을 확률은 2/321이다. 따라서 두 번의 시도에서 모두 A를 뽑을 확률은

(3/322) × (2/321)이다. B를 두 번 뽑을 확률은 (14/322) × (13/321)이고, 다른 문자의 경우도 마찬가지 방식으로 구할 수 있다. 결국 암호문의 동시발생지수는 다음과 같다.

$$\frac{3}{322}\times\frac{2}{321}+\frac{14}{322}\times\frac{13}{321}+\cdots+\frac{8}{322}\times\frac{7}{321}\approx .068$$

확실히 이 값은 0.038보다 0.066에 더 가까우므로 단순 치환 암호를 사용했다는 쪽으로 무게가 실린다. 프리드먼은 동시발생지수를 사용하는 다른 테스트 기법과 구별하기 위해 이 방법을 **파이 테스트**(phi test)라 불렀다. 동시발생지수를 이용한 다른 테스트에 대해서는 나중에 다룰 것이다. 여러분은 지금쯤 아마 1.5절에서 다룬 기법을 이용해 이 암호문을 풀어보는 재미를 느끼고 싶을지도 모르겠다.

다음에 주어진 암호문의 동시발생지수를 계산하면 대략 0.046인데, 사용된 문자가 26개 이상인데도 예상과는 달리 동시발생지수가 상승하지 않았다. 무작위 텍스트보다는 높지만 단순 치환 암호보다 훨씬 낮다.

```
IW*CI   W@G*L   &H&L(   ASN*A   E)U&V   $CNPC
SIW*E   DDSA@   LTCIH   !(A#C   V%EIW   *!#HA
*IW@N   TAEHR   $CI(C   JTS!C   SHDS#   SIW@S
DVW@R   G$HH*   SIW*W   )JH@(   CUGDC   IDUIW
*&AIP   GWTUA   TLS$L   CIW*D   IWTG!   #HATW
TRG$H   H*SQT   U$G*I   W@S)D   GHWTR   APBDG
*S%EI   W@WDB   @HIG@   IRWWX   H&CV+   XHWVG
*LLXI   WW#HE   G)VG@   HHI#A   AEGTH   @CIAN
W*L!H   Q%I!L   )DAAN   R)BTI   B)K#C   VXC#I
HDGQX   ILXIW   IW@VA   *&B!C   SIWTH   E**S$
UA(VW   I
```

이번 암호문 해독에 한 번 도전해보자. 미리 귀띔하자면 곱셈 암호도 쓰고 만토바 암호와 매우 비슷하게 모음에 대한 동음이의 치환 방식도 썼다. 그러므로 빈도가 높은 자음에 대응되는 암호문 문자가 무엇인지 찾는 것이 관건일 것이다.

2.3 알베르티 암호

동음이의를 이용한 암호는 문자의 전부 또는 일부가 각각 하나 이상의 문자로 치환되므로 일종의 다표식 암호이다. '다표식(polyalphabetic)'이라는 이름은 암호문 '알파벳'이 한 세트 이상이어야 한다는 의미처럼 들린다. 기호를 되도록 많이 사용하지 않으면서 이 작업을 수행하려면 앨리스는 목록에서 암호문 문자를 무작위로 고르는 것보다 더 체계적인 암호화 방법이 필요하다. 앨리스가 사용할 수 있는 암호기법을 최초로 기술한 사람은 이탈리아의 저술가이자 미술가이며 건축가, 운동선수, 철학자인 그야말로 르네상스 시대의 팔방미인이라 할 만한 레온 바티스타 알베르티이다.

알베르티는 1466년 혹은 1467년 초에 〈암호에 대한 논고(De Componendis Cifris)〉를 썼다. 손 글씨로 된 25쪽짜리 이 논문은 유럽의 초기 암호기술과 암호해독에 대한 학술저작물로서, 유럽 최초로 문자 빈도 분석법을 사용하는 방법과 무효 문자와 동음이의어의 개념에 대해 설명한다. 게다가 최초의 치환 암호기계이면서 최초의 진정한 다표식 암호방식이라 할 수 있는 **암호 원판**에 대한 소개가 실려 있다.

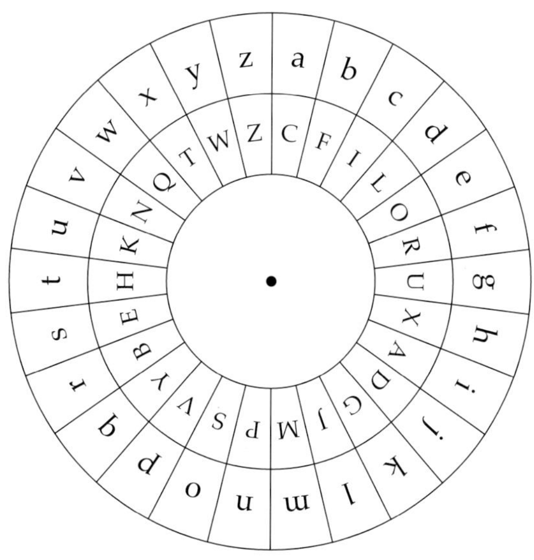

그림 2.1 알베르티 암호 원판

알베르티 암호 원판은 구리 원판 두 개로 구성되어 있다. 그림 2.1과 같이 두 원판의 중심에 핀을 꽂아 회전축을 만들고, 큰 원판은 고정하고 작은 원판은 회전할 수 있게 했다. 각 원판의 둘레를 따라 알파벳 개수만큼 칸을 나누어 사용한다. 우리는 영어 알파벳을 사용할 것이므로 원판 각각에 26칸씩 만들어 전체 칸 수가 52개이다. 평문 문자는 큰 원판 위에 원래 알파벳 순서대로 표시하고, 암호문 문자는 "고정된 문자처럼 규칙적인 순서가 아니라 무질서하게 분산시켜서" 작은 원판에 표시한다. 그러고 나서 작은 원판을 한 자리에 고정하고 문자를 대응시키면 고전적인 단일 치환 암호가 되는 것이다.

알베르티는 새로운 암호문 알파벳을 생성하려면 원판의 움직임을 어떻게 조절해야 하는지 설명했다. 앨리스와 밥은 평문이나 암호문 문자 중에서 한 문자를 선택해 '지표(index)'로 쓰기로 서로 약속한다. 앨리스는 지표 문자가 암호문에서 선택되면 평문 문자를 하나 선택하고, 반대로 평문에서 선택되면 암호문 문자를 하나 선택해서 메시지의 시작부분에 적는다. 그러면 이 문자가 지표 문자와 같은 위치에 오도록 원판을 회전시켜야 한다는 의미이다.

예를 들어 암호문 알파벳이 다음 순서로 배열되어 있다고 가정하자.

암호문:	C	F	I	L	O	R	U	X	A	D	G	J	M
	P	S	V	Y	B	E	H	K	N	Q	T	W	Z

지표 문자가 C인 경우 메시지가 키 문자 a로 시작한다면 원판을 그림 2.1과 같이 회전시켜야 한다.

이제 앨리스는 'Leon Battista Alberti'라는 평문을 다음과 같이 암호화할 수 있다.

aJOSPFCHHAEHCCJFOBHA

알베르티가 제안한 암호방식은 단어를 3-4개 암호화하고 나면 원판을 새로 돌려 암호규칙을 바꾸고, 암호문에 새로운 키 문자를 삽입해 암호 변경을 표시하는 것이다. 예를 들어 앨리스가 두 번째 암호키로 e를 선택했다면 앨리스와 밥은 암호 원판을 그림 2.2와 같이 회전시켜야 한다.

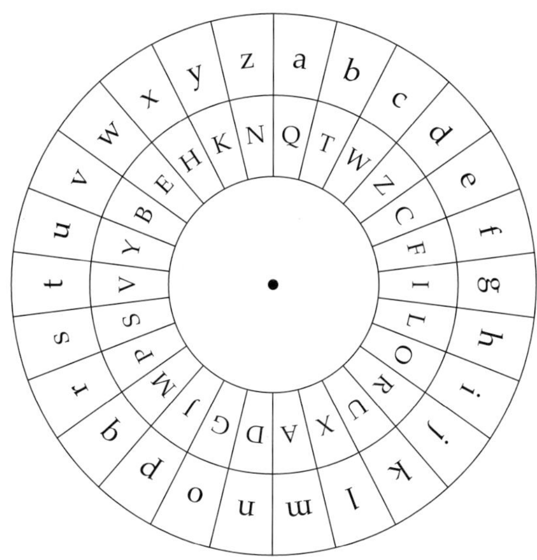

그림 2.2 다른 위치로 회전된 알베르티 암호 원판

따라서 '서양 암호학의 아버지 레온 바티스타 알베르티'라는 의미의 영어 평문 'Leon Battista Alberti, Father of Western Cryptography'를 암호화하면 다음과 같은 암호문이 나온다.

aJOSPFCHHAEHCCJFOBHAeFQVLCPGFECSVCPDWPKJVGIPQJLK

복호화하기 위해 밥은 앨리스와 같은 암호 원판을 가지고 있어야 한다. 처음에는 C가 a 위치에 오도록 원판을 돌리고, 나중에는 C가 e 위치에 오도록 원판을 돌려서 알파벳끼리 대응시켜 복호화한다.

이브는 이 암호를 해독하고 싶겠지만 문제가 하나 있다. 알베르티 암호방식이 사용되고 있다는 것을 알고, 심지어 메시지에 등장하는 소문자가 암호키라는 것을 알더라도 암호문 알파벳의 순서를 모른다면 밥처럼 복호화할 수 없다. 만약 앨리스가 원판의 위치를 충분히 자주 바꾸는 주도면밀함을 보이고, 메시지가 그다지 길지 않아 원판의 위치를 중복해서 사용하지 않아도 된다면 이브는 빈도 분석법을 사용할 수 없을 것이다. 원판 회전을 한 번 고정해서 나오는 텍스트가 빈도 분석을 할 수 있을 만큼 충분하지 않기 때문이다. 그러나 만약 이브가 암호문의 소문자가 암호 원판을 얼마나 회전시켰는지 나타내는 지표임을 안다면 원판을 역방향으로 돌린 다음에 빈도를 분석해서 해독할 수 있을지도 모른다. 게다가 알베르티의 제안처럼 앨리스가 3-4개 단어마다 매번 원판의 위치를 바꾼다면 단어 속 반복되는 문자 패턴에 포함된 많은 정보가 그대로 유지될 것이고, 이브는 그 점을 이용할 수 있을 것이다. 따라서 좋은 암호가 되려면 암호문 알파벳이 더 자주 바뀌어야 하고, 암호 변경이 어디에서 어떤 패턴으로 일어나는지 파악하기 더 어려워야 한다.

다음 절로 넘어가기에 앞서 다소 시대에 맞지 않는 것이지만 모듈로 연산이 응용되는 다른 사례를 꼭 언급하고 싶다. 암호 원판을 회전시키는 일은 덧셈 암호를 사용해 암호화하는 단계와 같다. 따라서 알베르티 방식은 작은 원판 위에 알파벳을 만들어내는 어떤 암호와 덧셈 암호의 결합이라고 할 수 있다. 우리가 다루고 있는 예는 작은 원판의 알파벳이 곱셈 암호로 만들어졌으므로 1.4절에서 살핀 것처럼 덧셈 암호와 곱셈 암호를 결합한 kP + m 꼴의 곱암호인 셈이다. 그때와는 다르게 여기에서는 곱셈 암호를 적용하기 전에 덧셈을 먼저 실행한다.

평문:	a	b	c	d	e	f	g	h	i	j	···	y	z
숫자:	1	2	3	4	5	6	7	8	9	10	···	25	26
더하기 22:	23	24	25	26	1	2	3	4	5	6	···	21	22
회전된 평문:	w	x	y	z	a	b	c	d	e	f	···	u	v
회전된 숫자 곱하기 3:	17	20	23	26	3	6	9	12	15	18	···	11	14
암호문:	Q	T	W	Z	C	F	I	L	O	R	···	K	N

2.4 정사각형 암호표 유행 시대: 트리테미우스 암호표, 비즈네르 암호표

알베르티가 유럽 최초로 암호에 관한 책을 썼고 최초로 건축에 관한 인쇄물을 펴낸 인물로 인정받지만, 최초로 인쇄된 암호 책을 저술한 사람은 따로 있다. 요하네스 트리테미우스(Johannes Trithemius)가 바로 그 주인공이다. 트리테미우스는 지금의 독일 라인란트팔츠 주에 자리 잡은 슈폰하임 베네딕트 수도원 원장이었고, 15세기 후반과 16세기 초반에 주로 저술활동을 했다. 유럽의 암호기술과 문헌정보학의 기초를 닦았을 뿐만 아니라 연금술과 점성술, 악령, 영혼 등 초자연적인 것에 지대한 관심이 있어서 당시 상당한 논란을 일으켰다. 오늘날 시각으로 보더라도 확실히 특이하다고 할 만한 인물이었다. 여러 가지 경우에서 트리테미우스가 쓴 책이 암호에 관한 것인지, 마술에 관한 것인지, 아니면 둘 다인지 확실히 말하기 어렵다. 게다가 그의 글은 대체로 현실과 동떨어진 내용이어서 수 세기 동안 사람들의 관심에서 소외되었다. 그러나 최근 발견된 증거는 트리테미우스가 쓴 이상한 글이 전부는 아닐지라도 상당수가 실제로는 암호나 다른 비밀 메시지를 가리기 위한 속임수였음을 암시한다.

어쨌든 트리테미우스는 암호 애호가들 사이에서 **트리테미우스 암호표** 또는 **정사각형 암호표**(tabula recta)로 가장 잘 알려져 있다. 암호에 갓 입문한 독자라면 알베르티 암호 원판의 암호문 알파벳이 평문 알파벳과 같은 순서로 배열되어 있다고 생각하면 이해하기 쉬울 것이다. 먼저, 덧셈 암호를 얻기 위해 원판을 한 칸 회전시킨다.

평문:	a	b	c	d	e	f	g	…	t	u	v	w	x	y	z
암호문:	B	C	D	E	F	G	H	…	U	V	W	X	Y	Z	A

그다음은 두 칸, 다음은 세 칸, 네 칸 등등 결국에는 출발 지점으로 되돌아올 때까지 계속 회전한다.

평문:	a	b	c	d	e	f	g	…	t	u	v	w	x	y	z
암호문:	B	C	D	E	F	G	H	…	U	V	W	X	Y	Z	A
암호문:	C	D	E	F	G	H	I	…	V	W	X	Y	Z	A	B
암호문:	D	E	F	G	H	I	J	…	W	X	Y	Z	A	B	C
⋮								⋮							
암호문:	Y	Z	A	B	C	D	E	…	R	S	T	U	V	W	X
암호문:	Z	A	B	C	D	E	F	…	S	T	U	V	W	X	Y
암호문:	A	B	C	D	E	F	G	…	T	U	V	W	X	Y	Z

이 암호표는 암호 원판과 똑같은 정보를 가지고 있다. 다만 모든 정보를 한꺼번에 보여주는 형태라는 것만 다르다. 이보다 더 중요한 것은 트리테미우스가 알베르티와 다른 방식으로 암호표를 사용했다는 사실이다. 트리테미우스가 제안한 방식은 앨리스가 원할 때마다 원판의 위치를 바꾸는 것이 아니라, 정사각형 암호표를 따라 차례대로 내려가면서 문자 하나마다 암호문 문자로 하나씩 치환하는 것이다. 이때 암호표의 맨 아래 줄에 이르면 처음부터 다시 시작한다. 이것을 **점진적 치환 체계**(progressive system)라 한다. 점진적 치환 체계에는 장점이 몇 가지 있다. 첫째, 'attack'이나 'meeting'과 같은 단

어에서 반복되는 문자의 흔적을 제거한다. 둘째, 암호문에 암호키 문자가 여실히 드러나도록 남겨두지 않는다. 한편, 점진적 치환 체계는 암호키를 전혀 사용하지 않는다. 이는 금기 사항이라고 할 수 있다. 트리테미우스는 알파벳이 다양한 순서로 배열될 수 있음을 알고 있었다. 그는 알파벳 역순으로 문자를 배열한 암호표뿐만 아니라 다양한 순서로 배열한 각양각색의 암호표를 만들었다. 그러나 어떤 것에도 키를 사용하지 않은 것으로 보인다.

트리테미우스가 만든 암호표에 암호키를 어떻게 추가할 수 있는지 살펴보고자 이탈리아에 대한 이야기로 되돌아가자. 키를 추가하는 아이디어는 지오반 바티스타 벨라조(Giovan Battista Bellaso)가 처음 제안한 것으로 보인다. 벨라조에 관해서는 알려진 것이 많지 않지만, 가톨릭교회의 추기경을 보좌하는 비서로 일했다고 전해진다. 그래서 업무상 암호와 비밀 메시지를 연구했었을 것이다. 벨라조는 암호학에 대한 소책자를 1553년, 1555년, 1564년에 각각 한 권씩 펴내어 다양한 유형의 다표식 치환 암호에 대해 설명했다. 그는 알파벳을 기본 순서대로 사용하지 않고 **대칭 알파벳**(reciprocal alphabet)을 사용했는데, 이는 암호는 그대로 둔 채 암호화와 복호화 알파벳의 역할만 서로 바꾸는 것을 말한다. 복호화는 암호화와 똑같은 과정을 따르므로 실행하기 매우 편리하다. 1.4절에서 다룬 아트바시 암호가 그 예이며, 트리테미우스의 역순 암호표도 이에 해당한다.

간단히 하고자 우리는 트리테미우스의 기본 암호표를 그냥 사용하기로 하겠다. 벨라조는 트리테미우스 암호표의 가장자리에 세로로 키 문자열을 추가하는 혁신적인 방안을 생각해냈다.

	a	b	c	d	e	f	g	…	t	u	v	w	x	y	z
A	B	C	D	E	F	G	H	…	U	V	W	X	Y	Z	A
B	C	D	E	F	G	H	I	…	V	W	X	Y	Z	A	B
C	D	E	F	G	H	I	J	…	W	X	Y	Z	A	B	C
…								…							
X	Y	Z	A	B	C	D	E	…	R	S	T	U	V	W	X
Y	Z	A	B	C	D	E	F	…	S	T	U	V	W	X	Y
Z	A	B	C	D	E	F	G	…	T	U	V	W	X	Y	Z

먼저 앨리스와 밥은 단어나 구로 된 **키워드**(keyword)를 미리 약속한다. 그리고 앨리스는 키워드를 필요한 만큼 반복해서 평문의 위 칸에 적는다.

키워드:	T	R	E	T	E	S	T	E	D	I	L	E	O	N	E	T	R	E
평문:	s	p	o	r	t	i	n	g	h	i	s	c	l	o	t	h	e	s

다음으로 앨리스는 평문의 각 문자에 대해 해당 키 문자와 대응되는 알파벳 행에서 암호문 문자를 찾는다.

키워드:	T	R	E	T	E	S	T	E	D	I	L	E	O	N	E	T	R	E
평문:	s	p	o	r	t	i	n	g	h	i	s	c	l	o	t	h	e	s
암호문:	M	H	T	L	Y	B	H	L	L	R	E	H	A	C	Y	B	W	X

1.6절에서 다룬 다중문자 치환 암호의 경우 평문에서는 같은 문자이더라도 위치에 따라 암호문에서는 다른 문자로 나타날 수 있다는 점에 주목하자. 앞의 예에서도 평문에 있는 3개의 s가 각각 M, E, X로 치환되었다. 이런 형태의 다표식 암호를 **반복키 암호**(repeating–key cipher)라 부른다. 반복키 암호의 키는 반드시 그런 것은 아니지만 단어나 어구가 가장 흔하게 사용된다.

앞에서 언급했듯이 벨라조는 순서가 다양한 키 알파벳과 암호문 알파벳을 사용해 더 복잡한 암호체계를 만들었다. 수학적 관점에서 보면 트리테미우스 암호표를 사용하는 것이 모듈로 연산으로 쉽게 표현할 수 있다는 장점이 있다.

키워드:	T	R	E	T	E	S	T	E	D	I	L	E	O	N	E	T	R	E
숫자:	20	18	5	20	5	19	20	5	4	9	12	5	15	14	5	20	18	5
평문:	s	p	o	r	t	i	n	g	h	i	s	c	l	o	t	h	e	s
숫자:	19	16	15	18	20	9	14	7	8	9	19	3	12	15	20	8	5	19
암호문:	M	H	T	L	Y	B	H	L	L	R	E	H	A	C	Y	B	W	X
숫자:	13	8	20	12	25	2	8	12	12	18	5	8	1	3	25	2	23	24

표를 보면 암호문 숫자는 단순히 모듈로 26에 대해 평문 숫자와 키 숫자를 더한 값이라는 것을 알 수 있다. 이것이 5장에서 다루게 될 현대 디지털 스트림 암호의 초기 형태이다.

가여운 벨라조는 자신이 고안해낸 암호체계가 금세 유명해졌는데도 정작 그 자신은 인정을 받지 못했다. 1564년에 벨라조는 "다른 사람이 내 옷을 입은 채 내가 쏟은 노고의 대가로 내가 누려야 할 명예를 빼앗고 있다."라고 글을 남겼다. 그가 말한 다른 사람은 아마 조반니 바티스타 델라 포르타(Giovanni Battista Della Porta)였을 것이다. 델라 포르타는 벨라조가 1553년에 발표한 암호체계와 본질적으로 같은 암호를 1563년에 발표하면서 벨라조의 공로에 대해 어떤 언급도 하지 않았다. 오늘날의 암호학자들도 아주 최근까지 1553년에 발표된 벨라조의 책을 간과하거나 1564년에 나온 책과 혼동했고, 반복키 암호를 발명한 것은 델라 포르타의 공로라고 생각했다. 심지어 19세기에는 반복키 암호에 대한 공이 블레즈 드 비즈네르(Blaise de Vigenère)에게 돌아가는 안타까운 일이 벌어졌다. 비즈네르에 대해서는 5.3절에서 다시 이야기하겠지만, 비즈네르는 1586년에 트리테미우스 암호표와 반복키 암호, 그리고 이 두 방식을 결합한 암호를 발표했다. 그는 어떤 것도 직접 만들었다고 주장하지 않았지만 벨라조 암호방식을 훨씬 더 편리한 형태로 바꿨기 때문에 벨라조 암호를 가리켜 흔히 비즈네르 암호라 하며, 정사각형 암호표를 비즈네르 암호표라 한다.

2.5 얼마나 많아야 많은 것인가? 알파벳 세트의 개수 결정하기

지금까지 언급한 다표식 치환 암호들은 대부분 반복키를 사용한다는 공통점이 있다. 키의 길이가 한정되기 때문에 일정 길이의 문자열에 대해 사용하고 나면 결국 키를 반복해서 사용해야 한다. 키에 사용된 문자의 개수를 암호의 **주기**(period)라 하는데, 벨라조의 암호에서 주기는 키워드의 길이와 같다. 반복키 암호를 해독하는 방법을 살피기에 앞서 사용된 암호가 반복키 암호인지 판별하는 법부터 알아보자. 다행히 동음이의 암호에 썼던 도구를 그대로 사용할 수 있다. 즉, 동시발생지수를 이용할 것이다. 앞에서 사용한 트리테미우스의 정사각형 암호표에 비교적 짧은 키워드를 추가한 반복키 암호를 생각해보자.

키워드:	L	E	O	N	L	E	O	N	L	E	O	N	L	E	O
평문:	t	h	e	c	a	t	o	n	t	h	e	m	a	t	b
암호문:	F	M	T	Q	M	Y	D	B	F	M	T	A	M	Y	Q

키워드:	N	L	E	O	N	L	E	O	N	L
평문:	a	t	t	e	d	a	g	n	a	t
암호문:	O	F	Y	T	R	M	L	C	O	F

우리가 기대하는 동시발생지수는 얼마일까? 단어나 구를 키워드로 사용하면 동시발생지수를 계산할 때 어느 정도 영향을 미칠 수 있으므로 일단 문자를 무작위로 뽑아 키워드를 만들었다고 가정하자.

암호 주기를 l이라 하자. 우리는 암호문 문자들을 l개의 열로 배열하고 각 열에 키워드 구성문자를 하나씩 배정할 수 있다. 만약 문자가 모두 n개 있다면 각 열에는 n/l개의 문자가 있다. 주어진 예는 n = 25, l = 4이므로 다음과 같이 배열된다.

열:	I	II	III	IV
키워드:	L	E	O	N
암호문:	F	M	T	Q
	M	Y	D	B
	F	M	T	A
	M	Y	Q	O
	F	Y	T	R
	M	L	C	O
	F			

같은 열에서 문자를 두 개 뽑는다면 두 문자는 같은 암호방식에 의해 암호화된다. 따라서 이 경우 두 문자가 같은 문자일 확률은 대략 0.066일 것이다. 반면에 무작위로 서로 다른 두 열을 선택하고 각 열에서 문자를 하나씩 뽑는다면 두 문자가 같은 문자일 확률은 0.038일 것이다. 전체 문자의 수가 n이므로 첫 번째 문자를 뽑는 경우의 수는 n이다. 두 번째 문자를 첫 번째와 같은 열에서 뽑는다면 가능한 경우의 수는 $(n/l - 1)$이고, 같은 문자일 확률은 0.066이다. 두 번째 문자를 첫 번째와 다른 열에서 뽑는다면 가능한 경우의 수는 $(n - n/l)$이고, 같은 문자일 확률은 0.038이다. 문자 2개를 뽑을 때 가

능한 모든 경우의 수는 $n \times (n - 1)$이므로 두 문자가 같은 문자일 확률, 즉 동시발생지수는 다음과 같이 식으로 나타낼 수 있다.

$$\frac{n \times (n/l - 1) \times .066 + n \times (n - n/l) \times .038}{n \times (n-1)} = \frac{n/l - 1}{n-1} \times .066 + \frac{n - n/l}{n-1} \times .038$$

값을 몇 개 대입해 계산해보면 동시발생지수가 0.038과 0.066 사이에 있음을 알 수 있다. 만약 $l = 1$이면 단순 치환 암호가 되고 동시발생지수는 0.066이다. 만약 $l = n$이면 모든 평문 문자는 각각 무작위로 선택된 서로 다른 문자로 치환된다. 암호문은 사실상 규칙이 없이 완전히 무작위적이며 동시발생지수는 0.038이다. 비록 주어진 예는 메시지 길이가 짧아서 아주 근접하지는 않겠지만, $n = 25$, $l = 4$이므로 동시발생지수는 $(5.25/24) \times 0.066 + (18.75/25) \times 0.038$, 즉 대략 0.044일 것이다.

입수한 암호문이 반복키를 사용한 다표식 치환 암호로 암호화된 것임을 알아냈다면 암호해독을 위한 첫 번째 과제는 암호 주기를 찾아내는 것이다. 암호 주기를 찾는 가장 유용한 방법은 19세기 중반 두 사람에 의해 각자 독립적으로 그것도 거의 동시에 발견되었다. 역사에서 이런 일은 꽤 흔하다. 특히 암호와 같이 비밀리에 진행되는 주제와 관련해서는 더욱 자주 일어난다. 주인공 중 한 사람은 찰스 배비지(Charles Babbage)이다. 배비지는 과학, 수학, 공학 등 많은 분야의 연구를 했지만, 오늘날 다른 무엇보다 프로그래밍이 가능한 컴퓨터를 처음 고안한 과학자로 가장 많이 알려져 있다. 배비지는 다표식 치환 암호에 대한 연구 결과를 출판하려 했지만 안타깝게도 그러지 못했다. 다표식 치환 암호에 대한 책을 펴낸 사람은 프리드리히 카지스키(Friedrich Kasiski)이다. 배비지와 달리 카지스키는 책을 출판한 것 이외에는 암호학에 많은 기여를 하지는 않았다. 프로이센군의 소령이었던 카지스키는 군 복무 동안에는 암호와 관련해 별다른 활동을 하지 않았던 것 같다. 퇴역한 후에야 그는 다표식 치환 암호를 주제로 얇은 책을 펴냈다.

그렇다면 일반적으로 **카지스키 테스트**(Kasiski test)라고 불리는 이 방법은 어떤 것일까? 기본 원리는 평문에서 반복되는 부분이 반복되는 키를 기준으로 같은 위치에 오면 암호문도 반복된다는 것이다. 앞의 예를 다시 살펴보자.

키워드:	L	E	O	N	L	E	O	N	L	E	O	N	L	E	O
평문:	t	h	e	c	a	t	o	n	t	h	e	m	a	t	b
암호문:	F	M	T	Q	M	Y	D	B	F	M	T	A	M	Y	Q

키워드:	N	L	E	O	N	L	E	O	N	L
평문:	a	t	t	e	d	a	g	n	a	t
암호문:	O	F	Y	T	R	M	L	C	O	F

평문에 at가 네 번 반복된다. 처음 두 at는 키워드의 같은 위치에 오지만, 세 번째와 네 번째 at는 처음 두 경우와 같은 위치에 오지 않는다. 그러므로 처음 두 at은 모두 MY로 암호화되었지만 나머지 두 at는 다르게, 즉 OF로 암호화되었다.

이제 이브에게 암호문만 있다고 가정하자. 카지스키 테스트는 암호문에서 반복되는 문자열을 찾는 것에서 출발한다. 주어진 예에는 FMT, MY, OF가 보인다. 반복 문자열의 각각 첫 문자부터 다음 반복이 나타나기 직전까지 문자의 개수를 센다. FMT, MY, OF 모두 간격이 8이다. 따라서 이브는 주기가 8의 약수라는 결론을 도출할 수 있다(실제로 이 경우 암호 주기는 4이다).

암호문이 길어지면 카지스키 테스트가 복잡해지지만 더 효과적이기도 하다. 다음 암호문 예를 살펴보자.

HXJVX	DMTUX	NUOGB	USUHZ	LFWXK	FFJKX
KAGLB	AFJGZ	IKIXK	ZUTMX	YAOMA	LNBGD
HZEHY	OMWBG	NZPMA	PZHMH	KAPGV	LASMP
POFLA	LTBWI	LQQXW	PZUHM	OQCHH	RTFKL
PEUXK	DMTKX	HPJGZ	IGUBM	OMEGH	WUDMN
YQTHK	JAOOX	YEBMB	VZTBG	PFBGW	DTBMB
ZFIXN	ZQPYT	IAPDM	OAVZA	AMMBV	LIJMA
VGUIB	JFVKX	ZASVH	UHFKL	HFJHG	

이 암호문이 지금까지 살펴본 암호 가운데 하나를 사용해 암호화한 것이라고 가정한다면 이브는 가장 먼저 단일 치환 암호인지 다표식 치환 암호인지부터 따질 것이다. 이 암호문의 동시발생지수를 계산하면 0.044인데, 분명히 0.038과 0.066 사이의 값이다. 게다가 어떤 암호문 문자도 출현 빈도가 8%를 넘지 않으며, 정확하게 26개의 문자가 사용되었다. 따라서 다소 이례적인 동음이의 암호이거나 반복키 암호일 것이다. 암호문에서 밑줄이 그어진 문자는 카지스키 테스트를 하기 위해 이브가 찾아낸 반복 문자열이다. 반복되는 2개짜리 문자열은 굉장히 많기 때문에 이브는 일단 그것들은 무시하고 넘어간다.

이브는 반복되는 문자열의 첫 번째 출현 위치와 두 번째 출현 위치, 출현 간격을 표로 나타낸다.

반복 문자열	첫 번째 위치	두 번째 위치	간격
DMT	6	126	120
JGZI	38	133	95
FKL	118	228	110
BMB	163	178	15
MBV	164	203	39

각 간격들의 공약수가 1 이외에는 없다. 하지만 마지막 문자열을 제외하면 모두 5를 약수로 갖는다. 사실 5는 120, 95, 110, 15의 최대공약수이다. 따라서 암호 주기가 5일 가능성이 매우 높다. 마지막 문자열 MBV는 카지스키 테스트의 기본 원리가 아니라 순전히 우연에 의해 나타났을 것이다.

만약 카지스키 테스트 결과가 만족스럽지 않다면 이브는 다른 방법을 시도할 수도 있다. 우선, 직접 구한 동시발생지수와 앞에서 설명한 동시발생지수 공식을 같다고 놓고 주기를 구하는 방법이 있다. 두 값을 같다고 놓으면 다음 식이 성립한다.

$$.044 = \frac{235/l - 1}{234} \times .066 + \frac{235 - 235/l}{234} \times .038$$

이 식을 l에 대해 풀면 암호 주기가 나온다.

$$l = \frac{235 \times .028}{234 \times .044 - 0.038 \times 235 + .066} \approx 4.6$$

이것으로 카지스키 테스트 값이 5임이 확실해졌다. 결과 자체로만 보면 암호 주기는 4일 수도 있고 5일 수도 있다. 만약 운이 좋지 않다면 실제 주기는 3이나 6일 수도 있다. 입수한 암호문이 아주 많지 않다면 나는 이 방법을 사용하지 않을 것이다. 그러나 반복되는 문자열 중에 카지스키 테스트에 포함해야 할지 말지 확실하지 않은 것이 있다면 이 방법이 꽤 유용할 것이다. 앞의 예에서는 간격이 39인 반복 문자열을 무시하지 않으면 암호 주기가 1이 되므로, 이는 검사에 포함하지 말아야 한다. 아니면 49쪽의 예처럼 카지스키 테스트 결과로 나온 값의 약수가 실제 키워드의 길이가 아닌가 하고 생각해 볼 수 있다. 사실, 카지스키 테스트와 동시발생지수 기법은 아주 훌륭한 협력자이다. 카지스키 테스트로 키워드의 길이가 어떤 정수의 약수라는 정도만 알 수 있고 동시발생지수로는 대략적인 크기만 알 수 있지만, 둘 다 사용하면 대체로 정확한 값을 얻을 수 있다.

마지막으로 이브가 시도해 볼 수 있는 방법은 **카파 테스트**(kappa test)이다. 이것은 프리드먼이 처음 고안한 동시발생지수를 이용한다. 카파 테스트는 반복키가 사용되었는지 여부와 상관없이 두 암호문이 동일한 다표식 치환 암호를 사용해서 암호화되었는지 판정해 준다. 다음의 두 평문 쌍을 살펴보자.

평문 1: h e r e i s e d w a r d b e a r c
평문 2: t h e p i g l e t l i v e d i n a

평문 1: o m i n g d o w n s t a i r s n o
평문 2: v e r y g r a n d h o u s e i n t

평문 1: w b u m p b u m p b u m p o n t
평문 2: h e m i d d l e o f a b e e c h

임의로 위치를 하나 선택했을 때 그 위치에 오는 두 평문의 문자가 서로 같은 문자일 확률은 얼마일까? 다시 말해 두 문자 모두 a가 될 확률, 둘 다 b가 될 확률 등등을 모두 더한 값은 얼마일까? 두 평문이 보통의 영어 텍스트로 구성되어 있다면 선택한 두 문자가 일치할 확률은 대략 0.066일 것이다. 만약 각각의 평문에 문자가 50개씩 있다면 일치하는 문자 개수의 기댓값은 0.066×50 = 3.3이다(밑줄로 표시되어 있듯이 실제로 세 곳에서 문자가 일치한다).

이제 무작위로 뽑은 문자들로 구성된 평문 쌍이 있다고 하자.

평문 1:	u	c	z	j	t	t	c	t	k	e	t	x	q	y	h	m	x
평문 2:	q	h	e	a	w	y	a	o	r	l	q	e	q	e	k	w	z

평문 1:	v	s	t	v	s	n	e	p	k	n	u	y	q	u	o	n	a
평문 2:	i	e	i	e	o	j	s	u	n	v	b	q	z	q	z	w	i

평문 1:	i	n	p	z	o	k	t	g	p	n	o	x	b	f	m	u
평문 2:	h	o	t	e	d	q	f	g	e	b	e	k	a	t	i	k

무작위 샘플의 동시발생지수 기댓값은 0.038이므로 두 평문에서 일치하는 문자 개수는 평균적으로 대략 0.038×50 = 1.9개이다. 실제로 두 곳에서 문자가 일치한다.

이제 처음에 살핀 평문 쌍을 동일한 반복키를 사용해 트리테미우스 정사각형 암호방식으로 암호화한다고 가정하자.

키워드:	C	H	R	I	S	T	O	P	H	E	R	C	H	R	I	S	T
평문 1:	h	e	r	e	i	s	e	d	w	a	r	d	b	e	a	r	c
암호문 1:	K	M	J	N	B	M	T	T	E	F	J	G	J	W	J	K	W
평문 2:	t	h	e	p	i	g	l	e	t	l	i	v	e	d	i	n	a
암호문 2:	W	P	W	Y	B	A	A	U	B	Q	A	Y	M	V	R	G	U

키워드:	O	P	H	E	R	C	H	R	I	S	T	O	P	H	E	R	C
평문 1:	o	m	i	n	g	d	o	w	n	s	t	a	i	r	s	n	o

암호문 1:	D	C	Q	S	Y	G	W	O	W	L	N	P	Y	Z	X	F	R
평문 2:	v	e	r	y	g	r	a	n	d	h	o	u	s	e	i	n	t
암호문 2:	K	U	Z	D	Y	U	I	F	M	A	I	J	I	M	N	F	W

키워드:	H	R	I	S	T	O	P	H	E	R	C	H	R	I	S	T
평문 1:	w	b	u	m	p	b	u	m	p	b	u	m	p	o	n	t
암호문 1:	E	T	D	F	J	Q	K	U	U	T	X	U	H	X	G	N
평문 2:	h	e	m	i	d	d	l	e	o	f	a	b	e	e	c	h
암호문 2:	P	W	V	B	X	S	B	M	T	X	D	J	W	N	V	B

암호문에도 일치하는 문자가 그대로 생긴다. 따라서 두 암호문이 같은 키를 사용해 암호화된 것이라면 동시발생지수의 기댓값은 여전히 대략 6.6%이다.

반면에 서로 다른 키를 사용해 암호화한다면 일치하는 문자는 순전히 우연한 결과라고 밖에 달리 이유가 없다.

키워드 1:	C	H	R	I	S	T	O	P	H	E	R	C	H	R	I	S	T
평문 1:	h	e	r	e	i	s	e	d	w	a	r	d	b	e	a	r	c
암호문 1:	K	M	J	N	B	M	T	T	E	F	J	G	J	W	J	K	W
키워드 2:	E	E	Y	O	R	E	E	E	Y	O	R	E	E	E	Y	O	R
평문 2:	t	h	e	p	i	g	l	e	t	l	i	v	e	d	i	n	a
암호문 2:	Y	M	D	E	A	L	Q	J	S	A	A	A	J	I	H	C	S

키워드 1:	O	P	H	E	R	C	H	R	I	S	T	O	P	H	E	R	C
평문 1:	o	m	i	n	g	d	o	w	n	s	t	a	i	r	s	n	o
암호문 1:	D	C	Q	S	Y	G	W	O	W	L	N	P	Y	Z	X	F	R
키워드 2:	E	E	E	Y	O	R	E	E	E	Y	O	R	E	E	E	Y	O
평문 2:	v	e	r	y	g	r	a	n	d	h	o	u	s	e	i	n	t
암호문 2:	A	J	W	X	V	J	F	S	I	G	D	M	X	J	N	M	I

키워드 1:	H	R	I	S	T	O	P	H	E	R	C	H	R	I	S	T
평문 1:	w	b	u	m	p	b	u	m	p	b	u	m	p	o	n	t
암호문 1:	E	T	D	F	J	Q	K	U	U	T	X	U	H	X	G	N
키워드 2:	R	E	E	E	Y	O	R	E	E	E	Y	O	R	E	E	E
평문 2:	h	e	m	i	d	d	l	e	o	f	a	b	e	e	c	h
암호문 2:	Z	J	R	N	C	S	D	J	T	K	Z	Q	W	J	H	M

그리고 실제로 동시발생지수는 문자 두 개를 무작위로 뽑을 때와 마찬가지로 대략 3.8%이다.

그렇다면 이브는 키워드의 길이를 결정하는 데 어떻게 이것을 이용할 수 있을까? 49쪽의 예를 다시 한 번 더 살펴보자. 하지만 이번에는 주어진 평문을 오른쪽으로 4자리를 밀어서 두 번째 평문을 만든다.

키워드 1:	L	E	O	N	L	E	O	N	L	E	O	N	L	E	O
평문 1:	t	h	e	c	a	t	o	n	t	h	e	m	a	t	b
암호문 1:	F	M	T	Q	M	Y	D	B	F	M	T	A	M	Y	Q
키워드 2:					L	E	O	N	L	E	O	N	L	E	O
평문 2:					t	h	e	c	a	t	o	n	t	h	e
암호문 2:					F	M	T	Q	M	Y	D	B	F	M	T

키워드 1:	N	L	E	O	N	L	E	O	N	L	E	O	N	L
평문 1:	a	t	t	e	d	a	g	n	a	t	t	h	e	c
암호문 1:	O	F	Y	T	R	M	L	C	O	F	Y	W	S	O
키워드 2:	N	L	E	O	N	L	E	O	N	L	E	O	N	L
평문 2:	m	a	t	b	a	t	t	e	d	a	g	n	a	t
암호문 2:	A	M	Y	Q	O	F	Y	T	R	M	L	C	O	F

이 경우 대개 텍스트를 밀어낸다기보다(slide) 변위한다고(displace) 하고, 원래 평문은 두 번째 평문의 **변위**(displacement)를 나타낸다고 말한다. 암호학에서 밀어내는 것(slide)과 이동(shift)은 일반

적으로 다른 의미로 쓰인다. 여기에서 키워드가 두 개인 것처럼 키를 두 줄에 나열했지만 실제로는 같다. 따라서 사실상 같은 키를 위치만 다르게 사용해서 평문 1과 평문 2를 암호화하므로 동시발생지수가 대략 6.6%가 된다는 규칙을 따라야 한다. 만약 네 자리가 아니라 세 자리나 다섯 자리를 변위했다면 두 평문은 서로 다른 키로 암호화되는 것처럼 행동하므로 동시발생지수가 대략 3.8%여야 할 것이다. 반면에 8자리나 12자리를 변위했다면 다시 두 키는 사실상 같아지고 동시발생지수가 다시 상승할 것이다.

이제 51쪽에 주어진 의문의 암호문으로 돌아가 보자. 표 2.3이 보여주듯이 이브는 변위량을 다양하게 해서 카파 테스트를 실행하고 각각의 동시발생지수를 알아낼 수 있다.

표 2.3 카파 테스트 결과

변위량	동시발생 횟수	동시발생지수
1	7	.030
2	10	.043
3	9	.038
4	11	.047
5	14	.060
6	15	.064
7	15	.064
8	9	.038
9	11	.047
10	14	.060
11	10	.043
12	3	.013
13	14	.060
14	12	.051
15	17	.072

변위량이 6이나 7인 경우 전망이 밝아 보이지만 둘 다 동시에 정답일 리 없다. 5도 크게 뒤지지 않는다. 만약 키의 길이가 6이라면 변위량이 12일 때도 동시발생 횟수가 많아야 한다. 그러나 그렇지 않으

므로 분명히 6은 아니다. 만약 키의 길이가 7이라면 14일 때도 동시발생 횟수가 많아야 하는데, 나쁘지는 않지만 그다지 많지도 않다. 반면에 키의 길이가 5라고 했을 때 변위량이 10과 15일 때 모두 동시발생 횟수가 충분히 많고 15인 경우는 특히 많다. 카지스키 테스트와 마찬가지로 카파 테스트로는 키워드의 길이가 어떤 정수의 약수라는 정도만 알 수 있으므로 동시발생지수 공식에서 얻은 값 4.6도 함께 고려하는 것이 타당하다. 두 테스트 방법을 결합했더니 이번에도 주기가 5임을 강력하게 가리키고 있다. 카파 테스트는 카지스키 테스트를 실행할 수 없을 때 쓸 수 있는 좋은 대안이다. 앨리스는 아마 반복되는 단어를 피하려고 매우 신중하게 평문을 작성했을 것이다. 그러나 동시발생지수를 피할 수는 없다.

2.6 중첩 배열과 부분 암호

이제 이브는 키가 다섯 문자씩 반복된다는 것을 알고 있다. 다음 단계로 무엇을 해야 할까? 키워드 길이가 5라는 것은 의문의 암호문을 다섯 열로 정렬할 수 있다는 것을 의미한다. 표 2.4는 다섯 열로 정렬된 모양을 나타낸다. 각 열은 서로 다른 키 문자를 사용하므로 각기 다른 치환 암호로 암호화된 것이다.

표 2.4 암호문 중첩 배열

I	II	III	IV	V	I	II	III	IV	V
H	X	J	V	X	P	E	U	X	K
D	M	T	U	X	D	M	T	K	X
N	U	O	G	B	H	P	J	G	Z
U	S	U	H	Z	I	G	U	B	M
L	F	W	X	K	O	M	E	G	H
F	F	J	K	X	W	U	D	M	N
K	A	G	L	B	Y	Q	T	H	K
A	F	J	G	Z	J	A	O	O	X
I	K	I	X	K	Y	E	B	M	B
Z	U	T	M	X	V	Z	T	B	G
Y	A	O	M	A	P	F	B	G	W
L	N	B	G	D	D	T	B	M	B
H	Z	E	H	Y	Z	F	I	X	N

O	M	W	B	G	Z	Q	P	Y	T
N	Z	P	M	A	I	A	P	D	M
P	Z	H	M	H	O	A	V	Z	A
K	A	P	G	V	A	M	M	B	V
L	A	S	M	P	L	I	J	M	A
P	O	F	L	A	V	G	U	I	B
L	T	B	W	I	J	F	V	K	X
L	Q	Q	X	W	Z	A	S	V	H
P	Z	U	H	M	U	H	F	K	L
O	Q	C	H	H	H	F	J	H	G
R	T	F	K	L					

암호문을 이런 식으로 열을 지어 배열하는 방식을 **중첩 배열**(superimposition)이라 한다. 각 열의 암호문 문자들은 같은 암호 알파벳을 사용해 단순 치환 방식으로 암호화된 것이다. 이는 파이 테스트로 확인 가능하다. 실제 각 열의 동시발생지수를 구하면 0.054, 0.077, 0.057, 0.093, 0.061인데, 암호문의 크기를 고려했을 때 꽤 괜찮은 값들이다.

이제 이브는 단순 치환 방식으로 암호화된 암호문 조각을 여럿 가지고 있는 것과 같다. 암호문이 충분히 길면 이브는 각 열을 독립적으로 공격할 수 있다. 앨리스와 밥이 반복키 암호를 사용하고 키 문자가 각기 특정한 덧셈 암호를 나타낸다는 사실을 이브가 안다고 가정하자. 이제 남은 일은 암호문 각 열에서 평문 e에 대응하는 암호문 문자가 무엇인지 각각 찾아내는 것이다. 각 열에서 빈도가 가장 높은 문자를 나열하면 1번 열 L, 2번 열 A, 3번 열 J, 4번 열 M, 5번 열 X이다. 이것을 바탕으로 각각의 이동 암호를 찾아내면 키워드 GVEHS를 얻는다. 그리고 다시 이것을 이용해 복호화하면 다음을 얻는다.

abene	wqome	gyjyi	nwpzg	ejrpr	yjece
debdi	tjeyg	bodpr	syoee	rejeh	erwyk
adzzf	hqrtn	gdkeh	idceo	dekyc	eenew
isadh	exwop	eulpd	idpzt	huxzo	kxacs

iippr	wqoce	ateyg	bkptt	hqzyo	pyyeu
ruozr	cejge	riwei	odotn	ijwyd	wxwei
sjdpu	sukqa	bekvt	heqrh	tqhtc	emeeh
okpai	cjqce	senno	nlacs	ajezn	

한눈에 봐도 이것은 올바른 평문이 아니다. 이브는 제대로 된 글이 보일 때까지 체계적으로 일부 열을 빈도가 두 번째로 높은 문자를 이용해 바꿔보는 작업을 시도할 수 있다. 하지만 이보다 더 좋은 방법이 있다. 각 열이 제대로 복호화되었다면 빈도가 낮은 문자보다는 높은 문자가 들어 있을 가능성이 더 크다. 어쨌든 그래야 빈도가 높은 문자라고 부를 수 있기 때문이다. 프리드먼은 열의 빈도를 측정하기 위해 구성 문자의 빈도를 모두 더하는 방법을 제안했다. 빈도 합이 가장 큰 열이 제대로 복호화되었을 가능성이 가장 크다. 각 열의 빈도 합을 계산하면 순서대로 대략 2.9, 1.9, 2.1, 2.4, 3.1이다. 따라서 1번 열과 5번 열은 제대로 복호화되었을 가능성이 크다. 게다가 빈도가 낮은 문자 q, x, z는 실제로 가운데 세 열에만 나타나고 있다는 것이 이것을 뒷받침한다.

가운데 세 개 열에 대해 이브는 다른 방법을 시도할 수 있을 것이다. 그러나 열을 구성하는 문자가 적어서 각 열에서 빈도가 높은 문자와 대응한 것을 얻어내려면 서너 번 시행해야 할 것이다. 만일 각각의 열이 아핀 암호로 암호화되어 있을 것으로 생각하고, 해독하기 위해 각 열에서 대응 문자쌍이 두 개씩 필요하다면 이브는 그 방향에 맞추어 암호해독을 진행해야 할 것이다. 하지만 이브는 각 열이 덧셈 암호로 암호화되었다는 것을 이미 알고 있다. 따라서 가능한 키를 모두 무차별 대입해서 키가 무엇일 때 평문의 빈도 합이 가장 큰지 찾는 것은 그다지 어렵지 않다. 이것은 컴퓨터가 등장하기 이전부터 실행 가능한 방법이었고, 현대 컴퓨터가 등장한 이래로 식은 죽 먹기보다 쉬운 작업이 되었다. 표 2.5는 가능한 모든 키를 암호문에 적용했을 때 각각의 빈도 합을 보여준다.

표 2.5 가능한 모든 키에 대한 각 문자의 빈도 합

키 문자	빈도 합
A	2.2
B	1.7
C	1.2

키 문자	빈도 합
D	1.5
E	1.9
F	1.8
G	1.9
H	2.2
I	1.6
J	1.0
K	1.6
L	3.3
M	2.0
N	1.6
O	1.4
P	1.6
Q	1.5
R	2.1
S	2.1
T	1.6
U	1.7
V	2.0
W	2.0
X	1.8
Y	1.8
Z	2.0

키 문자가 L일 때 단연코 가장 높은 빈도 합을 보이고 있다. 그러므로 두 번째 키 문자는 아마 L일 것이다. 이 방식으로 계속 진행하면 다섯 개의 키 문자 GLASS를 얻는다. 어쨌든 키워드를 GVEHS라고 했을 때 이상했었기 때문에 이브는 한결 나은 키워드를 얻었다고 느낀다. 물론 암호키가 맞는지 증명은 복호화를 해보면 된다. 독자 여러분이 직접 복호화를 시도해서 의미가 통하는 글이 나오는지 확인해보라.

2.7 다표식 치환 암호의 곱암호

반복키를 사용하는 다표식 치환 암호에서 제2의 키를 사용해 암호화를 중복하면 안전성을 향상할 수 있을까? 1.4절의 내용을 기초로 생각해본다면 아마 그렇지 못하리라 짐작할 것이다. 앨리스가 키워드 GLASS를 사용해 메시지를 암호화하고 나서 다시 키워드 QUEEN을 사용해 암호화하기로 한다고 하자.

키워드:	G	L	A	S	S	G	L	A	S	S	G	L	A	S	S	G	L	A	S
평문:	a	l	i	c	e	w	a	s	b	e	g	i	n	n	i	n	g	t	o
첫 번째 암호문:	H	X	J	V	X	D	M	T	U	X	N	U	O	G	B	U	S	U	H
키워드:	Q	U	E	E	N	Q	U	E	E	N	Q	U	E	E	N	Q	U	E	E
첫 번째 암호문:	h	x	j	v	x	d	m	t	u	x	n	u	o	g	b	u	s	u	h
두 번째 암호문:	Y	S	O	A	L	U	H	Y	Z	L	E	P	T	L	P	L	N	Z	M

이것은 여전히 키워드 길이가 5인 반복키 다표식 치환 암호로 암호화한 것이므로, 다섯 개의 단표식 치환 암호로 전환한 다음 2.5절과 2.6절에서 소개한 기법을 사용해 공격할 수 있다. 결국 어떤 종류의 단표식 치환 암호를 사용하는지의 문제로 귀결된다. 우리가 이 예에서 사용한 반복키 정사각형 암호표 방식과 마찬가지로 만약 사용된 단표식 치환 암호가 둘 다 덧셈 암호라면 곱암호도 덧셈 방식이 될 것이다. 이 예에서 키워드 GLASS를 이용해 암호화하고 다시 키워드 QUEEN으로 한 번 더 암호화하는 것은 다음의 방식으로 얻은 키워드로 한 번 암호화하는 것과 똑같다.

키워드 1:	G	L	A	S	S
숫자:	7	12	1	19	19
키워드 2:	Q	U	E	E	N
숫자:	17	21	5	5	14
합 (mod 26):	24	7	6	24	7
최종 키워드:	X	G	F	X	G

만약 사용된 단순 치환 암호가 곱셈 방식이나 아핀 방식이라면 곱암호도 곱셈이나 아핀 방식일 것이다. 따라서 길이가 같은 반복키 암호를 두 개 사용해 암호화를 중복하면 단지 XGFXG처럼 추측하기 어려운 키워드가 나오기 때문에 조금 더 까다로워질 뿐이지 그 이상으로 안전성이 강화되는 것은 아니다. 그러므로 굳이 암호화를 두 번 시행하는 수고를 들일 필요가 없을 것이다.

키의 길이가 다른 반복키 암호를 두 개 사용하는 곱암호라면 어떨까? 이번에는 앨리스가 키워드 RABBIT으로 암호화하고 나서 다시 CURIOUSER로 암호화한다고 하자.

키워드 1:	R	A	B	B	I	T	R	A	B	B	I	T	R	A	B	B	I	T	R
평문:	a	l	i	c	e	w	a	s	b	e	g	i	n	n	i	n	g	t	o
첫 번째 암호문:	S	M	K	E	N	Q	S	T	D	G	P	C	F	O	K	P	P	N	G
키워드 2:	C	U	R	I	O	U	S	E	R	C	U	R	I	O	U	S	E	R	C
첫 번째 암호문:	s	m	k	e	n	q	s	t	d	g	p	c	f	o	k	p	p	n	g
두 번째 암호문:	V	H	C	N	C	L	L	Y	V	J	K	U	O	D	F	I	U	F	J

이것 역시 반복키 암호이다. 그렇다면 반복은 얼마 간격으로 일어날까? 두 키워드가 같은 자리에서 끝날 때만 반복이 일어나며, 주어진 예는 18문자 간격으로 반복이 일어남을 알 수 있다. 이유는 6과 9의 **최소공배수**(least common multiple, LCM)가 18이기 때문이다. 최소공배수(LCM)와 최대공약수(GCD) 사이에는 다음 관계식이 성립한다.

$$\mathrm{LCM}(a,b) = \frac{a \times b}{\mathrm{GCD}(a,b)}$$

따라서 주어진 예에서 최소공배수는 다음과 같다.

$$\mathrm{LCM}(6,9) = \frac{6 \times 9}{\mathrm{GCD}(6,9)} = \frac{54}{3} = 18$$

그러므로 유클리드 호제법을 이용해 두 수의 최대공약수를 알아내면 최소공배수도 아주 쉽게 알 수 있다.

사용된 암호는 모두 덧셈 방식이므로 이번에도 다음 과정에 따라 18개 문자로 된 키워드를 찾을 수 있다.

키워드 1:	R	A	B	B	I	T	R	A	B
숫자:	18	1	2	2	9	20	18	1	2
키워드 2:	C	U	R	I	O	U	S	E	R
숫자:	3	21	18	9	15	21	19	5	18
합 (mod 26):	21	22	20	11	24	15	11	6	20
최종 키워드:	U	V	T	K	X	O	K	F	T

키워드 1:	H	I	T	R	A	B	B	I	T
숫자:	2	9	20	18	1	2	2	9	20
키워드 2:	C	U	R	I	O	U	S	E	R
숫자:	3	21	18	9	15	21	19	5	18
합 (mod 26):	5	4	12	1	16	23	21	14	12
최종 키워드:	E	D	L	A	P	W	U	N	L

결과적으로 암호의 안전성이 조금 좋아졌다. 무슨 암호를 썼는지 이브가 짐작할 수만 없다면 앨리스는 6문자 단어와 9문자 단어에서 나온 문자 15개를 가지고 18문자로 된 키워드를 만드는 안전성을 이뤄낸 것이다. 사실 이보다 더 효율적으로 안전성을 강화할 수도 있다. 2와 9의 최소공배수도 18이므로 간단한 두 문자 단어와 아홉 문자 단어로 18문자 반복키를 얻을 수 있다.

$$\mathrm{LCM}(2,9) = \frac{2 \times 9}{\mathrm{GCD}(2,9)} = \frac{18}{1} = 18$$

반복키 암호체계는 16세기부터 19세기까지 여러 차례 재발견되었고, 서로 다른 길이의 키워드 두 개를 중복해서 사용하는 곱암호도 마찬가지였다. 특히 19세기의 유망한 암호학자 존 홀 브록 트와이티스(John Hall Brock Thwaites)는 1854년 찰스 배비지에게 암호를 해독해 보라는 정식 도전장을 내밀었다. 그것은 키워드 TWO와 COMBINED를 반복키로 사용한 정사각형 암호표 방식의 곱암호로 밝혀졌다. 배비지는 막내 아들의 도움으로 암호해독에 성공했다. 자신이 사용한 방법에 대해 상세한 설명을 발표하지는 않았지만 그는 분명히 모듈로 연산 원리를 사용했을 것이고, 그 방법을 사용한 최초의 사례였을 것이다.

2.8 바퀴식 기계와 회전자식 기계

암호화를 수행하거나 보조하는 데 사용된 기계 장치는 역사가 길다. 3.1절에서 다룰 고대 그리스의 사이테일(scytale) 암호로부터 레온 알베르티와 레스터 힐을 거쳐 오늘날에 이르고 있다. 긴 역사를 따라가다 보면 미국 제3대 대통령 토머스 제퍼슨(Thomas Jefferson)과 전기저항 측정기 휘트스톤 브리지를 발명한 영국의 발명가이자 과학자, 공학자인 찰스 휘트스톤(Charles Wheatstone)과 같은 유명인사들을 만나게 된다. 암호기계는 1차 세계대전이 끝날 무렵부터 현대식 컴퓨터가 개발될 때까지 20세기 중반에 전성기를 누렸다. 힐 암호도 이 시기에 생겼다. 물론 이미 언급했듯이 실제로 상용화되지는 않았다. 힐의 기계보다는 다른 두 가지 유형의 기계가 훨씬 인기가 좋았는데, 둘 다 힐의 기계처럼 톱니바퀴 장치를 사용했다.

지금까지 살핀 여러 암호와 가장 비슷한 유형의 기계는 나중에 발명된 것으로서, 서로 독립적으로 움직이는 아주 많은 톱니바퀴를 사용하는 **핀휠** 기계(pinwheel machine)였다. 핀휠(이가 핀처럼 생긴 톱니바퀴)이라는 이름에 걸맞게 각각의 톱니바퀴에는 핀이 불규칙한 간격으로 달려서 기계 및 전기적 수단을 통해 반복키 다표식 치환 암호와 동등한 암호를 만들어낸다. 또한, 각 핀휠의 주기를 다르게 해서 본체 기계의 주기가 굉장히 길어지도록 설계되어 있다.

최초의 핀휠 장치는 보리스 카이사르 빌헬름 하겔린(Boris Caesar Wilhelm Hagelin)에 의해 발명된 것으로 보인다. 그는 스웨덴 공학자로서 노벨 재단 창시자의 조카, 에마누엘 노벨(Emanuel Nobel) 밑에서 일했다. 1922년에 하겔린은 스웨덴 암호기계 생산기업 크립토그래프 주식회사(Aktiebolaget

Cryptograph)에서 노벨의 지분을 관리하는 일을 맡았고, 1925년에는 핀휠 기반의 성공적인 암호기계 시리즈 중 첫 번째 제품 B-21을 개발했다. 사람들에게 잘 알려진 같은 계통의 기계에는 2차 세계대전이 발발하기 전부터 전쟁이 끝날 때까지 프랑스군이 사용한 C-36, 미군이 2차 세계대전 동안에 전략적 목적으로 대규모로 사용했고 한국전쟁에서도 사용한 M-209, 냉전 시대 동안 60여 개 국가가 사용한 C-52/CX-52가 있다.

그림 2.3 C-36

그림 2.4 왼쪽: 비활성 위치에 있는 핀과 가이드 암. 오른쪽: 활성 위치에 있는 핀과 가이드 암.

그림 2.3에서 볼 수 있는 C-36은 바퀴식 암호기계 시리즈의 아주 좋은 예다. 다섯 개의 휠(바퀴)로 되어 있는데 각 휠에는 핀이 25, 23, 21, 19, 17개 달려 있다. 이 숫자들의 최대공약수는 1이다. 따라서 휠을 모두 결합해서 사용했을 때 주기는 $25 \times 23 \times 21 \times 19 \times 17 = 3,900,225$이다. 핀은 모두 휠의 오

른쪽 또는 왼쪽으로 돌출될 수 있는데, 오른쪽으로 돌출되면 '활성' 상태이고 왼쪽으로 돌출되면 '비활성' 상태이다. 그림 2.4를 보자. 각 휠 위에는 '기본 핀(basic pin)'이라는 위치가 하나 있어서 납작한 막대 모양의 '가이드 암(guide arm)'을 조절한다. 가이드 암은 밀어서 활성 또는 비활성 위치에 놓을 수 있다. 또한, 핀휠 바깥에 옆으로 원통이 가로로 누워 있는데, 쇠막대 25개가 회전하는 원통 둘레를 따라 박혀 있어서 '새장'처럼 보인다. 각각의 쇠막대에는 러그(lug, 핀휠의 가이드 암과 맞물리게 돌출되어 있는 부품)가 하나씩 달려 있다. 러그의 위치는 모두 일곱 곳인데, 초기 C-36 모델에는 위치가 고정되어 있었지만 업그레이드된 C-362 모델에서는 가변적이었다. 일곱 위치 중 다섯은 핀휠에 대응되고 나머지 두 개는 비활성 상태이다.

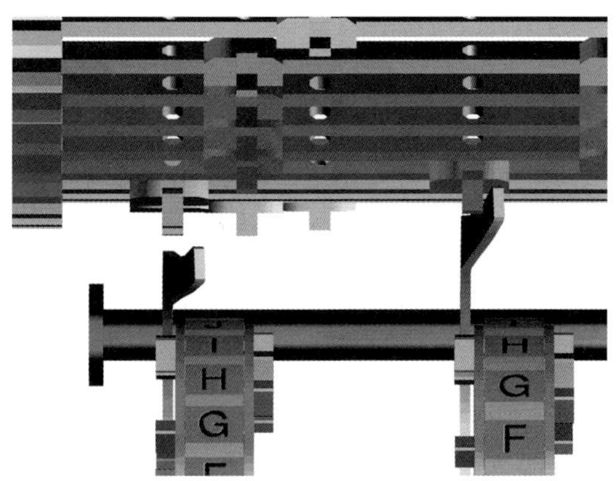

그림 2.5 왼쪽: 비활성 가이드 암. 오른쪽: 러그와 맞물린 활성 가이드 암

문자 하나를 암호화하려면 먼저 평문 문자를 표시 원판(indicating disk)에 설정하고 손잡이를 민다. 그러면 새장처럼 생긴 원통이 회전하면서 쇠막대들의 활성 러그들이 활성 가이드 암들과 맞물리고 해당하는 쇠막대는 왼쪽으로 돌출된다. 그림 2.5를 보라. 그렇게 활성화된 쇠막대 각각은 최종 암호문 휠을 한 칸씩 회전하게 한다. i번째 핀휠과 맞물리는 쇠막대의 개수를 x_i라 하고, 각 핀휠의 기본 핀 활성 여부에 따라 a, b, c, d, e는 0 또는 1의 값을 갖는다고 할 때 최종적으로 발생하는 암호문 문자는 다음 관계식을 만족한다.

$$C \equiv 1 + (ax_1 + bx_2 + cx_3 + dx_4 + ex_5) - P \qquad \text{mod } 26$$

암호문 문자가 인쇄되고 나면 각 핀휠은 한 핀씩 앞으로 회전하고 가이드 암과 막대는 다음 문자를 위해 리셋된다. 핀휠의 회전을 계산에 넣으면 n번째 문자는 다음과 같은 치환 공식에 의해 암호화된다.

$$C_n \equiv 1 + (a_n x_1 + b_n x_2 + c_n x_3 + d_n x_4 + e_n x_5) - P_n \qquad \mod 26$$

여기에서 x_i는 앞서와 같고 a_n은 $n \pmod{17}$에 대응하는 핀이 첫 번째 핀휠에서 활성 위치로 설정되었는지 여부에 따라 0 또는 1로 결정된다. b_n은 $n \pmod{19}$에 대응하는 핀이 두 번째 핀휠에서 활성이냐 비활성이냐에 따라 결정된다. 다른 값의 결정 방식도 같다. 따라서 '키워드'가 a_1x_1, a_2x_1, a_3x_1, ..., $a_{17}x_1$이고 주기가 17인 반복키 치환을 하고 나서, 주기가 19이고 키워드가 b_1x_2, b_2x_2, b_3x_2, ..., $b_{17}x_2$, $b_{18}x_2$, $b_{19}x_2$인 반복키 치환을 하고, 계속해서 같은 방식으로 치환하는 것과 같다.

표 2.6 러그와 핀 설정 예시

		핀설정					
쇠막대	러그 위치	핀 숫자	휠: 1	2	3	4	5
1	1	1	0	1	0	0	1
2	2	2	0	1	0	1	1
3	2	3	0	0	1	0	0
4	3	4	1	0	0	1	1
5	3	5	0	0	1	1	0
6	3	6	1	0	1	0	0
7	4	7	1	1	0	0	0
8	4	8	1	1	1	1	1
9	4	9	0	0	1	1	1
10	4	10	1	1	0	0	1
11	4	11	1	0	0	0	0
12	4	12	1	1	0	0	0
13	4	13	0	1	1	1	1
14	5	14	0	1	1	1	0
15	5	15	1	0	0	0	1

		핀설정					
쇠막대	러그 위치	핀 숫자	휠: 1	2	3	4	5
16	5	16	0	0	1	1	0
17	5	17	1	0	0	0	1
18	5	18	0	1	0	0	
19	5	19	1	1	1	1	
20	5	20	0	1	1		
21	5	21	1	1	1		
22	5	22	1	0			
23	5	23	1	1			
24	5	24	1				
25	5	25	0				

예를 들어, 러그와 핀 설정 환경이 표 2.6과 같이 주어진다고 해보자.

그러면 표 2.7에서 보듯이 다섯 개의 키워드(세로줄)와 최종 암호문 숫자가 나온다.

표 2.7 러그와 핀 설정에 따라 생성된 키워드와 최종 암호문

위치	ax_1	bx_2	cx_3	dx_4	ex_5	활성 쇠막대 개수	암호문 (mod 26)
1	0	2	0	0	12	14	$15-P_1$
2	0	2	0	7	12	21	$22-P_2$
3	0	0	3	0	0	3	$4-P_3$
4	1	0	0	7	12	20	$21-P_4$
5	0	0	3	7	0	10	$11-P_5$
6	1	0	3	0	0	4	$5-P_6$
7	1	2	0	0	0	3	$4-P_7$
8	1	2	3	7	12	25	$26-P_8$
9	0	0	3	7	12	22	$23-P_9$
10	1	2	0	0	12	15	$16-P_{10}$
11	1	0	0	0	0	1	$2-P_{11}$

위치	ax_1	bx_2	cx_3	dx_4	ex_5	활성 쇠막대 개수	암호문 (mod 26)
12	1	2	0	0	0	3	$4-P_{12}$
13	0	2	3	7	12	24	$25-P_{13}$
14	0	2	3	7	0	12	$13-P_{14}$
15	1	0	0	0	12	13	$14-P_{15}$
16	0	0	3	7	0	10	$11-P_{16}$
17	1	0	0	0	12	13	$14-P_{17}$
18	0	2	0	0	12	14	$15-P_{18}$
19	1	2	3	7	12	25	$26-P_{19}$
20	0	2	3	0	0	5	$6-P_{20}$
21	1	2	3	7	12	25	$26-P_{21}$
22	1	0	0	0	0	1	$2-P_{22}$
23	1	2	0	7	0	10	$11-P_{23}$
24	1	2	3	7	0	13	$14-P_{24}$
25	0	2	0	0	12	14	$15-P_{25}$

따라서 이 설정을 사용해 암호화한 예를 들면 다음과 같다.

키 숫자:	15	22	4	21	11	5	4	26	23	16	2	4
평문:	b	o	r	k	b	o	r	k	b	o	r	k
평문 숫자:	2	15	18	11	2	15	18	11	2	15	18	11
키 − 평문:	13	7	12	10	9	16	12	15	21	1	10	19
암호문:	M	G	L	J	I	P	L	O	U	A	J	S

C−36의 키 설정 환경에는 핀휠의 활성 핀 선택, 가변식 러그의 경우 러그 위치, 암호화를 시작할 때 핀휠의 시작 위치가 포함되어 있다.

C−36보다 더 널리 사용된 M−209는 여러 측면에서 향상된 모델이었다. 핀휠이 5개에서 6개로 늘어나 전체 주기가 $26 \times 25 \times 23 \times 21 \times 19 \times 17 = 101{,}405{,}850$으로 길어졌고 쇠막대도 25개에서 27개로 늘어났다. 막대에 달린 러그도 한 개가 아니라 2개씩 달려 있어서 핀휠의 위치 값을 0, 1, 2로 매길 수

있다. 하지만 같은 막대에 있는 두 러그가 활성 핀에 동시에 맞물리더라도 하나가 맞물렸을 때와 똑같은 작용을 한다. 이것 때문에 암호화 공식이 조금 더 복잡해진다. 하겔린의 바퀴형 암호기계 외에 가장 잘 알려진 암호기계는 4.6절에서 살펴볼 전신 타자기형 기계(teletypewriter machine)이다. 2차 세계대전 기간에 독일군이 사용한 암호기계 대부분이 전신 타자기형이었다. 이러한 암호기계를 두고 영국군은 피시(Fish)라고 불렀는데, 여기에는 로렌츠(Lorenz) 암호기계 SZ 40과 SZ 42, 지멘스 할스케(Siemens and Halske)사에서 만든 T52(독일어로는 Geheimschreiber)가 포함된다.

하겔린의 암호기계는 기본적으로 반복키를 이용한 다중 다표식 치환을 수행하기 때문에 2.7절에서 언급한 암호해독 방법을 시도할 수 있다. 하지만 암호 주기가 아주 길고 키워드가 모두 두 개의 서로 다른 문자로만 구성되어 있기 때문에 이 점을 이용한 유용한 해독 방법이 있다. 주어진 각각의 암호문 위치에 대해 다섯 개의 기본 핀은 각기 활성 또는 비활성 상태이므로 가능한 경우의 수가 $2^5 = 32$이다. 휠 하나, 이를테면 1번 휠에 초점을 맞춰 생각해보자. 1번 휠의 기본 핀이 활성 상태라면 가능한 경우의 수는 $2^4 = 16$이다. 즉, 1번 휠이 작동할 때 생성될 수 있는 암호 문자는 16가지일 것이다(중복되는 문자도 있을 수 있다). 1번 휠의 기본 핀이 비활성 상태라면 역시 가능한 경우는 모두 $2^4 = 16$가지이므로 생성될 수 있는 암호 문자는 16개다. 1번 휠이 회전하면서 이 패턴이 25개 문자를 주기로 반복된다. 따라서 한 행에 25개 문자가 오도록 암호문을 중첩 배열하면 각 열은 두 그룹 중 하나에 속하게 된다. 두 그룹은 종종 통계적으로 구별이 가능한데, 만약 뚜렷하게 구별될 때 대응하는 문자 빈도 패턴을 조사해보면 정확하게 x_1(1번 휠과 접촉하는 쇠막대 개수)만큼 이동해 있을 것이다. 계속해서 이런 식으로 각 핀휠에 대해 핀과 러그 설정값을 알아낼 수 있다.

하겔린 기계 암호에 '알려진 평문 공격'도 고려해 볼만하다. 종종 동일한 핀과 러그 설정값에 대해 휠의 시작 위치를 달리하면 여러 메시지를 찾을 수 있기 때문이다. 평문과 암호문의 n번째 문자가 각각 주어졌을 때 다음 합동식을 이용하면 대응하는 키 숫자를 쉽게 찾을 수 있다.

$$C_n \equiv k_n - P_n \quad \bmod 26$$

핀휠 기계의 암호 주기는 매우 길기 때문에 휠의 시작 위치를 바꿔서 암호화한 메시지를 복호화하려면 핀과 러그 설정값을 알아내야 한다. 이번에는 암호문이 아니라 키 숫자를 중첩 배열한다. 기본 핀이 활성 상태인 열은 비활성 상태의 열보다 더 큰 수를 키 값으로 가지며, 암호문만 있는 경우와 거의 비슷하게 해독을 진행할 수 있다.

20세기에 개발된 또 다른 암호기계로는 회전자(rotor)라 불리는 회전 원판을 여러 개 연결해서 만든 장치가 있다. 회전자 기계는 20세기 초반 적어도 세 사람 많게는 다섯 사람에 의해 각기 독립적으로 발명되었다고 한다. 지금까지 누가 독창적으로 개발했고 누가 다른 사람의 아이디어를 빌리거나 혹은 노골적으로 도용했는지 완전히 밝혀지지 않았다. 최근 연구에 따르면 이 기계의 최초 발명자는 1차 세계대전 기간에 네덜란드령 동인도 제도에서 근무했던 네덜란드 해군 갑판사관 반 헨겔(Theo A. van Hengel)과 스펜글러(R.P.C. Spengler)이다. 두 장교는 회전자에 대한 특허를 신청했지만 불행히도 밝혀지지 않은 이유로 네덜란드 해군에서 방해한 탓에 특허 등록이 지연된 것으로 보인다. 반 헨겔과 스펜글러의 특허권 문제가 지지부진한 틈을 타 다른 사람들이 선수를 쳤다. 1917년 미국에서 회전자 기계를 연구하기 시작한 에드워드 휴 헤번(Edward Hugh Hebern)은 1921년에 특허 출원을 냈고, 아르투어 셰르비우스(Arthur Scherbius)는 1918년 독일에서 특허를 신청했다. 네덜란드에서도 1919년 휴고 알렉산더 코흐(Hugo Alexander Koch)가, 같은 해 스웨덴에서는 아르비드 게르하르트 담(Arvid Gerhard Damm)이 각각 특허 출원을 냈다. 실제로 코흐가 반 헨겔과 스펜글러의 특허출원서 초안을 봤다는 증거가 몇 개 있다. 그는 아마 나중에 사업 동반자가 되는 셰르비우스에게 그것을 보여줬을 것이다. 헤번과 담, 그리고 어쩌면 셰르비우스까지는 네덜란드 해군 발명가들과 별개로 독자적으로 암호기계를 발명한 것으로 보인다.

회전자의 기본 아이디어는 단순 치환을 전기장치로 실행하는 것이다. 그림 2.6을 보면 회전 원판의 양면에는 알파벳 문자 각각을 나타내는 접촉 단자가 있고 복잡한 전선이 왼쪽 접촉 단자와 오른쪽 접촉 단자를 연결한다. 지금까지 설명으로는 알베르티의 암호 원판을 전기장치로 변형시킨 것에 불과하다. 차이점이 있다면 회전 방식이 다르다는 것이다.

예를 들어 키 값이 3인 곱셈 암호를 수행하도록 회전자가 배선되어 있다고 가정하자. 그러면 평문 알파벳과 암호문 알파벳은 다음 표와 같다.

평문:	a	b	c	d	e	f	g	h	i	j	…	y	z
숫자:	1	2	3	4	5	6	7	8	9	10	…	25	26

곱하기 3:	3	6	9	12	15	18	21	24	1	4	...	23	26
암호문:	C	F	I	L	O	R	U	X	A	D	...	W	Z

그림 2.6 배선 상태를 보여주고자 분해한 회전자

그리고 암호화 공식은 다음과 같다.

$$C \equiv 3P \mod 26$$

또한, 이를 배선도로 나타내면 그림 2.7과 같다. 이제 그림 2.8처럼 회전자를 한 칸 회전한다고 해보자. 평문 문자나 암호문 문자는 움직이지 않고 오직 전선만 움직인다는 점에 주목하자. 이것은 이동 암호를 적용하고 나서 곱셈 암호를 적용하고, 다시 이동 암호를 거꾸로 적용한 것이라 볼 수 있다. 이동 암호를 거꾸로 한 번 더 적용하는 것이 알베르티 원판과 다른 점이다.

평문:	a	b	c	d	e	f	g	h	i	···	x	y	z
숫자:	1	2	3	4	5	6	7	8	9	···	24	25	26
이동된 평문:	b	c	d	e	f	g	h	i	j	···	y	z	a
더하기 1:	2	3	4	5	6	7	8	9	10	···	25	26	1
곱하기 3:	6	9	12	15	18	21	24	1	4	···	23	26	3
이동된 암호문:	F	I	L	O	R	U	X	A	D	···	W	Z	C
빼기 1:	5	8	11	14	17	20	23	26	3	···	22	25	2
최종 암호문:	E	H	K	N	Q	T	W	Z	C	···	V	Y	B

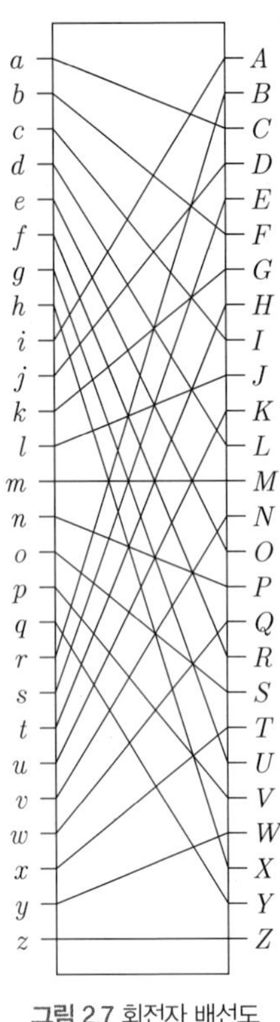

그림 2.7 회전자 배선도

이 과정을 다음과 같은 암호화 공식으로 나타낼 수 있다.

$$C \equiv 3(P+1)-1 \quad \mod 26$$

일반적으로 회전자가 k칸 회전하는 암호화 공식은 다음과 같다.

$$C \equiv 3(P+k)-k \quad \mod 26$$

이 방식은 다소 흥미롭기는 하지만 천지가 개벽할 정도로 놀라운 것은 아니다. 각 문자에 대해 자동으로 한 칸 회전하도록 회전자를 기계장치에 연결했는데, 실제로는 트리테미우스의 점진적 암호방식과 별반 다를 것이 없다. 물론 회전자 배선이 키를 제공하기 때문에 트리테미우스 암호보다는 조금 낫다고 할 수 있지만, 회전자는 사실 26개 문자를 모두 암호화하고 나면 한 바퀴 돌아 처음 자리로 돌아오기 때문에, 즉 암호 주기가 26이기 때문에 공격에 쉽게 노출된다.

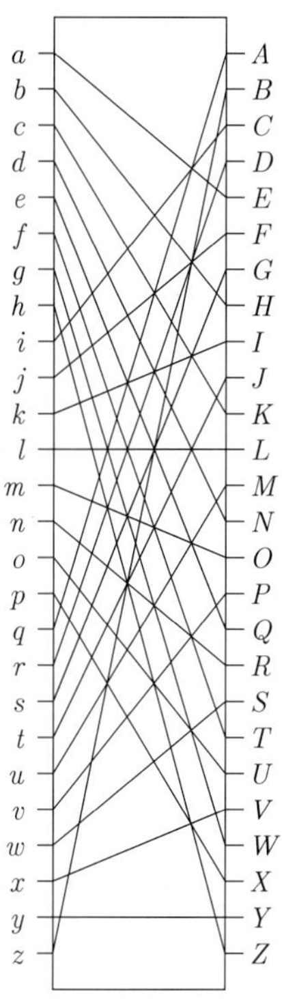

그림 2.8 한 칸 회전한 회전자

만약 다른 속도로 회전하는 회전자를 하나 추가된다면 꽤 흥미로워질 것이다. 회전자를 2개 연결하는 방법이 여러 가지 있지만 가장 흔한 방법은 1번 회전자가 완전히 한 바퀴 돌았을 때 2번 회전자가 한 칸 회전하도록 연결하는 것이다. 여기에서는 26개 문자마다 2번 회전자가 한 칸 움직일 것이다.

그림 2.9에서 볼 수 있는 것처럼 2번 회전자는 치환을 추가로 수행한다. 이를테면 2번 회전자가 키 값이 5인 곱셈 암호를 수행하도록 배선되었다면 처음 26개의 문자는 최종적으로 다음과 같이 치환된다.

$$C \equiv 5(3(P+k)-k) \mod 26$$

이때, 배선도는 그림 2.9와 그림 2.10과 같다.

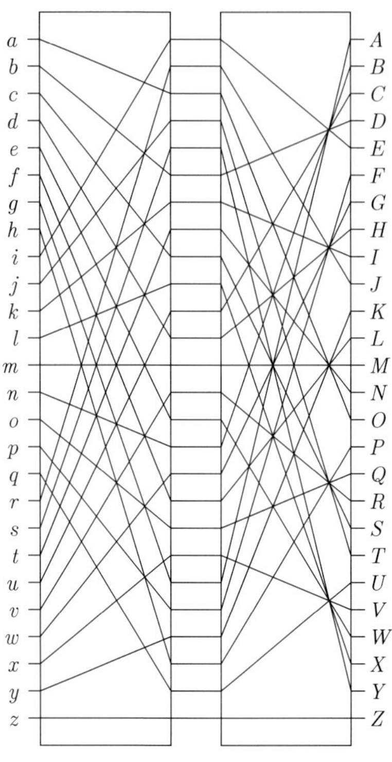

그림 2.9 회전자 2개를 연결한 암호기계의 배선도

그다음 문자 26개는 최종적으로 다음과 같이 치환된다.

$$C \equiv 5((3(P+k)-k)+1)-1 \qquad \text{mod } 26$$

이때, 배선도는 그림 2.11과 그림 2.12처럼 된다. 수학에서는 x보다 작거나 같은 최대 정수를 $\lfloor x \rfloor$로 나타낸다. 이 수학 표기법을 사용한다면 k번째 문자에서 2번 회전자는 $\lfloor k/26 \rfloor$ 칸 회전한다고 말할 수 있다. 따라서 k번째 문자는 다음 공식에 따라 암호 문자로 치환된다.

$$C \equiv 5((3(P+k)-k)+\lfloor k/26 \rfloor)-\lfloor k/26 \rfloor \qquad \text{mod } 26$$

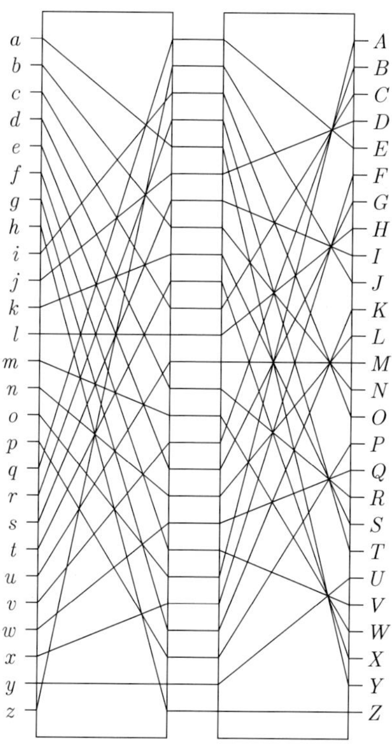

그림 2.10 회전자가 2개인 암호기계: 1번 회전자를 회전시켜 두 번째 문자를 암호화할 준비가 된 상태

회전자 2개가 모두 처음 자리로 되돌아오기까지 $26^2 = 676$개 문자가 지나갈 것이다. 암호 주기가 676이라는 말이다. 따라서 회전자가 하나일 때보다 더 안전하다. 여기에 회전자를 하나 더 추가할 수도 있다. 3번 회전자는 2번 회전자가 완전히 한 바퀴 돌면 한 칸 회전하도록 연결하면 된다. 따라서 k번째 문자에 대해 1번 회전자는 k칸 회전하고, 2번 회전자는 $\lfloor k/26 \rfloor$칸, 3번 회전자는 $\lfloor k/26^2 \rfloor$칸 회전할 것이다. 회전자를 더 추가할수록 암호 주기는 더 길어지고 치환 공식은 점점 더 복잡해진다. 회전자가 s개 있다면 암호 주기는 26^S 이고, 암호 공식은 s겹으로 중첩된다.

이렇게 복잡해 보이는데도 회전자 암호체계는 해독이 가능하다. 초창기 성공적인 해독 방법은 2차 세계대전 기간과 그 이전 연합군 암호해독팀에 의해 발견되었다. 특히 폴란드가 침공받기 전 폴란드 암호국이 회전자 방식 암호를 해독했고, 나중에는 영국 정부 암호국이 블레츨리 파크에서 암호해독 작업을 주도했다. 폴란드는 독일군이 **에니그마**(Enigma)라는 암호기계를 사용한다는 것을 알아냈는데, 에니그마는 셰르비우스가 발명한 상업용 회전자 방식을 군사용으로 바꾼 것이다. 에니그마 기본형에

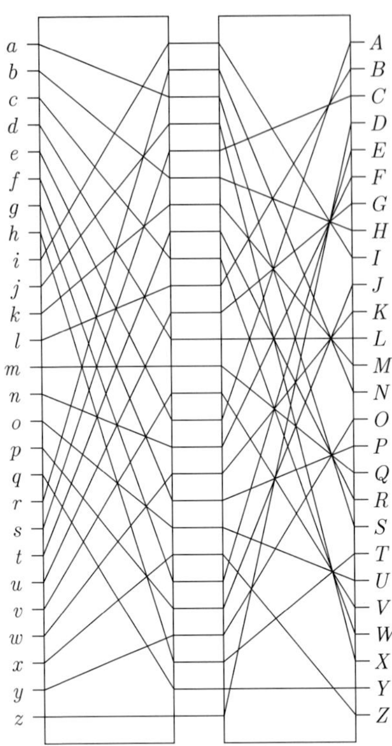

그림 2.11. 회전자가 2개인 암호기계: 2번 회전자를 회전시켜 26번째 문자를 암호화할 준비가 된 상태

는 회전자가 세 개 사용되었고, 언제든 원하는 순서대로 회전자 위치를 바꿀 수 있었다. 세 회전자 끝에는 반사판 회전자가 있는데, 반사판에서 치환을 한 번 더 하고 세 회전자로 다시 전류를 보내면 총 일곱 차례의 치환이 일어난다. 반사판은 또한 암호가 대칭이 되게 하였다. 마지막으로 자판과 회전자들 사이에 플러그보드가 있는데, 이것 역시 치환을 한 번 더 추가한다(완전한 에니그마 모형은 그림 2.13을 참고하자). 에니그마의 키 설정은 회전자 배열 순서, 각 회전자의 시작 위치, 다음 회전자가 회전하도록 유발하는 각 회전자의 위치, 플러그보드 설정을 포함한다.

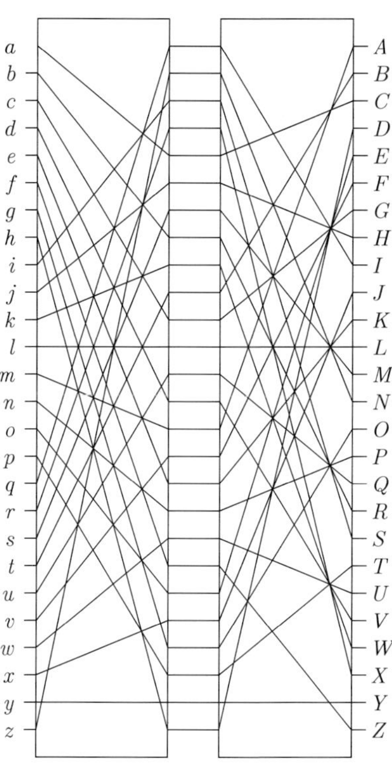

그림 2.12. 회전자가 2개인 암호기계: 1번과 2번 회전자 모두 회전시켜 27번째 문자를 암호화할 준비가 된 상태

회전자 암호체계를 해독하기 위한 첫 번째 단계는 회전자들이 어떻게 배선되어 있는지 알아내는 것이다. 독일군은 회전자의 시작 위치를 명시하기 위해 암호화된 키 지표(key indicator)를 사용했다. 초기의 해독 방식은 키 지표의 특징과 에니그마 교환수의 실수, 독일 정보원에게서 얻은 비밀정보 모두를 이용했다. 나중에는 입수한 에니그마 기계, 회전자, 사용설명서를 추가로 분석해서 회전자의 내부 회로를 알아냈다. 일단 회로 정보를 알아냈다면 키 설정을 알아내기 위한 다음 단계는 암호화된 키 지표와 가능성 있는 단어를 사용해 불가능한 설정은 제거하고 나머지에 대해서 무차별 대입 공격을 시행하는 것이다. 이보다 현대적으로 회전자 암호의 회로 정보와 키 설정을 알아내는 방법은 특정 회전자의 위치를 제외하고 암호화 설정 조건이 모두 같은 문자 집합을 선택할 수 있다는 사실을 이용해 알려진 평문 공격을 시행하는 것이다.

앞에서 언급한 회전자 암호기계 개발에 관련된 여섯 인물 가운데 그 누구도 실제로 자신의 발명품을 팔아 이윤을 얻지 못했다. 반 헨겔과 스펜글러는 계속해서 코흐의 특허 신청에 이의를 제기했지만 그

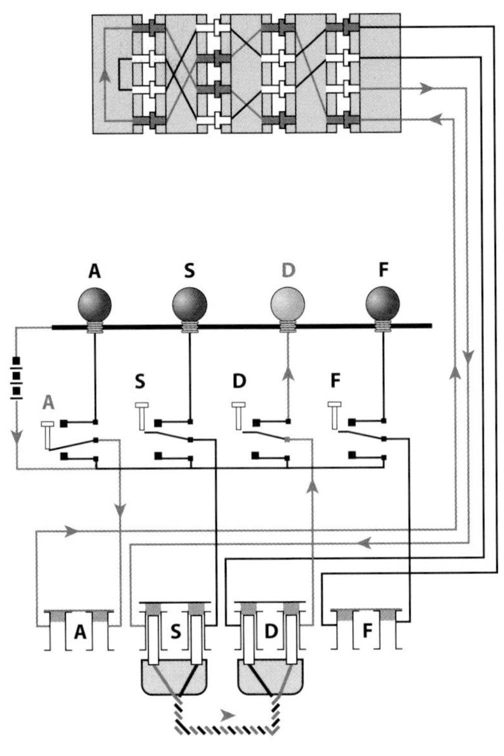

그림 2.13 에니그마 회로도

들의 이의 신청은 1923년 최종적으로 기각되었다. 특허분쟁 상소위원회 의장이 반 헨겔과 스펜글러가 신청한 특허 출원이 보류되었을 당시 해군성 장관이었다는 사실은 지금도 수상하다. 헤번은 자신이 발명한 기계를 제작 판매하는 회사를 차렸고 1920년대 후반과 1930년대 초반에 걸쳐 미 해군에 몇 대 납품했다. 헤번의 암호기계를 입수한 미군 암호전문가들은 안전성을 보완해 시가바(SIGABA)라 불리는 암호기계로 개량했다. 시가바는 널리 사용되었지만 정작 헤번은 자신의 공로에 대한 어떤 보상도 받지 못했다. 그는 여러 차례 소송을 제기했지만 1958년 재판부는 헤번이 사망한 이후에야 그가 마땅히 받아야 할 대가에 한참 못 미치는 보상금을 지급하라고 판결했다. 코흐는 기계를 설계하기는 했지만 실물로 만들지는 않았다. 결국 셰르비우스에게 특허권을 팔았고 에니그마가 성공하는 것을 목격하지 못하고 눈을 감았다. 셰르비우스는 회사를 설립해 에니그마를 상업용으로 몇 대 팔고 몇 대는 독일군에 납품했다. 히틀러가 독일군 규모를 확대하면서 에니그마 수요가 엄청나게 늘어났지만 그 전에 사망했기 때문에 셰르비우스도 경제적 성공을 누리지 못했다.

암호기계를 제작하는 회사를 설립했지만 회사의 성공을 목격하지 못하고 세상을 떠난 또 다른 비운의 주인공은 아르비드 담이다. 그 회사가 바로 나중에 보리스 하겔린이 인수하는 크립토그래프 주식회사이다. 하겔린은 회전자 암호기계를 포기하고 우리가 앞서 살펴본 핀휠 형식의 기계로 전환했다. 제2차 세계대전 발발 전후로는 상업용 기계를 만들어 팔고, 독일군 침공이 일어나기 전에는 프랑스 군대에 암호기계를 납품했으며, 미군에는 M-209를 판매함으로써 하겔린과 그의 회사는 수백만 달러를 벌었다.

2.9 장을 마치며

1장을 마치며 현대식 암호는 블록 암호와 스트림 암호 양 갈래로 분류되며, 블록 암호는 일종의 다중문자 치환 암호로 볼 수 있다고 말했다. 마찬가지로 스트림 암호도 일종의 다표식 치환 암호라고 해도 지나친 비약은 아니다. 자동키 암호(autokey cipher)는 사실 스트림 암호라 불릴 만한 가장 초기 방식으로서 다중문자 치환 암호와 동시에, 그것도 같은 사람들에 의해 개발되었다. 이 장에서 다룬 암호들은 대개 주기가 길든 짧든 키를 반복적으로 사용한다. 이와 달리 현대 스트림 암호는 주기가 굉장히 길고, 이왕이면 반복해서 사용하지 않는 긴 암호키를 추구한다. 블록 암호와 마찬가지로 스트림 암호도 사람들이 글을 쓸 때 사용하는 문자 대신에 0과 1로 구성된 '알파벳'에 대해 작용한다.

이 장에서 다룬 특정 암호 가운데 동음이의 암호는 확률 기반 암호화의 초기 형태이므로 더욱 흥미롭다. 확률 기반 암호방식에서는 동일한 키를 사용하더라도 몇 가지 무작위적인 요인에 따라 하나의 평문이 여러 암호문으로 암호화될 수 있다. 이와 비슷한 예를 8장에서 살펴볼 것이다. 여기서는 동음이의 암호와 정사각형 암호표 방식을 연결짓는 고리로서 알베르티 암호를 소개했다. 사실 문자마다 일일이 치환 방식을 바꾸는 것이 임의의 간격으로 치환하는 것보다 더 안전하다.

트리테미우스의 점진적 암호화 방식도 반복키 정사각형 암호표 방식의 원조로서 중요하게 다뤄진다. 핀휠 기계와 회전자 기계는 단순히 주기가 아주 긴 반복키 암호지만, 20세기 중반 현대 전자식 장치가 개발되기 이전까지 암호 보안의 첨단으로 여겨졌다. 물론 전자식 암호 장치라 해도 기본적으로 초기 모델은 아주 긴 반복키를 만들어 0과 1로 된 알파벳과 결합하려고 시도했었다.

암호해독 측면에서 보면 이 장에서 가장 중요한 아이디어는 동시발생지수일 것이다. 파이 테스트와 카파 테스트는 알파벳 문자의 출현 빈도에 기초하므로 0과 1만 사용하는 현대식 암호에 직접 적용할 수 없다. 하지만 동시발생지수는 상관관계라는 개념을 암호분석에 가장 먼저 적용한 사례로 더할 나위 없이 중요한 의미를 지닌다. 상관관계를 이용하기 위해 암호분석가는 서로 다른 두 빈도 집합을 통계적으로 비교하거나 하나의 빈도 집합과 그것의 변형을 비교한다. 암호화 과정에 대한 정보를 알 수 있는 패턴을 찾는 것이 그들의 주된 목표이다. 5장에서는 암호에서 중간값의 빈도 분포와 암호문 숫자를 비교해서 키에 대한 정보를 얻는 공격법을 소개할 것이다. 암호해독가들 사이에서는 상관관계 공격이라고 알려진 해독방법이다. 상관관계 개념은 다른 영역에서도 사용된다. 예를 들어, 스트림 암호로 만들어진 키스트림은 해독하기 어렵게 하려고 특정한 무작위성 테스트(randomness test)를 통과해야 하는데, 그 중 하나가 자기상관성이다. 키스트림을 이동 암호로 변환했을 때 변환 전후 키스트림의 상관관계가 될 수 있으면 약해야 한다는 성질이다. 비슷한 방법으로 평문의 문자 빈도와 암호문의 문자 빈도를 비교하거나 다양한 암호문의 빈도를 서로 비교하는 것이 있다. 빈도 비교를 통한 패턴 찾기는 현대 암호 공격에 사용되는 중요한 도구라고 할 수 있다.

카지스키 테스트는 현대 스트림 암호에 사용되는 경우가 비교적 적다. 스트림 암호는 반복을 거의 하지 않거나 전혀 하지 않도록 고안되었기 때문이다. 그러나 암호 주기가 충분히 길지 않은 스트림 암호도 있다. 때에 따라서는 전체는 아니더라도 키의 상당 부분이 반복되는 현대 암호도 있다. 이런 경우 카지스키 테스트는 정사각형 암호표 방식만큼이나 현대 암호에 대해서도 효과적이다. 이 장에서 소개한 중첩 배열을 이용해 부분별 단순 치환 암호로 전환하는 방식도 비슷한 이유로 현대 암호에서는 거의 사용되지 않을 것이다. 그러나 5장에서 살펴볼 다른 버전의 중첩 배열은 스트림 암호를 해독할 수 있는 강력한 도구가 될 수 있다. 특히 암호가 제대로 사용되지 않았을 때 효과적인데, 안타깝게도 실제로 그런 일이 자주 일어난다.

3

전치 암호

3.1 사이테일 암호

지금까지 살펴본 암호는 모두 한 문자가 다른 문자로 바뀌거나 한 문자열이 다른 문자열로 대체되는 치환 방식이었다. 3장에서는 문자를 치환하는 것이 아니라 '단지' 문자의 자리를 이동하는 전치 암호 방식을 살펴볼 것이다.

치환 암호와 마찬가지로 전치 암호의 역사도 최소 그리스 고전 시대로 거슬러 올라간다. 기록에 남아 있는 최초의 전치 암호는 **사이테일**(scytale)이다. 'scytale'은 이탈리아어가 아닌 고대 그리스어 단어이지만 '이태리(Italy)'와 운율이 맞는다. 이 단어를 정확하게 음역하면 '스키테리'이지만 대개 c를 발음하지 않는 영어식 발음을 써서 '사이테일'이라 한다(우리나라에서는 '스키테일'이라고 많이 부른다). 사이테일 암호는 고대 스파르타에서 처음 사용했을 것으로 추정된다. 그보다 나중에야 온전한 체계가 완성되었다는 주장도 있지만 적어도 스파르타의 라이산더(Lysander) 장군이 사용했다는 기록이 남아 있다.

사이테일은 말 그대로 막대기를 가리킨다. 라이산더 장군이 나무막대를 암호 장치로 사용한 지 수세기가 지나서야 처음으로 로마의 역사학자 플루타크코스(Plutarchos)가 사이테일 암호에 대해 기록했다.

스파르타인이 사용한 통신문은 다음과 같은 성질을 띤다. 스파르타의 시의회나 민선 장관이 장군을 파견할 때, 길이와 두께가 정확히 같은 둥근 나무막대 두 개를 만들어 하나는 보관하고 다른 하나는 파견 장군에게 준다. 이 나무막대를 '사이테일'이라 한다. 비밀리에 중요한 메시지를 보내고자 할 때마다 가죽끈처럼 양피지로 길고 가는 띠를 만들어 빈 공간이 생기지 않도록 나무막대에 감는다. 그다음, 감겨 있는 양피지 위에 원하는 내용을 적는 것이다. 메시지를 다 완성하면 양피지 띠를 풀어서 문서만 보낸다. 띠 모양의 문서에는 아무 연관이 없는 문자들이 무질서하게 나열되어 있어서 그것을 받은 사령관은 의미를 파악하지 못한다. 그러나 가지고 있던 사이테일에 문서를 감으면 원래의 나선형

모양이 완벽하게 복구되어 나중 문자가 앞 문자와 정확하게 연결되고 나무막대를 따라 글을 읽으면 메시지 내용이 나온다. 나무막대와 마찬가지로 양피지 띠도 '사이테일'이라 부른다.

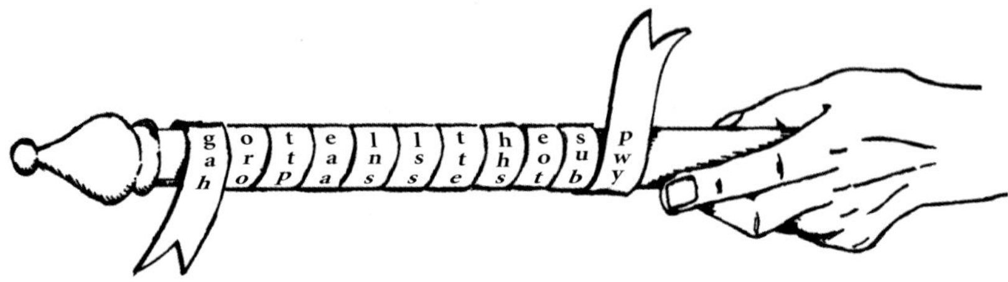

그림 3.1 사이테일

사이테일은 그림 3.1과 같은 모양이다.

앨리스와 밥은 나무막대를 사용하지 않고도 사이테일과 거의 비슷한 방식으로 암호문을 주고받을 수 있다. 둘레를 따라 정확히 철자 세 개를 적을 수 있고 띠를 11번 감을 수 있는 길이의 나무막대가 있다고 하자. 그러면 철자를 써넣을 수 있는 공간이 3×11개인 격자판이 된다. 메시지 길이가 격자판을 다 채울 만큼 길지 않다면 앨리스는 빈칸에 무효 문자를 써넣을 수 있다.

→	g	o	t	e	l	l	t	h	e	s	p	→
→	a	r	t	a	n	s	t	h	o	u	w	→
→	h	o	p	a	s	s	e	s	t	b	y	→

앨리스가 실제로 사이테일 위에 메시지를 적는다면 한 번 감을 때 생기는 철자 3개가 격자판의 세로줄이 되는 것이다. 사이테일 종이 띠를 풀면, 또는 다음과 같이 격자판을 위에서 아래로 한 열씩 읽으면 암호문이 된다.

↓	↓	↓	↓	↓	↓	↓	↓	↓	↓	↓
g	o	t	e	l	l	t	h	e	s	p
a	r	t	a	n	s	t	h	o	u	w
h	o	p	a	s	s	e	s	t	b	y
↓	↓	↓	↓	↓	↓	↓	↓	↓	↓	↓

즉, 완성된 암호문은 다음과 같다.

GAHOR OTTPE AALNS LSSTT EHHSE OTSUB PWYAZ

이처럼 문자를 격자판 모양으로 배치한 후 세로 방향으로 읽어 암호문을 만드는 방식을 대개 **행렬형 전치**(columnar transposition)라 한다. 전통적으로 암호문의 문자를 임의로 다섯 문자씩 블록으로 나눈다(참고로 2.2절에서도 그렇게 했다). 메시지의 길이를 숨기기 위해 마지막 블록은 무효 문자로 채운다(여기서는 마지막의 A와 Z). 이브가 보기에 어떤 문자가 무효 문자인지 너무 빤히 드러나서는 안 되는데, 이것에 대해 보다 자세히 알아보자.

사이테일 암호에 키가 있을까? 플루타크코스의 기록에 따르면 앨리스와 밥이 하나씩 보관하도록 "길이와 두께가 정확히 같은 둥근 나무막대 두 개"가 필요하다. 실제로 반드시 일치해야 하는 것은 길이보다는 두께라고 할 수 있다. 만일 이브가 한 번 감았을 때 4개의 문자가 감기는 나무막대를 사용해 암호문을 해독하려 한다면 종이 띠를 모두 감았을 때 다음 메시지를 얻는다.

↓	↓	↓	↓	↓	↓	↓	↓	↓
G	R	P	L	S	E	E	U	Y
A	O	E	N	S	H	O	B	A
H	T	A	S	T	H	T	P	Z
O	T	A	L	T	S	S	W	
↓	↓	↓	↓	↓	↓	↓	↓	↓

행렬형 전치 방식으로 만든 암호문은 세로 방향으로 적어 가로 방향으로 읽으면 복호화된다. 하지만 이브가 얻은 메시지는 가로 방향으로 읽어도 의미 없는 문자들의 나열에 불과하다.

반면에 밥은 정확한 나무막대나 정확한 격자를 이용해 암호문을 복호화할 수 있다. 암호문을 다음과 같이 세로 방향으로 적으면 된다.

↓	↓	↓	↓	↓	↓	↓	↓	↓	↓	↓	↓
G	O	T	E	L	L	T	H	E	S	P	A
A	R	T	A	N	S	T	H	O	U	W	Z
H	O	P	A	S	S	E	S	T	B	Y	
↓	↓	↓	↓	↓	↓	↓	↓	↓	↓	↓	↓

마지막 열은 공백이 있기 때문에 밥은 이것이 무효 문자라는 것을 안다. 마지막 열을 버리고 가로 방향으로 읽으면 어려움 없이 평문을 얻는다.

따라서 사이테일 암호에서는 나무막대의 둘레, 즉 격자의 행의 개수가 키가 된다. 주어진 예의 키 값은 3이다. 앨리스가 무효 문자를 사용하지 않으면 이브가 상당히 쉽게 키를 유추할 수 있다는 점에 유념하자. 무효 문자가 없다면 이브는 33개 문자가 직사각형 격자판을 완전히 채우리라는 것을 알 것이다. 그러면 가능한 행렬은 1×33, 3×11, 11×3, 33×1 이렇게 네 가지이다. 처음과 마지막 경우는 자명하고 나머지 두 경우만 시험하면 되므로 해독이 꽤 수월하다.

3.2 기하학적 전치 암호: 울타리 암호와 루트 암호

메시지를 일정한 크기로 잘라 격자가 되도록 배열하는 방법을 생각해냈다면 이제 세로 방향으로 읽는 것 외에도 다른 방법으로 암호화를 시도할 수 있을 것이다. 1차 세계대전 기간에 미군의 암호 사용설명서를 쓴 파커 히트(Parker Hitt) 대령은 격자의 네 꼭짓점 어디든 시작점으로 삼을 수 있다는 데 주목하고 직사각형 격자에서 암호문을 만드는 방법을 다음과 같이 나열했다.

- 단순 가로 방향으로 읽기(맨 왼쪽 위에서 시작하면 자명한 암호가 된다.)
- 단순 세로 방향으로 읽기(맨 왼쪽 위에서 시작하면 사이테일 암호가 된다.)
- 가로 방향 교차 읽기(왼쪽에서 오른쪽으로, 오른쪽에서 왼쪽으로 번갈아 읽는다.)
- 세로 방향 교차 읽기
- 단순 사선 방향 읽기
- 사선 방향 교차 읽기
- 시계방향으로 나선형 그리며 읽기
- 반시계방향으로 나선형 그리며 읽기

각 방법의 예시는 그림 3.2와 같고, 그림은 히트 대령의 설명서에서 가져왔다.

(a) 단순 가로 방향

```
ABCDEF  FEDCBA  STUVWX  XWVUTS
GHIJKL  LKJIHG  MNOPQR  RQPONM
MNOPQR  RQPONM  GHIJKL  LKJIHG
STUVWX  XWVUTS  ABCDEF  FEDCBA
```

(b) 단순 세로 방향

```
AEIMQU  DHLPTX  UQMIEA  XTPLHD
BFJNRV  CGKOSW  VRNJFB  WSOKGC
CGKOSW  BFJNRV  WSOKGC  VRNJFB
DHLPTX  AEIMQU  XTPLHD  UQMIEA
```

(c) 가로 방향 교차

```
ABCDEF  FEDCBA  XWVUTS  STUVWX
LKJIHG  GHIJKL  MNOPQR  RQPONM
MNOPQR  RQPONM  LKJIHG  GHIJKL
XWVUTS  STUVWX  ABCDEF  FEDCBA
```

(d) 세로 방향 교차

```
AHIPQX  DELMTU  XQPIHA  UTMLED
BGJORW  CFKNSV  WROJGB  VSNKFC
CFKNSV  BGJORW  VSNKFC  WROJGB
DELMTU  AHIPQX  UTMLED  XQPIHA
```

(e) 단순 사선 방향

```
ABDGKO  GKOSVX  OKGDBA  XVSOKG
CEHLPS  DHLPTW  SPLHEC  WTPLHD
FIMQTV  BEIMQU  VTQMIF  UQMIEB
JNRUWX  ACFJNR  XWURNJ  RNJFCA

ACFJNR  JNRUWX  RNJFCA  XWURNJ
BEIMQU  FIMQTV  UQMIEB  VTQMIF
DHLPTW  CEHLPS  WTPLHD  SPLHEC
GKOSVX  ABDGKO  XVSOKG  OKGDBA
```

(f) 사선 방향 교차

```
ABFGNO  GNOUVX  ONGFBA  XVUONG
CEHMPU  FHMPTW  UPMHEC  WTPMHF
DILQTV  BEILQS  VTQLID  SQLIEB
JKRSWX  ACDJKR  XWSRKJ  RKJDCA

ACDJKR  JKRSWX  RKJDCA  XWSRKJ
BEILQS  DILQTV  SQLIEB  VTQLID
FHMPTW  CEHMPU  WTPMHF  UPMHEC
GNOUVX  ABFGNO  XVUONG  ONGFBA
```

(g) 시계방향 나선형

```
ABCDEF  LMNOPA  IJKLMN  DEFGHI
PQRSTG  KVWXQB  HUVWXO  CRSTUJ
OXWVUH  JUTSRC  GTSRQP  BQXWVK
NMLKJI  IHGFED  FEDCBA  APONML
```

(h) 반시계방향 나선형

```
APONML  NMLKJI  IHGFED  FEDCBA
BQXWVK  OXWVUH  JUTSRC  GTSRQP
CRSTUJ  PQRSTG  KVWXQB  HUVWXO
DEFGHI  ABCDEF  LMNOPA  IJKLMN
```

그림 3.2 직사각형 격자를 이용한 전치 암호의 종류

프리드먼이 1941년 발표한 암호 설명서에는 직사각형뿐만 아니라 사다리꼴, 삼각형, 십자형, 지그재그형을 기반으로 한 전치 암호들이 포함되어 있다. 아마 일부는 이미 본 적이 있을지도 모른다. **울타리 암호**(rail fence cipher)가 대표적인 예인데, 메시지를 지그재그로 두 줄로 쓴 다음 가로 방향으로 읽는 암호이다.

평문: t e a l p i t r o p e i e t
h r i s l t e f r r s d n

암호문: TEALP ITROP EIETH RISLT EFRRS DN

히트 대령은 울타리 암호가 "변형을 허용하지 않기 때문에, 다시 말해 키가 없기 때문에 이 방식이 사용되었다는 사실이 알려지면 그냥 평문을 읽어 내려가듯 쉽게 읽을 수 있다."라고 언급했다. 사실 그는 순전히 기하학적 도형을 기반으로 한 암호는 "쉽게 변경할 수 있는 키를 사용하지 않기" 때문에 모두 안전성이 좋지 않다고 지적한 것이다.

직사각형 기반 전치 암호를 조금 더 복잡하게, 그래서 조금 더 안전하게 변형한 것이 **루트 암호**(route cipher)이다. 일종의 키라고 할 수 있는 것이 있어서 직사각형 격자에서 메시지를 어떻게 읽어야 하는지 알려 준다. 역사적으로 루트 암호는 종종 코드와 암호를 혼합해서 사용되었는데, 이는 온전한 단어 전체가 직사각형의 각 격자 공간 안에 분포되어 있는 방식이었다. 1685년 제임스 2세(King James II)에 대항해 일어난 봉기에서 아가일 백작(the Earl of Argyll)이 루트 암호를 사용했다고도 하지만, 미국인들 사이에서는 남북전쟁 동안 북군이 전보문을 보낼 때 사용한 암호로 매우 잘 알려져 있다. 다음은 1863년 6월 1일에 에이브러햄 링컨이 보낸 통신문이다.

GUARD ADAM THEM THEY AT WAYLAND BROWN FOR
KISSING VENUS CORRESPONDENTS AT NEPTUNE ARE OFF NELLY
TURNING UP CAN GET WHY DETAINED TRIBUNE AND TIMES
RICHARDSON THE ARE ASCERTAIN AND YOU FILLS BELLY THIS
IF DETAINED PLEASE ODOR OF LUDLOW COMMISSIONER

당시 미국 육군성 암호키 사용 방식에 따르면 GUARD라는 키워드는 각 행에 다섯 단어씩 일곱 행으로 구성된 격자판에 다음과 같은 경로(route, 루트)를 따라 단어를 배열한다는 약속이었다. 아래에서 위로 1열, 위에서 아래로 2열, 아래에서 위로 5열, 위에서 아래로 4열, 아래에서 위로 3열을 배열한다. 또한, 각 열의 끝에는 무효 단어가 하나씩 들어 있다. 이제 주어진 암호문의 단어를 재배열하면 다음을 얻는다.

	kissing	Commissioner		Times
For	*Venus*	Ludlow	Richardson	and
Brown	correspondents	of	the	Tribune
Wayland	at	*odor*	are	detained
at	*Neptune*	please	ascertain	why
they	are	detained	and	get
them	off	if	you	can
Adam	*Nelly*	this	fills	up
			belly	turning

보면 알겠지만 종종 재미있게 하려고 의미 있는 단어가 무효 단어로 사용되는데, 주로 앞줄이나 뒷줄의 단어와 의미가 어울리도록 만든다. 이 암호문은 코드워드도 사용했다. Venus(비너스)는 Colonel(대령)을, Wayland(웨일런드)는 captured(붙잡히다)를 의미하며, odor(냄새)는 Vicksburg(빅스버그), Neptune(넵튠)은 Richmond(리치먼드), Adam(아담)은 President of the United States(미 대통령)을 가리킨다. Nelly(넬리)는 메시지가 오후 4시 30분에 보내졌다는 의미로 쓰였다. 격자판이 다 채워지면 마지막 행의 마지막 세 단어가 무효 단어임을 알 수 있고, 따라서 다음 평문을 얻는다.

> For Colonel Ludlow. Richardson and Brown, correspondents of the Tribune, captured at Vicksburg, are detained at Richmond. Please ascertain why they are detained and get them off if you can. The President, 4:30 p.m.
>
> 루드로 대령에게. 트리뷴지 특파원 리처드슨과 브라운이 빅스버그에서 붙잡혀 리치먼드에 억류되어 있네. 억류된 이유를 확인하고, 할 수 있다면 그들을 빼내서 오게. 오후 4시 30분. 대통령으로부터.

3.3 순열과 순열 암호

전치 암호에는 2차원 또는 3차원 기하 도형에 기반을 두지 않은 다른 유형의 방식도 있다. 수 세기 동안 서기관들은 단어의 철자를 뒤섞는 방식을 즐겨 썼다. 기하학적 도형에 의존하지 않고 문자의 위치를 바꾸는 방법을 처음으로 체계적으로 설명한 사람은 아마 1.5절에서 언급했던 알 킨디일 것이다. 그는 한 단어 안에서 또는 메시지 한 줄 안에서 철자의 위치를 바꾸는 다양한 방법을 기술했다.

알 칸디의 방법을 이븐 아드 두라이힘(ibn ad- Duraihim)이 24가지 방법으로 확장했는데, 그중에는 단어의 철자를 거꾸로 쓰거나 메시지의 문자를 두 개씩 짝을 지어 서로 순서를 바꾸는 방식이 포함되어 있다. 두 번째 방법을 이용해 앨리스가 영어 평문 "Drink to the rose from a rosy red wine"을 암호화하면 다음과 같다.

평문:	dr	in	kt	ot	he	ro	se	fr	om	ar	os	yr	ed	wi	ne
암호문:	RD	NI	TK	TO	EH	OR	ES	RF	MO	RA	SO	RY	DE	IW	EN

여기에서 주목할 만한 점은 무엇일까? 우리는 처음으로 명백한 **순열 암호**(permutation cipher)의 예를 보고 있다. 수학에서 **순열**(permutation)은 어떤 집합의 원소를 일렬로 나열하는 방법을 말한다. 예를 들어, 다음 평문을

ruby wine

다음과 같이 바꾸는 암호를 생각해보자.

UYBR IENW

네 문자로 구성된 암호문 문자군 각각 1번 자리는 평문의 2번 문자가 차지하고, 2번 자리는 평문의 4번 문자가 차지하고 있다. 3번 자리에는 평문의 3번 문자가, 4번 자리에는 평문의 1번 문자가 온다. 순열을 수학적으로 표기하는 방법이 몇 가지 있는데, 흔히 쓰는 표기법으로 이 순열을 나타내면 다음과 같다.

$$\begin{pmatrix} 1 & 2 & 3 & 4 \\ 2 & 4 & 3 & 1 \end{pmatrix}$$

이븐 아드 두라이힘의 순열을 이 표기법으로 표현하면 다음처럼 된다.

$$\begin{pmatrix} 1 & 2 \\ 2 & 1 \end{pmatrix}$$

순열 암호에서는 순열 그 자체가 키가 된다. 흔히 키워드를 이용해 순열을 선택하고 기억한다. 2.4절에서 정사각형 암호표 방식과 마찬가지로 순열 암호의 키워드도 평문 위에 적는다.

키워드:	TALE	TALE	TALE	TALE	TALE	TALE	TALE	TALE	TALE	TALE
평문:	theb	attl	eand	thes	word	thep	aper	andt	hepe	nllu

앨리스는 알파벳 순서로 했을 때 먼저 나오는 순으로 키워드 문자에 번호를 매긴다.

	4132	4132	4132	4132	4132	4132	4132	4132	4132	4132
키워드:	TALE	TALE	TALE	TALE	TALE	TALE	TALE	TALE	TALE	TALE
평문:	theb	attl	eand	thes	word	thep	aper	andt	hepe	nllu

단순히 4132라고 표기하는 것도 순열을 표현하는 한 방법임을 알아두자.

키워드의 길이는 단위 문자군의 크기를 결정한다. 이를테면 앞의 예문에서 단위 문자군의 크기는 4이다. 각 문자군에 대해 키워드 숫자 순서대로 문자를 읽으면 암호문이 된다.

	4132	4132	4132	4132	4132	4132	4132	4132	4132	4132
키워드:	TALE	TALE	TALE	TALE	TALE	TALE	TALE	TALE	TALE	TALE
평문:	theb	attl	eand	thes	word	thep	aper	andt	hepe	nllu
암호문:	HBET	TLTA	ADNE	HSET	ODRW	HPET	PREA	NTDA	EEPH	LULN

밥에게 메시지를 보내기 전에 앨리스는 이브가 순열의 크기를 쉽게 추측하지 못하도록 문자를 이동시키거나 문자군의 크기를 바꾼다. 따라서 밥이 받아보는 최종 암호문 메시지는 다음과 같다.

HBETT LTAAD NEHSE TODRW HPETP REANT DAEEP HLULN

그렇다면 암호해독은 어떻게 할까? 먼저 암호문 문자를 '역순열'로 배치해야 한다. 1.3절 끝 부분에서 언급했던 역(inverse)의 개념이 떠오를 것이다. 사실 모든 순열에 대해 각기 역의 관계를 갖는 **역순열**(inverse permutation)이 존재한다. 역순열은 어떻게 찾을까? 밥에게 다음과 같이 암호화 순열이 주어졌다고 하자.

$$\begin{pmatrix} 1 & 2 & 3 & 4 \\ 2 & 4 & 3 & 1 \end{pmatrix}$$

밥은 먼저 두 행을 서로 바꾼다.

$$\begin{pmatrix} 2 & 4 & 3 & 1 \\ 1 & 2 & 3 & 4 \end{pmatrix}$$

그다음은 1행의 번호 순서대로 열의 위치를 재배열하는 것이다.

$$\begin{pmatrix} 1 & 2 & 3 & 4 \\ 4 & 1 & 3 & 2 \end{pmatrix}$$

따라서 주어진 순열의 역순열은 1번 자리에 원래의 4번 문자가 오고, 2번 자리에는 1번 문자, 3번은 그대로 3번 문자, 4번에는 2번 문자가 온다.

연습으로 다음 암호문을 직접 복호화해 보자.

HDETS REEKO NTSEM WELLW

이 암호문은 앞서 사용했던 키워드 TALE을 사용해 암호화한 것이다.

이제 순열 암호에 나쁜 키가 있는지 알아볼 차례다. 먼저 다음과 같이 표현된 대응관계를 살펴보자.

$$\begin{pmatrix} 1 & 2 & 3 & 4 \\ 4 & 1 & 1 & 3 \end{pmatrix}$$

이 대응관계는 암호문 1번 자리에 평문의 4번 문자가 오고, 2번과 3번 자리 모두 1번 문자가 오며, 4번 자리에는 3번 문자가 온다는 말이다. 평문의 2번 문자는 사용되지 않고 버려진다.

예를 들어 이 대응관계를 다음 평문에 적용해보자.

garb agei ngar bage outx

그러면 다음과 같은 암호문이 나온다.

BGGR IAAE RNNA EBBG XOOT

엄밀하게 말해 이것은 순열이 아니라 순열보다 더 일반적인 형태로서 수학에서는 **함수**(function)라 부른다. 주어진 예는 자리와 문자 사이의 대응관계를 나타내는 함수이다. 이 함수에서는 평문의 2번 문자를 사용하지 않고 버렸기 때문에 일반적으로 도로 가져 올 수 없다. 따라서 역함수가 존재하지 않는다. 순열이 되는 함수와 그렇지 않은 함수는 매우 쉽게 구별할 수 있다. 단지 각 문자가 정확히 한 번 사용되었는지를 확인하면 된다.

만약 모든 순열이 좋은 키가 된다면 키는 모두 몇 개 있을까? 가령 네 문자 단위로 문자군을 묶어 블록으로 사용한다면 1번 문자는 1번, 2번, 3번, 4번 자리 어디든 갈 수 있다. 2번 문자는 남아있는 세 자리 중 아무 곳에나 갈 수 있고, 3번 문자는 남은 두 자리 중 아무 곳에 갈 수 있다. 마지막 문자가 갈 수 있는 자리는 하나 남는다. 따라서 네 문자를 배열할 때 가능한 경우의 수는 $4\times3\times2\times1$이다. 일반적으로 문자가 n개 있을 때 가능한 모든 순열의 가지 수는 자명한 암호를 만들어내는 **자명한 순열**을 포함해서 다음과 같다.

$$n\times(n-1)\times(n-2)\times\cdots\times3\times2\times1$$

이 수를 가리켜 수학에서는 $n!$이라 표기하고 n의 **계승**, 또는 n**팩토리얼**(factorial)이라 한다. 계승은 굉장히 빠른 속도로 값이 커진다. 예를 들어 12! = 479,001,600이다. 12개 문자를 한 블록으로 사용할 때 순열 암호가 479,001,600개 있다는 말이다. 앞에서 언급했던 다른 암호와 마찬가지로 순열 암호를 해독하는 방법에도 무차별 대입 공격보다 더 좋은 방법이 있다. 이에 대해서는 3.6절과 3.7절에서 다루겠다.

혹시 앞에서 순열이 아닌 함수는 암호화와 복호화에 사용할 수 없다고 암시하는 대목이 있었다면 전혀 사실이 아님을 확실히 말해두고 싶다. 물론 순열이 아니면 버려지는 문자가 있기 때문에 보완 조치가 필요하다. 해결책은 **확장 함수**(expansion function)를 이용하는 것이다. 확장 함수는 처음 가지고 있던 문자보다 더 많은 문자가 생기게 하므로 복호화할 때 문자 몇 개를 버리더라도 괜찮다. 예를 들어, 다음과 같은 평문을

westw ardho

다음과 같이 암호문으로 바꾸는 경우를 생각해보자.

SEWTEW DROHRA

이 암호에 대응하는 함수를 앞에서 사용한 표기법으로 나타내면 다음과 같다.

$$\begin{pmatrix} 1 & 2 & 3 & 4 & 5 & 6 \\ 3 & 2 & 5 & 4 & 2 & 1 \end{pmatrix}$$

암호문 문자의 번호가 모두 1행에 나타나야 하고 평문보다 숫자가 많아야 한다는 점에 주목하자. 1행의 숫자 중에는 2행에 나타나지 않는 것이 있지만, 평문 문자에 대응하는 숫자는 모두 2행에 나타나야 한다. 수학에서는 일반적으로 이런 함수를 가리켜 **전사 함수**(onto function)라 하지만, 암호학에서는 확장 함수라는 이름이 더 적절하다. 이런 유형의 암호화는 곱암호의 특정 단계처럼 특별한 이유로 일정한 개수의 문자가 필요할 때 꽤 유용하다. 이브를 혼동시키면서도 무효 문자보다 무작위적 성질이 낮은 방법을 원할 때도 확장 함수를 사용한다.

이 암호는 어떻게 복호화할까? 복호화 과정에서 밥은 중복해서 사용된 문자를 버리고 싶을 것이다. 예를 들어 다음 함수를 사용하면 앞의 암호문을 복호화할 수 있다.

$$\begin{pmatrix} 1 & 2 & 3 & 4 & 5 \\ 6 & 2 & 1 & 4 & 3 \end{pmatrix}$$

이번에는 평문 문자의 번호가 1행에 나열되어 있다. 2행은 암호문 문자 번호를 나타내지만 일부 번호는 생략될 수 있다. 무엇보다 2행에는 서로 중복되는 숫자가 없어야 한다는 것이 중요하다. 그렇지 않으면 암호문에 두 번 사용된 문자가 생긴다. 수학에서는 이런 함수를 **단사 함수**(one-to-one function)라 하고, 암호학에서는 **압축 함수**(compression function)라 부른다. 암호문을 보면 2번 자리와 5번 자리 문자가 같으므로 밥은 다음의 함수를 사용해도 처음에 주어진 함수와 마찬가지로 복호화를 잘할 수 있다.

$$\begin{pmatrix} 1 & 2 & 3 & 4 & 5 \\ 6 & 5 & 1 & 4 & 3 \end{pmatrix}$$

이렇게 복호화 함수가 두 개가 나올 수 있는 이유는 확장 함수가 순열이 아니기 때문에 진정한 의미의 역함수를 갖지 않는다는 것과 관련 있다. 이 문제에 대한 논의는 잠시 미뤄두고 순열의 곱(product)에 대해 먼저 이야기해보자.

3.4 순열의 곱

서로 다른 두 순열 암호를 중복해서 암호화하면 어떻게 될까? 지금쯤이면 여러분 스스로 이 질문에 대한 답을 알아냈길 바란다. 앨리스가 키워드 TALE로 암호화하고, 다시 말해 다음의 순열로 암호화하고 나서,

$$\begin{pmatrix} 1 & 2 & 3 & 4 \\ 2 & 4 & 3 & 1 \end{pmatrix}$$

다시 키워드 POEM을 사용해서 암호화하면, 즉 다음의 순열로 암호화하면 어떻게 되는지 살펴보자.

$$\begin{pmatrix} 1 & 2 & 3 & 4 \\ 3 & 4 & 2 & 1 \end{pmatrix}$$

	4132	4132	4132	4132	4132
키워드:	TALE	TALE	TALE	TALE	TALE
평문:	theb	attl	eand	thes	word
첫 번째 암호문:	HBET	TLTA	ADNE	HSET	ODRW
	4312	4312	4312	4312	4312
키워드:	POEM	POEM	POEM	POEM	POEM
첫 번째 암호문:	hbet	tlta	adne	hset	odrw
두 번째 암호문:	ETBH	TALT	NEDA	ETSH	RWDO
	4132	4132	4132	4132	4132
키워드:	TALE	TALE	TALE	TALE	TALE
평문:	thep	aper	andt	hepe	nllu
첫 번째 암호문:	HPET	PREA	NTDA	EEPH	LULN
	4312	4312	4312	4312	4312
키워드:	POEM	POEM	POEM	POEM	POEM
첫 번째 암호문:	hpet	prea	ntda	eeph	luln
두 번째 암호문:	ETPH	EARP	DATN	PHEE	LNUL

만약 암호문과 평문을 둘 다 입수했다면 이브는 이것이 다음 키 순열을 사용해 암호화한 것과 같다는 것을 바로 알아차릴 것이다.

$$\begin{pmatrix} 1 & 2 & 3 & 4 \\ 3 & 1 & 4 & 2 \end{pmatrix}$$

수학에서는 이 순열을 종종 다음과 같이 곱셈 기호를 사용해 나타낸다.

$$\begin{pmatrix}1 & 2 & 3 & 4\\ 2 & 4 & 3 & 1\end{pmatrix}\times\begin{pmatrix}1 & 2 & 3 & 4\\ 3 & 4 & 2 & 1\end{pmatrix}=\begin{pmatrix}1 & 2 & 3 & 4\\ 3 & 1 & 4 & 2\end{pmatrix}$$

두 순열을 곱할 때 순서를 바꿔서 곱하면 결과가 달라진다는 사실에 주목하자. 예를 들어 다음 두 곱은 서로 같지 않다.

$$\begin{pmatrix}1 & 2 & 3 & 4\\ 2 & 4 & 3 & 1\end{pmatrix}\times\begin{pmatrix}1 & 2 & 3 & 4\\ 3 & 4 & 2 & 1\end{pmatrix}$$

$$\begin{pmatrix}1 & 2 & 3 & 4\\ 3 & 4 & 2 & 1\end{pmatrix}\times\begin{pmatrix}1 & 2 & 3 & 4\\ 2 & 4 & 3 & 1\end{pmatrix}$$

다시 말해 순열의 곱셈에서는 일반적으로 **교환법칙**이 성립하지 않는다. 이 말이 믿기지 않는다면 키워드 POEM을 먼저 사용해 암호화하고 다시 TALE을 키워드로 사용해 암호화해보라. 분명히 앞에서 얻은 암호문과 다른 결과를 얻을 것이다. 이것이 두 순열 암호의 곱암호가 지금까지 살핀 곱암호와 다른 점이다.

우리는 순열과 역순열의 곱도 생각해 볼 수 있다. 예를 들면 다음과 같다.

$$\begin{pmatrix}1 & 2 & 3 & 4\\ 2 & 4 & 3 & 1\end{pmatrix}\times\begin{pmatrix}1 & 2 & 3 & 4\\ 4 & 1 & 3 & 2\end{pmatrix}=\begin{pmatrix}1 & 2 & 3 & 4\\ 1 & 2 & 3 & 4\end{pmatrix}$$

일반적으로 자신의 역순열과 곱하면 자명한 순열이 된다. 암호화하고 나서 복호화하면 원래 상태로 돌아가므로 당연한 이치다. 마찬가지로 역순열의 역순열은 원래 순열이기 때문에 다음이 성립한다.

$$\begin{pmatrix}1 & 2 & 3 & 4\\ 4 & 1 & 3 & 2\end{pmatrix}\times\begin{pmatrix}1 & 2 & 3 & 4\\ 2 & 4 & 3 & 1\end{pmatrix}=\begin{pmatrix}1 & 2 & 3 & 4\\ 1 & 2 & 3 & 4\end{pmatrix}$$

이는 순열 곱의 교환법칙이 성립하는 특별한 경우다.

확장 함수나 압축 함수는 순열에 비해 조금 까다롭게 행동한다. 암호화하고 나서 복호화하면 다음과 같이 자명한 순열이 되지만,

$$\begin{pmatrix}1 & 2 & 3 & 4 & 5 & 6\\3 & 2 & 5 & 4 & 2 & 1\end{pmatrix}\times\begin{pmatrix}1 & 2 & 3 & 4 & 5\\6 & 2 & 1 & 4 & 3\end{pmatrix}=\begin{pmatrix}1 & 2 & 3 & 4 & 5\\1 & 2 & 3 & 4 & 5\end{pmatrix}$$

순서를 바꿔서 곱하면 전혀 다른 함수가 나온다.

$$\begin{pmatrix}1 & 2 & 3 & 4 & 5\\6 & 2 & 1 & 4 & 3\end{pmatrix}\times\begin{pmatrix}1 & 2 & 3 & 4 & 5 & 6\\3 & 2 & 5 & 4 & 2 & 1\end{pmatrix}=\begin{pmatrix}1 & 2 & 3 & 4 & 5 & 6\\1 & 2 & 3 & 4 & 2 & 6\end{pmatrix}$$

직접 메시지에 적용해 보더라도 같은 결과를 얻을 것이다. 엄밀히 말해서 확장 함수와 압축 함수는 쌍방향의 진정한 역함수를 갖는 것이 아니라 **단방향 역함수**(one-sided inverse)만 갖는다. 그러므로 3.3절에서 이미 겪어 봤듯이 암호화 함수 하나에 대해 복호화 함수가 두 개 존재할 수 있고, 그 반대가 될 수도 있다. 실제로 확장 함수는 암호화만 가능하고 압축 함수로는 복호화만 가능하며, 각기 반대 방향의 기능은 불가능하다.

이제 이번 절을 시작하면서 던졌던 질문에 답해보자. 결론은 반복키 다표식 치환 암호 두 개를 결합했을 때처럼 단위 문자군 크기가 같은 순열 암호 두 개를 결합하면 같은 크기의 순열 암호가 생긴다는 것이다. 그렇다면 단위 문자군 크기가 다른 두 순열 암호를 결합하면 어떻게 될까? 예를 들어 앨리스가 키워드 TALE로 암호화하고 나서 키워드 POETRY를 이용해 다시 암호화한다고 하자.

	4132	4132	4132	4132	4132	4132
키워드:	TALE	TALE	TALE	TALE	TALE	TALE
평문:	theb	attl	eand	thes	word	thep
첫 번째 암호문:	HBET	TLTA	ADNE	HSET	ODRW	HPET

	321546	321546	321546	321546
키워드:	POETRY	POETRY	POETRY	POETRY
첫 번째 암호문:	hbettl	taadne	hsetod	rwhpet
두 번째 암호문:	EBHTTL	AATNDE	ESHOTD	HWREPT

	4132	4132	4132	4132	4132	4132
키워드:	TALE	TALE	TALE	TALE	TALE	TALE
평문:	aper	andt	hepe	nllu	xgar	bage
첫 번째 암호문:	PREA	NTDA	EEPH	LULN	GRAX	AEGB

	321546	321546	321546	321546
키워드:	POETRY	POETRY	POETRY	POETRY
첫 번째 암호문:	preant	daeeph	lulngr	axaegb
두 번째 암호문:	ERPNAT	EADPEH	LULGNR	AXAGEB

앞선 예에서 앨리스는 아귀가 맞도록 무효 단어를 몇 개 추가해야 했다.

이와 같은 곱암호가 순열 하나를 사용해 암호화하는 것과 같을까? 자세히 보면 이 곱암호는 크기가 4인 순열이 될 수 없다. 한 문자군의 일부 문자가 다른 문자군으로 '새어들어' 갔기 때문이다. 마찬가지로 크기가 6인 순열도 될 수 없다. 그러나 두 키워드에 의해 12문자씩 한 열을 이루므로 실제로 크기가 12인 순열과 같아진다. 사실, 주어진 두 순열 암호 각자를 크기가 12인 순열로 바꿔 적을 수 있다. TALE에 대응하는 순열 암호의 키는 크기가 4인 다음 순열이지만,

$$\begin{pmatrix} 1 & 2 & 3 & 4 \\ 2 & 4 & 3 & 1 \end{pmatrix}$$

이것은 다음과 같이 크기가 12인 순열로 바꿀 수 있다.

$$\begin{pmatrix} 1 & 2 & 3 & 4 & 5 & 6 & 7 & 8 & 9 & 10 & 11 & 12 \\ 2 & 4 & 3 & 1 & 6 & 8 & 7 & 5 & 10 & 12 & 11 & 9 \end{pmatrix}$$

POETRY에 대응하는 순열 암호도 보통 때라면 다음을 키로 갖지만,

$$\begin{pmatrix} 1 & 2 & 3 & 4 & 5 & 6 \\ 3 & 2 & 1 & 5 & 4 & 6 \end{pmatrix}$$

이것 역시 다음과 같이 크기가 12인 순열로 바꿀 수 있다.

$$\begin{pmatrix} 1 & 2 & 3 & 4 & 5 & 6 & 7 & 8 & 9 & 10 & 11 & 12 \\ 3 & 2 & 1 & 5 & 4 & 6 & 9 & 8 & 7 & 11 & 10 & 12 \end{pmatrix}$$

따라서 두 순열 암호의 곱암호는 이처럼 크기가 12인 순열 두 개를 곱한 순열을 키로 갖는다고 할 수 있다.

$$\begin{pmatrix} 1 & 2 & 3 & 4 & 5 & 6 & 7 & 8 & 9 & 10 & 11 & 12 \\ 2 & 4 & 3 & 1 & 6 & 8 & 7 & 5 & 10 & 12 & 11 & 9 \end{pmatrix}$$
$$\times \begin{pmatrix} 1 & 2 & 3 & 4 & 5 & 6 & 7 & 8 & 9 & 10 & 11 & 12 \\ 3 & 2 & 1 & 5 & 4 & 6 & 9 & 8 & 7 & 11 & 10 & 12 \end{pmatrix}$$
$$= \begin{pmatrix} 1 & 2 & 3 & 4 & 5 & 6 & 7 & 8 & 9 & 10 & 11 & 12 \\ 3 & 4 & 2 & 6 & 1 & 8 & 10 & 5 & 7 & 11 & 12 & 9 \end{pmatrix}$$

크기가 다른 순열 암호의 곱암호는 키 길이가 원래 두 암호의 키 길이의 최소공배수라는 점을 보면 순열 암호는 반복키 암호와 매우 유사하다. 2.7절에서처럼 어떤 암호가 사용되었는지에 관한 정보가 이브에게 노출되지 않은 한, 앨리스는 문자 10개를 사용해서 12문자로 된 키워드에 상응하는 안전성을 이뤄낸 것이다. 순수하게 12자로 된 키워드를 갖는 순열 암호만큼 이 곱암호로는 문자들이 잘 섞이지 않는다는 것을 이브가 알아차릴지도 모른다. 따라서 원하는 만큼 문자들이 잘 섞일 때까지 4문자 키워드와 6문자 키워드를 계속 번갈아 사용할 수도 있다. 하지만 그러느니 차라리 앨리스와 밥은 그냥 12문자로 된 키워드를 사용하는 것이 나을 것이다.

3.5 키가 있는 행렬형 전치 암호

지금까지 우리는 시간을 들여 순열과 키워드 순열 암호를 살펴봤지만 사실 순열 암호를 실제로 사용했다는 기록은 많지 않다. 아마 사람들이 키워드 순열 암호를 사용하려 하다가도 순열과 행렬형 전치 방식을 결합해 곱암호를 만드는 것이 수고스러울 뿐이지 더 안전하지는 않다는 사실을 바로 깨달았기 때문일 것이다.

앞에서 다뤘던 순열 암호 하나를 다시 살펴보자. 이번에는 텍스트를 조금 다르게 배열하자.

평문	암호문
4132 TALE	
theb	HBET
attl	TLTA
eand	ADNE
thes	HSET
word	ODRW
thep	HPET
aper	PREA
andt	NTDA
hepe	EEPH
nllu	LULN

이 배열방식을 사용하면 앨리스는 평문의 어느 위치에 있는지 쉽게 확인할 수 있다. 키워드는 한 번만 적으며, 표의 오른쪽 칸에 있는 문자열을 가로 방향으로 읽으면 대응하는 암호문이 된다. 하지만 암호문 문자들이 직사각형을 이루고 있으므로 행렬형 전치 암호를 적용하는 것이 논리적인 것 같다. 따라서 열을 따라 세로 방향으로 읽으면 앨리스는 다음과 같은 암호문을 얻는다.

HTAHO HPNEL BLDSD PRTEU ETNER EEDPL TAETW TAAHN

이 방식을 이용하면 표의 오른쪽 칸이 굳이 필요하지 않다는 것을 알 수 있다. 실제로 왼쪽 칸의 열을 키의 번호 순서대로 읽어 내려가기만 하면 된다. 먼저 키 번호 1번 열을 위에서 아래로 읽고, 그다음 2번, 3번, 4번 열을 차례로 읽는다. 이 암호를 가리켜 '**키가 있는 행렬형 전치 암호**(keyed columnar transposition)'라 부른다. 이 암호방식은 17세기 영국 암호학자인 존 팔코너(John Falconer)이 쓴 책에 처음으로 등장한다. 팔코너는 제임스 2세 궁정 소속이었다는 것 외에 별로 알려지지 않았다. 키가 있는 행렬형 전치 암호는 1685년 팔코너 사후에 출판된 책에 처음 소개되었고, 본격적으로 여러 암호의 기반을 이루면서 적어도 1950년대까지 사용되었다.

암호를 복호화하기 위해 밥은 먼저 빈 표를 만들어 맨 윗줄에 키워드와 열 번호를 가로로 적는다. 문자의 총수를 키의 길이로 나누면 정확한 행의 개수를 알 수 있다. 그다음, 키에 명시된 순서대로 한 열에 행 개수만큼의 암호문 문자를 적는다. 마지막으로 행을 따라 가로로 평문을 읽어낸다.

보안이라는 측면에서 키가 있는 행렬형 전치 암호는 순열 암호에 비해 그다지 안전하지 않다. 행렬형 전치 암호의 키는 행의 개수이다. 메시지의 대략적인 길이를 알고 있을 때, 열의 개수를 알면 행의 개수도 알 수 있으므로 열의 개수도 키가 될 수 있다. 키가 있는 행렬형 전치 암호에서 열의 수는 순열 암호의 키의 길이에 의해 결정된다. 그러므로 순열 암호와 행렬형 전치 암호는 키의 개수가 정확하게 같다. 순열 암호 공격법 중에는 키가 있는 행렬형 전치 암호 공격에도 거의 비슷하게 효과가 좋은 방법들이 있는데, 이것에 대해서는 3.6절과 3.7절에서 다룰 것이다.

키가 있는 행렬형 전치 암호가 순열 암호보다 유리한 장점이 하나 있다. 앞에서 살펴보았듯이 두 덧셈 암호의 곱암호는 덧셈 암호가 되고, 두 곱셈 암호의 곱도 곱셈 암호가 된다. 두 아핀 암호의 곱도 아핀 암호이다. 순열 암호의 곱암호도 키의 길이는 달라질 수 있어도 어쨌든 순열 암호이다. 그러나 키가 있는 행렬형 전치 암호끼리 결합한 곱암호는 같은 방식의 암호가 되지 않으며, 일반적으로 단일 암호보다 해독하기 훨씬 더 어려워진다.

왜 그런지 키의 길이가 3이고 문자 9개로 된 아주 짧은 메시지를 예로 생각해 보자.

3	1	2
a	g	r
e	a	t
w	a	r

먼저 다음과 같이 순열 암호를 적용한다.

키:	312	312	312
평문:	agr	eat	war
첫 번째 암호문:	GRA	ATE	ARW

이것은 다음과 같이 크기가 9인 순열이라고 생각할 수 있다.

$$\begin{pmatrix} 1 & 2 & 3 & 4 & 5 & 6 & 7 & 8 & 9 \\ 2 & 3 & 1 & 5 & 6 & 4 & 8 & 9 & 7 \end{pmatrix}$$

이 암호문에 행렬형 전치 암호를 적용한다.

첫 번째 암호문	두 번째 암호문
GRA	GAA
ATE	RTR
ARW	AEW

이것 역시 다음과 같은 크기가 9인 순열과 같다.

$$\begin{pmatrix} 1 & 2 & 3 & 4 & 5 & 6 & 7 & 8 & 9 \\ 1 & 4 & 7 & 2 & 5 & 8 & 3 & 6 & 9 \end{pmatrix}$$

마침 주어진 메시지가 정사각형을 이루므로 전치를 두 번 시킬 수 있다. 앞의 순열은 자기 자신을 역순열로 갖기 때문에 전치를 두 번 적용한다면 암호화가 상쇄된다는 점에 주목하자.

이번에는 다음과 같이 **역키를 사용해 키가 있는** 행렬형 전치 암호를 적용해 보자. 모두 기본 원리를 다 알고 있다고 전제하고 중간 단계는 생략하겠다.

2	3	1
G	A	A
R	T	R
A	E	W

우리가 지금 무엇을 하고 있는지 정리해보자. 우리는 서로 역의 관계에 있는 두 순열 암호와 서로 역의 관계에 있는 두 행렬형 전치 암호를 각각 하나씩 교대로 적용했다. 아마 모든 것이 상쇄될 것이라고 기대했겠지만 사실은 그렇지 않다. 최종 암호문은 다음과 같고, 원래의 평문과 같지 않다.

ARW GRA ATE

왜 이렇게 되었을까? 덧셈 암호나 곱셈 암호와 달리 순열 암호는 두 순열을 곱할 때 순서에 따라 결과가 달라진다는 사실을 다시 한 번 기억하자. 순열 암호와 행렬형 전치 암호를 교대로 적용하더라도 아무것도 상쇄되지 않으며 결국 조금 더 복잡한 전치 암호를 얻게 되었다. 특히 두 암호의 크기가 서로 다르면 암호는 훨씬 더 복잡해 질 것이다(더 자세한 내용은 사이드바 3.1을 참고하자).

사이드바 3.1: 허무주의 암호화 기법

앞선 3×3 정사각형 메시지 예를 세심한 주의를 기울이며 살핀다면 키가 있는 행렬형 전치 암호를 이중으로 적용했을 때 원래의 평문이 나오지는 않지만 행렬형 전치를 하지 않아도 읽어낼 수 있다는 것을 알 수 있다. 그 이유를 알 수 있는 가장 쉬운 방법은 4.3절에서 설명할 함수 표기법을 사용하는 것이다. 그러므로 원한다면 4.3절을 읽을 때까지 이 사이드바는 미뤄두었다가 나중에 읽어도 좋다.

우선 수학자들 방식대로 순열을 나타낼 때 그리스 문자를 사용하자. 순열(permutation)를 뜻하는 영어 단어 첫 글자가 p이므로 p에 대응하는 그리스 문자 π를 써서 순열을 π로 표기한다. 여기에서 π는 원주율 3.14159……와 아무 상관이 없다. 사이테일을 그리스 문자로 표기하면 첫 문자가 σ이므로 사이테일 암호에 해당하는 순열을 나타낼 때 종종 σ를 사용할 것이다.

키의 길이가 n인 순열 암호는 π_n이라 표기하자. 이를테면 앞에서 살핀 3×3 정사각형 메시지에 사용한 순열 암호는 π_3이다. 평문을 가로 방향으로 써서 $m \times n$ 행렬이 되도록 배열한 후에 세로 방향으로 암호문을 읽는 사이테일 암호는 σ_{mn}이라 하자. 키의 길이가 n인 순열 암호의 역순열도 키의 길이가 n인 순열이 되며 π_n^{-1}라 표기한다. '신발과 양말 원리'에 따르면 평문을 가로 방향으로 m행 쓰고 암호문을 세로 방향으로 n열 읽어내는 것을 역으로 수행하면 암호문을 n열 쓰고 평문을 m행 읽는 것과 같다. 하지만 이것은 n행 쓰고 m열 읽는 것과 똑같다. 그러므로 σ_{mn}의 역은 σ_{nm}이며, 이미 확인했듯이 σ_{33}을 포함해 모든 정사각형 텍스트에 대한 사이테일 순열의 역순열은 자기 자신이다.

이제 앞에서 실행한 암호화 과정을 되짚어보자. 먼저 평문을 행 방향으로 쓰고 순열 암호 π_3을 적용했다. 그다음, 세로 방향으로 읽었다. 이것이 σ_{33}이다. 다음 단계로, 다시 행 방향으로 쓰고 나서 순열 암호 π_3^{-1}를 적용했다. 마지막으로 σ_{33}을 다시 적용했다. 그래서 최종 암호문은 다음과 같았다.

$$C_1C_2\cdots C_9 = \sigma_{33}\pi_3^{-1}\sigma_{33}\pi_3(P_1P_2\cdots P_9)$$

이것으로부터 무엇을 알 수 있을까? 우리는 $\pi_3^{-1}\sigma_{33}$과 $\sigma_{33}\pi_3^{-1}$는 확실히 다르다는 것을 알고 있다. 그러므로 아무것도 상쇄되지 않은 것이다. σ_{33}에 대해 조금 더 생각해보자. 앞서 말했듯이 σ_{33}은 3열을 써서 3행을 읽는 것이기도 하고 3행을 써서 3열을 읽는 것이기도 하다. 따라서 실제로는 행과 열의 역할을 바꿔도 된다. 이런 각도에서 보면 다음 식의 의미는 행과 열을 맞바꾸고 나서 순열 암호를 이용해 열의 위치를 바꾸고, 그리고 다시 행과 열을 맞바꾼다는 것이다.

$$\sigma_{33}\pi_3^{-1}\sigma_{33}$$

이것을 실행해 보면 최종 결과는 분명히 주어진 텍스트의 행의 순서를 바꾸는 것과 같을 것이다. 따라서 다음 식은 π_3을 사용해 열의 위치를 바꾸고 나서 π_3^{-1}을 사용해 행의 위치를 바꾸라는 의미이다.

$$C_1C_2\cdots C_9 = \sigma_{33}\pi_3^{-1}\sigma_{33}\pi_3(P_1P_2\cdots P_9)$$

사실, 행렬형 전치 기법은 실제로 전혀 적용되지 않는다. 다음과 같이 주어진 예를 통해 이것을 검증할 수 있다.

평문	암호문
a g r	A R W
e a t	G R A
w a r	A T E

열의 위치뿐만 아니라 행의 위치를 바꾸는 암호를 니힐리스트 전치 암호(Nihilist transposition cipher)라 한다. 케르크호프스에 따르면 정방행렬을 사용하고 행과 열을 서로 맞바꾸지 않고 동일한 키로 행의 위치를 바꾸고 다시 열의 위치를 바꾸는 전치 기법은 1870년대와 1880년대 러시아 허무주의자(Russian Nihilist)들이 비밀 메시지를 보낼 때 사용한 방법이다. 정방행렬을 포함해 임의의 직사각형 행렬에 대해 키를 두 개 사용하고 행과 열을 서로 바꾸는 전치를 가리켜 **니힐리스트 행렬형 전치**(Nihilist columnar transposition)라 부른다. 바로 앞에서 사용한 분석에 의하면 메시지가 정방행렬을 이룰 때 니힐리스트 행렬형 전치 암호를 두 개 결합한 곱암호도 니힐리스트 행렬형 전치 암호가 됨을 알 수 있다. 행과 열의 수가 다른 직사각형 행렬의 경우도 첫 번째 행렬의 열의 수와 두 번째 행렬의 행의 수가 같다면 곱암호는 니힐리스트 행렬형 전치 암호가 된다. 보안 측면을 보면, 3.6절과 3.7절에서 다룰 기법을 이용해 행의 순서를 제외하고 모든 것을 해독할 수 있음이 밝혀졌다. 각 행의 평문 문자가 정확하기만 하면 행의 순서도 어렵지 않게 맞출 수 있다. 따라서 니힐리스트 행렬형 전치 암호는 애써 곱암호로 만들 가치가 없다는 것이 일반적인 견해다.

만약 첫 번째 행렬의 열의 개수가 두 번째 행렬의 행의 개수와 같지 않다면 해독하기 정말 어려운 이중 행렬형 전치 암호가 된다.

키가 있는 **이중 행렬형 전치 암호**(간단히 **이중 전치 암호**라 한다)는 1차 세계대전이 발발하기 전부터 사용되었다. 3.7절에서 보면 알 수 있듯이 이 암호는 해독이 불가능하지는 않지만, 손으로 작성할 수 있는 가장 안전하고 신뢰할 만한 전치 암호로 여겨지며 2차 세계대전에서도 계속 사용되었다. 특히 전선에서 활동하는 연합군 비밀요원과 유럽 점령지의 저항군이 주로 사용했다.

3.6 행렬의 크기 결정법

전치 암호를 해독하는 과정은 반복키 암호를 해독할 때와 아주 흡사하다. 첫째 단계는 이브가 자신이 해독해야 하는 암호가 어떤 종류인지 확실하게 알아내는 것이다. 둘째 단계는 키의 길이를 알아내는 것이다. 마지막 단계로 중첩 배열을 이용해 키를 찾아내야 한다. 다행히 첫째 단계는 매우 간단하다. 전치 암호는 문자를 다른 문자로 바꾸지 않고 위치만 옮기기 때문에 문자의 출현 빈도가 평문이나 암호문이나 동일하다. 이것은 자명한 이야기다. 만약 조금이라도 의구심이 든다면 2.2절에서 살펴봤고 5.1절에서도 다루게 될 동시발생지수를 이용한 다양한 테스트를 시행해볼 수 있다.

사이테일 암호에서 키는 행의 개수 또는 열의 개수이다. 둘 중 하나를 알면 나머지 하나도 쉽게 알 수 있다. 3.1절에서 설명했듯이 사이테일 암호의 키를 찾는 일은 어렵지 않다. 격자판의 전체 칸 수를 안다면, 즉 암호문의 전체 문자 수를 안다면 이브는 행의 수와 열의 수의 곱으로 표현되도록 가능한 모든 두 수의 조합을 찾을 수 있고, 각각에 대해 암호문을 세로 방향으로 적어 가로 방향으로 읽었을 때 의미 있는 평문이 나오는지 일일이 시험해볼 수 있다. 만약 앨리스가 머리를 써서 메시지에 무효 문자를 넣었다면 이브는 전혀 손을 쓰지 못할지도 모른다. 그러나 설령 그렇더라도 이브는 메시지의 마지막 문자를 버리고 다시 도전할 수 있을 것이다.

만약 순열 암호나 키가 있는 행렬형 전치 암호가 사용되었다는 생각이 든다면 이브는 사이테일 암호와 같은 방식으로 해독을 시도한다. 행과 열의 수를 추측해서 순열 암호의 경우는 암호문을 가로로 쓰고, 행렬형 전치 암호인 경우는 세로 방향으로 쓴다. 이때 열의 수가 순열의 크기 또는 키워드의 길이가 된다. 하지만 사이테일 암호에 비해 알맞은 크기의 격자 모양을 찾았는지 확신하기 어렵다. 한 가지 검증 방법은 각 행의 모음과 자음의 비율이 대략 맞는지 확인하는 것이다.

영어 텍스트에서 무작위로 문자를 선택한다고 가정하자. 영어의 문자 빈도표를 보면 대략 38.1%가 모음이다. 따라서 무작위로 10개의 문자를 뽑았을 때, 평균적으로 3.81개의 모음이 뽑힐 것이다. 아마 모음이 4개 뽑힐 가능성이 가장 클 것이다. 그러나 항상 이렇게 된다는 것이 아니라 모음이 더 적게 나올 수도 있다. 실제로는 정확하게 모음이 4개 뽑히지 않는 경우가 더 많다. 그렇다면 모음이 4개 뽑힐 확률은 얼마일까? 먼저 모음이 4개 뽑히는 가능한 철자 패턴을 모두 나열해보자.

VVVVCCCCCC
VVVCVCCCCC
VVVCCVCCCC
VVVCCCVCCC
⋮

다 적으려면 시간이 꽤 걸리겠지만 어쨌든 가능한 패턴은 210개이다(앞에서 V는 모음(Vowel), C는 자음(Consonant)이다).

이제 모음 4개에 이어 자음 6개가 연달아 나오는 첫 번째 패턴을 살펴보자. 첫 번째 문자가 모음일 확률은 0.381이고, 네 번째 문자까지 모두 확률이 같다. 첫 번째 자음을 뽑을 확률은 0.619이고 나머지 자음들도 마찬가지다. 따라서 이 패턴의 확률은 $0.381 \times 0.381 \times 0.381 \times 0.381 \times 0.619 \times 0.619 \times 0.619 \times 0.619 \times 0.619 \times 0.619 \approx 0.00119$이다.

생각해보면 두 번째 패턴의 확률도 첫 번째 패턴과 같고, 나머지 패턴들도 모두 확률이 같음을 알 수 있다. 따라서 정확하게 4개의 모음을 뽑을 확률은 $210 \times 0.00119 \approx 0.249$이다. 다시 말해 무작위로 10개의 문자를 뽑았을 때 모음을 정확하게 4개 뽑을 확률은 대략 1/4이다. 하지만 모음을 '대략 4개' 뽑는 경우는 빈번하게 일어날 것이다. 이것을 어떻게 수치로 나타낼 수 있을까?

통계학자들은 이처럼 어떤 상황에 대한 기댓값에 얼마나 접근했는지 수치로 나타내는 방법을 오래전부터 알고 있었다. 바로 **분산**(variance)이라 불리는 개념이다. 아이디어는 무작위로 문자를 10개 뽑는 사건을 여러 번 시행할 때, 이를테면 100번 시행할 때 매번 실제로 얻은 값과 평균적으로 기대되는 기댓값의 차를 계산하는 것이다. 어떤 차는 양의 값을 가지고 어떤 차는 음의 값을 가질 것이다. 이때

음의 값과 양의 값을 서로 상쇄시키지 않는다. 암호작성자들은 원래 절댓값을 사용했지만 수학적으로는 제곱한 값이 사건을 예측하기에 더 유용하다는 것이 입증되었다. 이제 제곱한 값들의 평균을 계산하자. 평균을 구할 때 보통은 100으로 나누어야 하지만 통계학적으로 사건을 예측할 때는 1 적은 99로 나눈 값이 더 유용하다고 밝혀졌다. 그렇게 구한 값이 분산이다.

모음의 개수에 대한 분산은 얼마일까? 통계학자들은 무작위로 문자를 하나 뽑았을 때 모음일 확률, 자음일 확률, 뽑힌 전체 문자의 개수 이렇게 세 값을 모두 곱하면 분산의 근삿값이 된다고 증명했다. 따라서 무작위로 10개의 문자를 뽑을 때 모음의 개수에 대한 분산은 대략 $0.381 \times (1 - 0.381) \times 10 \approx 2.358$이다.

이것은 문자를 무작위로 뽑을 때만 성립한다. 만약 10개의 철자로 된 영어 단어를 100개 뽑는다면 분산은 달라질 것이다. 무엇보다 무작위로 문자 10개를 뽑는다면 모음을 전혀 뽑지 않을 가능성이 대략 0.8%로 조금이나마 있다. 그러나 10문자로 된 단어를 하나 뽑을 때 a, e, i, o, u 가운데 하나도 포함되지 않은 단어를 뽑을 확률은 0이다. 일반적으로 모음 개수에 대한 분산은 실제 영어 텍스트가 무작위로 선택된 문자 집합보다 훨씬 작을 것이다.

분산 개념은 이브가 전치 암호를 해독하는 데 어떻게 도움이 될까? 이브가 다음과 같은 암호문을 입수했다고 가정해보자.

OHIVR	SVAHT	BLRHL	HLBIT	MBETM	NOEIO
ITETK	ROWTN	ATHIG	NSDEN	UPBLN	TSEMA
TADAA	ERARI	AOWSA	YIAPT	NAEOW	BCDRE
WAHMT	GEDER	HFDDT	EAEHA	TEHME	IELBO
HIUSI	EKIUE	UHESL	MTKSE	CREP	

이브는 키가 있는 행렬형 전치 암호로 암호화된 텍스트라고 추정한다. 총 144개의 문자가 있으므로 시험해볼 수 있는 약수가 1, 2, 3, 4, 6, 8, 9, 12, 16, 18, 24, 36, 48, 72, 144로 아주 많다. 하지만 이런 방식의 암호에서는 열이 4개 미만이거나 20개 이상인 경우가 매우 드물다. 특히 단어를 키로 사용한다면 그런 경우는 더 드물 것이다. 따라서 약수의 범위를 좁힐 수 있다. 6이 키워드의 길이로 좋

은 숫자이므로 여기에서 출발하자. 그러면 행의 수는 24가 된다. 이브는 표 3.1과 같이 암호문 문자를 한 열에 24개씩 쓴다. 행렬이 완성되면 각 행에 들어 있는 모음의 수를 센다. 열이 6개이므로 여섯 문자 중 모음은 평균 $6 \times 0.381 \approx 2.286$개 들어 있다. 이제 각 행의 실제 모음의 개수와 평균 모음의 개수의 차를 구해 각각의 제곱을 표에 기록한다.

제곱값을 모두 더하면 대략 40.787이고, 행의 개수에서 1을 뺀 23으로 나누면 분산은 대략 1.77이다. 이것은 무엇을 의미할까? 이브가 추측한 행렬의 크기가 맞더라도 가로 방향으로 읽었을 때 아직 평문이 드러나지 않는다. 열의 순서가 제대로 되지 않았기 때문이다. 그래도 순서만 맞지 않을 뿐이지 각 열은 제대로 된 평문 조각인 것은 분명하다. 반면에 이브가 행렬의 크기를 잘못 추측했다면 모든 것은 개선의 여지없이 뒤죽박죽이 될 것이다. 잘못 추측한 경우에 분산은 무작위로 여섯 문자를 선택하는 경우의 분산, 즉 $0.381 \times (1 - 0.381) \times 6 \approx 1.415$와 비슷할 것이다. 만약 이브의 추측이 맞는다면 이보다 훨씬 작은, 실제 영어 텍스트에 대한 분산과 비슷할 것이다. 표 3.1에서 계산한 분산은 무작위로 문자를 뽑을 때의 분산보다 크기 때문에 이브는 행렬의 크기를 잘못 추측했다고 결론을 내린다.

표 3.1 암호문 속 모음 개수의 분산

						실제 모음의 개수	기대 개수	차의 제곱
O	M	E	W	E	H	3	2.286	$(.714)^2 \approx .510$
H	N	N	S	D	I	1	2.286	$(-1.286)^2 \approx 1.654$
I	O	U	A	E	U	6	2.286	$(3.714)^2 \approx 13.794$
V	E	P	Y	R	S	1	2.286	$(-1.286)^2 \approx 1.654$
R	I	B	I	H	I	3	2.286	$(.714)^2 \approx .510$
S	O	L	A	F	E	3	2.286	$(.714)^2 \approx .510$
V	I	N	P	D	K	1	2.286	$(-1.286)^2 \approx 1.654$
A	T	T	T	D	I	2	2.286	$(-.286)^2 \approx .0818$
H	E	S	N	T	U	2	2.286	$(-.286)^2 \approx .0818$
T	T	E	A	E	E	4	2.286	$(1.714)^2 \approx 2.938$
B	K	M	E	A	U	3	2.286	$(.714)^2 \approx .510$
L	R	A	O	E	H	3	2.286	$(.714)^2 \approx .510$
R	O	T	W	H	E	2	2.286	$(-.286)^2 \approx .0818$

						실제 모음의 개수	기대 개수	차의 제곱
H	W	A	B	A	S	2	2.286	$(-.286)^2 \approx .0818$
L	T	D	C	T	L	0	2.286	$(-2.286)^2 \approx 5.226$
H	N	A	D	E	M	2	2.286	$(-.286)^2 \approx .0818$
L	A	A	R	H	T	2	2.286	$(-.286)^2 \approx .0818$
B	T	E	E	M	K	2	2.286	$(-.286)^2 \approx .0818$
I	H	R	W	E	S	2	2.286	$(-.286)^2 \approx .0818$
T	I	A	A	I	E	5	2.286	$(2.714)^2 \approx 7.366$
M	G	R	H	E	C	1	2.286	$(-1.286)^2 \approx 1.654$
B	N	I	M	L	R	1	2.286	$(-1.286)^2 \approx 1.654$
E	S	A	T	B	E	3	2.286	$(.714)^2 \approx .510$
T	D	O	G	O	P	2	2.286	$(-.286)^2 \approx .0818$

이브는 다른 약수, 이를테면 8을 가지고 재도전한다(표 3.2 참고). 세세한 과정은 생략하고 결론을 말하자면 분산이 약 0.462이다. 문자 8개를 무작위로 선택했을 때의 기대 분산 $0.381 \times (1 - 0.381) \times 8 \approx 1.887$보다 훨씬 작으므로 이번에는 행렬의 크기를 맞게 추측했을 가능성이 아주 높다. 그래도 육안으로는 그냥 문자들이 무의미하게 뒤섞여 있는 것으로 보일 것이다.

표 3.2 모음 개수의 분산 2차 시도 시작 단계

I	II	III	IV	V	VI	VII	VIII
O	I	O	N	W	W	H	K
H	T	W	T	S	A	A	I
I	M	T	S	A	H	T	U
V	B	N	E	Y	M	E	E
R	E	A	M	I	T	H	U
S	T	T	A	A	G	M	H
V	M	H	T	P	E	E	E
A	N	I	A	T	D	I	S
H	O	G	D	N	E	E	L

I	II	III	IV	V	VI	VII	VIII
T	E	N	A	A	R	L	M
B	I	S	A	E	H	B	T
L	O	D	E	O	F	O	K
R	I	E	R	W	D	H	S
H	T	N	A	B	D	I	E
L	E	U	R	C	T	U	C
H	T	P	I	D	E	S	R
L	K	B	A	R	A	I	E
B	R	L	O	E	E	E	P

3.7 애너그램

순열 암호나 키가 있는 행렬형 전치 암호를 해독하기 위한 다음 단계는 키의 역할을 하는 순열을 찾는 것이다. 그럴 때 사용하는 도구가 **애너그램**(anagram)이다. 일상적인 의미의 애너그램은 한 단어나 어구의 문자들을 재배열해 다른 단어나 어구를 만드는 것을 말한다. 암호해독 기법으로서 애너그램은 암호문의 문자들을 재배열해서 평문을 얻는 방법을 말한다. 단순히 개별 문자를 재배열하는 것이 아니라 열 전체를 재배열한다. 예를 들어 표 3.2를 보면 2번 열이 1번 열 바로 다음에 위치할 가능성이 상당히 희박하다. 두 번째 행의 HT가 실제로 존재할 가능성이 없는 문자 조합이기 때문이다. 가능하더라도 H가 어떤 단어의 마지막 철자이고 T가 다음 단어의 시작 철자일 때만 나타날 수 있다. 하지만 네 번째 행의 VB는 어느 모로 보나 거의 불가능한 조합이다. V가 영어 단어의 끝이나 음절 끝에 오는 경우가 거의 없기 때문이다. 일곱 번째 행의 VM의 사정도 비슷하다. 실제로 1번 열 바로 뒤에 올 수 있는 열은 7번과 8번 열이다(표 3.3 참고).

표 3.3 접촉법

I	VII	빈도	I	VIII	빈도
O	H	.0005	O	K	—
H	A	.0130	H	I	.0060
I	T	.0100	I	U	—

I	VII	빈도	I	VIII	빈도
V	E	.0080	V	E	.0080
R	H	.0010	R	U	.0015
S	M	.0005	S	H	.0050
V	E	.0080	V	E	.0080
A	I	.0010	A	S	.0080
H	E	.0165	H	L	.0005
T	L	.0015	T	M	.0005
B	B	—	B	T	.0005
L	O	.0020	L	K	—
R	H	.0010	R	S	.0045
H	I	.0060	H	E	.0165
L	U	.0015	L	C	.0020
H	S	—	H	R	.0010
L	I	.0045	L	E	.0090
B	E	.0055	B	P	—

그렇다면 7번과 8번 열 중에 어느 쪽이 더 적합할까? 7번 열과 8번 열을 각각 1번 열 바로 뒤에 접하게 놓고 더 좋은 다이어그래프 집합이 되는 것이 어느 쪽인지 확인할 수 있다. 눈으로 봐서 분명히 알 수 없다면 다이어그래프의 빈도를 계산해 비교할 수 있을 것이다. 이 방법은 종종 **접촉법**(contact method)이라 불린다. 대시(–)로 표시된 것은 다이어그래프의 빈도가 0은 아니지만 무시해도 될 정도로 아주 작다는 것을 가리킨다.

두 가지 선택에 대해 대략적으로 평가할 수 있는 방법으로 프리드먼은 각각의 빈도를 모두 더할 것을 제안했다. 쉽게 시도할 수 있을 뿐만 아니라 대체로 효과가 있다. 하지만 프리드먼 자신도 지적했듯이 수학적으로는 틀린 방법이다. 첫 번째 행이 OH로 시작하고 두 번째 행이 HA로 시작할 확률이 얼마인지 알고 싶다면 각각 일어날 확률을 더하는 것이 아니라 곱해야 한다. 하지만 이렇게 작은 수를 곱하는 것은 고역이므로 프리드먼은 로그법을 이용할 것을 제안한다. 로그법은 큰 수의 곱셈을 훨씬 쉬운 덧셈으로 전환할 때 흔히 쓰는 기법이다. 관련된 로그의 기본 성질은 다음과 같다.

$$\log(x + y) = \log x + \log y$$

그래서 표 3.3의 첫째 칸에 나열된 수를 다음과 같이 모두 곱하는 대신,

$$.0005 \times .0130 \times .0100 \times .0080 \times \cdots$$

다음과 같이 각각의 로그값을 더하는 것이다.

$$\log .0005 + \log .0130 + \log .0100 + \log .0080 + \cdots$$

로그표가 있으므로 문자 빈도표에서 빈도를 찾는 것만큼이나 쉽게 빈도의 로그값을 찾을 수 있다. 따라서 실제로 로그값을 계산할 필요가 없다. 빈도가 미미한 값인 경우는 log 0.0001을 대신 사용할 것이다. 0.0001은 표에 나와 있는 다른 숫자에 비하면 아주 작은 값이므로 그렇게 해도 괜찮다. 이렇게 로그값들을 더해서 얻은 값을 **로그 가중치**(log weight)라 부르기도 한다. 1번과 7번 열이 접촉할 때 로그 가중치는 대략 −49이고 1번과 8번 열이 접촉한 경우는 −51이다. 0과 1 사이의 수는 로그값이 음수인 까닭에 로그 가중치가 음수가 되었다. 로그 가중치가 0에 가까워질수록 주어진 열이 정확한 평문이 될 확률이 더 커진다. 따라서 7번 열이 1번 열 다음에 접촉한다고 추정할 수 있다. 같은 맥락으로 7번 열에서 시작하는 다이어그래프나 1번과 7번 열에 이어지는 트라이그래프를 생각해볼 수 있다. 트라이그래프 빈도는 다이어그래프에 비해 정밀함이 훨씬 떨어진다. 하지만 10번째 행의 TL 뒤에는 거의 확실하게 E가 따라나오고, E가 있는 열은 2번뿐이라는 점에 주목할 수 있다. 1번, 7번 열에 이어 2번 열을 접촉시키면 표 3.4와 같다.

표 3.4 애너그램 암호해독의 시작 단계

I	VII	II	III	IV	V	VI	VIII
O	H	I	O	N	W	W	K
H	A	T	W	T	S	A	I
I	T	M	T	S	A	H	U
V	E	B	N	E	Y	M	E
R	H	E	A	M	I	T	U

I	VII	II	III	IV	V	VI	VIII
S	M	T	T	A	A	G	H
V	E	M	H	T	P	E	E
A	I	N	I	A	T	D	S
H	E	O	G	D	N	E	L
T	L	E	N	A	A	R	M
B	B	I	S	A	E	H	T
L	O	O	D	E	O	F	K
R	H	I	E	R	W	D	S
H	I	T	N	A	B	D	E
L	U	E	U	R	C	T	C
H	S	T	P	I	D	E	R
L	I	K	B	A	R	A	E
B	E	R	L	O	E	E	P

암호해독을 완성하고 싶다면 다음 단계로 세 번째 행의 ITM 뒤에는 거의 확실히 모음이 나와야 하고 밑에서 세 번째 행의 HST 다음에는 모음이나 R이 나와야 한다는 점에 주목해야 할 것이다. 이 시점에서 다섯 번째 행의 문자열로 시작하는 단어를 추측해 보자. 분명히 성공적으로 추측해서 다음 열을 찾을 수 있을 것이다. 열의 위치를 다 정했으면 표의 맨 위 칸에 표시되는 번호가 앨리스가 암호화할 때 사용한 키 번호가 된다. 따라서 앨리스가 사용한 순열을 찾거나 키워드를 추측할 수 있다.

사이드바 3.2: 불완전한 행렬형 전치에 관하여

행렬형 전치를 더 복잡하게 만드는 쉬운 방법은 문자를 배열한 격자판의 중간에 몇 곳을 빈칸으로 두거나 순서를 뒤섞어서 전치를 '방해'하는 것이다. 앨리스가 **불완전 행렬형 전치**(disrupted columnar transposition)를 실행하는 가장 쉬운 방법은 격자판 끝에 무효 문자를 채워 넣는 대신에 빈 공간으로 그냥 남겨둬서 불완전한 행렬을 만드는 것이다. 그러면 메시지 길이의 약수가 열의 개수라고 할 수 없으므로 이브는 격자판의 폭, 즉 열의 개수를 추측하기 어렵다. 반면에 밥은 행렬의 폭을 알고 있으므로 메시지의 길이를 폭으로 나눈다. 이때 몫은 완전히 다 채워진 행의 개수이며 나머지는 마지막 행에 채워진 칸 수를 말한다. 밥은 키를 이용해 앨리스가 어느 열을 마지막에 채워 넣었는지 알 수 있고, 따라서 어느 열의 길이가 짧은지도 알 수 있다.

밥과는 달리 이브는 암호해독에 문제가 있다. 이브가 예를 들어 통계적 기법을 이용해 직사각형의 폭을 정확하게 밝혀냈다고 가정하자. 그러면 마지막 행에 빈 공간이 몇 개 있는지 알아낼 수 있다. 그러나 어느 열이 완전히 채워진 열이고 어느 열이 짧은지 아직 분간할 수 없다. 그러므로 각 열이 어느 문자에서 시작해서 어디에서 끝나는지 정확히 알지 못한다. 그렇게 되면 접촉법을 쓰는 것이 불가능하지는 않더라도 상당히 복잡해진다. 앨리스와 밥은 격자판 가운데에 특정한 칸을 빈 공간으로 지정해서 이브를 더 힘들게 만든다. 빈 칸을 너무 많이 지정하면 암호화할 때 더 비효율적이기는 하지만 접촉법을 이용한 암호해독 공격을 거의 차단할 수 있다. 반면에 이제 살펴볼 다중 애너그램 기법은 불완전 전치 암호는 물론이고 다른 유형의 전치 암호를 해독할 때도 효과가 있다.

이브가 입수한 문서가 이중 전치 암호를 쓰거나 직사각형 이외의 도형을 기반으로 한 전치 방식으로 암호화되었다면 해독하기 훨씬 더 어려울 것이다. 키가 있는 행렬형 전치 암호로 암호화할 경우, 평문을 직사각형으로 배열했을 때 같은 행에 오는 문자는 암호문에서 일정한 거리를 두고 위치한다. 따라서 이브는 배열 모양을 맞게 추측했는지 검증할 수 있다. 만약 이중으로 전치하거나 불규칙한 모양을 기반으로 전치했다면 이런 규칙성은 생기지 않으며, 따라서 이브는 애너그램을 실행할 수 없을 것이다. 하지만 이브에게 같은 키를 사용한 메시지가 여럿 있다면 여전히 가능성은 있다. 특히 같은 키로 암호화된 길이가 같은 메시지를 두 개 이상 확보했다면 해볼 만하다. 이브는 2.6절에서 했던 방식으로 메시지를 가로 방향으로 중첩 배열할 수 있다. 두 메시지에서 같은 위치에 있는 문자들은 정확하게 같은 식으로 전치되기 때문에 접촉법을 이용해 열의 순서를 결정할 수 있다. 이것이 **다중 애너그램**(multiple anagramming)이다.

예를 들어 이브에게 다섯 개의 메시지가 있고, 표 3.5에서 볼 수 있는 것처럼 각 메시지의 처음 12개 문자가 같은 전치 방식으로 암호화되었다고 가정하자.

표 3.5 동일한 키로 암호화된 여러 암호문의 중첩 배열

I	II	III	IV	V	VI	VII	VIII	IX	X	XI	XII
S	E	U	I	S	M	D	M	N	A	A	S
J	Y	I	N	B	N	D	H	N	O	A	L
L	L	N	A	A	U	E	L	C	U	I	D
J	E	E	I	P	K	D	C	N	A	A	E
B	A	I	Y	R	D	B	D	D	U	N	G

표 3.5에서 1번 열의 두 J 다음에는 십중팔구 Y 이외의 다른 모음이 뒤따라 나온다. 즉 3번이나 10번, 11번 열이 올 수 있다는 말이다. 3번 열이 올 경우 세 번째 행 LN은 가능성이 없는 문자 조합이다. 11번 열이 올 경우 다섯 번째 행 BN도 가능성이 없는 문자 조합이다. 따라서 후보는 10번 열만 남고, 표 3.6과 같이 배열할 수 있다.

표 3.6 여러 암호문에 대한 애너그램 기법 시작 단계

I	X	II	III	IV	V	VI	VII	VIII	IX	XI	XII
S	A	E	U	I	S	M	D	M	N	A	S
J	O	Y	I	N	B	N	D	H	N	A	L
L	U	L	N	A	A	U	E	L	C	I	D
J	A	E	E	I	P	K	D	C	N	A	E
B	U	A	I	Y	R	D	B	D	D	N	G

다음 열은 무엇일까? 10번 열의 세 번째 행과 다섯 번째 행의 U 다음에는 아마 자음이 뒤따를 것이다. 따라서 후보는 8번, 9번, 12번 열이다. 12번 열이 올 경우 네 번째 행 JAE는 가능성이 거의 없는 문자 조합이므로 12번 열은 탈락이다. 남은 8번과 9번 모두 조건에 들어맞는 것 같다. 다이어그래프의 출현 빈도를 이용해 둘 중 하나를 골라낼 수도 있을 것이다. 하지만 빈도 테스트는 어느 쪽이 더 가능성이 있는지 말해주는 것이지 항상 정답을 제시하지는 않음을 기억하자. 결국, 8번 열과 9번 열 각각에 대해 애너그램을 시도해야 한다. 여러분이 직접 시도해 봐도 좋다. 힌트를 주자면 앞의 평문에는 이름이 여러 개 포함되어 있고, 각 메시지에서 처음 12문자를 가져왔기 때문에 단어가 중간에서 잘린 경우도 있다.

3.8 장을 마치며

다음 장에서는 전치 방식이 현대 암호에서 극도로 중요한 기본 요소임을 보일 것이다. 현대 암호에서는 행렬형 전치, 기하학적 전치, 순열, 확장 함수 및 축약 함수뿐만 아니라 이 방식들을 혼합한 곱암호 및 기타 다양한 기법이 사용된다. 그러나 대부분 키가 없는 고정형 전치 암호와 키가 있는 치환 암호를 혼합하여 사용한다. 부분적으로는 역사적인 이유도 관련 있다. 키가 없는 전치 암호는 컴퓨터가 등

장한 초기에도 한 위치에서 다른 위치까지 전선을 연결해 쉽게 구현할 수 있었다. 키가 있는 전치 암호는 컴퓨터로 구현하기가 어렵다. 그 후로 전선이나 하드웨어를 사용해 암호를 구현하는 사례는 줄었고 소프트웨어 프로그램을 이용하는 사례는 늘어났다. 더불어 키가 있는 전치 암호의 사용도 늘어났다. 하지만 여전히 사용 빈도가 매우 낮다.

부분적이지만 예외적인 전치 암호로 **회전**(rotation)을 들 수 있다. 회전은 간단한 순열의 한 형태로서 문자 n개에 대해 키가 k인 회전은 다음과 같다.

$$\begin{pmatrix} 1 & 2 & \cdots & n-k & n-k+1 & n-k+2 & \cdots & n \\ k+1 & k+2 & \cdots & n & 1 & 2 & \cdots & k \end{pmatrix}$$

다시 말해 회전은 평문 문자 블록을 회전시킬 뿐이지 실제로 위치를 뒤섞지 않는 암호화 방식이다. 이것 자체로는 그다지 안전하지 않지만 다른 암호문과 결합해서 사용하면 효과적이다. 더욱이 키를 다양하게 바꾸더라도 비교적 쉽게 하드웨어, 소프트웨어 어느 것으로나 구현할 수 있다.

키가 있는 회전은 마드리가(Madryga), RC5, RC6, 아케라레(Akelarre) 등 여러 현대 암호의 구성요소로 사용되어 왔다. 안타깝게도 이 암호들은 완전한 성공을 거두지는 못했다. 마드리가 암호는 데이터 암호화 표준(DES)의 대안으로 1984년에 발표되었는데, 소프트웨어로 구현했을 때 더 쉽고 더 빨리 실행될 수 있도록 고안되었다. 하지만 지금은 치명적인 결함이 있음이 밝혀졌다. RC5는 1995년에 발표되어 마드리가 암호처럼 하드웨어는 물론이고 소프트웨어로도 빠른 속도로 실행할 수 있도록 설계되었다. 해독 방법이 몇 가지 개발되었지만 당시에는 강력한 암호로 인정받았다. RC5가 널리 사용되지 않은 이유는 보안 문제보다 아마 비용과 더 관련이 있을 것이다. RC6는 RC5를 개량해서 만든 것으로 1998년에 발표되었다. 이것 역시 강력한 암호로 평가받았지만 그다지 많이 사용되지 않는다. 오히려 4장에서 살펴볼 고급 암호 표준(AES)이 국가 승인 암호인데다 보안 수준이 비슷하고 사용료를 내지 않아도 되기 때문에 많은 사람들이 선호한다.

특히 아케라레는 유달리 흥미로운 회전 암호이다. 1996년에 발표된 이 암호는 부분적으로 RC5에 기반을 두고 있는데, RC5의 장점에 IDEA라 알려진 다른 암호의 보안 특징을 결합시키고자 설계되었다. 하지만 불행히도 여러 공격 모델이 바로 발견되었고, 그중에는 회전을 제외한 모든 것을 건너뛰는 방법도 있다. 그 공격법에 따르면 두 암호 문자의 조합을 두 평문 문자 조합을 회전시킨 것으로 표현할 수 있다. 만약 평문의 일부가 알려지거나 서로 다른 평문 문자의 출현 빈도를 알 수 있다면 애너그램과 아주 흡사한 과정을 거쳐 어떤 회전이 적용되었는지 밝힐 수 있다. 그런 사례들이 있는 탓에 키가 있는 회전 방식 암호에 대한 신뢰가 높지 않았을 것이다. 그럼에도 불구하고 RC6는 키가 있는 회전 암호가 제대로 다뤄지기만 한다면 현대 암호 설계에 매우 유용하게 쓰일 수 있음을 보여주는 증거이다.

4

암호와 컴퓨터

4.1 베이컨 암호: 다문자 암호와 이진수

다중문자 치환 암호와 다문자 치환 암호는 가끔 구분해서 사용한다. 다중문자 암호는 1.6절에서 살펴보았듯이 평문의 문자 블록을 같은 크기의 암호문 문자 블록으로 바꾸는 것이다. 반면에 **다문자 암호**(polyliteral cipher)는 한 문자를 여러 문자나 기호로 된 블록으로 바꾸는 암호화 방식이다. 다시 고대 그리스로 거슬러 올라가 다문자 암호의 첫 사례를 찾아보자. 기원전 2세기경 그리스 역사가 폴리비우스(Polybius)는 고대 그리스와 로마의 역사를 다룬 40권짜리 역사서에 역사뿐만 아니라 암호를 비롯한 다양한 주제에 관한 읽을거리를 함께 실었다. 이 책은 봉화를 "횃불을 이용해 신호를 보내는 것"이라고 정의하고 이에 대해 자세히 설명한다. 폴리비우스의 역사서는 아마 코드와 암호를 구별해서 쓴 최초의 책일 것이다. 폴리비우스는 횃불을 이용해 코드화된 메시지를 보내는 예를 몇 가지 소개했다. 우리의 관심사는 암호이지만 횃불 신호에 대한 폴리비우스의 설명을 읽어보자.

> *알파벳을 다섯 자씩 묶어 다섯 군으로 나눈다. 마지막 문자군은 한 문자가 모자라지만 실질적인 차이는 없다.*[1] *신호를 주고받을 당사자들은 각자 다섯 개의 판을 준비하고 한 판에 한 문자군씩 적는다.... 송신자가 처음 들어 올리는 횃불은 몇 번째 판인지 가리키는 것이다. 횃불을 하나 들어 올리면 수신자는 1번 판을 보고, 두 개 들어 올리면 2번 판을 본다. 두 번째로 들어 올리는 횃불은 지정된 판의 어느 문자를 수신자가 받아 적어야 할지 나타내는 것으로 기본 방식은 첫 번째 횃불과 같다.*

폴리비우스의 횃불 신호 방식을 현대식으로 기술할 때 대개 5개의 문자판 대신에 5×5 정사각형 격자판을 이용한다. 이 격자판은 **폴리비우스 정사각형**(Polybius square) 또는 폴리비우스 격자판

1 폴리비우스의 그리스어 알파벳은 24자이다.

(Polybius checkerboard)이라 부른다. 현대 영어의 알파벳은 24개가 아니라 26개이므로 문자를 하나 빼거나 한 칸에 두 문자를 넣어야 한다. 전통적으로 i와 j를 한 칸에 함께 넣는 방법을 쓴다. 그러면 폴리비우스의 격자판은 다음과 같은 모양이 된다.

	1	2	3	4	5
1	a	b	c	d	e
2	f	g	g	ij	k
3	l	m	n	o	p
4	q	r	s	t	u
5	v	w	x	y	z

따라서 앨리스가 "I fear the Greeks (나는 그리스인들이 무섭다)"를 암호문으로 바꾸면 이렇다.

평문:	i	f	e	a	r	t	h	e	g	r	e	e	k	s
암호문:	24	21	15	11	42	44	23	15	22	42	15	15	25	43

하지만 이것보다는 다음과 같이 배열하는 것이 낫다.

암호문: 24211 51142 44231 52242 15152 543

이 암호화 방식은 평문의 각 문자가 두 개의 숫자로 바뀌므로 일종의 2문자 암호(biliteral cipher)이다. 고대 사회에서 사용된 암호가 대부분 그랬던 것처럼 이 암호에도 키가 없다. 물론 격자판의 문자를 가로 방향이나 세로 방향, 혹은 양쪽 모두 순서를 뒤섞어서 키를 추가할 수 있다.

영어 알파벳에 더 적합하도록 폴리비우스 격자판을 변형하면 다음과 같을 것이다.

	0	1	2	3	4	5	6	7	8
0		a	b	c	d	e	f	g	h
1	i	j	k	l	m	n	o	p	q
2	r	s	t	u	v	w	x	y	z

알파벳이 29개인 덴마크어나 노르웨이어에 알맞은 격자판 모양은 이럴 것이다.[2]

	0	1	2	3	4	5	6	7	8	9
0		a	b	c	d	e	f	g	h	i
1	j	k	l	m	n	o	p	q	r	s
2	t	u	v	w	x	y	z	æ	ø	å

마지막 격자판은 굳이 예로 들 필요가 없다고 생각하는 독자가 있을지 모르겠지만, 정확히 어떤 변환이 일어나는지 주의를 기울여 살펴보라.

평문:	a	b	c	d	e	f	g	h	i	j	k	l	…
암호문:	01	02	03	04	05	06	07	08	09	10	11	12	…

앞자리에 0을 추가한 것이 특이하지만 그것을 제외하면 단지 문자를 수로 전환했을 뿐이다. 만일 왼쪽 맨 위 칸을 빈 칸으로 남겨둔다면 r행 c열에 오는 문자는 $(r \cdot 10 + c)$번째 알파벳이다. 일반적으로 사용하는 십진법에서는 이 수를 rc라고 표기한다. 즉, 숫자 r 다음에 숫자 c를 붙여 쓴다. 2행 3열에 오는 문자 w를 예로 들자. 영어, 덴마크어, 노르웨이어 알파벳에서 이것은 $(2 \cdot 10 + 3) = 23$번째 문자이다.[3]

그렇다면 영어 맞춤식 격자판은 어떨까? 이 격자판에 따라 알파벳을 변환하면 다음과 같다.

평문:	a	b	c	d	e	f	g	h	i	j	k	l	…
암호문:	01	02	03	04	05	06	07	08	10	11	12	13	…

여기에서 r행 c열의 문자는 $(r \cdot 9 + c)$번째 알파벳 문자가 된다. 예를 들어 2행 7열에 오는 문자 y는 $(2 \cdot 9 + 7) = 25$번째 알파벳이다. 만일 이 수를 27이라고 쓴다면 10을 기수로 하는 십진법이 아니라 9를 기수로 하는 9진법으로 표기한 것이다.

---

2 알파벳이 29개인 스웨덴어도 이 예에 해당한다는 점을 분명히 밝히고 싶다. 나는 미네소타에서 자랐기 때문에 노르웨이와 스웨덴 중 어느 한 쪽 편을 드는 것처럼 보이면 얼마나 위험한지 잘 알고 있다.

3 스웨덴어에서도 마찬가지다.

만일 작은 수를 기수로 하는 진법을 쓴다면, 이를테면 3진법을 쓴다면 두 자리 수로는 평문에 있는 문자를 모두 표현할 수 없다. 이것을 해결할 방법의 하나는 행 번호와 열 번호가 표시된 표를 여러 개 사용하는 것이다.

0번 표

	0	1	2
0		a	b
1	c	d	e
2	f	g	h

1번 표

	0	1	2
0	i	j	k
1	l	m	n
2	o	p	q

2번 표

	0	1	2
0	r	s	t
1	u	v	w
2	x	y	z

앞의 표 3개를 사용해 알파벳을 변환하면 다음을 얻는다.

평문:	a	b	c	d	e	f	g	h	i	j	k	l	…
암호문:	001	002	010	011	012	020	021	022	100	101	102	110	…

이렇게 해서 3문자 암호체계(triliteral system)가 완성되었다. t번 표의 r행 c열 문자는 $(t \cdot 3^2 + r \cdot 3 + c)$번째 알파벳이다. 예를 들어 2번 표 0행 1열에는 s가 있는데, 이것은 $(2 \cdot 3^2 + 0 \cdot 3 + 1) = 19$번째 문자이다. 표를 여러 개 사용하는 것이 너무 거추장스러워 보인다면 행이나 열에 또는 양쪽에 두 자리 이상의 수를 표시하고 표는 하나만 사용하는 방법도 있다.

	00	01	02	10	11	12	20	21	22
0		a	b	c	d	e	f	g	h
1	i	j	k	l	m	n	o	p	q
2	r	s	t	u	v	w	x	y	z

2진법은 컴퓨터에 사용되는 수 체계이므로 현대 암호기법에서도 흔하게 사용된다. 2진법을 사용할 경우, 다음과 같이 이진수를 여러 개 사용하지 않는다면 표가 매우 많이 필요할 것이다.

	000	001	010	011	100	101	110	111
00		a	b	c	d	e	f	g
01	h	i	j	k	l	m	n	o
10	p	q	r	s	t	u	v	w
11	x	y	z					

이 표에 따라 알파벳을 변환하면 다음과 같다.

평문:	a	b	c	d	e	…
암호문:	00001	00010	00011	00100	00101	…

여기에서 10010은 $(1 \cdot 2^4 + 0 \cdot 2^3 + 0 \cdot 2^2 + 1 \cdot 2 + 0) = 18$번째 알파벳 r을 나타낸다. 모두 알고 있겠지만 전류가 흐르거나 끊기는 것처럼 둘 중 하나의 값을 가지는 정보는 이진 숫자로 나타낼 수 있으므로 이진법을 컴퓨터에 사용하면 편리하다.

암호기술에 이진법을 처음 사용한 것은 디지털 컴퓨터가 등장하기 훨씬 이전이다. 프랜시스 베이컨(Francis Bacon)은 1605년 발표한 《학문의 진보(Of the Proficience and Advancement of Learning, Diven and Humane)》에 이진법을 이용한 암호방식을 언급했고, 1623년 출판한 라틴어 확장판 《De Augmentis Scientarum》에서 그 암호를 본격적으로 설명했다. 사실 베이컨의 암호는 암호와 스테가노그래피가 혼합된 형태이다. 평범한 '커버텍스트(covertext)'를 사용해 메시지의 내용뿐만 아니라 메시지의 존재 자체를 숨기기 위한 것이다. 현대 영어로 베이컨 암호의 예를 살펴보자.

'I wrote Shakespeare.'라는 커버텍스트 속에 'not'이라는 단어를 암호로 넣고 싶다고 하자. 먼저 평문 not을 다섯 자리 이진수로 전환한다.

평문:	n	o	t
암호문:	01110	01111	10100

이진 숫자들을 모두 붙여서 하나의 수열로 만든다.

011100111110100

이제 베이컨이 정의한 "두 가지 형의 알파벳"이 필요하다. 알파벳 문자는 '0형'과 '1형'으로 나뉘며 0형은 로마체 활자로, 1형은 이탤릭체로 표기한다. 커버텍스트 문자열을 암호문 숫자열에 대응시켜 0에 대응되는 문자는 0형, 1에 대응되는 문자는 1형이 된다.

0	11100	111110100xx
I	*wro*te	*Shake*sp*e*are.

남는 문자는 무시하면 된다. 커버텍스트가 평범한 글처럼 보이도록 띄어쓰기도 하고 구두점도 찍는다. 그래도 활자체가 두 가지이기 때문에 여전히 이상해 보일 수 있다. 베이컨이 책에서 든 예시는 활자체 차이가 훨씬 더 미묘하다. 두 가지 활자체가 보통 사람의 눈을 속일 수 있을 정도로 매우 비슷하면서 동시에 정확한 복호화가 가능하도록 구별되어야 하기 때문은 이 기법은 사용하기 매우 까다롭다.

오랜 세월이 지나 이진수를 이용한 암호가 전신과 전신 타자기에 사용할 목적으로 다시 개발되었다. 처음에 개발된 암호는 기밀성보다는 편리성을 목적으로 만들어졌기 때문에 엄밀히 말하면 암호라고 할 수 없다. 이런 암호를 **비기밀성 암호**(non-secret cipher)라 한다. 이진법 암호의 초기 방식은 역사적인 이유로 코드 또는 인코딩이라 불리기도 하지만, 엄밀히 말해 단어가 아니라 문자나 철자에 기초하기 때문에 암호학적 의미의 코드는 아니다. 되도록 혼동되지 않도록 하고자 우리는 비기밀성 인코딩이라는 용어를 사용할 것이다. 가장 잘 알려진 비기밀성 인코딩은 아마 전신과 초기 무전 방식에 사용된 모스 부호(Morse code)일 것이다. 하지만 모스 부호는 이진수를 사용하지 않는다. 1장에서 등장했던 가우스와 물리학자 빌헬름 베버(Wilhelm Weber)는 1833년 베이컨이 사용한 것과 기본적으로 같은 다섯 자리 이진수 체계에 기초해 처음으로 전신 부호를 발명했다. 장 모리스 에밀 보도(Jean-Maurice-Émile Baudot)는 같은 아이디어를 이용해 1874년 전신 타자기용 **보도 코드**(Baudot code)를 고안했다. 1917년 길버트 버냄(Gilbert S. Vernam)이 이끄는 AT&T사 기술팀이 전신 타자기를 이용한 통신의 안전성을 검증해 달라는 요청을 받았는데, 당시 전신 타자기에 사용된 코드가 바로 보도 코드였다.

버냄은 보도 코드로 생성된 비트열을 이용해 2.4절에서 다룬 정사각형 다표식 치환 암호와 비슷한 방식으로 암호화를 실행할 수 있음을 발견했다. 그의 방법은 평문의 각 숫자를 대응되는 키의 숫자와 모듈로 2에 대해 더하는 것이다. 이 절차를 가리켜 **받아 올림이 없는 덧셈**(noncarrying addition)이라 부르기도 한다. 다음 자리로 받아 올리지 않고 각각의 자리에서 대응되는 숫자끼리 모듈로 2에 대해 더하기 때문이다. 이 덧셈은 ⊕ 기호를 써서 나타낸다. 십진수 18에 해당하는 이진수 10010과 14에 해당하는 01110을 받아 올림이 없는 덧셈으로 더하면 다음과 같다.

$$\begin{array}{r} 1\,0\,0\,1\,0 \\ \oplus\quad 0\,1\,1\,1\,0 \\ \hline 1\,1\,1\,0\,0 \end{array}$$

결과로 나온 이진수 11100을 십진수로 나타내면 28인데, 이것은 18과 14의 일반적인 합과 같지 않다. 정사각형 다표식 치환 암호와 비교했을 때 큰 차이점은 모듈로 26 대신 모듈로 2에 대해 덧셈을 수행한다는 것이다.

AT&T사는 한 줄에 다섯 자리 구멍을 뚫을 수 있는 종이테이프를 사용해 메시지를 자동으로 보내는 통신 시스템을 사용하고 있었다. 구멍이 뚫려 있으면 부도 코드 1을 나타내고 구멍이 뚫려 있지 않으면 0을 나타냈다. 버냄은 첫 번째 종이테이프에는 평문의 숫자를 표시하고 두 번째 종이테이프에는 키 숫자를 표시해서 대응하는 자리의 숫자끼리 모듈로 2 덧셈을 하도록 전신 타자기의 환경을 설정했다. 결과적으로 만들어진 암호문은 일반 전신선을 통해 송출된다.

반대편에서 메시지를 수신한 밥은 종이테이프를 송신 회로망과 같은 회로망에 통과시킨다. $1 \equiv -1 \pmod 2$이므로 모듈로 2에 대한 뺄셈과 덧셈은 같은 것이다. 따라서 밥이 똑같은 작업을 수행하면 암호문에서 키가 빠지면서 전신 타자기에 평문이 출력되어 나올 것이다. 버냄의 발명품과 그 이후의 개량 장치들은 현대 암호기술에 중대한 영향을 미쳤다. 이에 대해서는 4.3절과 5.2절에서 더 살펴보기로 하자.

일반적으로 다문자 암호는 간단한 기호로 표현된다는 장점이 있지만 그에 못지않게 메시지가 길어진다는 단점이 있다. 횃불 신호나 디지털 컴퓨터, 스테가노그래피, 전신 등 다른 방식에서는 장단점을 맞바꿨을 때의 효용성이 아주 뚜렷이 대비된다. 그래서 대개는 메시지가 길어지는 단점을 감수하면서까지 다문자 암호로 바꾸려 하지 않을 것이다. 하지만 그런 단점을 감수하고도 다문자 암호방식은 사용할 만한 가치가 있음을 다음 절에서 확인할 수 있다.

4.2 분할 암호

지금까지 살펴본 다문자 암호는 단순 치환 암호와 크게 다르지 않다. 다문자 암호를 공격할 수 있는 유일한 방법은 한 문자에 대응하는 기호의 개수를 알아내는 것이다. 사실 이것은 단순 추측으로 일단 공격을 시작하면 꽤 쉽게 알아낼 수 있다. 이브는 단순 치환 암호에 사용하는 빈도 분석법을 다문자 암호에도 시도할 수 있다. 빈도 분석법을 피하고 안전성을 높이려면 무엇인가 정교한 조치가 필요하다. 첫 번째 방법은 무효 문자를 메시지 곳곳에 분산시킴으로써 암호문을 일정한 간격의 문자군으로 나누지 못하게 방해하는 것이다. 가장 간단한 방법은 미리 약속한 위치에 무효 문자를 놓는 것이다. 아니면 앨리스가 기분 내키는 대로 별도로 사용되지 않는 기호를 암호문에 배치하면 밥이 그 기호를 무시하는 방법도 있다. 이것은 다문자 암호에 적용해도 효과가 좋다. 어쨌든 다문자 암호에 사용되는 기호가 평문 메시지에 사용되는 기호보다 종류가 적기 때문이다.

두 번째 방법은 문자군의 길이를 다양하게 하는 것이다. 그 예가 일종의 폴리비우스 격자판의 확장형인 **스트래들 체커보드**(straddling checkerboard) 기법이다.

	0	1	2	3	4	5	6	7	8	8
				a	b	c	d	e	f	g
1	j	i	j	k	l	m	n	o	p	q
2	r	s	t	u	v	w	x	y	z	

첫 행에 오는 문자들은 한 자리 수로 암호화되고, 나머지 행의 문자들은 두 자리 수로 암호화된다. 3부터 9까지는 두 자리 수의 첫째 자리에 오지 않으므로 밥은 언제 첫 행에서 복호 문자를 선택해야 할지 분명히 알 수 있다.

또 다른 방법은 다문자 암호와 다른 암호의 곱암호를 써서 암호문 문자군을 분할하는 것이다. 이 방식을 가리켜 **분할 기법**(fractionation)이라 부른다. 가장 간단한 분할 방식은 다문자 암호로 초벌 암호문을 만들고 나서 다시 치환 암호를 적용하는 것이다. 그러면 평문 문자에 대응되는 기호들이 더는 인접하지 않게 된다. 이렇게 분할을 일으키는 곱암호 중에서 가장 '흥미롭고 실용적인' 방식은 독일의 프리츠 네벨(Fritz Nebel) 중위(나중에 대령이 됨)가 발명해서 1차 세계대전 동안 독일군이 사용한 GedeFu 18이다. 이 암호의 이름은 '무선통신병 암호 1918'을 의미하는 독일어 Geheimschrift der Funker 1918의 줄임말이다. 프랑스인들은 이 암호문에 A, D, F, G, V, X만 등장하기 때문에 **ADFGVX 암호**라 불렀다. 이 암호체계는 6×6 폴리비우스 정사각형에서 출발한다. 문자와 숫자 모두 순서를 뒤섞어 사용하고 정사각형의 왼쪽과 위쪽 가장자리에 ADFGVX 문자를 차례로 표기한다. 예를 들면 다음과 같다.

	A	D	F	G	V	X
A	b	5	x	q	j	c
D	6	y	r	k	d	7
F	z	s	l	e	8	1
G	t	m	f	9	2	u
V	n	g	0	3	v	o
X	h	a	4	w	p	i

따라서 앨리스는 Zimmermann이라는 고유명사를 암호화하기 위해 먼저 다음과 같이 다문자 암호를 적용한다.

평문:	z	i	m	m	e	r	m	a	n	n
암호문:	FA	XX	GD	GD	FG	DF	GD	XD	VA	VA

그다음은 키가 있는 행렬형 전치 암호를 적용한다. 예를 들어, 키워드가 GERMANY라면 다음과 같이 암호화된다.

첫 번째 암호문							두 번째 암호문						
3	2	6	4	1	5	7							
G	E	R	M	A	N	Y							
F	A	X	X	G	D	G	G	A	F	X	D	X	G
D	F	G	D	F	G	D	F	F	D	D	G	G	D
X	D	V	A	V	A	X	V	D	X	A	A	V	X

즉, 최종 암호문은 다음과 같다.

GFVAF DFDXX DADGA XGVGD X

ADFGVX 암호를 해독하는 일반적인 방법은 1차 세계대전이 끝난 이후에도 바로 발견되지 않았다. 전쟁 중에 연합군 암호해독가들은 시작이나 끝이 같은 평문들을 암호화한 여러 암호문들을 비교할 수 있거나 행렬 크기를 쉽게 추정할 수 있을 때는 암호를 해독할 수 있었지만, 실질적인 ADFGVX 암호 해독법은 1925년에 처음 발표되었다. 그래서 ADFGVX 암호는 1차 세계대전 동안 매우 성공적으로 사용되었고, 구현하는 데 기계장치가 필요 없는 실용 암호 중에서 가장 해독하기 어렵다는 명성을 가지고 있다.

컴퓨터 암호를 다루는 이 장에서 ADFGVX 암호를 소개하는 이유는 현대 암호의 핵심 원리와 관련 있다. 그것은 또한 ADFGVX 암호가 해독하기 어려운 이유이기도 하다. 현대 암호는 **확산**(diffusion)과 **혼돈**(confusion)이라는 두 가지 핵심 원리를 따른다. 이는 공학자이자 수학자이며 정보이론의 창시자라 일컬어지는 클로드 섀넌(Claude Shannon)이 새롭게 정의한 개념으로서, 통계를 바탕으로 만들어진 암호해독 기법을 우려해 이 두 가지를 제안했다. 확산과 혼돈을 설명하는 그의 논문은 1945년에 완성됐지만, 1949년에야 기밀문서에서 해제되어 세상에 발표되었다. 확산은 문자 빈도나 다이어그래프 빈도처럼 한 번에 단지 몇 문자만 살펴도 되는 평문의 통계적 구조가 암호문에서는 '확산'되어 길이가 긴 문자열을 살펴야 하는, 즉 넓은 범위에 걸쳐 퍼져 있는 통계 구조가 되어야 한다는 것이다. 다른 한편, 섀넌이 정의한 혼돈은 암호문에 대한 간단한 통계자료가 주어졌을 때 키를 찾는 것이 굉장히 복잡해야 한다는 원리이다. 특히 영어를 포함한 여러 언어에서 문자나 단어의 출현 빈도를 바탕으로 어느 정도 성공적으로 평문을 추측할 수 있으므로 암호는 알려진 평문 공격을 견딜 수 있게 설계되어야 한다.

ADFGVX 암호는 확산의 원리를 상당히 충실히 따른다. 일반적으로 각 평문 문자에 대응되는 두 개의 암호문 문자는 행렬형 전치의 과정을 거치면 최종 암호문에서는 완전히 다른 위치로 보내진다. 따라서 암호문 재배열을 상당히 여러 번 실행하지 않는다면 문자 빈도를 이용해 2문자 치환 암호를 해독하려는 시도는 모두 실패로 끝날 것이다. 3.6절과 3.7절에서 다룬 전치 암호해독 기법들은 일반적으로 평문 문자에 대한 정보가 필요하다. 이를테면 모음인지 자음인지, 출현 빈도가 높은 다이어그래프를 구성하는 문자는 무엇인지 등을 알아야 한다. 이런 정보는 치환 암호를 먼저 풀지 않으면 얻기 어렵다.

하지만 평문 문자들이 진정으로 많은 암호문 문자 속으로 확산한 것이 아니라 단지 간격이 떨어진 두 문자로 확산하는 것이기 때문에 섀넌의 목표가 완벽하게 충족된 것은 아니다. ADFGVX 암호는 키의 폴리비우스 격자판을 신중히 잘 선택한다면 혼돈의 원리도 충족시키는 좋은 예가 될 수 있다. 즉, 폴리비우스 격자판에 출현 빈도가 높은 문자들이 집중되지 않도록 주의를 기울인다면 알려진 평문 공격을 어렵게 만들 수 있다.

4.3 디지털 암호 설계 방법: SP 네트워크와 파이스텔 네트워크

섀넌은 직접 암호를 발명하지는 않았지만 확산과 혼돈의 개념을 정의한 논문에서 이 두 성질을 만족하도록 암호를 설계하는 방법을 제시했다. 3.3절에서 함수에 대해 어렴풋이나마 살펴보았지만 수학자들의 관점에서 함수가 무엇인지 먼저 알아보고 나서 섀넌의 암호 설계 기법과 컴퓨터용 암호에 대한 이야기로 넘어가자.

이 책을 읽는 독자들은 함수가 무엇인지 안다고 생각할 것이다. $f(x) = x^2$이나 $f(x) = \sin x$와 같은 함수가 분명히 익숙하게 느껴질 것이다. 이런 함수를 만났을 때 머릿속에 가장 먼저 떠오르는 것은 십중팔구 그림 4.1과 같은 함수의 그래프이다.

이것은 특정 몇 사람에게만 해당하는 이야기가 아니다. 초급 대수학과 미적분학뿐만 아니라 사실 17세기부터 19세기까지 발전한 거의 모든 수학 분야에서 함수의 연구는 평면 곡선이나 3차원 이상 고차원 곡면에 대한 연구와 밀접하게 연관되어 있었다. 그러나 19세기 말 무렵, 수학자들은 조금 더 넓은 시각에서 함수를 바라보기 시작했다. 즉, 함수는 어떤 형태의 대상을 '투입'해서 정해진 규칙에 따라 같은 형태 또는 다른 형태의 대상을 '산출'하는 시스템이라고 생각했다. 규칙이 명백하고, 같은 것을 투입했을 때 산출되는 것도 항상 같다면 수식이나 일련의 지시어, 표, 심지어 그림도 함수가 될 수 있다.

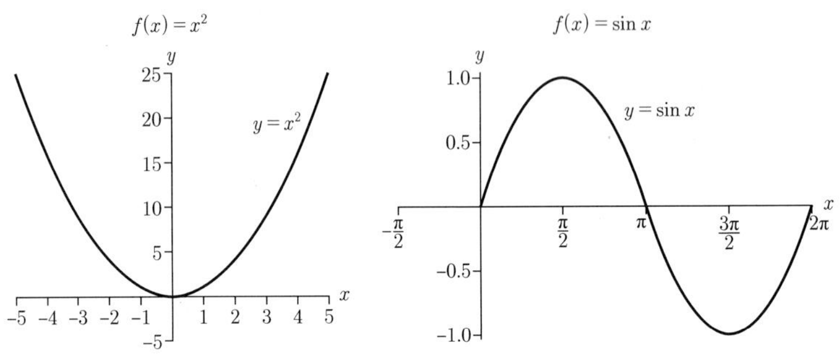

그림 4.1 $f(x) = x^2$과 $f(x) = \sin x$ 함수의 그래프

예를 들어 $f(x) = x^2$은 실수를 투입해서 실수를 산출하는 함수이다. $f(P)$ = "알파벳을 원형으로 배열한 상태에서 문자 P를 알파벳순으로 3자리 이동"이라는 시저 암호는 일련의 지시에 따라 문자를 투입해서 문자를 산출하는 함수이다. 보도 코드는 문자를 투입해서 표에 따라 결정된 이진수를 산출하는 함수이다. 다음 순열은 암호문에서 문자의 자리를 나타내는 수를 1부터 4까지 투입해서 평문에서 문자의 자리를 나타내는 1부터 4까지의 수를 산출하는 함수이다.

$$\begin{pmatrix} 1 & 2 & 3 & 4 \\ 2 & 4 & 3 & 1 \end{pmatrix}$$

섀넌은 확산과 혼돈을 제공하기 위해 암호에 **혼합 함수**(mixing function)를 사용할 것을 제안했다. 섀넌도 인정했듯이 암호에서 말하는 혼합 함수는 정확하게 정의할 수 없는 개념이다. 하지만 섀넌은 "대략적으로 말해 혼합 함수는 공간 내 응집된 영역을 상당히 균일하게 전체 공간으로 분산시키는 함수라고 할 수 있다. 응집된 영역은 간단한 용어로 정의할 수 있는 반면에, 전체로 확장된 영역은 정의하려면 아주 복잡한 용어가 필요할 것이다."라고 설명한다. 만일 혼합 함수가 단순 치환 암호라면 평문 알파벳의 시작 부분에 위치한 문자들이 복잡한 방식에 의해 암호문 알파벳 전체로 골고루 분포되는 문자로 바뀔 것이다. 또한, 출현 빈도가 높은 문자들이 아주 복잡한 방식으로 전체로 분산될 것이다. 여기에 덧붙여 확산의 성질을 갖게 하려면 더 큰 블록을 대상으로 작업을 수행해야 한다. 섀넌은 다음과 같이 여러 암호를 결합한 함수를 제안했다.

$$F(P_1P_2\cdots P_n) = H(S(H(S(H(T(P_1P_2\cdots P_n))))))$$

그림 4.2에서 볼 수 있듯이 T는 문자 n개로 된 문자군에 작용하는 전치 암호이고, H는 문자 n개로 된 블록에 작용하는 너무 복잡하지 않은 힐 암호이다. S는 블록의 각 문자에 작용하는 단순 치환 암호를 가리킨다. 개별적으로 보면 각 단계는 간단하지만, 여러 암호를 결합하거나 중복하면 분명히 좋은 혼합 함수가 될 수 있다.

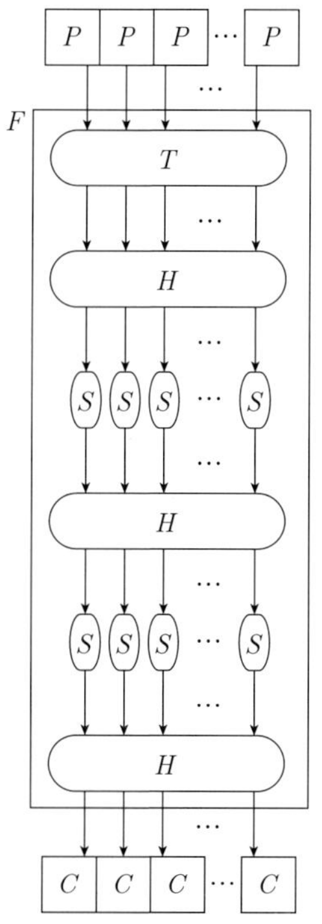

그림 4.2 섀넌의 혼합 함수 F

우리는 혼합 함수에서 키가 어떤 역할을 수행하는지 아직 논의하지 않았다. 섀넌이 생각하는 혼합 함수의 개념을 보면 F는 비밀이 아니며 키가 필요하지도 않다. 그래서 아무 보안 장치도 없다. 이런 성질 덕분에 컴퓨터나 기계를 이용해 F를 쉽게 구현할 수 있다. 혼합 함수는 섀넌의 암호체계에서 가장 복잡한 구성요소이기 때문에 구현 용이성이 매우 중요하다. 섀넌은 좋은 혼합 함수가 좋은 확산을 제공하며, 혼합 함수를 확장해 다음과 같은 함수를 만든다면 혼돈도 추가할 수 있다고 덧붙인다.

$$V_k(F(U_k(P_1P_2\cdots P_n)))$$

그림 4.3이 보여주듯이 여기에서 U_k와 V_k는 키 값 k에 의해 결정되는, 단순 치환 암호처럼 비교적 복잡하지 않은 암호이다.

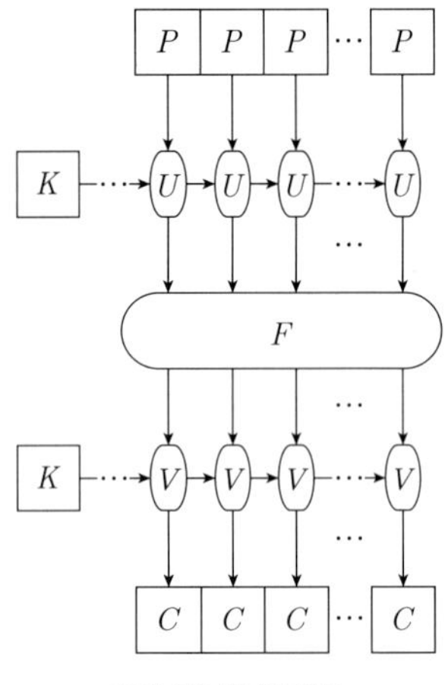

그림 4.3 섀넌의 암호

기본 발상은 이렇다. 처음부터 키를 바로 적용해서 혼합 함수에 의해 키 정보가 사방으로 분산되게 한다. 그러면 확산은 물론이고 혼돈까지 추가된다. 그리고 마지막으로 키 정보를 추가로 적용한다. 사실 마지막 단계는 혼돈을 제공하지 않는다. 하지만 F가 공개되어 있기 때문에 이브는 F가 어떤 작업을 수행하더라도 즉시 무효화시킬 수 있다. 그런 시도를 막기 위해 키 정보를 추가하는 단계가 반드시 필요한 것이다. 혼합 함수의 작업을 무효화시켜서 혼합되었던 암호문을 '혼합되지 않게' 할 수 있다면 이브의 손에는 해독하기 정말 쉬운 암호가 남게 된다. 보안 수준을 더 높이려면 함수를 더 많이 중복으로 사용해서 다음과 같은 함수로 확장하면 된다.

$$W_k(F_2(V_k(F_1(U_k(P_1P_2\cdots P_n)))))$$

이것을 도식화하면 그림 4.4와 같다.

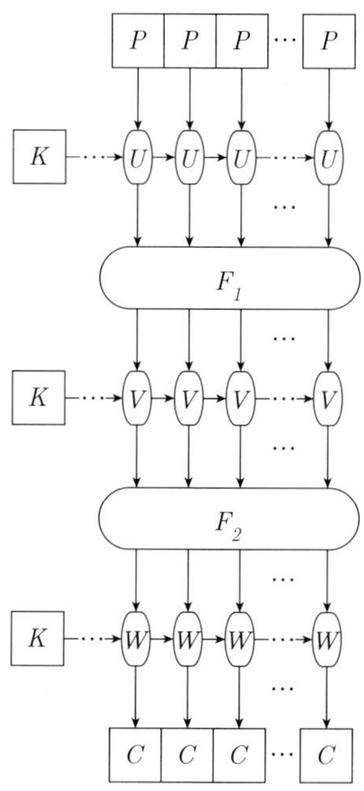

그림 4.4 보안이 강화된 섀넌 암호

섀넌은 상당히 시대를 앞선 인물이었다. 암호설계자들은 1970년대에 들어서야 섀넌의 암호 원리를 체계적으로 연구했다. 그 무렵, 사람들은 군용이나 정부기관용 암호에서 벗어나 컴퓨터 보안용 암호에 관심을 두기 시작했다. 그 중 한 사람이 호스트 파이스텔(Horst Feistel)이다. 파이스텔은 독일에서 태어났지만 나치당의 징병을 피해 1934년 미국으로 건너갔다. 이듬해 1944년 미국 시민권을 얻어 미국 공군 산하 케임브리지 피아식별(Identification Friend or Foe) 연구소에서 근무하기 시작했다. 피아식별 시스템은 엄밀하게 말해 암호는 아니지만 암호와 밀접한 관련이 있었다. 이후 파이스텔은 비영리 연구기관에서 방어 계약 업무를 담당하다가 1967년에 IBM 왓슨 연구소로 자리를 옮겼다. 그곳에서 컴퓨터용 암호에 대한 생각을 계속 가지고 있었지만 미국국가안보국 NSA의 압력 때문에 제대로 연구를 진행할 수 없었다. IBM이 영국 로이드 은행(Lloyds Bank)에 최초의 ATM(현금 자동입출금기)을 공급하기로 계약을 체결하면서 파이스텔은 왓슨 연구소에 들어와서 줄곧 품었던 생각을 본격적으로 연구할 수 있게 되었다. 인가받지 않은 거래가 발생하는 것을 막기 위해 ATM과 중앙은행 사이의 통신을 암호화하는 것은 당연히 반드시 필요한 조치였다. 파이스텔의 연구팀은 안전한 컴퓨터 암호를 생성하는 체계를 두 가지 만들었는데, 모두 섀넌의 암호체계를 변형한 것으로 오늘날에도 여전히 사용되고 있다.

둘 중 섀넌의 암호체계와 더 가까운 모델은 **치환 순열 네트워크**(substitution-permutation network) 또는 **SP 네트워크**라 불리는 것이다. 섀넌의 암호체계와 마찬가지로 SP 네트워크는 일정한 패턴으로 치환 암호와 전치 암호를 사용한다. (3.3절에서 언급했듯이 사실 전치는 순열과 같다.) 그러나 섀넌처럼 큰 전치 암호 하나를 사용하고 다중문자 치환 암호(힐 암호)와 단일문자 치환 암호를 번갈아 사용하는 것이 아니라, 큰 전치 암호들과 작지만 복잡한 다중문자 치환 암호들을 번갈아 사용하고 덤으로 다표식 치환 암호 같은 것을 추가한다. 게다가 컴퓨터용으로 설계되기 때문에 문자가 아니라 이진 숫자, 즉 **비트**를 사용한다.

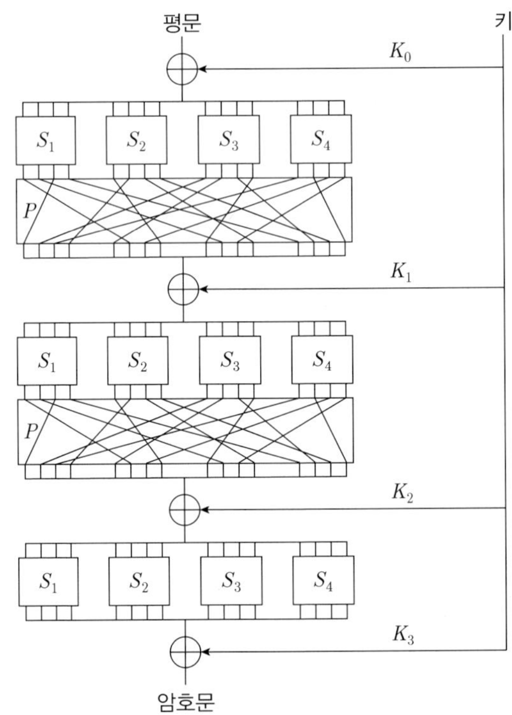

그림 4.5 SP 네트워크 구조의 예

현대식 컴퓨터 암호가 어떻게 실행되는지 그려볼 수 있는 가장 쉬운 방법은 대개 다이어그램으로 도식화하는 것이다. SP 네트워크의 표준형은 그림 4.5와 같다. 현대 암호의 전형적인 블록 크기는 128비트이므로 평문이 128비트 있다고 가정한다. 키는 128비트이거나, 더 클 수도 있다. **키 스케줄**(key schedule)에 따라 키를 부분 키로 분할하는데, 간단하게 앞에서부터 128비트씩 나눌 수도 있고 더 복잡한 방식을 써서 분할할 수도 있다. 어떤 비트는 한 번 이상 사용되고, 어떤 비트는 서로 더해지거나 사용되기 직전에 변환되기도 한다. 어쨌든 최종적으로 각각 128비트인 일련의 **라운드 키**(round keys) K_0, K_1, K_2, ...가 도출된다.

사이드바 4.1: 평문의 디지털화

여러분은 아마 디지털 컴퓨터에 입력되는 비트가 어떻게 평문을 나타내는지 궁금할 것이다. 4.1절에서 언급한 5비트 보도 코드를 이용하는 것도 한 가지 방법이다. 그보다 현대적인 방법은 미국 정보 교환 표준 부호(American Standard Code for Information Interchange), 즉 **ASCII**를 사용하는 것이다. 이것은 1960년대 개발된 7비트 비기밀성 인코딩이다. 비트를 7개로 늘렸기 때문에 처리 가능한 정보는 $2^5 = 32$보다 훨씬 많은 $2^7 = 128$개이다. 따라서 ASCII 코드는 숫자, 구두점 및 기타 기호뿐만 아니라 알파벳 대소문자도 구별해서 표현할 수 있다. 게다가 비트를 조합해 제어문자(control character)를 지정하기도 한다. 원래 제어문자는 화면에 출력되는 문자가 아니라 컴퓨터로 행 바꿈이나 무엇인가를 기억해내는 등의 일을 수행할 목적으로 만들어졌다. 출력 가능한 ASCII 문자는 표 4.1과 같다.

오늘날 컴퓨터 하드웨어나 소프트웨어 설계자들은 7비트가 다루기 거추장스럽다고 생각하며 2, 4, 8, 16, 32와 같이 2의 거듭제곱을 선호한다. 그래서 대개 ASCII 문자 앞에 비트를 하나 덧붙여 완벽한 8비트로 만들어 사용한다. 추가된 비트는 오류 검출에 쓰거나 문자들이 특별한 방식으로 표시되어야 함을 나타내기도 하고, 그냥 0으로 설정될 때도 있다. 따라서 ASCII 문자로 된 평문에 블록 크기가 128비트인 암호를 적용한다면 각 블록은 보통 16개의 ASCII 문자로 구성되어 있다는 말이다.

내가 이 글을 쓰는 있는 동안에도 ASCII는 10비트나 32비트를 이용한 인코딩으로 한창 대체되고 있다. 전 세계 모든 현존 언어는 물론이고 사멸 언어에서 사용하는 문자와 기호를 빠짐없이 코드화한다는 것이 주된 목적이다. 컴퓨터 성능이 점점 강력해지면서 앞으로 암호의 블록도 커질 것이다. 더 중요한 것은 블록의 크기가 별로 중요하지 않은 방식으로 현대 암호가 바뀌고 있다는 사실이다. 자세한 것은 5.3절에서 다룬다.

표 4.1 출력 가능한 ASCII 문자

십진수	이진수인코딩	문자	십진수	이진수인코딩	문자	십진수	이진수인코딩	문자
32	0100000	[space]	64	1000000	@	96	1100000	‘
33	0100001	!	65	1000001	A	97	1100001	a

십진수	이진수인코딩	문자	십진수	이진수인코딩	문자	십진수	이진수인코딩	문자
34	0100010	“	66	1000010	B	98	1100010	b
35	0100011	#	67	1000011	C	99	1100011	c
36	0100100	$	68	1000100	D	100	1100100	d
37	0100101	%	69	1000101	E	101	1100101	e
38	0100110	&	70	1000110	F	102	1100110	f
39	0100111	’	71	1000111	G	103	1100111	g
40	0101000	(	72	1001000	H	104	1101000	h
41	0101001	)	73	1001001	I	105	1101001	i
42	0101010	*	74	1001010	J	106	1101010	j
43	0101011	+	75	1001011	K	107	1101011	k
44	0101100	,	76	1001100	L	108	1101100	l
45	0101101	–	77	1001101	M	109	1101101	m
46	0101110	.	78	1001110	N	110	1101110	n
47	0101111	/	79	1001111	O	111	1101111	o
48	0110000	0	80	1010000	P	112	1110000	p
49	0110001	1	81	1010001	Q	113	1110001	q
50	0110010	2	82	1010010	R	114	1110010	r
51	0110011	3	83	1010011	S	115	1110011	s
52	0110100	4	84	1010100	T	116	1110100	t
53	0110101	5	85	1010101	U	117	1110101	u
54	0110110	6	86	1010110	V	118	1110110	v
55	0110111	7	87	1010111	W	119	1110111	w
56	0111000	8	88	1011000	X	120	1111000	x
57	0111001	9	89	1011001	Y	121	1111001	y
58	0111010	:	90	1011010	Z	122	1111010	z
59	0111011	;	91	1011011	[	123	1111011	{
60	0111100	〈	92	1011100	\	124	1111100	|
61	0111101	=	93	1011101	]	125	1111101	}
62	0111110	〉	94	1011110	^	126	1111110	~
63	0111111	?	95	1011111	_			

SP 네트워크에서 실제 암호화가 일어나는 첫 번째 단계는 다표식 치환이다. 4.1절에서 본 전신 타자기 시스템과 비슷하게 평문의 비트와 첫 번째 라운드 키의 비트를 받아 올림 없이 모듈로 2에 대해 더한다. 그다음, 그 비트들을 여러 개의 작은 비트열로 나눈다. 파이스텔이 제안한 방식은 4비트씩 32개 비트열로 나누는 것이다. 4비트로 구성된 비트열은 비기밀성 **치환 박스**(substitution box)인 **S-박스**를 통과한다. S-박스는 되도록 수학적으로 기술하기 복잡하게 만든 다중문자 치환 암호로서 4비트 단위로 실행된다. 가끔 설계자들은 표를 하나 만들어서 그 표에 따라 모든 것을 처리하기도 한다. 네트워크에 쓰이는 S-박스들은 모두 동일한 것일 수도 있고 서로 다른 것일 수도 있으며 키에 따라 결정될 수도 있지만, 반드시 그런 것은 아니다. S-박스를 통과한 비트들은 다시 재결합되어 비기밀성 **순열 박스**(permutation box)인 **P-박스**를 통과한다. P-박스는 128비트 전체 블록을 대상으로 복잡한 전치를 실시한다. 작은 블록 단위의 치환과 큰 블록 단위 전치를 모두 실행한다는 측면에서 SP 네트워크는 ADFGVX 암호와 비슷하다.

P-박스를 통과한 비트는 다음 차례의 라운드 키와 받아 올림 없는 모듈로 2 덧셈을 하고, 다시 일련의 과정을 반복한다. 반복은 10회 또는 20회 일어날 수 있으며, 실제로 설계자가 원하는 보안 수준과 처리 속도에 따라 라운드 횟수가 결정된다. 섀넌이 제안했듯이 암호 네트워크의 첫 번째 단계와 마지막 단계에는 키가 설정되어 있어야 한다. 다른 것은 모두 기본적으로 비밀 정보가 아니므로 이브가 원상태로 되돌릴 수도 있기 때문이다. 복호화를 하기 위해 밥은 그저 암호화 과정의 각 단계를 거꾸로 수행하면 된다. 4.1절에서 확인했듯이 모듈로 2에 대한 뺄셈은 덧셈과 동일하므로 라운드 키를 뺄 때도 암호화할 때와 마찬가지로 그대로 연산을 수행하면 된다. 4.5절에서 고급 암호화 표준의 예를 살필 때 SP 네트워크의 예도 볼 수 있을 것이다.

SP 네트워크의 기본 아이디어는 확산과 혼돈을 한 번에 4비트 단위로 제공하기 위해 S-박스를 사용하고, 그것을 전체 128비트로 '분산'시키기 위해 P-박스를 사용하는 것이다. S-박스에 표현되는 복잡한 수학적 관계가 혼돈을 제공한다. 확산의 성질을 갖추려면 파이스텔이 정의한 '쇄도 효과(avalanche effect)'가 일어나도록 S-박스를 설계해야 한다. 쇄도 효과란 입력값이 한 비트만 변해도 출력값 비트 중 상당 부분이 변해야 한다는 성질이다. 현대 암호학자들은 이것을 수량화해 **엄밀한 쇄도 기준**(strict avalanche criterion)을 만들었다. 만약 입력값 중 한 비트만 바뀌고 나머지는 그대로라면, 그대로인 비트에 대응하는 출력값 가운데 절반은 바뀌고 절반은 바뀌지 않는다는 것이다. 다음과 같이 크기가 작은 3비트짜리 예를 살펴보자.

입력값	출력값
000	110
001	100
010	010
011	111
100	011
101	101
110	000
111	001

입력값의 가운데 비트가 0인 데이터가 S-박스를 통과했을 때, 출력값의 마지막 비트가 어떻게 되는지 살펴보자. 해당하는 입력값은 000, 001, 100, 101 네 가지다. 다음 표를 보면 각각 어떤 변화가 일어나는지 알 수 있다. 주목해야 할 비트는 굵은 활자로 표시되어 있다.

입력값	변화된 값	출력값	변화된 값
0**0**0	0**1**0	11**0**	01**0**
0**0**1	0**1**1	10**0**	11**1**
1**0**0	1**1**0	01**1**	00**0**
1**0**1	1**1**1	10**1**	00**1**

표를 보면 출력값의 마지막 비트가 바뀐 경우가 두 건이고, 바뀌지 않은 것이 두 건이다. 입력값의 어느 비트를 선택하고 출력값의 어느 비트를 선택하든 언제나 같은 현상이 일어난다는 것을 확인할 수 있다.

엄밀한 쇄도 기준을 만족하면서 수학적으로 복잡한 128비트 S-박스를 만들 수 있다면 확산과 혼돈의 성질을 모두 만족하게 된다. 따라서 우리는 모든 준비를 마친 것이다. 그러나 실제로는 이런 암호를 구현할 수 없으며 심지어 현대 기술로도 어렵다. 그래서 SP 네트워크에서는 일단 S-박스를 통과해서 값이 바뀐 비트가 여러 개 나오면 P-박스를 사용해 그 비트들을 전체 블록으로 골고루 분산시킨다. S-박스와 달리 P-박스는 크기가 커도 쉽게 구현할 수 있다. 특히 컴퓨터 칩에서는 전선 회로를 조정하기만 하면 된다. P-박스를 통과한 비트들이 다시 S-박스를 통과하면 더 많은 비트가 바뀐다. 만일 엄밀한 쇄도 기준이 모든 S-박스에서 충족되고, P-박스가 주도면밀하게 구성되었으며 충분하게 여러 차례의 라운드가 사용된다면 결국 입력되는 평문에서 비트 하나가 변했을 때 출력되는 암호문 비트가 모두 변할 수 있는 확률이 50%가 되도록 할 수 있다.

파이스텔 연구팀이 고안한 두 번째 암호체계는 간단하게 **파이스텔 네트워크**(Feistel network)라고 불리는 구조이다. 이번에도 그림 4.6처럼 도식화하면 이해하는 데 도움이 될 것이다. SP 네트워크처럼 키 스케줄을 사용해서 라운드 키를 생성한다. 입력되는 평문의 비트를 반씩 두 부분으로 나눈다. 매 라운드마다 그림의 오른쪽에 해당하는 비트 절반을 사용해서 왼쪽 절반을 변경한다. 우선 오른쪽 절반 비트가 **라운드 함수**(round function) f를 거친다. 라운드 함수는 일반적으로 하나 이상의 S-박스와 P-박스, 라운드 키 비트의 모듈로 2 덧셈으로 구성된다. 라운드 함수를 통과해서 나온 비트를 남아 있던 왼쪽 절반의 입력값 비트에 모듈로 2 덧셈으로 더한다. 한 라운드가 끝나면 오른쪽 절반과 왼쪽 절반 비트의 자리를 바꿔 앞선 과정을 반복한다. 이 경우도 10회에서 20회 정도 반복하는 것이 일반적이다. 마지막 라운드가 끝나면 자리를 바꾸지 않는다. 그렇더라도 암호의 안전성에 영향을 미치지 않으며 오히려 복호화할 때 더 편리하다.

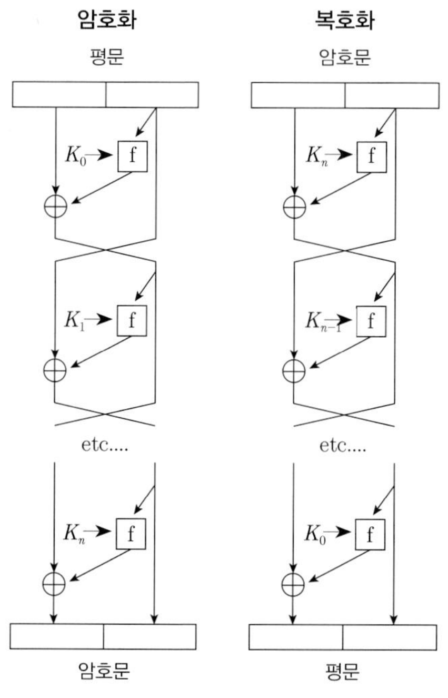

그림 4.6 파이스텔 암호의 구조

파이스텔 네트워크에서 흥미로운 점은 복호화가 실제로 암호화를 역으로 실행하는 것이 아니라 키 스케줄을 제외하고는 암호화와 같은 방향으로 진행된다는 것이다. 그 이유는 라운드 함수의 출력값을 직접 사용하는 것이 아니라 모듈로 2 덧셈을 거치는데, 모듈로 2 덧셈은 모듈로 2 뺄셈과 같기 때문이다. 그림 4.6에 있는 암호화 도식과 복호화 도식을 겹쳐 놓는다면 중간에 동일한 모듈로 2 덧셈이 연달아 두 개 있어서 서로 상쇄될 것이다. 그러면 그 위와 아래에 있는 덧셈 연산들도 실제로 연달아 실행되는 셈이므로 다시 상쇄되고, 이 과정이 반복된다. 라운드 함수에 포함된 S-박스는 거꾸로 수행할 필요가 없기 때문에 쇄도 효과와 같은 좋은 성질을 갖는 S-박스를 선택할 수 있는 여지가 더 많다. 사실 S-박스는 입력값의 비트 수와 출력값의 비트 수를 다르게 할 수 있다. P-박스도 본래의 순열만 고집하는 것이 아니라 3.3절에서 다뤘던 확장 함수나 압축함수가 될 수도 있다.

SP 네트워크와 마찬가지로 파이스텔 네트워크에서도 라운드 함수에 있는 S-박스가 혼돈을 제공한다. 그런 다음 P-박스가 절반의 비트에 대해 확산을 제공하고, 모듈로 2 덧셈과 자리 교환, 반복을 통해 확산과 혼돈이 나머지 절반으로 전파된다. 파이스텔 네트워크 암호 중에서 가장 유명한 것은 다음 절에서 소개할 데이터 암호화 표준(DES)이다.

4.4 데이터 암호화 표준

파이스텔의 IBM 연구팀과 후임 연구자들은 1971년부터 1974년까지 적어도 다섯 가지 암호를 만들어 냈는데, 너무 혼동되게 모두 루시퍼(Lucifer)라 불렀다. 이들이 만든 초기 모델 중 하나가 IBM 2984 현금 자동 입출금기에 사용된 암호이다. 그보다 나중에 제작된 DSD-1이라 불린 암호는 지금의 미국표준기술연구소(National Institute of Standards and Technology, NIST)의 전신인 미국 국립표준국(National Bureau of Standards, NBS)의 새로운 국가표준 암호 알고리즘을 요청에 부응해서 만들어진 것이다.

DSD-1은 새로운 암호 표준으로 쓰일만한 유일한 후보였고, 이후 **데이터 암호화 표준**(Data Encryption Standard), 즉 줄여서 **DES**라 알려지게 되었다. 하지만 그 과정에서 일부 내용이 변경되는 논란이 일었다. 미국국가안보국(NSA)은 암호화 표준 설계를 대중에게 공개할 경우 자신들의 운영 방식과 내부 자료에 대한 정보가 쉽게 노출될 것을 우려해서 새로운 표준 암호를 설계하는 것을 반대했다. 그러나 DES 알고리즘의 안전성을 평가하기 위해 NBS가 도와달라고 요청했을 때 NSA는 기꺼이 요청을 수락한 것으로 보인다. NSA는 관련자 모두에게 반드시 비밀 서약을 하도록 했기 때문에 그다음 정확하게 무슨 일이 일어났는지 알 수 없다. 유일하게 알려진 것은 키의 길이인데, 파이스텔이 처음 제안한 128비트에서 64비트로 축소되었고 다시 56비트로 축소되었다. 게다가 S-박스에 사용되는 표도 원래 모양에서 변경되었다. 당시 IBM 연구팀에 따르면 128비트에서 64비트로 줄인 것은 순전히 실용적인 이유에서였다. DES 알고리즘을 구현하는 회로망을 원래 하나의 칩에 집적하기로 되어 있었지만, 당시에는 칩 하나에 128비트를 작업하는 것이 분명히 어려웠을 것이다. 게다가 64비트를 사용한다고 해도 서로 다른 키가 2^{64}개나 된다. 컴퓨터 한 대로 1초에 백만 개의 키를 처리하는 것은 1970년대 당시로써는 굉장히 빠른 속도였고, 그 속도로 처리한다고 해도 64비트 키에 대한 무차별 대입 공격을 끝마치는 데 대략 300,000년이 걸린다.

키 길이가 64비트에서 56비트로 축소되면서 논란은 더욱 거세졌다. 키 길이 축소로 컴퓨터 한 대로 무차별 대입 공격을 하는 시간이 대략 1,000년으로 감소했고, 이는 컴퓨터를 1,000대 이용하면 1년이 걸린다는 말이었다. 그 정도면 NSA 같은 국가기관에서는 충분히 해독할 수 있었다. 심지어 IBM 내부에도 NSA가 암호해독의 기회를 얻을 목적으로 DES 키의 크기를 축소하라고 요구했을 것이라는 추측이 나왔다. 하지만 제품개발팀 책임자는 키 길이를 축소한 이유가 IBM 내부 사양을 준수하기 위해 키에서 8비트를 빼서 오류 검출 장치에 사용했기 때문이라고 설명했다. NSA 암호역사 연구센터에서 1995년 출간한 책을 보면 NSA는 실제로 48비트 키를 추진했지만 타협안으로 56비트를 채택했다고 되어 있다. 어쨌든 키의 길이를 축소한 결과, 당시 NSA가 DES를 해독할 수 있었는지는 영원히 수수께끼로 남을 것이다.

S-박스에 관해서 만큼은 NSA가 보안을 강화하면 강화했지 약화시키지는 않았던 것으로 보인다. 1990년 두 명의 학자가 DES에 대한 **차분 공격법**(differential attack)을 알아냈다고 발표하는 사건이 있었다. 차분 공격은 두 개 이상 서로 밀접한 관련이 있는 평문의 암호문을 비교하는 방법으로, DES에 대해서는 실제로 2^{47}개 평문을 사용한다. 굉장히 많은 양이지만 그래도 잠재적으로는 무차별 대입 공격보다 빠르다. 그들은 또한 DES가 특히 차분 공격에 강하다는 것도 알아냈다. 그 발표 직후, IBM의 한 연구자는 NSA와 상관없이 이미 1974년에 차분 공격을 이겨낼 수 있도록 S-박스가 재설계되었다고 밝혔다. NSA가 1974년 이전에 차분 공격에 사용되는 기술을 알고 있었는지, 만약 알고 있었다면 IBM 연구자들이 그 기술에 대한 정보를 찾을 수 있도록 도왔는지는 지금도 확실히 밝혀지지 않았

다. 어쨌든 NSA는 차분 공격이 너무 강력하기 때문에 세상에 공개할 수 없다고 결론 내리고, 차분 공격 기술은 물론이고 차분 공격을 어렵게 만드는 설계 요소를 비밀에 부쳤다. 그랬던 것이 거의 20년이 지나 다시 밝혀진 것이다.

그렇다면 DES 알고리즘은 어떤 것일까? 4.3절에서 다룬 알고리즘과 마찬가지로 이것 역시 파이스텔 네트워크로서 시작 부분에 P-박스와 끝 부분에 P-박스의 역함수를 추가했다. 앞서 언급했듯이 암호의 시작과 끝 부분에서 비기밀성 변환을 실행한다고 해도 이브가 원래대로 복귀시키면 그만이기 때문에 보안을 강화시켜주지 못한다. P-박스는 단지 본래의 칩에서 데이터를 더 쉽게 다룰 수 있도록 하기 위해 추가되었다. 블록의 크기는 64비트이고 16번의 라운드를 거친다. 그림 4.7은 개괄적으로 DES 암호화 과정을 보여주는 도식이다.

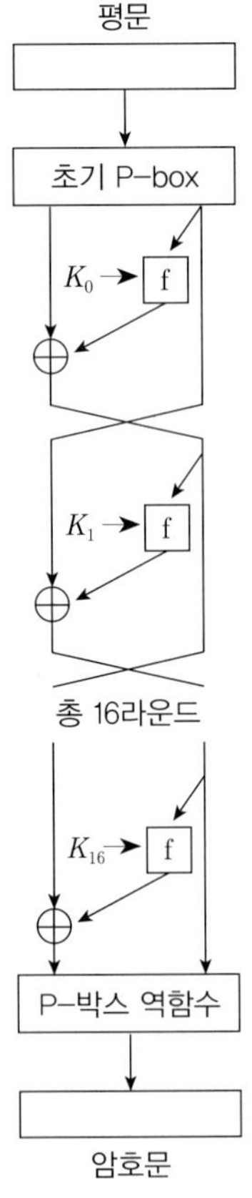

그림 4.7 DES 암호화의 개요

키 스케줄은 3.8절에서 언급한 단순 순열의 한 형태인 회전을 실행하는 P-박스가 필요하다. 또한, 3.3절에서 논의한 것처럼 압축 함수를 사용해 각 라운드마다 56비트 중에서 일부를 선택하고 재배열해서 48비트로 구성된 라운드 키를 얻는다. 그림 4.8을 참고하자. 라운드마다 서로 다른 회전을 거친 후에 압축 함수를 적용하기 때문에 서로 다른 라운드 키가 생성된다.

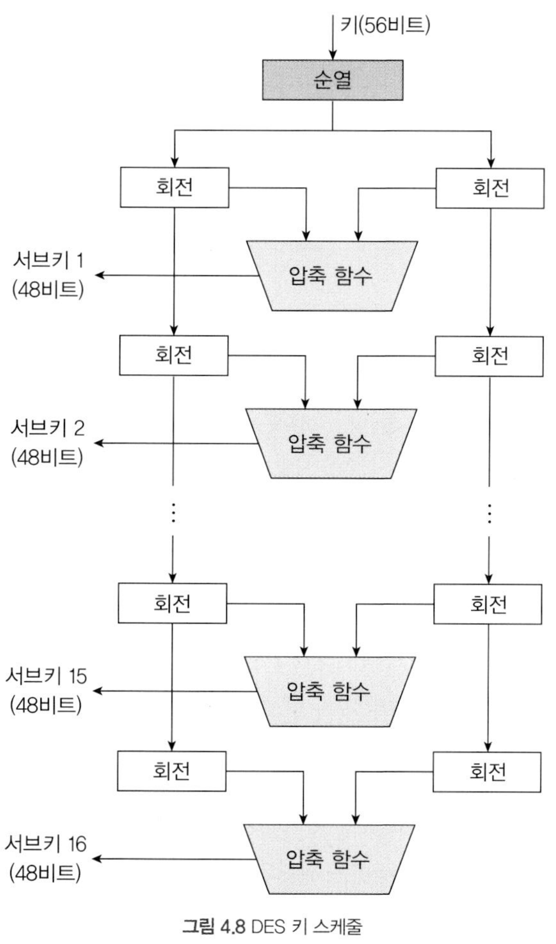

그림 4.8 DES 키 스케줄

마지막으로 DES의 라운드 함수를 살펴보자. 도식화하면 그림 4.9와 같다. 라운드 함수에는 3.3절에서 설명한 확장 함수가 포함되어 있다. 확장 함수는 블록의 오른쪽 절반인 32비트를 재배열하고 일부 비트를 중복사용해서 48비트로 만든다. 그러면 48비트짜리 라운드 키에 더할 수 있다. 48비트는 6

비트씩 8개의 비트열로 나뉘어 서로 다른 S-박스를 각각 통과한다. 이로써 혼돈의 성질이 제공된다. 4.3절에서 파이스텔 네트워크에서 S-박스에 입력되는 비트 수와 출력되는 비트 수가 달라질 수 있다고 했는데, DES 알고리즘에서도 그렇다. 다시 말해 DES의 S-박스는 6비트를 입력해서 4비트를 출력한다. 따라서 각각의 S-박스를 통과한 비트를 모두 합치면 32비트가 된다. 이 32비트가 보통의 P-박스를 통과하면 확산의 성질을 제공하게 되고, 한 라운드가 끝난다.

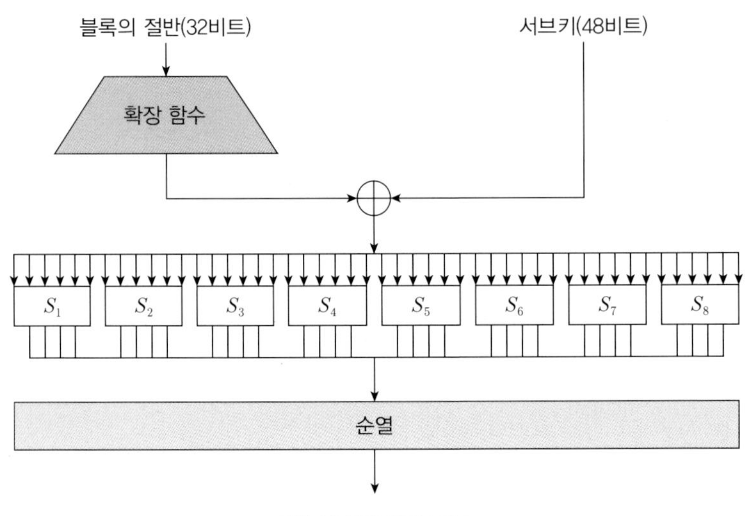

그림 4.9 DES 라운드 함수

키 크기에 대한 우려에도 불구하고 DES는 암호 표준으로서 훌륭히 제 기능을 수행했다. DES가 안전하지 않다는 것은 사용되기 시작한 지 20여 년이 지나서야 명백하게 밝혀졌다. DES 시스템에 대한 차분 공격은 1990년에 다시 발견되었지만, 주의 깊게 배열해야 하는 평문과 암호문 쌍의 개수를 고려한다면 그렇게 실용적인 공격 기법이라 할 수 없었다. 그러나 1993년에는 선형 암호분석(linear cryptanalysis)이라는 새로운 DES 공격법이 발견되었다. 이것 역시 알려진 평문 공격이지만 평문과 암호문 쌍을 주의 깊게 선택하지 않아도 된다. 그래도 여전히 평균적으로 2^{43}쌍의 평문과 암호문이 필요하고 그만큼 많은 계산을 해야 한다. DES 설계자들은 선형 암호분석에 대해 전혀 알지 못했던 것 같다. 전자 프런티어 재단(Electronic Frontier Foundation)은 무차별 대입 공격으로 DES를 해독할 수 있는지 알아보기 위해 상당한 예산을 들여 1997년부터 1998년까지 합동연구를 진행했다. 연구팀은 1,728개의 맞춤제작 칩(custom chip)을 사용해 컴퓨터를 한 대 만들었다. 설계에서 제조까지 모든 과정은 18개월 걸렸고 25만 달러 가까운 자금이 투입되었다. 게다가 8-9명의 자원봉사자가 시간 날 때마다 핵심 작업을 했고, 소프트웨어를 위한 별도의 단기 자원봉사 프로젝트도 진행되었다. 그 컴퓨터로 DES의 56비트 키를 해독하는 데 대략 56시간이나 걸렸다. 평균 검색 시간은 그 시간의 거의 두 배가 걸렸으므로 그나마 해독이라도 했으니 연구자들은 운이 좋은 셈이었다. 그 시스템은 확장이 가능해서 같은 크기의 같은 비용을 들인 컴퓨터를 두 대 이용하면 DES 해독 시간을 절반으로 줄일 수 있었다. 그때부터 DES는 일반적으로 해독 가능한 암호체계로 받아들여졌다.

4.5 고급 암호 표준

1997년 9월 12일 미국표준기술연구소(NIST)는 '고급 암호 표준 알고리즘 지정을 위한 공모전'을 개최한다는 공고를 냈다. 고급 암호 표준(Advanced Encryption Standard, AES)은 새로운 정부 암호 표준으로서 DES를 대체할 목적으로 기획되었다. AES 암호를 선택하는 과정은 거의 모든 면에서 DES와 사뭇 달랐다. 키 크기와 블록 크기가 미리 명시되었고, 알고리즘은 현재뿐만 아니라 미래의 안전성 요구를 충족시킬 수 있도록 크기가 128, 192, 256인 다중 키를 사용해야 한다. 명시된 평가 기준은 안전성, 비용, 유연성, 하드웨어 · 소프트웨어에 대한 적합성, 단순성이었다. 외국 국적을 가진 사람도 응모하거나 검토위원으로 참여할 수 있었고, 심지어 참여하도록 초대받은 사람들도 있었다. 무엇보다 주목할 만한 점은 심사 과정이 대중에게 전면 공개되었다는 것이다. 세 차례 열린 공개 발표대회에서 참가자들이 자신의 암호에 대해 발표하면 NIST와 외부 전문가들이 그 암호에 대해 분석하고 내용을 공개했다. 또한, 방청객으로 참가한 일반인도 질문을 하거나 의견을 제시할 수 있었다.

1998년 6월 15일까지 총 21개 암호가 제출되었고, 15개가 명시된 조건의 최저 기준을 통과했다. 1단계를 통과한 15개 중 10개는 미국이 아닌 다른 곳에서 개발되었고, 한 팀을 제외한 모든 암호 설계팀에 외국인이 한 명 이상 포함되어 있었다. 1999년 8월 NIST는 최종 후보를 다섯으로 좁혔고, 2000년 10월 2일 두 명의 벨기에 암호학자 조안 대먼(Joan Daemen)과 빈센트 라이먼(Vincent Rijmen)이 개발한 레인달(Rijndael)을 최종 표준으로 선정했다. 이 암호 표준은 2002년 5월 26일부터 적용되었다.

4.3절에서 언급했듯이 AES는 기본적으로 SP 네트워크이다. 블록의 크기는 128비트이고, 일반적으로 그림 4.10에서처럼 8비트씩 4×4 행렬로 배열되어 있다고 생각할 수 있다. 키의 크기는 128, 192, 256 중 아무것이나 될 수 있고 라운드 횟수는 키의 크기에 따라 결정되는데, 128비트인 경우는 10라운드, 192비트는 12라운드, 256비트는 14라운드이다.

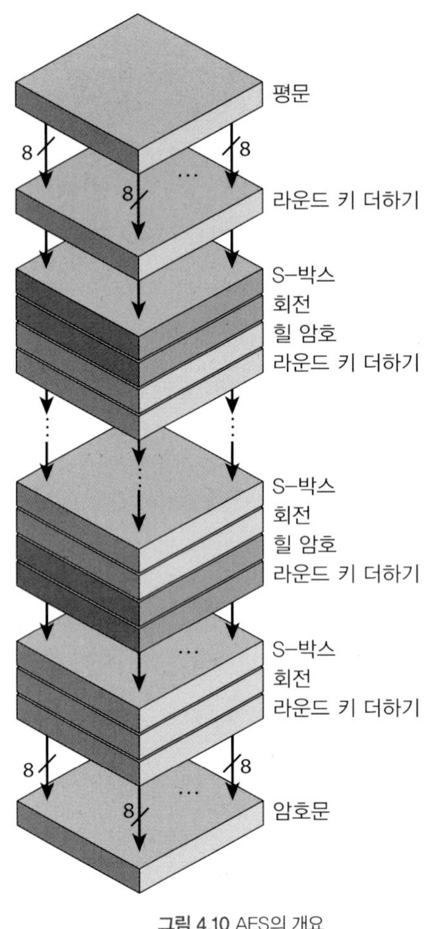

그림 4.10 AES의 개요

간단하게 키 크기가 128비트인 AES 알고리즘의 키 스케줄에 대해 살펴보자. 실제로 128비트 키를 사용하는 것이 가장 간단하고 지금 가장 많이 사용되는 방식이다. 첫 번째 라운드 키는 원래 주어진 암호키와 같다. 그다음부터는 이전 라운드 키를 라운드 함수에 통과시켜서 다음 라운드 키를 얻는다. 라운드 함수는 회전 P-박스, 일련의 동일한 S-박스 집합, 수차례의 모듈로 2 덧셈으로 구성되며 각 라운드 고유의 '라운드 상수'를 포함하고 있다. 그림 4.11을 참고하자.

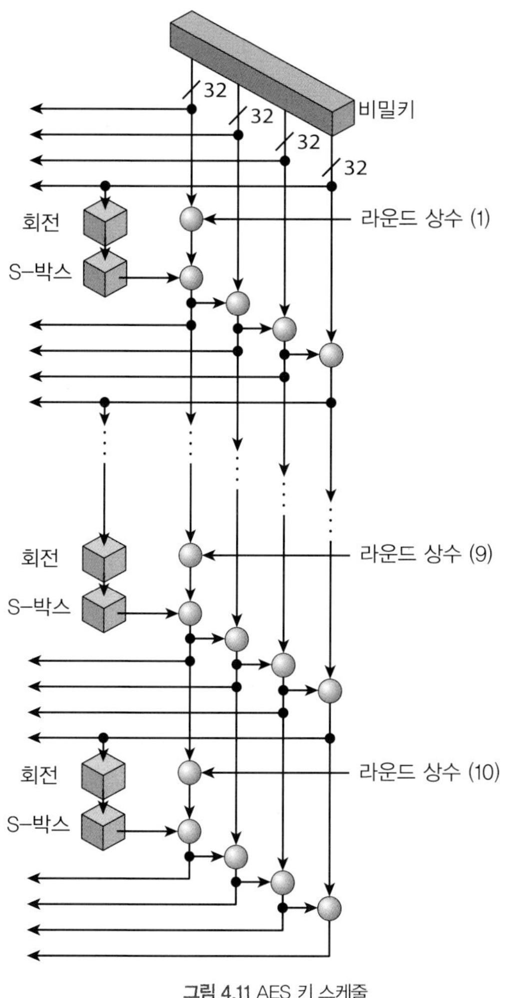

그림 4.11 AES 키 스케줄

보통의 SP 네트워크와 마찬가지로 AES의 출발 단계는 라운드 키를 더하는 것이다. 그다음은 혼돈을 얻고자 8비트로 된 각각의 비트열을 동일한 S-박스에 통과시킨다. S-박스를 통과한 후에는 확산을 일으킬 차례이다. 파이스텔과 달리 AES 설계자들은 128비트를 한 번에 P-박스에 통과시키기에 너무 많다고 생각했다. 그래서 확산을 제공하는 순열 과정을 두 단계로 나눴다. 128비트는 8비트씩 나눠 4×4 행렬로 배열할 수 있다는 점에 주목하자. 첫 번째 순열 단계는 행렬의 각 행을 서로 다르게 회전시키는 P−박스를 통과하는 것이다. 이것은 AES 설계자들이 **분산**(dispersion)이라고 정의하는 작업을 처리하기 위한 것으로, 분산은 서로 인접한 비트를 멀리 떨어지도록 분리시키는 것을 말한다. 두 번째 순열 단계는 엄밀히 말해 순열이 아니다. 이 단계에서는 고정 키와 곧 설명하게 될 특별한 곱셈을 이용해 각각의 열에 힐 암호를 적용한다. 힐 암호방식에서는 모든 비트가 각기 나머지 비트에 영향을 미칠 수 있다. 따라서 힐 암호를 사용했을 때 장점은 모든 비트가 다수의 S−박스로부터 영향을 받는다는 것을 입증할 수 있다는 것이다. 그렇게 된다면 차분 공격과 선형 암호분석을 실행하기 어려워진다. AES의 각 라운드 마지막 단계는 새로운 라운드 키를 더하는 것이다.

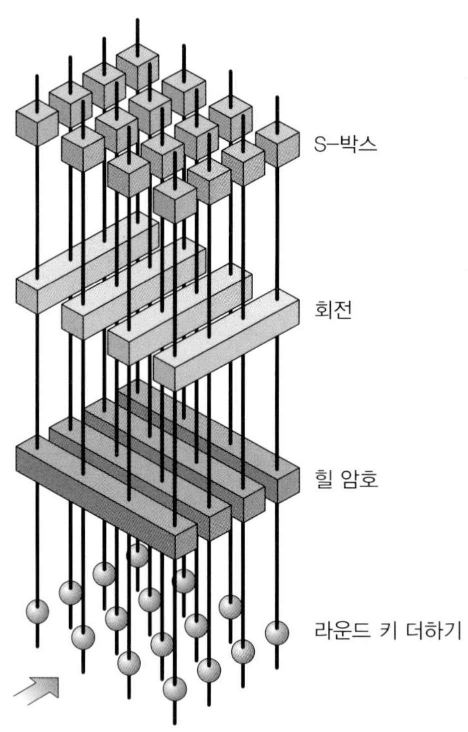

그림 4.12 AES의 한 라운드

이제 S−박스의 설계에 대해 이야기해보자. AES 알고리즘에서는 S−박스가 한 종류만 쓰이므로 좋은 성질을 지닌 것이어야 한다. S−박스는 대개 표 형식으로 주어진다는 것을 기억하자. 표에 들어갈 항목을 고르는 방법은 기본적으로 세 가지가 있다. 즉, 무작위 선택, 사용자 선택, 수학적 선택이 있다.

DES의 S-박스는 설계자들이 원하는 기준을 생각해내서 기준에 들어맞는 항을 찾을 때까지 계속 탐색하는 사용자 선택 방식이었다. 대조적으로 AES의 S-박스는 기본적으로 수학적 선택 방식이다. S-박스는 혼돈을 제공하기 위해 수학적으로 복잡해야 한다는 점을 기억하고 있을 것이다. AES 설계자들은 비트의 차원에서 보면 아주 복잡하지만 다른 수학적 차원에서 보면 그다지 복잡하지 않은 함수를 만들기로 했다.

AES의 S-박스가 사용하는 수학은 모듈로 연산이긴 하지만, 다항식을 사용하는 모듈로 연산이다. AES에서는 거의 모든 것이 8비트 단위로 실행된다는 점을 명심하자. 먼저 8비트로 된 비트열을 다음과 같이 다항식으로 변환한다.

$$\begin{aligned} 01010111 \;\rightarrow\; & 0x^7+1x^6+0x^5+1x^4+0x^3+1x^2+1x+1 \\ =\; & x^6+x^4+x^2+x+1 \end{aligned}$$

$$\begin{aligned} 10000011 \;\rightarrow\; & 1x^7+0x^6+0x^5+0x^4+0x^3+0x^2+1x+1 \\ =\; & x^7+x+1 \end{aligned}$$

두 비트열을 더하려면 모듈로 2에 대해 두 다항식을 더하면 된다. 이는 실제로는 두 이진수에 대한 모듈로 2 덧셈과 같다.

$$\begin{array}{rcl} 01010100 & \longleftrightarrow & x^6+x^4+x^2+x+1 \\ +\ 10000011 & \longleftrightarrow & +\,x^7+x+1 \\ \hline 11010100 & \longleftrightarrow & x^7+x^6+x^4+x^2+2x+2 \\ & & =x^7+x^6+x^4+x^2 \end{array}$$

두 비트열을 곱하는 것은 다음과 같이 두 다항식을 모듈로 2에 대해 곱하는 것과 같다.

$$\begin{array}{rcl} 01010100 & \longleftrightarrow & x^6+x^4+x^2+x+1 \\ \times\ 10000011 & \longleftrightarrow & \times\,x^7+x+1 \\ \hline ???????? & \longleftrightarrow & x^{13}+x^{11}+x^9+x^8+2x^7+x^6+x^5+x^4+x^3+2x^2+2x+1 \\ & & =x^{13}+x^{11}+x^9+x^8+x^6+x^5+x^4+x^3+1 \end{array}$$

그러나 곱셈의 경우 문제가 발생한다. 다시 8비트 이진 숫자열로 되돌려야 하는데 다항식의 항이 너무 많다. 이 말을 듣는 순간 아마 여러분의 머릿속에는 26보다 큰 암호문 숫자를 문자로 전환할 때 경험했던 문제가 떠오를 것이다. 그때 우리는 26을 모듈로로 사용해서 해결했다. 다항식에서도 해결 방법은 같다. 다른 점이 있다면 8차 다항식, 즉 지수가 가장 큰 항이 x^8인 다항식을 모듈로로 사용한다는 것이다. 앞의 13차 다항식을 8차 다항식으로 나누면 나머지는 7차 이하의 다항식이 된다. 그러면 8비트열로 바꾸는 데 아무 문제가 없다. 8비트에 상수항 자리도 필요하기 때문에 반드시 최고 차수가 7 이하여야 한다.

그렇다면 어떤 다항식을 모듈로로 선택해야 할까? 그냥 x^8을 사용할 수도 있지만 실제로는 더 이상 인수분해가 되지 않는 **소수다항식**(prime polynomial), 즉 **기약다항식**(irreducible polynomial)을 사용해야 한다. x^8은 $x \times x \times x \times x \times x \times x \times x \times x$이기 때문에 기약다항식이 아니다. AES 설계자들은 계수에 대한 모듈로가 2일 때 8차 기약다항식 목록을 참조했다. 그들이 처음에 사용한 모듈로 다항식은 $x^8 + x^4 + x^3 + x + 1$이었다.

고차다항식의 차수를 줄일 수 있는 가장 간단한 방법은 역시 모듈로 다항식으로 나누어 나머지에 대해서만 생각하는 것이다. 따라서 앞의 8차 기약다항식으로 나누면 다음과 같다.

$$
\begin{array}{r}
x^5 \qquad\quad + x^3 \\
x^8+x^4+x^3+x+1 \,\overline{)\, x^{13}+x^{11}+x^9+x^8 \qquad +x^6+x^5+x^4+x^3+1} \\
\underline{-x^{13} \qquad -x^9-x^8 \qquad -x^6-x^5 \qquad\qquad\qquad} \\
x^{11} \qquad\qquad\qquad\qquad\qquad +x^4+x^3 \qquad \\
\underline{-x^{11} \qquad\qquad -x^7-x^6 \qquad -x^4-x^3 \qquad} \\
-x^7-x^6 \qquad\qquad\qquad +1
\end{array}
$$

이때 나머지는 모듈로 2에 대해 다음과 같이 바꿔 쓸 수 있다.

$$-x^7 - x^6 + 1 \equiv x^7 + x^6 + 1 \qquad \text{mod } 2$$

따라서 두 다항식의 곱과 결과적으로 두 비트열의 곱을 계산했다.

$$
\begin{array}{rcl}
01010100 & \longleftrightarrow & x^6+x^4+x^2+x+1 \\
\times\ 10000011 & \longleftrightarrow & \times\ x^7+x+1 \\
\hline
 & & x^{13}+x^{11}+x^9+x^8+2x^7+x^6+x^5+x^4+x^3+2x^2+2x+1 \\
 & & =x^{13}+x^{11}+x^9+x^8+x^6+x^5+x^4+x^3+1 \\
11000001 & \longleftarrow & \equiv x^7+x^6+1 \quad \bmod x^8+x^4+x^3+x+1 \quad \bmod 2
\end{array}
$$

이로써 우리는 계수에 대해 모듈로 2 연산이 적용되는 다항식에 대해서 기약다항식을 모듈로로 하는 덧셈과 곱셈을 어떻게 계산하는지 알게 되었다. 모듈로 2에 대해서 뺄셈은 덧셈과 같으므로 이제 남은 것은 나눗셈 계산법이다. 기약다항식을 모듈로로 선택하는 이유는 소수를 모듈로로 사용하는 이유와 같다. 즉, 모듈로 다항식이 기약다항식이면 0이 아닌 다항식은 모두 곱셈에 대한 역원을 갖는다. 우리는 정수에 사용했던 유클리드 호제법을 이용해 다항식의 역원을 계산할 수 있다.

예를 들어 $x^5+x^4+x^2+x$의 곱셈에 대한 역원을 찾아보자. 유클리드 호제법을 이용해 $x^5+x^4+x^2+x$와 $x^8+x^4+x^3+x+1$의 최대공약수를 계산한다. 이때 필요하다면 모듈로 2에 대해 항의 개수를 줄이면서 계산한다. 두 다항식의 최대공약수가 1임을 확인하면 알고리즘 중간 단계를 정리해서 다음과 같이 다시 적을 수 있다.

$$
\begin{aligned}
1 &\equiv (x^3+x+1)\times(x^8+x^4+x^3+x+1) \\
&\quad +(x^6+x^5+x^2+x)\times(x^5+x^4+x^2+x) \qquad \bmod 2
\end{aligned}
$$

따라서 모듈로 $x^8+x^4+x^3+x+1$ (mod 2)에 대해 다음 식이 성립한다.

$$
\begin{aligned}
1 &\equiv (x^6+x^5+x^2+x)\times(x^5+x^4+x^2+x) \\
&\quad \bmod x^8+x^4+x^3+x+1 \qquad \bmod 2
\end{aligned}
$$

다시 말해 우리는 원하던 역원을 찾았다.

$$
\begin{aligned}
&\overline{x^5+x^4+x^2+x}=x^6+x^5+x^2+x \\
&\quad \bmod x^8+x^4+x^3+x+1 \qquad \bmod 2
\end{aligned}
$$

비트로 바꿔 표현하면 다음과 같다.

$$\overline{00110110} = 01100110$$

AES는 다항식의 모듈로 연산을 두 곳에서 사용한다. 힐 암호 단계에서 곱셈을 사용하고, S-박스를 설계할 때도 필요하다. S-박스 함수는 기본적으로 두 단계로 이뤄진다. 첫 번째 단계는 우리가 바로 전에 밟은 절차를 이용해서 8비트열의 곱셈에 대한 역원을 구하는 것이다. (만약 여덟 개의 비트값이 모두 0이라면 계수가 모두 0인 다항식을 얻게 되고, 이것은 곱셈에 대한 역원을 갖지 않으므로 그냥 내버려 둔다.) 두 번째 단계는 여덟 비트로 된 비트열을 낱개의 비트로 분리해서 지정된 8×8 아핀 힐 암호를 적용하는 것이다. 그러면 끝이다.

앞에서도 언급했지만 S-박스 함수는 실제로 암호 하드웨어나 소프트웨어로 구현할 수 있는 표 형태로 만들 수 있으므로 계산을 여러 번 되풀이 할 필요가 없다(특히 곱셈에 대한 역원을 계산하는 것이 다소 시간 소모적이라는 데 모두 동감할 것이다). 그래도 S-박스에 수학적 구조가 내장되어 있기 때문에 AES가 특정 유형의 공격에 강한 이유를 쉽게 분석할 수 있다. AES에 차분 공격이나 선형 공격을 실행하기 어려운 이유는 다항식 구조에 있다. 이 공격 모델들은 비트에 대해서는 어떻게 공격해야 할지 알지만 다항식에 대한 정보는 가지고 있지 않다. 반면에 S-박스의 아핀 힐 암호 단계는 다항식 기법을 사용한 공격을 차단하기 위해 구성된 것이다. 사실 아핀 힐 암호는 개별적인 비트에 대해 실행되며 다항식 구조와 아무 관련이 없다. 공모대회가 끝나고 AES의 '고차원적인' 다항식 구조를 이용한 공격을 방어하기에 힐 암호 단계만으로는 충분하지 않다는 우려가 끊이지 않았다. 2002년에는 이 고차원적인 구조를 이용한 공격법이 발표되었다. XSL 공격 또는 확장된 희소 선형 공격(eXtended Sparse Linearization)이라 불리는 이 공격은 무차별 대입 공격보다 더 나을 것이 없다는 의견이 지배적이다. 하지만 다항식 구조에 기반을 둔 공격법이 앞으로 중요하게 쓰일 수 있다는 가능성은 남아 있다.

2009년과 2010년에는 AES에 대해 알려진 키 공격(known-key attack)과 관련된 키 공격(related-key attack)을 시행할 수 있는 가능성을 주제로 논문이 여러 편 발표되었다. 이 공격 기법들은 사전에 키의 일부나 전부를 알아야 하기 때문에 처음부터 계획적으로 설계되어 잘 구현된 AES 알고리즘에 직접 적용할 수 없다. 그러나 역사는 암호가 항상 계획했던 대로 사용되는 것은 아니라고 말한다. 게다가 알려진 키나 관련된 키를 이용한 공격법은 AES가 더 고전적인 해독 기법이 이용할 수 있는 약점을 가지고 있다는 신호일지도 모른다.

2011년에는 AES에 대한 보다 표준적인 공격법이 발표되었다. 128비트 키를 126비트 키로 축소한 방식으로서 큰 차이는 아니지만 무차별 대입 공격보다 낫다고 여겨진다. 하지만 현재의 컴퓨터 기술로는 터무니없이 많은 시간이 걸릴 것이다. 이 공격법을 시행하려면 주의 깊게 선택된 2^{88}개의 암호문에 대응하는 평문을 모두 알아야 하는데, 실제로 그렇게 많은 문자는 배열하기 어려울 것이다. 그럼에도 불구하고 지금으로서는 이 기법이 AES에 대한 가장 위협적인 공격이다.

4.6 장을 마치며

여기까지가 이 책에서 다루려고 계획한 SP 네트워크, 파이스텔 네트워크, 그 밖에 원리가 비슷한 암호체계에 관한 이야기이다. 이 분야에 대한 연구는 여전히 활발히 진행 중이다. 짐작건대 결국에는 AES도 다른 암호로 대체되어야 할 것이다. 암호학자들은 이미 AES의 뒤를 이을 다른 암호를 계획하고 있다. AES가 처음 등장했을 때 사람들은 이 새로운 암호 표준이 적어도 30년은 지속될 것으로 기대했지만, NIST는 계속 수용 가능한지 알아보고자 5년마다 AES를 재평가하고 있다. 지금까지 심각한 결함이 나타나지 않았지만, 우리 모두 만약의 사태에 대비해야 한다.

연구자들은 나머지 부분은 손대지 않으면서 데이터의 일부만 비밀로 감추는 특수한 성질을 지닌 암호화 기법을 찾는 데 관심을 기울이고 있다. **형태 보존 암호화**(format-preserving encryption)라 불리는 이 기법은 특정 형태의 데이터가 암호화를 거친 후에도 형태가 바뀌지 않도록 하는 것이 목적이다. 예를 들어, 암호화된 음원 파일이라도 컴퓨터에서 음원 파일로 재생할 수 있어야 한다. 소음처럼 들릴 수도 있지만 오류 메시지가 뜨지 않아야 한다는 것이다. 데이터베이스에 대해서도 마찬가지다. 일부 필드에 이름을 입력하고 다른 필드에는 신용카드번호를 입력하도록 데이터베이스가 설정되었다면, 암호화를 거친 후에도 여전히 암호화된 이름은 이름 필드에, 암호화된 번호는 번호 필드에 있어야 한다. 이러한 발상은 NIST가 전신인 NBS였을 1981년 문건에 처음 등장했다. 하지만 초기에 고안된 방법은 매우 비효율적이었다. 2013년 NIST는 연구원들이 제출한 여러 연구계획서를 검토한 후 그중에서 가장 효율적인 방법 세 가지를 통합해 국가 표준의 형태 보존 암호를 설계하기 위한 기획안 초안을 발표했다. 그러나 2015년 4월 발표된 보고서는 안타깝게도 세 방법 중 하나가 처음 생각했던 것만큼 안전하지 않다고 지적했다.

형태 보존 암호보다 더 흥미로운 아이디어는 **동형 암호화**(homomorphic encryption)이다. 이 암호의 목적은 앨리스가 자신의 데이터를 암호화하고, 암호화된 데이터를 밥의 컴퓨터에 저장할 수 있게 하는 것이다. 그러면 앨리스는 밥에게 암호화된 데이터를 처리해서 암호화된 답을 보내달라고 요청할 수 있다. 밥이 데이터를 복호화할 필요가 없는 것이다. 예를 들어 앨리스는 밥에게 암호화된 스프레드시트 중에서 한 열에 입력된 수의 합을 구해 달라고 요청할 수 있다. 이때 밥은 각 셀의 수나 전체 총합은 알아낼 필요 없다. 다른 예로 앨리스는 밥에게 주어진 목록에서 A로 시작하는 모든 이름을 찾아달라고 요청할 수 있다. 확산의 원리에 의해 A가 이름의 나머지 철자에 따라 다른 문자로 암호화되지 않았을까 걱정하지 않아도 된다. 동형 암호방식은 전자개표기 같은 응용 분야뿐만 아니라 금융정보나 다른 민감한 데이터를 클라우드에 저장할 때 큰 영향을 미칠 것이다.

형태 보존 암호화와 마찬가지로 동형 암호화에 대한 아이디어도 컴퓨터 암호가 등장한 초기에 착안하였다. 적어도 1978년 즈음으로 거슬러 올라가지만, 데이터에 임의 연산을 수행할 수 있는 실질적인 완전 동형 암호체계는 2009년에야 발명되었다. 초기의 동형 암호체계는 너무 느려서 실용적이지 않았다. 그러나 이후 속도가 빨라지고 기술도 크게 발달했다. 정부연구기관 두 곳에서는 실질적인 해결책을 찾기 위해 2천만 달러 이상을 연구비로 투입했고, 민간 부문에서도 2013년 기준으로 2년 이내에 적어도 한 회사에서 해결책을 내놓을 수 있으리라 기대했다. 물론 이 책을 쓰고 있는 지금까지도 해결책은 나오지 않았다.

AES에 대한 새로운 공격 방법을 찾으려는 노력은 공개 프로젝트와 비밀 프로젝트 양면으로 계속되고 있다. 2013년 미국 NSA에서 일했던 에드워드 스노든(Edward Snowden)은 NSA 컴퓨터 시스템에서 빼낸 다수의 기밀문서를 언론에 공개했다. NSA가 보유한 기술은 공격적인 암호해독이라기보다는 주로 암호화 기법과 관련이 있었지만 일부 문서에는 NSA가 암호화된 통신을 감청했다는 기록이 있다. 주간지 〈슈피겔(Der Spiegel)〉에 실린 발췌 본에는 다음과 같은 내용이 포함되어 있어서 논란이 일었다.

고급 암호화 표준과 같은 전자 코드북은 널리 사용되는 만큼 해독하기도 어렵다. NSA는 단지 자체 해독 기법 몇 개를 가지고 있다. TUNDRA 프로젝트에서는 t 통계량(Tau statistic)이라는 새로운 기법이 전자 코드북 해독에 유용한지 알아보고자 이 기법을 조사했다.

문서의 전문을 자세히 살펴보면 TUNDRA 프로젝트는 장래에 NSA에서 일하고 싶어 하는 대학생을 대상으로 한 여름 프로젝트였다. 그래서 이 프로젝트가 실제로 얼마나 큰 위협이 되는지 분명하지 않다. 언론에서는 스노든이 공개한 문서들을 계속해서 자세히 살피고 있으므로 앞으로 NSA의 '자체 해독 기법'에 관한 정보가 더 밝혀질 수 있을 것이다.

5

스트림 암호

5.1 연속키 암호

지금까지 이야기한 암호들은 고전 암호이든 현대 암호이든 모두 기본적으로 **블록 암호**(block cipher)에 속한다. 블록 암호는 평문을 하나 이상의 문자나 비트로 된 블록으로 나누어 블록마다 독립적으로 암호화를 실행한다. 블록 암호와 대조를 이루는 **스트림 암호**(stream cipher)는 문자나 비트, 작은 블록을 한 번에 하나씩 암호화하는데, 이전 암호화 결과에 따라 다음 암호화가 결정된다. 스트림 암호에는 몇 가지 장점이 있다. 첫째, 평문의 길이가 긴지 짧은지 미리 알 수 없을 때 매우 편리하고 채움 문자(padding) 전송에 대해 걱정할 필요 없다. 디지털 무선 통신이 좋은 예다. 둘째, 확산이 거의 자동으로 일어나며, 혼돈을 일으키는 연산이 암호화가 진행되는 동안 누적될 수 있으므로 간단하고 빠른 연산으로 상당한 혼돈을 이뤄낼 수 있다.

스트림 암호는 2.4절에서 살펴본 키가 있는 다표식 암호에서 출발했다. 초기의 스트림 암호는 키의 길이가 짧을수록 해독이 더 쉬웠다. 초기 암호학자들은 대부분 키의 길이에 한 문장 정도의 '최적 범위(sweet spot)'가 있어서 그보다 길면 암호가 필요 이상으로 어려워진다고 생각했다. 2장에서 언급했듯이, 암호해독 기술이 발전하면서 키의 반복은 암호해독에 활용될 수 있게 되었다. 그래서 19세기 말에는 평문의 길이만큼 긴 **키텍스트**(keytext)를 사용하는 것이 유행했다. 예를 들어 어떤 책의 약속된 페이지에서 시작하는 텍스트를 키로 사용하는 것이다. 2.4절에서 소개한 정사각형 암호표 방식으로 암호화한 예를 들면 다음과 같다.

키텍스트:	D	O	R	O	T	H	Y	L	I	V	E	D	I	N	T	H	E
평문:	a	s	l	o	w	s	o	r	t	o	f	c	o	u	n	t	r
암호문:	E	H	D	D	Q	A	N	D	C	K	K	G	X	I	H	B	W

키텍스트: M I D S T O F T H E G R E A T K A
평문: y s a i d t h e q u e e n n o w h
암호문: L B E B X I N Y Y Z L W S O I H I

키텍스트: N S A S P R A I R I E S W I T H U
평문: e r e y o u s e e i t t a k e s a
암호문: S K F R E M T N W R Y M X T Y A V

키텍스트: N C L E H E N R Y W H O W A S A F
평문: l l t h e r u n n i n g y o u c a
암호문: Z O F M M W I F M F V V V P N D G

키텍스트: A R M E R A N D A U N T E M W H O
평문: n d o t o k e e p i n t h e s a m
암호문: O V B Y G L S I Q D B N M R P I B

키텍스트: W A S T H E F A R M E R S W I F E
평문: e p l a c e
암호문: B Q E U K J

반복키를 가지는 다표식 암호만 하더라도 많은 암호해독가들이 해독하기 어려워서 포기하고 더 쉬운 암호를 원했다. 그러니 키가 반복되는 것이 아니라 계속 이어지는 **연속키 암호**(running-key cipher)는 해독이 불가능한 것은 아니지만 당연히 다표식 암호보다 훨씬 더 어렵다.

연속키 암호를 사용할 경우 이브에게 일어날 수 있는 기본적인 상황은 두 가지다. 하나는 동일한 연속키로 암호화된 메시지가 여러 개 있을 때이고, 다른 하나는 메시지가 하나뿐인 더 어려운 상황이다.

여러 메시지가 동일한 키로 암호화되었다고 생각할 만한 근거가 있다면 이브는 2.5절에서 다룬 카파 테스트를 이용해 확인할 수 있다. 테스트 결과가 음의 값이 나오면 다음 예와 같이 동일한 키텍스트를 시작 지점만 달리해 사용했을 가능성을 고려해야 한다.

키텍스트 1: D O R O T H Y L I V E D I N T H E M I
평문 1: a s l o w s o r t o f c o u n t r y s
암호문 1: E H D D Q A N D C K K G X I H B W L B
키텍스트 1: L I V E D I N T H E M I
평문 2: m o w g l i w a s f a r
암호문 2: Y X S L P R K U A K N A

키텍스트 1: D S T O F T H E G R E A T K A N S A S
평문 1: a i d t h e q u e e n n o w h e r e y
암호문 1: E B X I N Y Y Z L W S O I H I S K F R
키텍스트 1: D S T O F T H E G R E A T K A N S A S
평문 2: a n d f a r t h r o u g h t h e f o r
암호문 2: E G X U G L B M Y G Z H B E I S Y P K

키텍스트 1: P R A I R I E S W I T H U N C L E H E
평문 1: o u s e e i t t a k e s a l l t h e r
암호문 1: E M T N W R Y M X T Y A V Z O F M M W
키텍스트 1: P R A I R I E S W I T H U N C L E H E
평문 2: e s t r u n n i n g h a r d a n d h i
암호문 2: U K U A M W S B K P B I M R D Z I P N

키텍스트 1: N R Y W H O W A S A F A R M E R A N D
평문 1: u n n i n g y o u c a n d o t o k e e
암호문 1: I F M F V V V P N D G O V B Y G L S I
키텍스트 1: N R Y W H O W A S A F A R M E R A N D
평문 2: s h e a r t w a s h o t i n h i m h e
암호문 2: G Z D X Z I T B L I U U A A M A N V I

키텍스트 1:	A	U	N	T	E	M	W	H	O	W	A	S	T	H	E	F	A	R	M
평문 1:	p	i	n	t	h	e	s	a	m	e	p	l	a	c	e				
암호문 1:	Q	D	B	N	M	R	P	I	B	B	Q	E	U	K	J				
키텍스트 1:	A	U	N	T	E	M	W	H	O	W	A	S	T	H	E	F	A	R	M
평문 2:	c	a	m	e	t	o	t	h	e	c	a	v	e	a	s	t	h	e	e
암호문 2:	D	V	A	Y	Y	B	Q	P	T	Z	B	O	Y	I	X	Z	I	W	R

키텍스트 1:	E	R	S	W	I	F	E
평문 1:							
암호문 1:							
키텍스트 1:	E	R	S	W	I	F	E
평문 2:	v	e	n	i	n	g	m
암호문 2:	A	W	G	F	W	M	R

2.5절에서처럼 두 암호문이 정확하게 열을 맞출 때 카파 테스트 동시발생지수는 6.6%에 거의 근접해야 한다.

일단 여러 암호문이 동일한 키를 사용해 암호화되었다는 것을 밝혀내면 이브는 2.6절에서 했던 것처럼 정확하게 열을 맞추도록 암호문을 중첩 배열할 수 있다. 안타깝게도 연속키 암호에서는 열이 아래로 더 길어지도록 키를 반복해서 사용할 수 없다. 그래도 이브에게 동일한 키로 암호화된 메시지가 여러 개 있다면 이것이 문제가 되지는 않는다. 게다가 종종 빈도 분석법을 사용해도 된다. 그렇지 않고 메시지 수가 많지 않은 경우에는 각 열이 어떤 암호방식으로 암호화되었는지 알 수 있다면 2.6절에서처럼 무차별 대입 공격을 할 수 있다. 하지만 메시지 수가 너무 적으면 각 열의 데이터가 충분하지 않아 그 방법을 쓸 수 없을 것이다. 이제 긴 메시지 안에 하나처럼 결합할 수 있는 열이 여럿 있어야 한다(사실은 아주 많이 있어야 한다). 2.5절에 주어진 예에서는 키 문자 A로 암호화된 열이 11개 있었다. 만일 이브가 그 열이 어디에 있는지 안다면 모두 한데 모을 수 있다. 다행히 이브에게 도움이 될 만한 동시발생지수 테스트가 하나 더 있다. 프리드먼과 쿨백(Kullback)이 고안한 교차곱 합 테스트(cross-product sum test)라 불리기도 하는 **카이 테스트**(chi test)이다.

앞에서 다룬 내용을 떠올려보면 파이 테스트로 하나의 암호문이 단표식 방식으로 암호화되었는지 확인할 수 있고, 카파 테스트로 두 암호문이 동일한 다표식 키를 사용해 암호화되었는지 확인할 수 있다. 카이 테스트의 목적은 두 암호문이 동일한 단표식 키로 암호화되었는지 판정하는 것이다. 먼저 파이 테스트를 시행해 각 암호문이 단표식 방식으로 암호화되었는지 확인한다. 단표식 방식의 두 암호문은 하나로 합쳐져도 여전히 단표식 방식의 암호문이 된다. 파이 테스트를 다시 사용하면 이것도 확인할 수 있다. 쿨백은 일단 암호문 각각에 파이 테스트를 시행했다면 두 암호문을 결합한 것에 다시 파이 테스트를 시행하는 것은 두 암호문의 교차곱(cross-product)을 합하는 것과 같다고 대수적으로 증명했다. 교차곱의 합은 (1번 암호문에서 A를 선택할 확률 × 2번 암호문에서 A를 선택할 확률) + (1번 암호문에서 B를 선택할 확률 × 2번 암호문에서 B를 선택할 확률) + (1번 암호문에서 C를 선택할 확률 × 2번 암호문에서 C를 선택할 확률) + ...으로 계산된다. 교차곱의 합이 대략 0.066이면 두 암호문을 합친 결합문의 동시발생지수도 거의 0.066일 것이고, 그러면 두 암호문은 같은 키를 사용해 암호화되었을 것이다.

예를 들어 이브에게 표 5.1과 같은 암호문이 있다고 하자.

표 5.1 연속키의 일부를 이용해 암호화된 일련의 암호문

열 번호:	I	II	III	IV	V	VI	VII
암호문 1:	Z	Q	K	I	Q	I	G
암호문 2:	G	C	Z	B	J	F	R
암호문 3:	H	N	T	V	T	B	P
암호문 4:	J	X	M	U	U	U	S
암호문 5:	G	W	J	X	N	X	O
암호문 6:	Z	Q	K	V	Q	F	Q
암호문 7:	Y	Y	U	N	Y	M	S
암호문 8:	Y	N	G	W	M	J	G
암호문 9:	Z	Q	K	F	F	X	H
암호문 10:	U	O	Z	B	J	G	Z
암호문 11:	S	J	T	N	M	J	Q
암호문 12:	V	J	V	Y	W	X	W
암호문 13:	M	X	Z	I	G	W	W

열 번호:	I	II	III	IV	V	VI	VII
암호문 14:	G	C	Z	B	J	X	W
암호문 15:	U	O	Z	B	J	X	D
암호문 16:	V	X	C	X	J	W	O
암호문 17:	G	A	S	M	Y	M	S
암호문 18:	B	X	E	U	L	J	K
암호문 19:	O	Q	K	U	W	I	W
암호문 20:	Z	Q	K	U	U	U	Z
암호문 21:	H	J	X	L	J	Q	Q
암호문 22:	U	O	C	U	W	M	C
암호문 23:	Z	Q	K	M	M	N	D
암호문 24:	C	J	Y	U	G	F	B
암호문 25:	Z	Q	K	D	T	Q	Z
암호문 26:	K	W	J	I	K	Y	V
암호문 27:	Y	R	R	P	J	W	G
암호문 28:	O	B	Z	L	N	P	S
암호문 29:	V	R	K	W	J	X	C
암호문 30:	G	W	J	F	F	X	H
도수가 가장 높은 문자:	Z	Q	K	U	J	X	S
대응하는 키:	u	l	f	p	e	s	n
I번 열과의 카이 테스트 값:		0.018	0.072	0.037	0.038	0.023	0.058

만일 이브가 각 열에서 빈도가 가장 높은 암호문 문자가 평문의 e에 대응된다고 가정한다면 표 5.1에 주어진 키를 얻는다. 카이 테스트 값은 1번 열과 3번 열이 같은 키로 암호화되었을 가능성이 가장 크다는 것을 가리킨다. 두 열을 서로 다른 키로 복호화해 보면 다음을 얻는다.

열	키	복호화된 결과	빈도 합
I	U	elmoleddezxarlzalgtemzehepdtal	0.060
I	F	tabdatsstompgaopavitbotwtesipa	0.061
III	U	peyropzlpeyaeeehxjppchpdpowepo	0.053
III	F	etngdeoaetnptttwmyeerwesedlted	0.076

앞의 결과를 보면 1번 열의 경우 U에 비해서 F가 조금 더 낫고 3번 열의 경우는 F가 상당히 더 낫다. 카이 테스트 결과 두 열이 같은 키를 사용한다고 추정할 수 있으므로 이것은 F가 1번과 3번 열의 공통된 키라는 강력한 증거가 된다. 이런 식으로 계속 진행하면 5번 열과 6번 열도 같은 키로 암호화되었다는 것을 알 수 있고, 최종적으로 연속키가 "fifteen"이라는 것도 알 수 있다.

사이드바 5.1: 카이 테스트는 새로운 것이 아니다.

3.7절에서 접촉법을 다룰 때 아마 궁금한 점이 있었을 것이다. 그때 다이어그래프 빈도값 자체를 모두 더하는 것보다 로그를 취해 그 값을 더하는 것이 더 정확하다고 했었다. 그러나 그보다 앞서 2.6절에서 다표식 암호문을 단표식 항으로 축소할 때는 단순히 각 항의 빈도를 더했다. 두 상황에 서로 다른 접근법을 써야 하는 이유가 있을까?

사실 다표식 암호문을 단표식 항으로 축소하는 경우는 추가적인 정보가 있음이 밝혀졌다. 우리는 주어진 암호문 문자들의 파이 테스트 동시발생지수를 알고 있으며, 제대로 실행한다면 대략 0.066이어야 한다는 것도 안다. 또한, 우리가 찾고 있는 영어 평문의 동시발생지수도 대략 0.066이어야 한다는 것도 알고 있다. 이쯤 되니 이번 절에서 카이 테스트를 사용했을 때 상황이 떠오를 것이다. 사실 2.6절에서 시행했던 빈도 합을 이용한 테스트 방법은 카이 테스트와 다름없다.

왜 그런지 알아보기 위한 가장 쉬운 방법으로 방정식을 세워보자.

평문 문자라 추정되는 총 n개의 문자 집합에 문자별로 a가 n_a개, b가 n_b개, ... 있다고 하자. 또한, 실제 영문에서 각 문자의 빈도를 f_a, f_b, ...라 하자. 이 집합에서 각 문자의 빈도 합을 구하는 것은 f_a를 n_a번 f_b를 n_b번 등등을 더하는 것과 같다. 따라서 빈도 합은 다음과 같다.

$$n_a f_a + n_b f_b + \cdots + n_z f_z$$

이제 평문이라 추정되는 문자 집합과 실제 수많은 평문 문자들에 대해 카이 테스트를 시행해보자. 예를 들어 평문이라 추정되는 문자 집합에서 a를 뽑을 확률은 n_a/n이고, 실제 평문에서 a를 뽑을 확률은 f_a이다. 다른 문자에 대해서도 마찬가지이므로 두 텍스트의 카이 테스트 동시발생지수는 다음과 같음을 알 수 있다.

$$\frac{n_a}{n} f_a + \frac{n_b}{n} f_b + \cdots + \frac{n_z}{n} f_z$$

이것은 앞서 구한 빈도의 합을 n으로 나눈 것과 같다. 따라서 문자의 개수가 같다면 빈도 합을 비교하는 것은 카이 테스트 값을 비교하는 것과 같은 결과가 나온다.

그렇다면 카이 테스트가 우리가 원하는 것일까? 카이 테스트는 두 텍스트가 동일한 단표식 암호로 암호화되었는지 확인하기 위한 것임을 기억하자. 여기서 실제 평문 자체를 암호문이라고 여길 수 있고, 이때 사용된 암호는 자명한 암호이다! 따라서 앞의 카이 테스트 값이 0.066에 가까운 값이 나온다면 평문이라 추정한 텍스트도 자명한 암호로 암호화된 것이라는 의미이다. 다시 말해 그것도 평문이라는 말이다. 이것이 우리가 확인하고 싶었던 내용이다.

지금까지 기법들은 이브가 동일한 키로 암호화된 메시지를 여러 개 가지고 있을 때만 유효하다. 이브에게 메시지가 하나만 있다면 어떻게 해야 할까? 이것이 앞서 이야기한 이브가 겪을 수 있는 두 번째 기본적인 상황이다. 이 경우 빈도에 관한 정보가 충분하지 않아 시작도 할 수 없을 것처럼 보인다. 하지만 우리가 아직 사용하지 않은 정보가 있다. 바로 키에 사용된 문자들의 빈도이다. 일반 책에서 뽑아온 텍스트이기 때문에 키텍스트도 평문과 비슷한 문자 빈도 분포를 보일 것이다.

다양한 예를 살펴보기 위해 이번에는 앨리스와 밥이 일반적인 정사각형 암호표 대신에 알파벳 역순으로 문자를 배열한 정사각형 암호표를 사용한다고 하고, 이브도 그 사실을 알고 있다고 가정하자. 그러면 암호문 숫자는 모듈로 26에 대해 키 숫자에서 평문 숫자를 뺀 것이다. 즉, $C \equiv k - P \equiv 25P + k$ (mod 26)이다. 이때 암호표는 다음과 같다.

	a	b	c	d	e	f	g	h	…	s	t	u	v	w	x	y	z
Z	Y	X	W	V	U	T	S	R	…	G	F	E	D	C	B	A	Z
A	Z	Y	X	W	V	U	T	S	…	H	G	F	E	D	C	B	A
B	A	Z	Y	X	W	V	U	T	…	I	H	G	F	E	D	C	B
C	B	A	Z	Y	X	W	V	U	…	J	I	H	G	F	E	D	C
⋮									⋮								
X	W	V	U	T	S	R	Q	P	…	E	D	C	B	A	Z	Y	X
Y	X	W	V	U	T	S	R	Q	…	F	E	D	C	B	A	Z	Y

이브가 입수한 암호문에 O가 들어 있다고 하자. 앞의 표를 보면 O에 대응하는 평문 문자는 k이고 키 문자는 Z일 수 있다. 하지만 키를 일반 책에서 뽑아온다면 그럴 가능성은 거의 없어 보인다. 오히려 평문 문자가 l이고 키가 A일 가능성이 더 크다. 평문 문자와 키 문자의 가능한 조합이 24가지 더 있는데 대체로 이 두 경우 사이에 있다. 키텍스트와 평문이 서로 독립적으로 선택되었다고 한다면(충

분히 가능하다), 문자 조합의 확률은 평문 문자와 키 문자 각각의 확률을 곱해 구할 수 있다. 예를 들어 l과 A 조합일 확률은 $0.040 \times 0.082 \approx 0.0033$이고, k와 Z 조합일 확률은 $0.0077 \times 0.00074 \approx 0.0000057$이다. 빈도가 낮은 문자에 대해서는 표 2.2보다 더 정확한 수치를 사용해야 한다는 점을 명심하자.

문자 조합의 확률을 사용해 암호문 문자 각각에 대해 대응할 가능성이 큰 평문 문자를 표로 나타낼 수 있다. 예를 들어 이브에게 다음과 같은 암호문이 있다고 하자.

OFKOP QZHUL XSFTJ JRAHY

각 암호문 문자에 대해 대응하는 평문 문자가 될 가능성이 큰 순서로 문자를 나열하면 다음과 같다.

암호문:	O	F	K	O	P	Q	Z	H	U	L	X	S	F	T	J	J	R	A	H	Y
평문																				
1순위:	e	n	t	e	o	n	e	a	t	s	t	a	n	t	e	e	i	s	a	t
2순위:	t	i	i	t	s	a	t	s	n	o	e	l	i	o	i	i	a	d	s	e
3순위:	s	h	h	s	d	r	a	l	s	h	n	h	h	n	t	t	t	n	l	o
키텍스트																				
1순위:	T	T	E	T	E	E	E	I	O	E	R	T	T	N	O	O	A	T	I	S
2순위:	I	O	T	I	I	R	T	A	I	A	C	E	O	I	S	S	S	E	A	D
3순위:	H	N	S	H	T	I	A	T	N	T	L	A	N	H	D	D	L	O	T	N

이제 이브는 평문 세 줄과 키텍스트 세 줄에 흩어져 있는 철자 중에서 각기 선택해서 빈도가 높은 문자 조합, 즉 보통 단어가 되도록 하는 문자 조합을 찾는다. 암호문 문자 하나에 대해 대응하는 평문 문자와 키 문자는 같은 위치에 있어야 함을 명심하자. 예를 들어 평문의 첫 단어는 아마 'this'일 것이다. 이것은 키텍스트 'INTH'에 대응되며, 아마 'IN THE'가 되도록 'INTH' 다음에는 'E'가 나올 것이다. E에 대응하는 평문은 'o'인데, 그다음 이어질 문자를 찾는 것이 더 어려워졌다. 따라서 이브는 시행착오를 몇 번 거쳐야 하거나 표에 후보 문자들을 더 추가해야 할지도 모른다. 그래도 시간과 인내심이 충분하다면 완성할 수 있다.

이와 같은 상황에 효과가 좋은 기법으로 **우선순위 단어**(probable word) 기법이라는 것이 있다. 가능성이 높은 평문 문자와 키 문자들 사이에서 철자를 조합해 단어를 찾아내는 것이 아니라 단순히 the처럼 흔히 볼 수 있는 단어나 다른 이유로 평문에 들어 있으리라 추정되는 단어를 선택하는 것이다. 그다음 단계는 선택한 단어를 평문 단어라 생각하고 각각의 가능한 위치에 넣어 키텍스트로 빈도가 높은 문자 조합이나 단어의 일부분을 얻을 수 있는지 시험하는 것이다. 거꾸로, 흔한 단어를 키텍스트의 단어로 선택해서 의미가 통하는 평문을 얻을 수 있는지 살펴볼 수도 있다. 우선순위 단어 기법은 지금까지 만났던 다른 상황에 대해서도 사용할 수 있다. 그래서 나는 이 방법을 언급해야겠다고 생각했다. 우선순위 단어 기법에는 수학적 요소가 많지 않으므로 이 정도로 해두겠다.

5.2 일회성 패드 기법

반복키 암호는 반복을 이용해서 해독할 수 있고 연속키 암호는 여러 메시지를 사용하거나 키텍스트의 문자나 단어 빈도를 이용해서 해독할 수 있다. 그렇다면 두 방법 어느 것으로도 해독할 수 없는 암호가 있을까? 그렇게 '완벽하게 안전한' 암호체계가 사실 존재한다. 19세기 후반부터 20세기 초반에 이르는 시기에 이 암호는 서로 독립적으로 여러 차례 발명된 것으로 보인다. 첫 번째로 만들어진 것은 1882년으로 프랭크 밀러(Frank Miller)라는 캘리포니아 은행가가 전신용으로 코드와 암호를 결합한 시스템을 발표했다. 안타깝게도 밀러의 시스템은 사람들의 인정을 받지 못하고 완전히 잊혀졌다. 그다음으로 누가 필요한 요소들을 결합해 완벽하게 안전한 암호체계를 만들었는지 의견이 분분하지만, 4.1절에서 소개한 길버트 버냄이거나 조셉 마보안(Joseph O. Mauborgne) 소령일 가능성이 크다. 아니면 두 사람이 공동으로 동료의 도움을 받으며 발견했을 수도 있다. 1928년 AT&T사는 버냄이 전신 타자기를 이용한 암호장치를 개발하는 데 성공했다고 발표했고, 당시 마보안은 미 육군 통신 보안을 책임지는 통신부대 연구공학부를 이끌고 있었다. 그는 버냄 암호장치의 시연을 보기 위해 AT&T사로 파견되었다. 마보안은 그 암호장치가 아주 마음에 들었다. 하지만 버냄의 장치는 키에 문제가 있었다. AT&T사의 연구원들은 원래 난수키(random key)를 순환식 테이프 위에 끼워 키를 생성했다. 그들은 이는 반복키 암호나 다름없는 방식이며 그래서 2장에서 설명한 공격을 사용하면 해독될 수 있다는 것을 깨달았다. 문제에 대한 해결책으로 두 가지가 제시되었다. 첫째는 서로 길이가 다른 짧은 순환식 키테이프 두 개를 만들어 양쪽 모두 사용해 암호화하는 것이다. 2.7절에서처럼 최종 결과로 생기는 키의 길이는 두 테이프 길이의 최소공배수가 된다. 그러나 2.7절에서 살펴봤듯이 이런 체계는 데이터 전송량이 많으면 취약하다.

또 다른 방법은 연속키처럼 암호문만큼이나 길이가 긴 키를 사용하는 것이다. 하지만 암호해독가들에게 빈도 분석이나 우선순위 단어 기법을 허용하지 않도록 순수한 난수키를 사용해야 한다. 게다가 키는 절대로 다시 사용되어서는 안 된다. 같은 키가 여러 번 사용된다면 5.1절에서처럼 여러 메시지를 중첩 배열하는 기법을 사용해 암호를 해독할 수 있기 때문이다. 심한 경우는 키가 두 번만 사용되더라도 메시지가 해독될 수 있다. 이것을 이해하는 가장 쉬운 방법은 방정식으로 나타내는 것이다. 이브가 다음의 관계식을 만족하는 암호문 C_1과 C_2를 얻었다고 하자.

$$C_1 \equiv P_1 + k \qquad \text{mod } 2$$
$$C_2 \equiv P_2 + k \qquad \text{mod } 2$$

두 식을 더해 다음 식을 얻는다.

$$C_1 + C_2 \equiv P_1 + P_2 + 2k \qquad \text{mod } 2$$

그러나 $2 \equiv 0 \pmod 2$이므로 다음 관계식이 성립한다.

$$C_1 + C_2 \equiv P_1 + P_2 \qquad \text{mod } 2$$

이것은 하나의 평문을 연속키를 이용해 암호화한 것과 같다. 그러므로 이브는 두 암호문으로부터 빈도 분석법이나 우선순위 단어 기법을 사용해서 평문을 알아낼 수 있다. 그리고 원한다면 키도 알아낼 수 있다.

반면에 키가 오직 한 번만 사용된다면 평문이 알려진다고 해도 공격을 견딜 수 있다. 이브가 암호문과 평문을 모두 입수했다면 키를 알아내는 것은 어렵지 않다. 그러나 키가 무작위로 선택되어 한 번만 사용된다면 키를 알아내더라도 이브에게는 아무 소용없는 일이다. 키를 오직 한 번만 사용한다는 중요한 성질을 지니므로 이 암호체계는 **일회성 시스템**(one-time system), **일회성 테이프**(one-time tape)라 알려지게 되었고, 흔히 **일회성 패드**(one-time pad)란 이름으로 불리고 있다. 설명을 조금 덧붙이자면 버냄과 마보안이 일회성 패드 기법을 연구하던 비슷한 시기에 독일 외무부 소속 암호학자들도 해독이 불가능한 암호가 되려면 평문의 길이만큼 긴 일회성 난수키가 필요하다는 것을 알아냈다. 그들은 이진 숫자에 모듈로 2 덧셈을 사용하는 대신에 십진 숫자로 구성된 평문에 모듈로 10에 대한 덧셈을 실행하여 무엇보다도 전신 타자기가 아니라 종이 위에 암호를 구현했다. 1920년대 초 독일 외교관들을 위해 마련된 이 암호체계는 십진 숫자 난수가 빼곡히 채워져 있는 법정 규격 종이 50장을 묶어 만든 패드(메모장)를 사용했다. 각각의 난수열에 대해 정확하게 일치하는 패드를 두 개 만들어 사용했고, 메시지 하나를 암호화하고 나면 사용된 종이는 파기했다.

일회성 패드 기법은 일반적으로 해독이 불가능하다고 인식되었는데, 이는 1940년대에 클라우드 섀넌이 엄밀한 증명을 제시하면서부터이다. 섀넌의 증명은 '해독이 불가능하다.'라는 말의 의미를 정확히 정의하면서 시작된다. 섀넌은 주어진 암호 문자가 다른 어떤 것에 못지않게 아무 평문 문자에서나 비롯된 것 같다면 그 암호는 **완벽한 안전성**(perfect security)을 지닌 암호라고 말한다. 그러므로 이브가 평문을 복구하려고 할 때 무작위 추측보다 더 좋은 방법은 없다. 섀넌은 완벽한 안정성의 결과로 생기는 중요한 성질을 몇 가지 설명했다. 그 중 하나는 평문의 길이만큼 키도 길어야 한다는 것이다. 또 다른 성질은 모든 키는 사용될 수 있는 확률이 같아야 한다는 것이다. 즉 키가 문자이든 숫자이든 무작위로 뽑아야 하고 이전 키에서 뽑아서는 안 된다. 전신 타자기 체계와 독일 외교관용 체계 모두 이 성질에 부합한다. 정사각형 암호표 방식도 평문의 길이만큼 긴 난수키를 사용한다면 완벽한 안정성을 지닐 것이다.

우리는 정사각형 암호표 방식을 사용해서 일회성 패드 기법이 해독이 불가능한 정확한 이유를 보일 수 있다. 이브가 다음과 같은 암호문 메시지를 입수했다고 하자.

WUTPQGONIMM

이브는 이 메시지의 의미가 "meet me at two(2시에 만나자)"이거나 "meet me at ten(10시에 만나자)"일 것으로 추측할 만한 근거를 가지고 있다. 두 가지 가능성을 차례대로 확인해 볼 수 있는데, 먼저 이 암호문의 평문이 "meet me at two"라고 한다면 다음의 대응관계를 성립시키는 키를 찾을 수 있다.

키텍스트:	J	P	O	V	D	B	N	T	O	P	X
평문:	m	e	e	t	m	e	a	t	t	w	o
암호문:	W	U	T	P	Q	G	O	N	I	M	M

이브는 "아하!"하며 감탄할 것이다. 그러나 잠깐! 만일 이브가 "meet me at ten"에 대해서 확인해본다면 다음을 만족하는 키도 찾는다.

키텍스트:	J	P	O	V	D	B	N	T	O	H	Y
평문:	m	e	e	t	m	e	a	t	t	e	n
암호문:	W	U	T	P	Q	G	O	N	I	M	M

사실, 모든 잠재 평문에 대해 각기 암호문과 대응관계를 성립시키는 키가 존재한다. 예를 들면 다음도 가능하다.

키텍스트:	N	I	K	E	L	N	N	B	V	X	Y
평문:	i	l	i	k	e	s	a	l	m	o	n
암호문:	W	U	T	P	Q	G	O	N	I	M	M

모든 키가 다 가능성이 같다면 이브로서는 어느 것이 맞는 키인지 분간할 수 없다. 따라서 맞는 평문을 찾아낼 수 없다.

완벽한 안전성이라는 매력을 지녔음에도 일회성 패드 기법에는 큰 문제가 한 가지 있다. 굉장히 많은 난수키 재료가 필요하고, 앨리스와 밥은 그것을 교환하는 방법을 찾아야 한다는 것이다. 버냄과 마보안은 전신 타자기 암호체계를 대규모로 첫 시범 운영을 하는 동안 키테이프가 모자라서 순환식 키테이프를 두 개 사용하는 방식에 기댈 수밖에 없었다. 그것도 전쟁이 없는 평시에 주의를 많이 기울이며 고정된 위치에 있는 송수신이 진행되는 체계였다. 현실적으로 일회성 패드 기법을 사용하기 적합한 환경은 찾아보기 어렵다. 그나마 예로 들 수 있는 것이 외교 통신이다. 외교 통신에서 키 재료는 정해진 시간에 규칙적으로 외교 문서 운반 수단에 의해 전달되어 안전하지 않은 전화나 컴퓨터 네트워크를 통해 통신하는 데 사용된다. 예를 들어 백악관과 크렘린궁을 연결하는 핫라인 'red phone'도 적어도 처음에는 일회성 패드 기법을 사용했다. 소련은 냉전 당시 대부분의 최고 기밀 정보를 전달할 때 일회성 패드 기법을 사용했다. 일회성 패드는 아주 작아서 숨기기도 쉽고 비상시에 처리하기도 쉽다. 특히 쉽게 없앨 수 있도록 불에 잘 타는 소재로 만들어졌다. 새로운 키 재료를 보내야 하는 어려움이 있었지만, 그저 전송하는 메시지 건수를 될 수 있는 대로 줄임으로써 해결했으리라 추정된다.

5.3 자동키 암호

키를 반복하거나 긴 키텍스트를 사용하지 않고도 안전성을 확보할 수 있는 암호체계가 있다. 방법은 이전의 평문이나 암호문, 키텍스트의 일부분을 사용해 새로운 키텍스트를 생성하는 것이다. **자동키 암호**(autokey cipher)라 불리는 이 방식은 완벽한 안정성을 제공하지는 않지만, 반복키 암호보다 해독하기 어렵고 연속키 암호나 일회성 패드 기법보다 편리하다. 자동키 암호는 초기 다표식 암호와 거의 같은 시기에 지롤라모 카르다노(Girolamo Cardano)에 의해 처음 고안되었다. 아니면 적어도 카르다노에 의해 처음으로 기술되었다. 카르다노는 평문 자체를 키로 사용하여 암호문을 만드는 암호화 방식을 썼다. 오늘날 이 키를 가리켜 **키스트림**(keystream)이라 한다. 나중에 보면 알겠지만 엄밀한 의미의 키는 전혀 아니다.

예를 들어 앨리스가 카르다노의 도박에 관한 책 제목을 다음과 같이 암호화했다고 하자.

키스트림:	O	N	O	N	C	A	S	T	I	O	N	C	A	S	T
평문:	o	n	c	a	s	t	i	n	g	t	h	e	d	i	e
암호문:	D	B	R	O	V	U	B	H	P	I	V	H	E	B	Y

복호화를 하려면 밥은 먼저 첫 단어를 복호화해야 한다(이것에 대해서는 나중에 더 자세히 다루겠다). 그러면 다음과 같이 복호화된 단어를 사용해 이어지는 두 문자를 복호화할 수 있다.

키스트림:	O	N	O	N											
암호문:	D	B	R	O	V	U	B	H	P	I	V	H	E	B	Y
평문:	o	n	c	a											

그러면 다시 그다음 두 문자를 복호화할 수 있는 키가 생긴다. 이런 식으로 계속해서 그다음 문자를 복호화할 수 있다.

그러나 카르다노의 방식에는 문제점이 크게 세 가지 있다. 첫 번째 문제는 첫 단어를 모듈로 연산 측면에서 살펴보면 분명하게 드러난다.

키스트림:	O	N
숫자:	15	14
평문:	o	n
숫자:	15	14
암호문:	D	B
숫자:	4	2

우리는 암호화하기 위해 첫 단어를 그것 자체에 더하기만 하면 된다. 즉 2를 곱하는 것이다. 그러나 잘 알다시피 2는 나쁜 키이므로 첫 단어를 복호화하는 방법이 하나 이상 생길 수 있고, 다음과 같이 될 수도 있다.

키스트림:	B	A
숫자:	2	1
평문:	b	a
숫자:	2	1
암호문:	D	B
숫자:	4	2

이것은 오직 첫째 단어에만 적용되므로 그다지 치명적이지 않을지도 모른다. 정확하지 않은 해독문은 알아들을 수 없는 말이 될 것이며, 나머지 문자도 그럴 것이다. 두 번째 문제는 이보다 더 중요하다. 카르다노 암호는 앨리스와 밥이 마음대로 바꿀 수 있는 키를 사용하지 않으므로 케르크호프스 원리를 거스른다. 마지막으로 세 번째 문제는 많은 자동키 암호에서 공통으로 나타나는 문제이다. 즉, 밥이 복호화할 때 처음에 실수를 저지르면 바로 잡는 것이 거의 불가능하다는 것이다. 이전에 복호화된 평

문이 나머지 암호문을 복호화하는 데 연쇄적으로 쓰이기 때문이다. 이 세 가지 문제 탓에 카르다노 암호는 거의 사라질 운명에 처했었다. 그러던 자동키 암호를 다시 소생시킨 것은 벨라조였다. 그는 점진적 치환 암호를 자동키 암호에 결합했다. 하지만 그것 역시 인기를 끌지는 못했는데, 아마 너무 복잡한 탓이었을 것이다.

2.4절에서 소개한 비즈네르 암호와 달리 자동키 암호에 혁신적인 돌파구를 마련한 사람은 정말로 블레즈 드 비즈네르였다. 1586년 발표한 《암호 및 비밀 문자에 관한 논고(Treatise on Ciphers or Secret Manners of Writing)》에서 비즈네르는 카르다노 방식의 첫 번째 문제를 피할 수 있는 방식을 제안했다. 평문의 첫째 문자는 '기본키(priming key)'를 사용해 암호화하고, 그다음부터는 평문의 첫째 문자가 키의 둘째 문자로 쓰이는 방식으로 시작하는 것이다.

키스트림:	V	A	W	O	R	T	H	L	E	S	S	C	R	A	C	K	I	N
평문:	a	w	o	r	t	h	l	e	s	s	c	r	a	c	k	i	n	g
암호문:	W	X	L	G	L	B	T	Q	X	L	V	U	S	D	N	T	W	U

이때 사용되는 기본키를 현대적인 용어로 **초기화 벡터**(initialization vector)라 한다. 벡터는 고정된 길이를 갖는 데이터 리스트를 말하는데, 초기화 벡터는 길이가 1인 시작 문자들의 리스트다. 앨리스와 밥이 서로 약속하기만 하면 초기화 벡터의 길이는 언제든지 바꿀 수 있다는 것은 쉽게 증명할 수 있다.

이 방법은 카르다노의 두 번째 문제를 해결하지 못한다. 기본키는 실제로 대단한 키라고 할 수 없으며 오직 첫째 문자의 암호화에만 관여한다. 비즈네르는 키스트림으로 사용하기 전에 평문을 변경하는 단계를 추가해서 이것도 해결했다. 그러므로 평문을 변경하는 방법이 이 암호에 대한 진짜 키가 된다. 예를 들어 다음과 같이 평문 문자에 $25P + 1$꼴의 아트바시 암호를 적용하고 나서 키스트림으로 사용할 수 있다.

이동된 평문:	v	a	w	o	r	t	h	l	e	s	s	c	r	a	c	k	i	n
키스트림:	E	Z	D	L	I	G	S	O	V	H	H	X	I	Z	X	P	R	M
평문:	a	w	o	r	t	h	l	e	s	s	c	r	a	c	k	i	n	g
암호문:	F	W	S	D	C	O	E	T	O	A	K	P	J	C	I	Y	F	T

이와 같은 비즈네르의 방식을 가리켜 $25P + 1$꼴의 암호를 키로 가지는 **평문 자동키 암호**(plaintext autokey cipher)라 부른다. 카르다노의 세 번째 문제가 아직 남아있다. 밥이 복호화 과정에서 어떤 실수를 하거나 암호문 전송 시 오류가 발생한다면 그때부터 복호화 과정 전체가 엉망이 된다. 이것은 평문 자동키 암호 고유의 본질적인 문제이며, 이것 때문에 이 암호가 거의 쓰이지 않는다고 할 수 있다.

오류 전파(error propagation)라고 알려진 이 문제를 해결하기 위해 비즈네르는 또 다른 방법을 제안했다. 앨리스는 평문 자동키 암호 대신에 **암호문 자동키 암호**(ciphertext autokey cipher)를 사용할 수 있다. 이번에는 암호문이 초기화 벡터 뒤로 이동해서 키스트림으로 사용된다. 예를 들면 다음과 같다.

키스트림:	I	F	G	Z	T	Y	Z	L	X	W	L	G	Y	N	W
평문:	w	a	s	t	e	a	l	l	y	o	u	r	o	i	l
암호문:	F	G	Z	T	Y	Z	L	X	W	L	G	Y	N	W	I

암호문 자동키 암호에서는 초기화 벡터가 모든 암호문 문자에 침투해서 영향을 미친다. 반면에 거의 모든 키스트림이 눈에 잘 보이는 곳에 위치한다. 케르크호프스 원리에 따르면 이브는 앨리스와 밥이 암호문 자동키 암호를 사용한다는 것을 알 것이다. 그러므로 이브에게 키스트림을 제공하는 것은 좋은 생각이 아니다. 키스트림을 얻는다면 이브는 될 때까지 키스트림을 다양한 위치로 이동시켜 보고 초기화 벡터를 찾아낼 수 있기 때문이다.

암호문 자동키 암호도 평문 자동키 암호처럼 변환을 추가해서 보안을 향상시킬 수 있다. 예를 들어 $25P + 1$ 변환을 사용하는 암호문 자동키 암호는 다음과 같다.

이동된 암호문:	I	O	M	G	N	R	J	C	J	P	Z	V	W	S	Q
키스트림:	R	L	N	T	M	I	Q	X	Q	K	A	E	D	H	J
평문:	w	a	s	t	e	a	l	l	y	o	u	r	o	i	l
암호문:	O	M	G	N	R	J	C	J	P	Z	V	W	S	Q	V

여기에서도 $25P + 1$ 변환이 키가 된다.

암호문 자동키 암호에서 키스트림은 복호화된 평문이 아니라 오로지 암호문과 관련되어 있기 때문에 복호화 과정에서 오류가 생겼다고 해서 복호화 과정 전체로 전파되는 문제는 발생하지 않는다. 하지만 앨리스가 암호화 과정에서 실수를 저지른다면 비슷한 문제가 생긴다. 암호문의 변화는 암호화 과정 전체에 영향을 미치기 때문에 앨리스가 어떤 실수를 저지르든 그 지점부터 나머지는 밥이 복호화했을 때 무슨 말인지 알 수 없는 글이 될 것이다. 암호문 자동키 암호는 현대 컴퓨터가 발명되기 이전까지 사용이 비교적 드물었다. 그러나 암호문 자동키 암호와 실제 같은 아이디어를 이용한 새로운 암호화 방식이 등장해 널리 쓰이게 되었다.

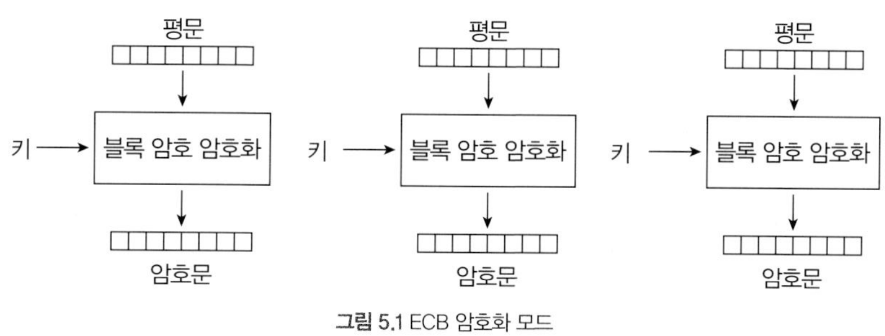

그림 5.1 ECB 암호화 모드

컴퓨터 이전 시대에 사용되었던 여러 형태의 자동키 암호는 사실 현대 블록 암호에 사용되는 **운용 모드**(mode of operation)와 같은 것이다. 4장에서처럼 블록 암호의 각 블록이 독립적으로 암호화되는 방식은 엄밀하게 말해 **전자 코드북 모드**(electronic codebook mode), 줄여서 ECB라 한다(그림 5.1 참고). 전자 코드북 모드의 단점은 평문에 동일한 블록이 있다면 항상 동일한 블록으로 암호화된다는 것이다. AES 경우처럼 블록의 크기가 128비트라면 텍스트 문자로 16개다. 이것은 꽤 긴 반복이다. 그러나 해상도가 높은 그림이나 고음질의 음악 등 다른 유형의 데이터에는 그런 반복이 상당히 흔히 나타날 수 있으며 그로 인해 많은 정보가 노출될 수 있다. 그러므로 ECB는 안전하지 않은 모드로 여겨진다.

```
^(@@@)^(@@@)^      (*&&&!(*&&&!(
(@@@@@@@@@@@)      *&&&&&&&&&&&!
^(@@@@@@@@@)^      (*&&&&&&&&&!(
^^^(@@@@@)^^^      (((*&&&&&!(((
^^^^^(@)^^^^^      (((((*&!(((((
```

평문 / ECB 암호화

```
&*)((&&*)((&&      &!^!^($@()#)&
*)((((((((((&      !^!^!^!^!^!^(
&*)((((((((&&      $@()#@()#@(*!
%%%*)((((&&%%      )&*$%*&$%^%@#
%%%%%*)&&%%%%      ^%@#^*&@#^%@#
```

평문 자동키 암호화 / 암호문 자동키 암호화

그림 5.2 그림에 다양한 암호화 모드를 사용했을 때의 효과

그림 5.2에서 블록의 크기가 아주 작은 암호와 해상도가 낮은 그림을 이용해 ECB의 낮은 안전성을 보이려고 했다. 첫 번째 그림이 평문이다. 미국 표준 자판에서 각 기호의 위치에 맞춰 다음과 같이 기호를 숫자로 변환한 뒤에 그림을 암호화했다.

기호:	!	@	#	$	%	^	&	*	(	)
숫자:	1	2	3	4	5	6	7	8	9	0

두 번째 그림은 $3P + 1 \pmod{10}$ 변환을 이용해서 각 숫자를 암호화한 다음, 다시 기호로 전환한 것이다. 그림의 전체적인 모양은 아직까지 쉽게 알아볼 수 있다. 세 번째 그림은 $3P + 1 \pmod{10}$ 변환을 키로 하고 초기화 벡터가 0인 평문 자동키 암호를 적용해 숫자열을 암호화한 것이다. 이제 그림은 알아보기 조금 더 어려워졌다. 하지만 동일한 평문 기호가 길게 반복되기 때문에 여전히 많은 정보를 누설한다. 네 번째 그림은 $3P + 1 \pmod{10}$ 변환을 키로 하고 초기화 벡터가 0인 암호문 자동키 암호로 숫자열을 암호화한 것이다. 불가능한 것은 아니지만 마지막 그림을 첫 번째 그림과 연관 지어 생각하기 굉장히 어렵다.

평문 자동키 암호의 원리에 $25P + 1$ 변환 대신에 AES와 같은 현대 블록 암호를 사용하고 모듈로 26에 대한 문자의 합 대신에 4.1절에서처럼 비트 간 모듈로 2 덧셈을 적용한다고 해보자. 이 방식은 **평문 피드백 모드**(plaintext feedback mode), 줄여서 PFB 모드라 하고 도식화하면 그림 5.3과 같다.

이 방식의 변형으로 평문의 각 블록과 그다음 평문 블록을 결합해서 그 결합된 블록을 암호화하는 방법이 있다. 이것을 **평문 블록 연쇄**(plaintext block chaining), 즉 PBC 모드라 부르며 그림 5.4와 같다. PFB와 PBC는 여전히 앞에서 언급한 오류 전파 문제를 겪는다. 현대 컴퓨터를 사용하기 시작하면서 암호화와 복호화할 때 발생하는 오류가 훨씬 줄었지만, 여전히 전송 오류가 심각하기 때문에 이 모드들을 사용하는 경우가 매우 드물다. 게다가 그림 5.2에서 본 것처럼 빈도에 대한 정보를 노출시킨다. 만약 어떤 평문 블록이 다른 블록보다 상당히 자주 등장한다면 암호문을 살펴서 이것에 대응되는 것이 무엇인지 비교적 쉽게 알아낼 수 있다.

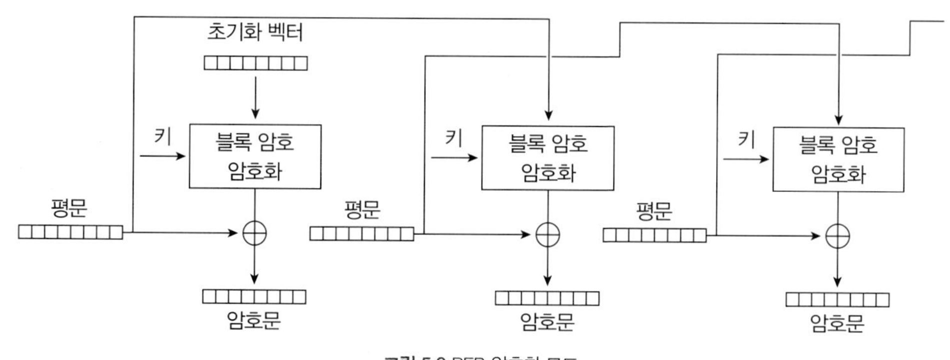

그림 5.3 PFB 암호화 모드

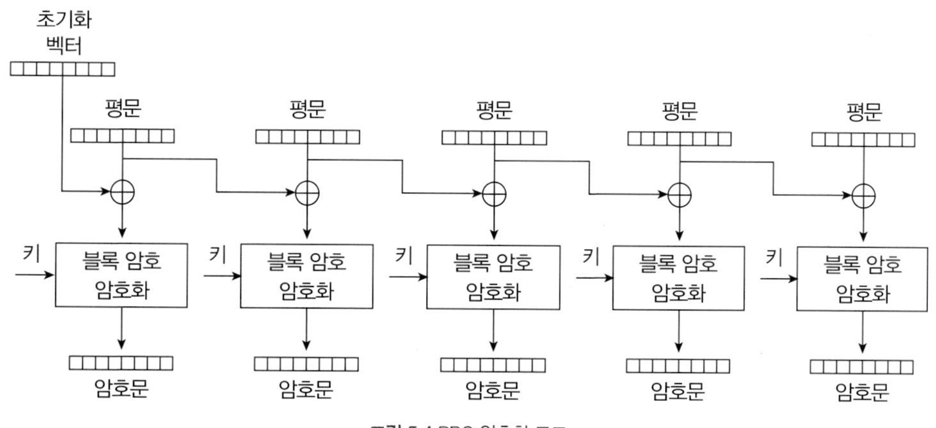

그림 5.4 PBC 암호화 모드

암호문 자동키 암호에 대해서도 같은 방식으로 변형을 시도할 수 있다. 비즈네르가 제안한 암호문 자동키 암호방식은 **암호문 피드백 모드**(ciphertext feedback mode), 즉 CFB 모드가 되고 도식화하면 그림 5.5와 같다. 아니면 그림 5.6과 같이 암호문 블록과 그다음 평문 블록을 결합해서 그 결합된 블록을 암호화하는 **암호문 블록 연쇄**(ciphertext block chaining), 즉 CBC 모드도 있다. CFB나 CBC 모드에서는 전송 실수로 인한 오류 전파가 일어나지 않는다. 이미 언급했듯이 현대 컴퓨터를 이용한 체계에서는 오류 전파를 일으킬 수 있는 암호화 과정 오류가 매우 드물다. 그래서 CFB나 CBC는 매우 유용한 운용 모드로 여겨지며 아주 흔하게 사용된다.

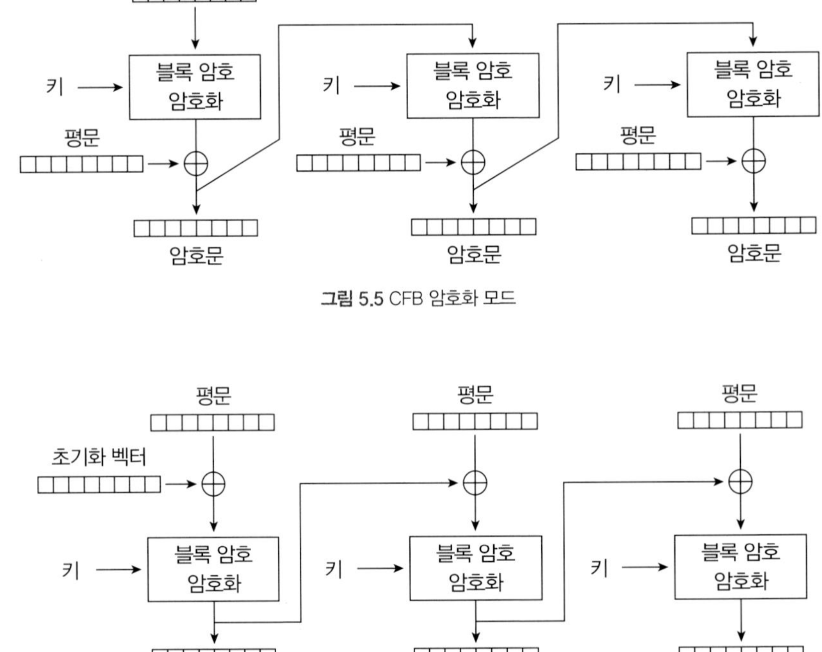

그림 5.5 CFB 암호화 모드

그림 5.6 CBC 암호화 모드

세 번째로 살펴볼 주요 자동키 암호는 **키 자동키 암호**(key autokey cipher)이다. 이것은 비즈네르도 생각하지 못했던 방식인 것 같다. 키스트림을 복제해 키스트림으로 사용한다는 것은 쓸모없는 아이디어처럼 보였을 것이다. 하지만 중간에 변환을 추가한다면 아주 재미있는 일이 벌어지기 시작한다. 예를 들어 앨리스가 키스트림 문자에 1씩 더하면 결국 다음과 같이 트리테미우스의 점진적 치환 암호가 된다.

이동된 키스트림:	Z	A	B	C	D	E	F	G	H	I	J
키스트림:	A	B	C	D	E	F	G	H	I	J	K
평문:	t	h	e	o	p	p	o	s	i	t	e
암호문:	U	J	H	S	U	V	V	A	R	D	P

이동된 키스트림:	K	L	M	N	O	P	Q	R	S	T
키스트림:	L	M	N	O	P	Q	R	S	T	U
평문:	o	f	p	r	o	g	r	e	s	s
암호문:	A	S	D	G	E	X	J	X	M	N

다른 변환을 추가해서 다른 반복키 암호를 도출할 수도 있지만 다른 것들은 특별히 흥미롭거나 안전하지 않다.

키 자동키 암호에는 추가되는 변환이 반드시 한 번에 하나의 문자나 숫자에 대해 일어나야 한다는 조건이 없다. 이 유형의 암호에서는 키스트림을 구성하는 원소가 숫자열이라고 생각하면 더 편리할 것이다. 따라서 앨리스가 다섯 숫자로 된 십진 숫자열, 예를 들어 17742를 초기화 벡터로 사용해서 암호화하기 시작한다고 가정하자. 초기화 벡터를 평문에 바로 더하기 전에 앨리스는 다섯 숫자로 된 새로운 블록, 예를 들어 20243에 모듈로 10 덧셈을 써서 더한다.

이동된 키스트림:	1	7	7	4	2	
키스트림:	3	7	9	8	5	
평문:	t	u	r	n	i	ngpointontheeasternfront
암호문:	W	B	A	V	N	

키스트림의 두 번째 블록은 첫 번째 블록의 다섯 숫자열에 20243을 더해서 얻는다. 그다음 키스트림 블록도 마찬가지 방법으로 생성된다.

이동된 키스트림:	1 7 7 4 2	3 7 9 8 5	5 7 1 2 8	7 7 3 6 1	9 7 5 0 4	1 7 7 4
키스트림:	3 7 9 8 5	5 7 1 2 8	7 7 3 6 1	9 7 5 0 4	1 7 7 4 7	3 7 9 8
평문:	t u r n i	n g p o i	n t o n t	h e e a s	t e r n f	r o n t
암호문:	W B A V N	S N Q Q Q	U A R T U	Q L J A W	U L Y R M	U V W B

이것은 2차 세계대전 동안 소련군이 숫자 코드를 암호화할 때 사용했던 암호방식을 단순하게 바꾼 것이다. 보다시피 숫자 코드뿐만 아니라 문자에 대해서도 사용할 수 있다. 기술적인 측면에서 보면 여전히 반복키 암호라 할 수 있지만 암호 주기가 50까지 늘어났다. 이 암호는 해독이 불가능하지 않으며, 이브가 사용할 수 있는 블록들 사이에 일종의 관계가 존재한다. 블록의 크기를 더 크게 할 수도 있지만 크기가 5일 때가 가장 유용하다. 그뿐만 아니라 우리는 전치 암호나 힐 암호처럼 더 흥미로운 블록 암호를 사용해 키스트림을 변형할 수 있으며, 그럴 경우 주기가 매우 길어질 수 있다. 키 자동키 암호는 방식이 굉장히 유연하지만 사용하기가 극도로 복잡하다. 그러나 그 문제는 컴퓨터에 맡기면 된다.

키 자동키 암호에 대한 블록 암호 운용 모드는 **출력 피드백 모드**(output feedback mode), 즉 OFB 모드이다. 기본 방식은 다른 자동키 암호 운용 모드와 비슷하다. 이전 키스트림 블록에 블록 암호를 적용하고 그 결과로 나온 비트열을 모듈로 2 덧셈을 써서 평문 비트열에 더하는 것이다. 그림 5.7은 운용 과정을 나타낸 것이다.

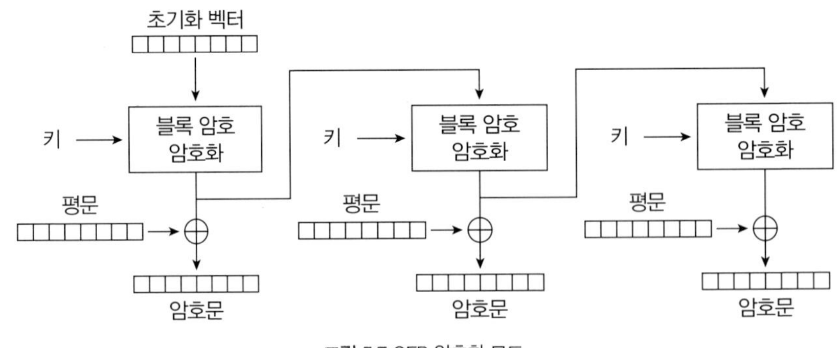

그림 5.7 OFB 암호화 모드

출력 피드백 모드는 이전 키 블록 하나를 사용해서 다음 블록을 생성하므로 어떤 의미에서 보면 점진적 암호이다. 하지만 사용할 수 있는 블록의 크기가 아주 다양하므로 주기가 매우 길어질 가능성이 충분하다. 게다가 블록 암호의 키가 될 수 있는 것이 많다. 그러므로 이브가 반복키 기법을 사용해서 OFB 모드를 사용하는 암호를 공격할 수 있는 가능성은 정말 희박하다. 그래도 여전히 공격이 가능하기는 하다. 그런 이유로 어떤 전문가는 이 모드를 사용하지 말라고 권한다. 그래도 여전히 OFB 모드는 많이 사용되고 있다.

블록 암호를 운용하는 데 많이 사용되는 운용 모드가 하나 더 있다. 컴퓨터 이전 시대에는 사용된 적이 없는 것으로 보이는 이 운용 모드는 일종의 키 자동키 암호 형태이다. 이전 키스트림 블록을 암호화해서 새로운 키스트림 블록을 생성하는 것이 아니라, 초기화 벡터를 시작으로 이전 블록을 아주 조금 변경한 뒤에 그것을 암호화해서 새로운 키스트림 블록을 생성하는 방식이다. 가장 흔한 변경 방법은 암호화 단계 바로 전에 1씩 더하는 것이다. 그래서 일반적으로 **카운터 모드**(counter mode) 또는 CTR이라 부른다. 이 암호가 좋은 수동식 암호가 될 수 없는 이유는 블록 암호는 확산 성질을 아주 충분히 만족해야 하기 때문이다. 예를 들어 2×2 힐 암호(모듈로 10)를 사용하자. 힐 암호는 4.5절에서 보았듯이 일반적으로 확산 성질을 만족한다.

앨리스가 초기화 벡터 17과 힐 암호 키 1, 2, 3, 5를 선택했다고 하자. 그러면 앨리스의 암호화는 다음과 같다.

카운터:	1	7	1	8	1	9	2	0	2	1	2	2	2	3	2	4
키스트림:	5	8	7	3	9	8	2	6	4	1	6	6	8	1	0	6
평문:	y	o	u	c	a	n	c	o	u	n	t	o	n	m	e	x
암호문:	D	W	B	F	J	V	E	U	Y	O	Z	U	V	N	E	D

컴퓨터 암호로 사용한다면 그림 5.8과 같이 암호화 과정을 도식화할 수 있다.

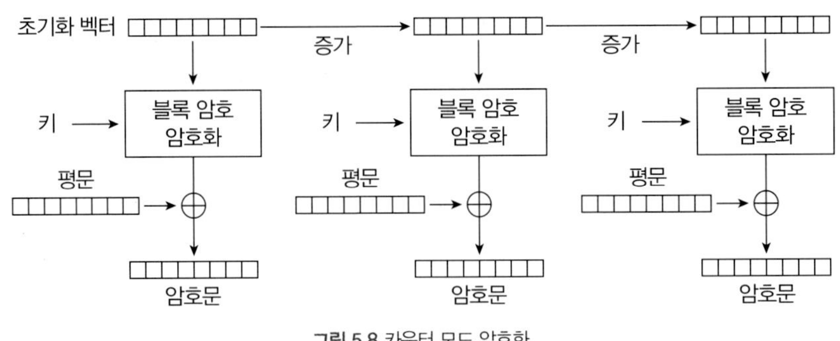

그림 5.8 카운터 모드 암호화

출력 피드백 모드와 마찬가지로 카운터 모드의 초기화 벡터도 꼭 비밀로 해야 할 필요는 없다. 그러나 특정한 키를 사용하는 메시지가 여럿 있다면 각기 서로 다른 초기화 벡터를 사용해야 한다. 그렇지 않으면 두 메시지의 키스트림이 같아지고, 그러면 이브는 5.1절과 5.2절에서 언급한 중첩 배열 기법을 이용할 수 있다. 게다가 출력 피드백 모드처럼 암호는 결국 반복하게 된다. 그럴 경우 카운터가 시작점으로 되돌아가는 주기를 얼마든지 쉽게 알 수 있다. 그러므로 앨리스와 밥은 그런 일이 일어나기 전에 반드시 키를 바꿔야 한다. 마지막으로 카운터 모드의 흥미로운 특징은 다른 스트림 암호와 달리 카운터를 적당한 수로 설정해서 메시지 중간부터 암호화나 복호화를 시작할 수 있다는 것이다. 따라서 카운터 모드는 조금씩 변경해야 하는 정보를 저장한 데이터 파일을 암호화할 때 유용하다.

5.4 선형 피드백 시프트 레지스터

우리는 앞 절에서 블록의 크기를 크게 하면 블록 암호 운용 모드의 안전성을 향상시킬 수 있다고 말했다. 대안으로 아주 작은 블록을 사용하더라도 심지어 블록이 한 문자나 1비트로 되어 있더라도 안전성을 높일 수 있는 방법이 있다. 바로 하나 이상의 이전 블록에 기대어 새로운 키 블록을 생성하는 것이다. 이번에도 십진 숫자 다섯 개로 된 초기화 벡터를 가지고 출발하자. 키스트림의 여섯 번째 숫자는 처음 두 숫자를 모듈로 10에 대해 더한 값으로 놓는다. 일곱 번째 숫자는 두 번째와 세 번째 숫자를 더한 값으로 한다. 같은 방법으로 그다음 키스트림 숫자를 계속 생성한다. 예를 들어 초기화 벡터를 (1, 2, 0, 2 ,9)라 하면 키스트림은 다음과 같다.

$$1, 2, 0, 2, 9, 3, 2, 2, 1, 2, 5, 4, 3, 3, 7, 9, 7, 6, 0, \ldots$$

이 수열은 결국에는 반복된다. 하지만 16,401번 단계를 거친 이후다.

이와 같이 키스트림을 생성하는 과정을 가리켜 과거에는 **연쇄합**(chain addition)이라 불렀는데 요즘은 새로이 10을 모듈로로 하는 **후행 피보나치 수열 생성자**(lagged Fibonacci generator)라 부른다. 우리가 잘 알고 있는 피보나치 수열은 초기화 벡터 (1, 1)로 시작해 모듈로 연산이 아닌 일반 덧셈으로 계산한 것이다.

$$1, 1, 2, 3, 5, 8, 13, 21, 34, 55, 89, 144, 233, 377, 610, \ldots$$

피보나치 수열은 고대 인도 수학자들 사이에 잘 알려져 있던 것으로, 이탈리아 피사의 레오나르도 피보나치에 의해 서유럽에 소개되었다. 피보나치 수열에서는 두 항을 더한 값이 바로 다음 항으로 나오지만, 이 방식에서는 두 항을 더한 값이 한참 뒤떨어진 곳에 나타나기 때문에 '후행'이라는 말이 붙었다.

앨리스가 후행 피보나치 수열 생성자를 이용해 생성한 키스트림으로 암호화하면 다음과 같다.

키스트림:	1	2	0	2	9	3	2	2	1	2	5	4	3	3	7	9	7	6	0
평문:	m	u	l	t	i	p	l	y	l	i	k	e	r	a	b	b	i	t	s
암호문:	N	W	L	V	R	S	N	A	M	K	P	I	U	D	I	K	P	Z	S

이 방식은 피보나치가 아니더라도 비즈네르가 생각해 냈을지도 모른다. 미국암호협회에 대한 도전으로 1969년에 개발된 이 암호는 **그로마크 암호**(Gromark cipher)라 불린다. 모듈로 10에 대한 연쇄합을 기반으로 하는 암호기법이 기밀문서가 아닌 일반문서에 처음 기록된 것은 1957년 소련 첩보원 루돌프 이바노비치 아벨(Rudolf Ivanovich Abel)에 대한 재판이 열린 후로 추정된다. 재판에서 미국으로 망명한 전직 소련 첩보원 레이노 하이하넨(Reino Hayhanen)은 연쇄합을 사용해 키 숫자를 생성하는 복잡한 암호방식을 설명했다. 그로마크 암호와 달리 하이하넨 암호는 다표식 방식이 아니라 스트래들 체커보드에 키 숫자를 넣고 숫자의 자리를 바꾸는 복잡한 전치 방식이었고, 일반적으로 그의 암호명을 따서 VIC 암호라 알려져 있다.

고전적인 연쇄합 기반 암호체계의 경우 초기화 벡터가 일반적으로 키로 사용된다. 초기화 벡터는 변경하기 쉽고 나머지 키스트림에 막대한 영향을 미친다. 게다가 두 숫자의 합이 키스트림에서 얼마만큼 떨어져서 후행하는지 나타내는 지표로 쓰일 수 있다. 후행 피보나치 수열 체계는 다양한 방법을 써서 여러 가지 형태로 도출할 수도 있다. 이전 키스트림에서 인접하지 않은 두 숫자를 선택해 더할 수도 있고 두 숫자를 결합하는 다른 규칙을 사용할 수도 있다. 이를테면 10이 아닌 다른 수에 대한 모듈로 합을 쓰거나, 두 수의 합이 아니라 곱셈을 쓰거나, 아니면 더 복잡한 연산을 수행할 수 있다.

심지어 이전 키스트림에서 숫자를 2개 이상 선택해서 다음 키스트림 숫자를 만드는 데 사용할 수도 있다. 그로마크 암호에서 n번째 자리에 오는 키 숫자는 다음과 같은 점화식으로 표현할 수 있다.

$$k_n \equiv k_{n-5} + k_{n-4} \mod 10$$

후행 피보나치 수열 체계에 대해 다음과 같이 더 일반적인 점화식으로 표현할 수 있다.

$$k_n \equiv k_{n-i} + k_{n-j} \mod m$$

여기에서 i와 j는 생성되는 숫자가 키스트림에서 얼마나 뒤로 갈지 말해주는 지표이며 m은 모듈로이다. 이제 다음과 같은 관계식을 사용한다고 가정하자.

$$k_n \equiv c_1 k_{n-j} + c_2 k_{n-j+1} + \cdots + c_{j-1} k_{n-2} + c_j k_{n-1} \mod m$$

계수 c_1, c_2, ..., c_j는 키의 일부로서 변수로 볼 수도 있고, 암호방법의 일부로서 고정된 상수로 생각할 수도 있다. 그러나 어느 쪽이든 메시지 전체로 보면 같은 것이다.

예를 들어 $m = 2$, $j = 4$, $c_1 = c_3 = 1$, $c_2 = c_4 = 0$이라고 하면 다음의 점화식이 생긴다.

$$k_n \equiv 1k_{n-4} + 0k_{n-3} + 1k_{n-2} + 0k_{n-1} \mod 2$$

초기화 벡터 $k_1 = k_2 = k_3 = k_4 = 1$을 가지고 출발하면 다음과 같은 식으로 키스트림의 숫자를 연이어 얻을 수 있다.

$$k_5 \equiv 1 \times 1 + 0 \times 1 + 1 \times 1 + 0 \times 1 \equiv 0 \mod 2$$
$$k_6 \equiv 1 \times 1 + 0 \times 1 + 1 \times 1 + 0 \times 0 \equiv 0 \mod 2$$
$$k_7 \equiv 1 \times 1 + 0 \times 1 + 1 \times 0 + 0 \times 0 \equiv 1 \mod 2$$
$$k_8 \equiv 1 \times 1 + 0 \times 0 + 1 \times 0 + 0 \times 1 \equiv 1 \mod 2$$

이와 같은 점화식을 사용해 키스트림을 생성하는 물리적 장치 또는 가상 장치를 **선형 피드백 시프트 레지스터**(linear feedback shift register), 간단히 LFSR이라 한다. '선형'은 식의 유형을 가리키는 것으로, 변수들의 두 집합에 대해 서로 원소를 곱하고 나서 모두 더한 것을 선형 결합이라 부른다. 가장 대표적인 선형방정식이 2차원 평면의 직선 방정식 $y = mx + b$이기 때문에 선형이라 부른다. '피드백'이란 말은 이전 값을 사용해 새로운 값을 생성하기 때문에 붙여졌고, '시프트 레지스터'는 이런 장치를 만들기 위해 초기에 사용되었던 전기 회로 유형을 가리킨다. 그림 5.9에서 볼 수 있듯이 시프트 레지스터는 숫자를 담은 저장 셀이 여러 개 연결된 회로이다. 시프트 레지스터는 클록으로 제어되며 클록의 신호에 맞추어 새로운 입력값이 j번 셀로 이동하고, j번 셀에 있던 것은 $j-1$번 셀로 이동한다. 이렇게 이전 셀의 내용물이 다음 셀로 이동하면서 마지막으로 1번 셀에 있던 내용물이 시프트 레지스터의 출력값으로 나온다. 1번 셀의 k_1부터 j번 셀의 k_j까지 각 셀에 키 숫자가 하나씩 들어 있는 시프트 레지스터를 가동시키면 원래의 $k_1, k_2, \ldots, k_j$가 차례로 출력되고 나서 입력값에 기초해 새로 생긴 키 숫자 $k_{j+1}, k_{j+2}, \ldots$가 출력된다.

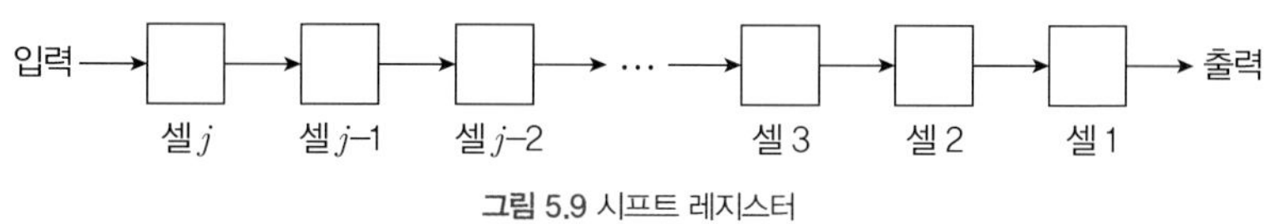

그림 5.9 시프트 레지스터

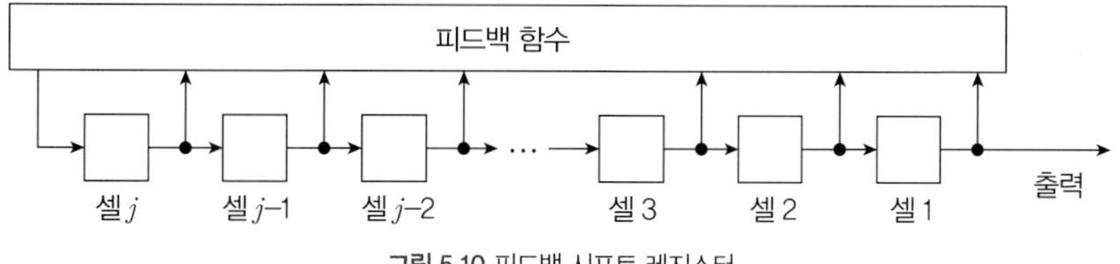

그림 5.10 피드백 시프트 레지스터

피드백 시프트 레지스터는 그림 5.10에서 보듯이 첫 번째 셀에 입력할 새로운 값을 만들기 위해 여러 셀에 들어 있는 데이터를 사용한다. 이 과정을 **피드백 함수**(feedback function)라 하며, LFSR은 선형 피드백 함수로 새로운 입력값을 만들어낸다. 그림 5.11을 보면 선형 피드백 함수가 어떻게 설계되는지 이해할 수 있을 것이다. 그림 5.11에서 c_1부터 c_j까지 값이 표시된 각각의 원은 그 원으로 들어오는 숫자에 주어진 숫자를 모듈로 m에 대해 곱한다는 표시이고, +기호가 있는 원은 그 원으로 들어오는 두 숫자를 모듈로 m에 대해 더한다는 표시이다.

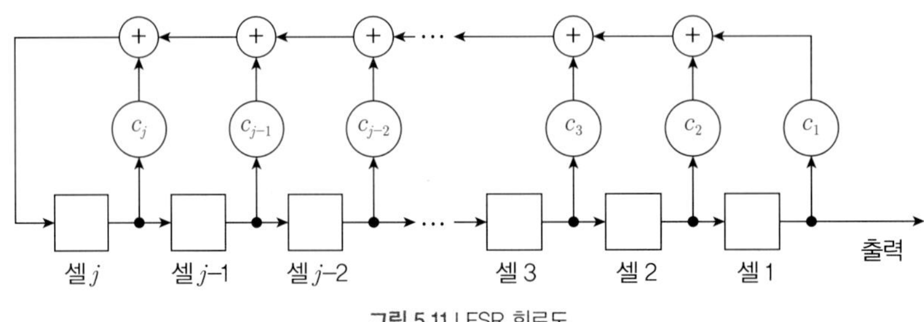

그림 5.11 LFSR 회로도

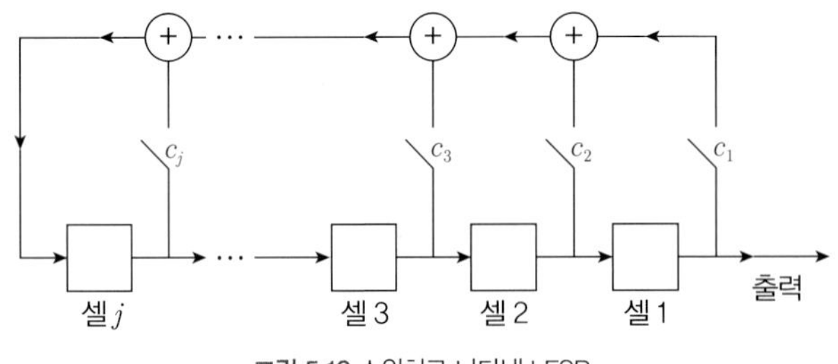

그림 5.12 스위치로 나타낸 LFSR

LFSR에 가장 흔히 사용되는 모듈로는 2이다. 모듈로가 2이면 모든 수를 0과 1로 표현할 수 있으므로 수를 비트라고 생각할 수 있다. 어떤 수에 0이나 1을 곱하고 나서 그 값을 어딘가에 더한다는 것은 아무것도 하지 않거나 그냥 그 수를 더하는 것이다. 따라서 그림 5.11에서 곱셈을 나타내는 원을 덧셈을 제어하는 스위치로 볼 수 있다. 그림으로 나타내면 그림 5.12와 같다. 이미 상상했을지 모르지만 이런 설정은 전문 디지털 하드웨어 장치로 쉽게 구현할 수 있고, 속도는 떨어지더라도 같은 결과를 산출하는 소프트웨어도 쉽게 만들 수 있다. 암호학에서 디지털 LFSR을 사용하기 시작한 것은 못해도 1952

년으로 거슬러 올라간다. 새 단장을 한 미국국가안보국은 내부용과 군용으로 사용하려고 KW-26을 설계하기 시작했다.

다시 LFSR 회로도를 살펴보자. 만일 c_1부터 c_j까지 값을 안다면 선을 긋거나 없애는 방법을 써서 LFSR 회로도를 다시 그릴 수 있다. 앞에서 예로 들었던 계수 $c_1 = c_3 = 1$, $c_2 = c_4 = 0$을 대입해 회로도를 그려보면 그림 5.13과 같다. 각 셀에 들어 있는 1, 1, 1, 1을 가지고 시작하면 LFSR은 다음과 같이 출력할 것이다.

$$1, 1, 1, 1, 0, 0, 1, 1, \ldots$$

이것은 점화식을 이용해 계산한 값과 같다. 여러분이 직접 확인해 보라.

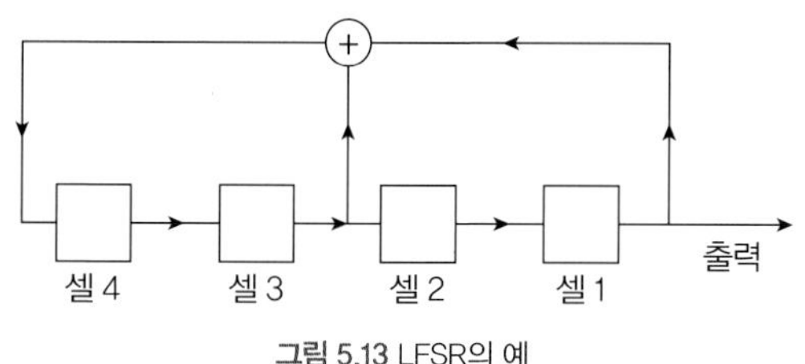

그림 5.13 LFSR의 예

이제 LFSR이 무엇인지 이해했으니 암호화에 어떻게 사용할 수 있는지 알아볼 차례다. 우리가 사용할 LFSR은 수를 항상 비트로 출력한다. 따라서 평문도 비트로 표현하는 것이 타당할 것이다. 4.3절에서 소개한 ASCII 코드표를 사용하기로 하자. 메시지를 암호화하고 싶다면 앨리스는 먼저 평문을 ASCII 코드로 전환해야 한다.

평문:	S	e	n	d
ASCII:	1010011	1100101	1101110	1100100

평문:		$	.
ASCII:	0100000	0100100	0101110

그다음은 LFSR을 이용해 다음과 같이 키스트림을 생성한다.

평문:	S	e	n	d
ASCII:	1010011	1100101	1101110	1100100
키스트림:	1111001	1110011	1100111	1001111

평문:		$	.
ASCII:	0100000	0100100	0101110
키스트림:	0011110	0111100	1111001

이제 앨리스는 키스트림과 평문의 각 자리 비트끼리 모듈로 2 덧셈을 써서 더한다.

평문:	S	e	n	d
ASCII:	1010011	1100101	1101110	1100100
키스트림:	1111001	1110011	1100111	1001111
암호문 비트열:	0101010	0010110	0001001	0101011
십진수:	42	22	9	43

평문:		$	.
ASCII:	0100000	0100100	0101110
키스트림:	0011110	0111100	1111001
암호문 비트열:	0111110	0011000	1010111
십진수:	62	24	87

앨리스와 밥이 둘 다 컴퓨터라면 암호문 비트열을 얻은 것으로 앨리스가 할 일은 다한 것이다. 하지만 앨리스가 사람이라면 비트로 된 암호문을 보다 조밀한 형태로, 즉 십진수로 바꾸고 싶을 것이다.

알아차렸는지 모르겠지만 이 LFSR의 출력값은 상당히 짧은 주기로, 즉 6비트마다 반복이 일어나고 있다. 그렇다면 모든 LFSR이 반복을 할까? 만약 그렇다면 주기는 항상 이렇게 짧을까? 두 질문에 대한 대답은 각각 '그렇다'와 '아니다'이다. LFSR의 출력값은 오직 셀에 들어 있는 수에 의해 결정되는

데, 모듈로 m에 대해 각 셀에 저장된 수는 m가지만 가능하므로 LFSR은 반복될 수밖에 없다. 유한개의 수 집합이 반복되면 그것들의 출력값도 반복되기 마련이다. 이 유한개의 수는 실제 몇 개일까? 셀이 네 개이고 2를 모듈로로 한다면 각 셀의 값은 0 또는 1이므로 가능한 모든 경우의 수는 $2 \times 2 \times 2 \times 2 = 2^4 = 16$이다. 모든 셀에 0이 들어 있다면 출력값도 항상 0이 됨은 자명하다. 그런 경우는 제외하면, 반복이 일어나기 전까지 레지스터를 통과해 나올 수 있는 출력값은 15개이다. 그러므로 모듈로가 2이고 셀이 4개이고 주기가 15인 LFSR이 가능하다. 실제로 그런 LFSR이 존재한다. 일반적으로 셀이 j개이고 모듈로가 m인 LFSR은 최대 $m^j - 1$을 주기로 가질 수 있다. m이 소수라면 주기가 $m^j - 1$인 다양한 LFSR이 존재하며 그것을 찾는 방법도 잘 알려져 있다.

이제 스트림 암호를 사용할 수 있는 훌륭한 환경을 갖춘 것처럼 보인다. 키스트림을 빨리 생성할 수 있는 방법을 알고 있으며, 원하는 길이의 주기를 보장해주는 확실한 방법도 알고 있다. 그러나 안타깝게도 LFSR을 기술하는 방정식은 힐 암호의 경우처럼 선형방정식이다. 즉, 힐 암호처럼 LFSR 방식은 알려진 평문 공격에 극도로 취약하다는 말이다.

이브가 셀이 j개 있는 LFSR을 살필 것이고 평문 비트와 대응되는 암호문 비트쌍을 $2j$개 가지고 있다고 가정하자. 이브가 입수하지 못한 메시지의 앞부분 비트가 s개라면 입수한 평문이 P_{s+1}부터 P_{s+2j}까지 있고 암호문은 C_{s+1}부터 C_{s+2j}까지 있다고 할 수 있다. 다음과 같은 암호화 공식에 의해 암호화가 일어나므로,

$$C_n \equiv P_n + k_n \qquad \text{mod } 2$$

이브는 다음과 같이 식을 거꾸로 이용해 키스트림을 쉽게 복구할 수 있다.

$$k_n \equiv C_n - P_n \qquad \text{mod } 2$$

이브의 목적은 키를 복구하는 것임을 기억하자. LFSR에서 키는 대체로 k_1부터 k_j까지의 초기화 벡터와 c_1부터 c_j까지 계수 모두를 포함한다. 이쯤 되면 이브는 가능한 모든 키를 일일이 대입해서 LFSR가 맞는 키스트림을 생성하는지 확인하는 알려진 평문형 무차별 대입 공격을 시도할 수 있다. 하지만 그보다 훨씬 더 좋은 방법이 있다.

k_1부터 k_j까지 초기화 벡터를 모르거나 심지어 c_1부터 c_j까지 값을 모르더라도 이브는 이미 알고 있는 키스트림 비트를 이용해 다음과 같이 연립방정식을 세울 수 있다.

$$\begin{aligned}
k_{s+j+1} &\equiv c_1k_{s+1} + c_2k_{s+2} + \cdots + c_{j-1}k_{s+j-1} + c_jk_{s+j} \quad \bmod 2 \\
k_{s+j+2} &\equiv c_1k_{s+2} + c_2k_{s+3} + \cdots + c_{j-1}k_{s+j} + c_jk_{s+j+1} \quad \bmod 2 \\
&\vdots \\
k_{s+2j} &\equiv c_1k_{s+j} + c_2k_{s+j+1} + \cdots + c_{j-1}k_{s+2j-2} + c_jk_{s+2j-1} \quad \bmod 2
\end{aligned}$$

미지수가 c_1부터 c_j까지 j개이며 방정식 j개로 구성된 연립방정식이다. 1.6절에서 힐 암호에 사용했던 방법을 그대로 사용하면 연립방정식을 풀 수 있고, 그러면 c_1부터 c_j까지 계수를 모두 구하게 된다.

만일 이브가 알고 싶은 것이 k_1부터 k_j까지 초기화 벡터라면 이번에는 다음과 같이 식을 세울 수 있다.

$$\begin{aligned}
k_{j+1} &\equiv c_1k_1 + c_2k_2 + \cdots + c_{j-1}k_{j-1} + c_jk_j \quad \bmod 2 \\
k_{j+2} &\equiv c_1k_2 + c_2k_3 + \cdots + c_{j-1}k_j + c_jk_{j+1} \quad \bmod 2 \\
&\vdots \\
k_s &\equiv c_1k_{s-j} + c_2k_{s-j+1} + \cdots + c_{j-1}k_{s-2} + c_jk_{s-1} \quad \bmod 2 \\
k_{s+1} &\equiv c_1k_{s-j+1} + c_2k_{s-j+2} + \cdots + c_{j-1}k_{s-1} + c_jk_s \quad \bmod 2 \\
&\vdots \\
k_{s+j} &\equiv c_1k_s + c_2k_{s+1} + \cdots + c_{j-1}k_{s+j-2} + c_jk_{s+j-1} \quad \bmod 2
\end{aligned}$$

k_{s+1}부터 k_{s+j}까지는 물론이고 c_1부터 c_j까지도 알고 있으므로 이것은 미지수가 k_1부터 k_s까지 s개이고 모두 s개의 식으로 구성된 연립방정식이다. 이브는 연립방정식을 풀어 초기화 벡터는 물론이고 원래 알고 있던 키스트림의 이전 키 값을 모두 구해 전체 키스트림을 복구할 수 있다.

5.5 선형 LFSR에 비선형성 추가

선형 피드백 시프트 레지스터가 선형성 때문에 안전하지 않다면 안전성을 개선할 수 있는 방법은 무엇일까? 첫 번째 방법은 비선형 피드백 함수를 사용하는 것이다. 그러나 그럴 경우 암호화 속도가 느려지고 장단점을 분석하기 더욱 어려워진다. 다른 대안은 하나의 LFSR에서 두 개 이상의 셀 값을 선택해 비선형적으로 결합하거나 LFSR을 두 개 이상 사용해서 그 출력값들을 비선형적으로 결합하는 것이다. 이 방법은 **상관관계 공격**(correlation attack)에 취약하다는 약점이 있다. 즉, 비선형 결합을 도출하는 함수를 잘 선택하지 않으면 출력된 값을 기반으로 이브가 레지스터에 들어 있는 값들을 알아낼지도 모른다. 세 번째 방법은 LFSR 안에서 비트가 이동하는 시간을 제어하는 클록을 변경하는 것이다. 비트 이동 시간이 서로 다른 다중 LFSR을 사용할 수도 있고, 한 LFSR의 출력값이 다른 것 또는 심지어 자기 자신의 이동을 제어할 수도 있다. 또는 이 방법들을 혼합해 사용할 수도 있다.

내가 이 책을 쓰고 있는 동안에도 가장 많이 연구되고 가장 많이 사용되는 LFSR 기반 스트림 암호는 아마도 1세대 GSM(이동통신 국제표준 시스템) 디지털 이동전화에 사용된 A5/1일 것이다. A5/1 개발에 관한 세부 사항은 완전히 베일에 가려져 있으며 이 암호를 선택하기까지 심의과정은 기밀로 취급된다. 어떤 연구자가 인용한 익명의 출처에 따르면 1980년대 처음 GSM 개발에 참여했던 서유럽 국가 정보기관들 사이에 의견 충돌이 있었다고 한다. 서독은 동유럽 사회주의 국가들의 도청을 막기 위해서 강력한 암호화 기술을 원했고, 반면에 나머지 국가들은 자신들이 감시 활동을 용이하게 수행할 수 있도록 약한 암호화를 선호했다. 결국은 약한 암호화 기술 중에서 후보를 선택한 것으로 보인다. 최종 선택된 암호는 속도, 구성요소 개수, 전력 소비량 측면에서 유달리 효율적인 것으로 미뤄 이런 특징들도 최종 결정에 중요하게 작용했을 것이다.

A5/1의 세부 기술은 1987년과 1988년에 개발되었고, 이 암호가 처음으로 공식적으로 사용된 것은 1991년이었다. 그 당시 A5/1 암호는 영업비밀로 간주되었다. 하지만 1994년 초반 영국의 한 통신회사가 대학 연구자에게 A5/1 암호에 대한 설명이 담긴 문서를 제공했는데, 아마도 기밀유지 서약을 요구하지 않은 것으로 보인다. 그 해 중반 무렵 A5/1 암호를 거의 완벽하게 설명한 글이 인터넷에 올라왔다. 1999년에는 실제 GSM 이동전화를 분석해 역공학(Reverse Engineering)으로 완벽한 암호 설계 내용이 발견되었고, 다시 인터넷상에 공개되었다. 결국 GSM 협회는 공개된 내용이 맞다고 공식적으로 인정했다.

A5/1 암호는 LFSR 세 개로 시작하는데, 그림 5.14와 같이 각각 셀이 19, 22, 23개이다. 각 레지스터의 최대 주기는 차례대로 $2^{19}-1 = 524,287$과 $2^{22}-1 = 4,194,303$ 그리고 $2^{23}-1 = 8,388,607$이다. 세 레지스터의 셀이 모두 64개이므로 키의 초깃값은 64비트로 설정한다. 세 LFSR에서 나온 출력값 세 개를 모듈로 2에 대해 더하고, 그 값을 평문 비트에 더해서 암호화하는 방식이다. 지금으로서는

2.7절에서 다룬 반복키 암호를 사용한 다중 암호화 방식처럼 보인다. 세 LFSR의 주기는 최대공약수가 1이므로 그대로 사용한다면 암호 주기가 $(2^{19}-1)\times(2^{22}-1)\times(2^{23}-1) \approx 18\times10^{18}$이 될 것이다. 분명히 아주 긴 주기다. 그러나 이것은 선형 구조 세 개를 선형으로 결합한 것이다. 따라서 A5/1 암호는 선형이며 여전히 알려진 평문 공격에 취약하다.

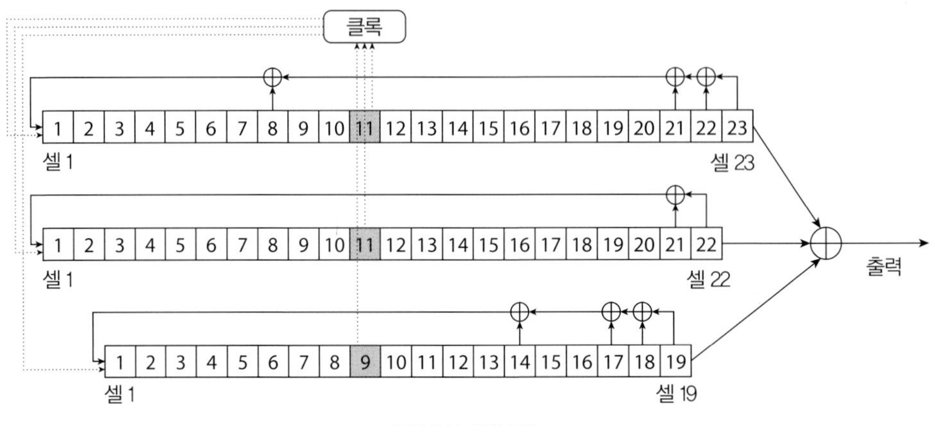

그림 5.14 A5/1 암호

앞에서 언급한 세 번째 방법, 즉 클록 체계를 더 복잡하게 변형하는 방법을 쓰면 A5/1 암호에 비선형성을 추가할 수 있다. 변형된 클록 체계를 따르면 클록이 신호를 보낼 때 세 LFSR 모두가 데이터를 이동시키는 것은 아니다. 그림 5.14를 보면 각 LFSR 중간에 강조해서 표시된 비트가 하나씩 있다. **클록 제어 비트**라 불리는 것들인데, 클록이 신호를 내보낼 때마다 이 클록 제어 비트가 0을 보낼지 1을 보낼지 '투표'를 하고 다수결로 결정한다. 각각의 클록 제어 비트가 투표한 값과 다수결로 결정된 비트값이 일치하면 해당 레지스터에서 이동이 일어나고 그렇지 않으면 아무 변화도 일어나지 않는다. 표 5.2를 보면 더 분명히 이해할 수 있을 것이다. 각 레지스터는 전체의 3/4만 이동을 하고, 클록이 한 번 신호를 보낼 때 적어도 두 레지스터가 움직인다. 이 실험 결과를 보면 클록 체계 변경으로 말미암아 주기가 상당히 감소함을 알 수 있다. 그러나 알려진 평문 공격에 대한 안전성이 증가하므로 조심스레 사용한다면 그 정도의 단점은 허용할 수 있을 것이다.

표 5.2 A5/1 암호의 클록 제어 체계

클록 제어 비트			이동?		
LFSR-19	LFSR-22	LFSR-23	LFSR-19	LFSR-22	LFSR-23
0	0	0	yes	yes	yes
0	0	1	yes	yes	no
0	1	0	yes	no	yes
0	1	1	no	yes	yes
1	0	0	no	yes	yes
1	0	1	yes	no	yes
1	1	0	yes	yes	no
1	1	1	yes	yes	yes

하지만 나중에 밝혀졌지만 GSM 연구자들이 생각했던 것만큼 안전성이 크게 증가하지 않았다. 이것을 암시하는 첫 신호는 제법 일찍 1994년에 나타났다. 그때 LFSR의 초기화 벡터 일부를 추측해서 나머지 비트를 알아내는 알려진 평문 공격 기법이 나왔다. 세부적인 공격 방법은 1997년 발표된 한 논문에 기술되어 있다. 그 논문은 **사전계산 공격**(precomputation attack)이라는 새로운 암호해독 방법도 함께 제안했다. 평문과 암호문 쌍을 입수하기 전에 일부 정보를 미리 계산해 저장해 둠으로써 알려진 평문 무차별 대입 공격을 간소하게 해주는 방법이다. A5/1을 겨냥해 개발된 세 번째 유형의 공격은 상관관계 공격을 변형한 것이다. 앞에서 언급했듯이 이브는 주어진 출력값과 비선형 함수에 대한 정보를 기반으로 해당 비선형 함수에 입력되는 값을 추측한다. A5/1의 경우 이브는 각 LFSR이 이동한 횟수를 추정하고 키스트림의 뒷부분 값들을 기반으로 해서 키스트림의 앞부분 값을 추측할 수 있다. 이 공격법은 2001년에 A5/1에 처음 적용되었다. A5/1을 겨냥한 사전계산 공격과 상관관계 공격은 처음 제안된 이후로 크게 개량되었다.

실행 계획과 관련된 다양한 이유로 알려진 평문 공격은 실제 이동전화에 대해 감행하기 다소 어렵다. 그러나 여러 연구자들은 A5/1이 실제 GSM 전화기에 사용되는 방식에서 다양한 특징을 발견했다. 그 덕분에 이브는 메시지에 담겨 있을만한 단어를 찾아내거나 암호문만 가지고도 알려진 평문 공격 유형의 공격을 할 수 있다. 2006년에는 4분 동안의 이동전화 통신에 대해 개인용 컴퓨터로 평균 10분 정도 계산하면 상관관계 공격 유형의 공격을 실행할 수 있으며 성공할 확률이 90% 이상이라는 추정이 나왔다. 개량된 사전계산 공격법은 2003년에 발표되었는데, 사전계산표를 만들고 그 데이터를 저장하기 위한 200기가바이트 하드드라이브 22개를 개발하려면 개인용 컴퓨터 140대를 1년 동안 가동해야 했다. 사전계산을 굉장히 많이 해야 하지만 사전계산표만 있으면 개인용 컴퓨터 한 대로도 이동전화 통신을 엿듣자마자 해독할 수 있다. 사전계산표를 만드는 프로젝트는 사전계산 공격이 실현 가능하다는 것을 보여주기 위한 증거로서 시작되었고 부분적으로 암호해독에 성공했다. GSM 협회는 이 공격법을 대단치 않게 생각했지만, LFSR을 전혀 사용하지 않는 새로운 암호가 "단계적으로 A5/1을 대체할 것"이라고 발표했다.

A5/3라고 알려진 새로운 암호는 3세대 네트워크와 4세대 네트워크의 표준이다. 그러나 2013년 이전까지는 기존 네트워크를 개량하는 작업이 더디게 진행되었다. 그 해 에드워드 스노든이 공개한 NSA 내부 문서에는 NSA가 A5/1 암호를 키가 없어도 '처리할 수 있다.'라는 내용이 포함되어 있었다. 아마 앞에서 설명한 공격과 비슷한 공격이었을 것이다. 많은 주요 무선통신사들은 기존 GSM 네트워크를 A5/3 암호로 바꾸거나 3세대 또는 그 이상의 기술로 대체할 것이라는 대책을 발표했다.

만약 LFSR 자체가 안전하지 않다면 LFSR을 기반으로 하고도 여전히 안전하다고 할 수 있는 암호가 있는지 묻는 것은 당연하다. GSM 협회도 이동전화 통신 보안을 위해 LFSR 사용을 포기했던 것 같다. 공교롭게도 암호설계자들은 아직도 LFSR을 사용한다. 미국에는 스트림 암호에 대한 표준이 없지만, 유럽은 2004년 유럽연합이 후원하는 암호연구 프로그램 ECRYPT(European Network of Excellence for Cryptology)를 설립해 "광범위하게 채택할 수 있는 새로운 스트림 암호를 찾기 위한" eSTREAM 프로젝트를 시작했다. 후보로 제출된 34개 암호 중에서 eSTREAM 포트폴리오에 알맞도록 충분한 안전성, 효율성, 유용성을 두루 갖춘 7개가 최종 선정되었다. 그 중 세 개는 어떤 방식으로든 LFSR을 사용하는 암호다. 결론은 간단하다. 그저 LFSR 기반 암호에 비선형성을 추가할 때 방법에 신중을 기해야 한다는 것이다.

5.6 장을 마치며

4장과 마찬가지로 5장에서도 이 책에서 다루려고 계획한 정도까지만 스트림 암호에 대해 논의했다. 아직도 새로운 스트림 암호와 새로운 블록 암호 운용 모드를 개발하기 위한 연구가 활발히 이뤄지고 있다. 현재 NIST 웹사이트에는 인가받은 운용 모드 12개 목록이 게시되어 있으며 훨씬 많은 수의 운용 모드가 인가를 기다리고 있다. 공인 운용 모드 중 다섯은 우리가 앞에서 이야기한 ECB, CFB, CBC, OFB, CTR이다. 또 다른 공인 운용 모드인 XTS는 카운터 모드와 관련있지만, 하드드라이브에 저장하는 정보를 암호화하고자 특별히 고안된 것이다. 나머지 여섯 모드는 암호화보다는 메시지 **인증**(authentication)과 관련 있다.

우리가 논의한 대부분의 암호 운용 모드와 스트림 암호는 공통된 문제점을 안고 있다. 앨리스가 보낸 메시지가 이브에 의해 변조될 가능성을 막지 못한다는 것이다. 이미 언급했듯이 암호 운용 모드는 암호화나 전송 과정 중에 오류 전파가 일어나는 것을 피할 수 있어야 바람직하다. 게다가 이브는 메시지 전체를 읽을 수 없게 훼손하지 않고 일부분만 변경할 수도 있다. 만약 이브가 메시지의 특정 부분이 문자가 아니라 숫자나 컴퓨터 데이터로 되어 있다는 것을 안다면 이런 능력은 특히 중요하게 쓰일 것이다. 예를 들어, 이브는 전자 거래에서 금액을 변경하거나 컴퓨터 프로그램의 중요한 부분에 오류를 일으켜 밥의 컴퓨터를 고장 낼 수 있다. 이브는 자신이 메시지를 어떤 식으로 변경했는지 정확하게 말할 수 없지만 그래도 많은 문제를 일으킬 수 있다.

인증용 암호 운용 모드는 키를 사용해 메시지에 첨부할 **메시지 인증코드**(Message Authentication Code, MAC)를 생성하기 위한 것이다. MAC은 메시지가 1비트만 변해도 예측할 수 없게 변해야 하는 짧은 정보이다. 이브가 앨리스의 메시지를 변경하는 것은 가능할지 모르지만, 키가 없다면 변경된 메시지에 일치하도록 메시지 인증코드를 바꾸는 것은 불가능할 것이다. 밥은 키를 사용해 메시지 인증코드를 인증하고 메시지가 손상되지 않았음을 확인한다. 앨리스는 메시지를 암호화하든 하지 않든 상관없이 인증코드를 사용할 수 있으며, 이브가 메시지를 변조할 수 없기만 하다면 앨리스 입장에서는 메시지가 공개되어도 상관없다.

초기에 만들어진 가장 간단한 MAC용 운용 모드는 CBC-MAC인데, 이것을 변형해서 만든 모드가 1985년에 미국 정부 표준이 되었다. 사용자는 기본적으로 특별키를 이용해 CBC 모드로 메시지를 암호화하고, 암호문의 마지막 블록을 제외한 나머지는 모두 폐기한다. 정말로 안전한 운용 모드가 되려면 미세 조정이 필요하지만, NIST로부터 인가받은 CMAC 인증 모드는 CBC-MAC과 아주 밀접한 관계가 있다.

CBC-MAC와 CMAC의 문제는 만약 앨리스가 메시지의 암호화와 인증을 동시에 하고 싶다면 서로 다른 키를 두 개 사용해 암호화 과정을 두 번 거쳐야 한다는 것이다. 인증된 암호화 모드가 MAC과 암호문을 동시에 만들어내는 것이다. 이 두 가지를 어떻게 안전하고 효율적으로 만들어낼지가 현재 암호기술의 주요 관심사이다.

암호학자들은 계속해서 완전히 새로운 스트림 암호를 개발하기 위해 연구하고 있다. 우리는 앞에서 eSTREAM 포트폴리오 암호 세 개가 LFSR을 사용한다고 했다. 그 중 두 암호는 **비선형 피드백 시프트 레지스터**(nonlinear feedback shift register, NLFSR)도 함께 사용한다. 여러 LFSR을 결합할 때 비선형 함수를 사용하는 대신에 NLFSR은 비선형 함수를 직접 피드백 함수로 투입한다. 이미 지적했듯이 비선형성을 추가한 레지스터는 속도가 더 느리고 분석하기도 더 어렵다. 그런 까닭에 일종의 지원 시스템으로서 NLSFR과 LFSR을 둘 다 사용하는 것이기도 하다. eSTREAM 암호 중에 오직 NLFSR만 사용하면서 비선형성은 보안에 필수적인 최소한만 유지함으로써 많은 관심을 끈 암호가 있다. 바로 그림 5.15의 트리비움 암호(Trivium cipher)이다. 이 암호의 비선형 연산은 세 곳에서 일어나는데, 키스트림의 두 비트를 더하지 않고 곱하는 것이다. 트리비움 암호가 널리 사용될지 아직 단언하기는 이르지만 전망이 밝아 보이는 것만큼은 분명하다.

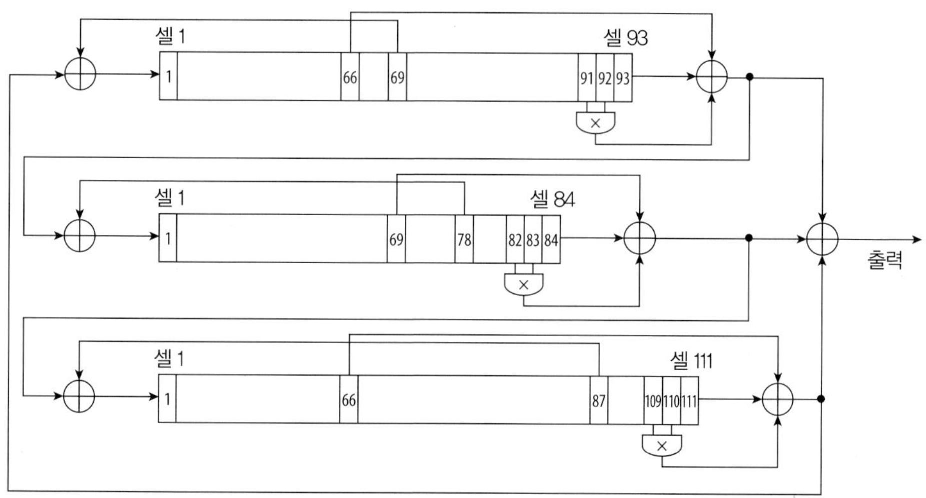

그림 5.15 트리비움 암호

이제 eSTREAM 암호 가운데 시프트 레지스터를 전혀 사용하지 않는 세 개가 남았다. 이 암호들은 원래 회로로 직접 구현하기보다는 소프트웨어로 구현하기 위해 설계되었다. 그래서 설계 유연성이 더 뛰어나고 매우 다양한 기법을 사용한다. 계속 변하는 룩업 테이블(lookup table)를 이용하고 블록 암호 설계에서 따온 혼돈과 확산 원리를 이용한 기법도 포함된다.

미국 정부가 AES를 표준 암호로 삼았듯이 정부 차원에서 스트림 암호의 표준을 정할 나라가 있을까? 그럴 가능성은 매우 낮아 보인다. 블록 암호 운용 모드에 직접적인 기반을 두지 않은 스트림 암호는 주로 블록 암호가 적당하지 않은 특정한 상황에 사용된다. 어떤 때는 속도 문제로, 또 어떤 때는 이동전화나 스마트카드의 경우처럼 처리 능력 한계 때문에 스트림 암호가 쓰인다. 스트림 암호는 전력 소모를 줄이거나 대역폭을 제한하기 위해 사용되기도 하고, 병렬 처리를 용이하게 하거나 특정한 오류를 수정하기 위해서 등 여러 가지 이유로 사용된다. 이처럼 상황에 따라 서로 다른 장·단점을 지닌 암호가 필요하므로 '최고'의 스트림 암호 하나를 꼽는 것은 사실 불가능할 것이다.

6

지수와 관련된 암호

6.1 지수연산을 이용한 암호화

이 장에서 살펴볼 암호는 1.7절에서 설명했던 알려진 평문 공격과 암호문 단독 공격 둘 다에 저항력이 있는 간단한 수학적 암호이다. 우선 1.6절에서 했던 방식과 조금 다르게 블록을 구성해서 다중문자 치환 암호를 하나 만들어보자. 블록 크기는 그때와 마찬가지로 2로 정하고 다음과 같이 평문을 2문자 블록으로 나눈다.

po we rt ot he pe op le

이번에는 각 블록의 문자를 숫자로 나타내고 숫자들을 하나의 수로 합친다. 이때 다음과 같이 적절한 곳에 0을 삽입한다.

평문:	po	we	rt	ot	he	pe	op	le
숫자:	16, 15	23, 5	18, 20	15, 20	8, 5	16, 5	15, 16	12, 5
숫자 병합:	1615	2305	1820	1520	805	1605	1516	1205

우리는 모듈로도 선택해야 하는데, 블록이 2626만큼이나 커질 수 있기 때문에 26은 모듈로로 사용하지 않을 것이다. 일단 소수를 모듈로로 선택하면 편리하다. 그러나 이 장의 뒷부분에 가면 소수가 아니어도 된다는 것을 알 것이다. 지금으로서는 2626보다 큰 소수인 2819를 모듈로로 사용하는 것이 좋겠다.

지금까지 우리는 암호를 만들 때 덧셈이나 곱셈, 또는 두 연산의 혼합 연산을 사용했다. 그다음으로 사용할 수 있는 수학적 연산이 지수연산(exponentiation)이다. 지수연산은 같은 수를 반복해서 곱하는 것을 의미한다. 예를 들어, $2^3 = 2\times2\times2 = 8$이다. 특히 다음과 같은 모듈로 지수연산을 암호 공식으로 사용할 것이다.

$$C \equiv P^e \quad \bmod 2819$$

이 암호의 키인 거듭제곱의 지수는 전통적으로 e로 표기하고 **암호화 지수**(encryption exponent)라 한다. 암호화 지수 e는 자연로그의 밑 $e = 2.71828...$와 아무 상관이 없음을 명심하자. 암호화 지수는 1부터 2818까지 수 중에서 아무 수나 가능하지만 약간의 제약이 있다. 자세한 것은 잠시 후에 살피도록 하고, 일단 $e = 769$라 하자.

평문:	po	we	rt	ot	he	pe	op	le
숫자:	16, 15	23, 5	18, 20	15, 20	8, 5	16, 5	15, 16	12, 5
숫자 병합:	1615	2305	1820	1520	805	1605	1516	1205
769제곱:	1592	783	2264	924	211	44	1220	1548

우리는 1615를 769번 곱하면서 2819에 이를 때마다 앞으로 돌아가는 순환을 반복해야 한다. 굉장히 여러 번 곱하고 정말로 여러 차례 순환해야 한다. 이 과정을 끝낼 수 있기를 바란다면 컴퓨터나 최소한 고성능 계산기가 필요할 것이다. 계산 결과로 나온 블록 모두를 다시 문자로 변환할 수는 없지만 그래도 괜찮다. 앨리스는 숫자를 그대로 밥에게 전송하면 된다.

밥은 이것을 어떻게 복호화할까? 덧셈의 역연산이 뺄셈이고 곱셈의 역연산이 나눗셈인 것처럼 지수연산의 역역산은 제곱근을 구하는 것이다. 예를 들어 $8 = 2^3$이라면 $2 = \sqrt[3]{8}$이고, $C = P^e$이라면 $P = \sqrt[e]{C}$이다. 앞에서 정수로 표현되는 곱셈에 대한 역원을 구하는 것이 어렵다고 생각했다면, 제곱근을 구하는 것은 더 까다로운 문제이다. 앞의 암호문 첫째 블록 1592를 예로 들어보자. 1592의 769제곱근은 대략 1.0096이지만, 이것은 복호화하는 데 아무 도움이 되지 않는다.

6.2 페르마의 작은 정리

밥의 복호화 작업을 도우려면 조금 더 깊이 있는 정수론을 다뤄야 한다. 지금까지 우리는 기본적으로 가우스가 정립한 모듈로 연산이라는 중대한 수학적 개념을 사용했다. 이제 또 다른 중요한 수학적 개념이 필요하다. 이것은 일반적으로 피에르 페르마(Pierre de Fermat)가 발견했다고 인정되는 수학 정리이다. 페르마는 17세기 프랑스 수학자로서 수학은 취미였고 본업은 변호사였다. 아마 그래서 수학적 논쟁을 좋아했는지도 모른다. 페르마는 동료에게 자신이 무엇인가를 증명했다고 편지로 알리는 습관이 있었는데, 자신의 증명 내용은 밝히지 않고 상대에게 직접 증명을 해보라고 자극했다. 페르마가 스스로 증명했다고 주장한 여러 수학적 사실 중에는 나중에 거짓이라고 밝혀진 것들도 있다. 하지만 적어도 하나는 참이라고 증명되었는데, 바로 오늘날 페르마의 마지막 정리라 알려진 것이다. 이 정리는 참임이 증명되었지만 페르마가 생각했던 것보다 실제로 증명하기 굉장히 어려웠다.

여기에서 우리가 사용할 것은 명백히 참인 수학적 명제로서, 내포하는 의미는 크지만 **페르마의 작은 정리**(Fermat's little theorem)라 불린다. 페르마는 늘 그랬듯이 종이에 따로 적지 않았지만 분명히 이 정리를 증명했을 것이다. 그가 어떻게 이 정리를 발견했는지 알려지지 않았지만, 우리가 이미 탐구했던 아이디어들을 이용하면 발견 과정을 충분히 그려볼 수 있다.

원소의 개수가 소수(prime number)인 아주 작은 알파벳 집합에 대해 곱셈 암호를 적용한다고 가정하자. 예를 들어 13개 문자로 이루어진 하와이어 알파벳을 보자. 키 값을 3이라고 하면 이 알파벳에 대한 암호문 알파벳은 다음 표와 같다.

평문	숫자	곱하기 3	암호문
a	1	3	I
e	2	6	H
i	3	9	M
o	4	12	W
u	5	2	E
h	6	5	U
k	7	8	L

평문	숫자	곱하기 3	암호문
l	8	11	P
m	9	1	A
n	10	4	O
p	11	7	K
w	12	10	N
`	13	13	`

중요한 것은 13이 소수이기 때문에 3이 좋은 키가 된다는 것이다. 물론 1부터 12까지 모두 좋은 키가 된다. 따라서 표에서 숫자가 나열되어 있는 두 열은 나열된 순서만 다르지 같은 집합이다. 이 암호가 좋은 암호인지 확인하고 싶다면 각 열을 더해 보면 될 것이다. 모듈로 13에 대해서 결국 같은 수들의 집합이므로 두 열의 합은 다음과 같이 모듈로 13에 대해 합동이다.

$$1 + 2 + 3 + \cdots + 13 \equiv (1 \times 3) + (2 \times 3) + (3 \times 3) + \cdots + (13 \times 3) \quad \text{mod } 13$$

여기서 우변의 항을 3으로 묶으면 다음과 같이 된다.

$$1 + 2 + 3 + \cdots + 13 \equiv (1 + 2 + 3 + \cdots + 13) \times 3 \quad \text{mod } 13$$
$$91 \equiv 91 \times 3 \quad \text{mod } 13$$
$$\equiv 0 \times 3 \quad \text{mod } 13$$

그런데 별로 흥미로울 것이 없다. 이번에는 각 열의 수를 더하지 말고 곱해보자. 그러면 다음과 같은 결과가 나온다.

$$1 \times 2 \times 3 \times \cdots \times 13 \equiv (1 \times 3) \times (2 \times 3) \times (3 \times 3) \times \cdots \times (13 \times 3) \quad \text{mod } 13$$
$$1 \times 2 \times 3 \times \cdots \times 0 \equiv (1 \times 3) \times (2 \times 3) \times (3 \times 3) \times \cdots \times (0 \times 3) \quad \text{mod } 13$$
$$0 \equiv 0 \quad \text{mod } 13$$

열을 더할 때보다 더 흥미롭지 못하다. 그러나 각 열의 끝에 있는 13이 문제라는 것을 분명히 알 수 있다. 따라서 13을 빼고 곱해보자.

$$1 \times 2 \times 3 \times \cdots \times 12 \equiv (1 \times 3) \times (2 \times 3) \times (3 \times 3) \times \cdots \times (12 \times 3) \quad \mod 13$$

우변에서 키 값으로 생겨난 3을 모두 한편으로 빼어 정리한다.

$$1 \times 2 \times 3 \times \cdots \times 12 \equiv (1 \times 2 \times 3 \times \cdots \times 12) \times 3^{12} \quad \mod 13$$

양변에서 $1\times2\times3\times\cdot\cdot\cdot\times12$를 약분하면 다음과 같다.

$$1 \equiv 3^{12} \quad \mod 13$$

이번에는 꽤 흥미로운 결과를 얻었다. 여러분도 같은 생각이었으면 좋겠다.

주목할 점은 반드시 13과 3이 아니어도 된다는 것이다. 모듈로로 아무 소수를 선택해도 되고, 아무 키라도 좋은 키이기만 하면 충분하다. 따라서 페르마의 작은 정리는 다음과 같다.

정리(페르마의 작은 정리)

임의의 소수 p와 p보다 작은 양의 정수 k에 대해 다음 식이 항상 성립한다.

$$k^{p-1} \equiv 1 \quad \mod p$$

6.3 지수연산을 이용한 복호화

이제 원래 목표를 시도해 볼 수 있을 것이다. 우리가 원하는 것은 다음 암호화 공식을 이용해 만든 암호문을 원상태로 되돌리는 것이다.

$$C \equiv P^{e} \quad \mod 2819$$

1.3절에서 모듈로 개념을 사용할 때, 역의 연산을 수행하려면 주어진 연산을 같은 방식으로 수행하면 된다고 했던 말이 기억날 것이다. 따라서 다음 식을 만족하는 수 $\bar{e}$를 찾아야 한다.

$$C^{\bar{e}} \equiv P \qquad \text{mod } 2819$$

$C \equiv P^e$ (mod 2819)이므로 이를 앞의 식에 대입하면 다음과 같다.

$$(P^e)^{\bar{e}} \equiv P \qquad \text{mod } 2819$$

여기에 지수법칙을 적용하면 결국 다음 식이 성립한다.

$$P^{e\bar{e}} \equiv P \qquad \text{mod } 2819$$

페르마의 작은 정리를 자세히 보면 다음 식이 성립하는데,

$$P^{2818} \equiv 1 \qquad \text{mod } 2819$$

이것을 다르게 표현하면 다음 식이 성립한다고 할 수 있다.

$$P^{2818} \equiv P^0 \qquad \text{mod } 2819$$

우리는 모듈로 2819에 대해 지수연산을 하고 있으므로 전체적으로 볼 때 2819과 0은 같은 것이다. 그러나 페르마의 작은 정리에서 지수만 본다면 2818과 0이 같다고 할 수 있다. 일반적으로 임의의 소수를 p라 할 때, 모듈로 p에 대한 지수방정식을 다루고 있다면 지수에 대해서는 모듈로 $p-1$에 대한 연산을 한다고 할 수 있다. 그러므로 우리가 찾고 있는 $\bar{e}$는 모듈로 2818에서 e의 곱셈에 대한 역원이어야 한다. 지수의 이런 성질은 오직 소수 p에 대해서만 성립한다는 사실에 주목할 필요가 있다. 소수가 아닌 수에 대한 이와 비슷한 성질은 6.6절에서 다룰 것이다.

모듈로 2818에서 e의 곱셈에 대한 역원을 구하고자 앞에서 정한 암호화 지수 e =769와 2818에 대해 1.3절에서 소개한 유클리드 호제법을 적용하자. 그때보다 중간 과정을 생략해서 전개하지만 필요한 부분은 채워 넣을 것이다.

$$
\begin{aligned}
2818 &= 769 \times 3 + 511 & 511 &= 2818 - (769 \times 3) \\
769 &= 511 \times 1 + 258 & 258 &= 769 - (511 \times 1) \\
& & &= (769 \times 4) - (2818 \times 1) \\
511 &= 258 \times 1 + 253 & 253 &= 511 - (258 \times 1) \\
& & &= (2818 \times 2) - (769 \times 7) \\
258 &= 253 \times 1 + 5 & 5 &= 258 - (253 \times 1) \\
& & &= (769 \times 11) - (2818 \times 3) \\
253 &= 5 \times 50 + 3 & 3 &= 253 - (5 \times 50) \\
& & &= (2818 \times 152) - (769 \times 557) \\
5 &= 3 \times 1 + 2 & 2 &= 5 - (3 \times 1) \\
& & &= (769 \times 568) - (2818 \times 155) \\
3 &= 2 \times 1 + 1 & 1 &= 3 - (2 \times 1) \\
& & &= (2818 \times 307) - (769 \times 1125)
\end{aligned}
$$

따라서 다음 식이 성립한다.

$$1 = (2818 \times 307) + (769 \times -1125)$$

합동식으로 나타내면 다음이 성립한다.

$$1 \equiv 769 \times -1125 \quad \mod 2818 \equiv 769 \times 1693 \quad \mod 2818$$

즉, 모듈로 2818에 대해 769의 덧셈에 대한 역원은 1693이라는 것을 알 수 있다. 따라서 평문의 첫 번째 블록에 적용하면 다음과 같다.

$$P \equiv C^{1693} \equiv 1592^{1693} \equiv 1615 \quad \mod 2819$$

아하! 1615는 평문 'po'에 대응한다. 이런 식으로 복호화를 완성하면 다음과 같다.

암호문:	1592	783	2264	924	211	44	1220	1548
1693제곱:	1615	2305	1820	1520	805	1605	1516	1205
숫자 분할:	16, 15	23, 5	18, 20	15, 20	8, 5	16, 5	15, 16	12, 5
평문:	po	we	rt	ot	he	pe	op	Le

복호화하기 위해 밥에게 필요한 $\bar{e}$는 전통적으로 d라 표기하고 **복호화 지수**(decryption exponent)라 한다. 지금까지 내용을 요약하자면 앨리스와 밥은 평문 블록에서 가능한 가장 큰 수보다 더 큰 소수 p를 선택해야 한다. 게다가 키가 되는 암호화 지수 e는 $p-1$과 최대공약수가 1이어야 한다. 즉, $p-1$과 서로소인 수를 키 값 e로 선택해야 한다. 그래야 모듈로 $p-1$에서 곱셈에 대한 e의 역원이 존재한다. 그러면 밥은 모듈로 $p-1$에 대해 e의 역원 d를 계산해야 한다. 앨리스는 다음과 같은 암호화 공식을 이용해서 암호화하고,

$$C \equiv P^e \mod p$$

밥은 다음과 같은 복호화 공식을 이용해 복호화한다.

$$P \equiv C^d \mod p$$

이것이 **폴리그-헬만 지수 암호**(Pohlig-Hellman exponentiation cipher)이다. 1976년 스티븐 폴리그(Stephen Pohlig)와 마틴 헬만(Martin Hellman)은 우리가 7장에서 살펴볼 공개키 암호체계를 연구하다가 이 암호를 발명했다.

6.4 이산대수 문제

이제 우리는 폴리그-헬만 암호를 이용해 암호화하거나 복호화할 수 있다. 그렇다면 이브는 어떤 공격을 쓸 수 있을까? 무차별 대입 공격에 대한 저항력을 평가하는 방법은 키가 얼마나 많은지 확인하는 것이다. 1부터 $p-1$까지 중에서 $p-1$과 서로소인 수는 모두 좋은 키가 된다. 만약 p가 2819라면 $p-1 = 2818 = 2\times1409$이며, 1409는 소수이다. 따라서 e는 1부터 2818 사이의 수 가운데 2와 1409를 소

인수로 갖지 않는 수이다. 즉, 1409를 제외한 홀수이면 된다. 그런 수는 모두 1,408개 있으므로 좋은 키의 개수는 1,408이다. 이것은 그렇게 많은 수는 아니지만 그래도 걱정할 필요는 없다. 더 큰 수를 모듈로로 선택해서 좋은 키를 더 많이 얻을 수 있기 때문이다. 그러므로 무차별 대입 공격은 큰 문제가 되지 않는다. 또한, 커다란 블록을 사용함으로써 암호문 단독 공격도 무력화시킬 수 있다.

그러면 알려진 평문 공격은 어떨까? 알려진 평문 공격에 대한 저항력이 있는 암호로 평가받으려면 앨리스가 암호화하거나 밥이 복호화하는 것보다 이브가 키를 복구하는 작업이 더 어려워야 한다. 만약 모듈로 연산을 기반으로 하지 않는다면 키는 쉽게 복구될 수 있을 것이다. 지수 표현에서 밑을 알고 있을 때 지수를 구하는 방법은 로그를 취하는 것이다. $C = P^e$이라면 $e = \log_P C$이다. 이 경우 이브는 평문이 1615이고 대응하는 암호문이 1592임을 알고 있다. 따라서 $1615^e = 1592$이므로 $e = \log_{1615} 1592$이다. 그러나 $\log_{1615} 1592$는 대략 0.9981이므로 또다시 모듈로 연산이 상황을 엉망으로 만들어 버렸다. 모듈로 지수방정식 $C \equiv P^e \pmod p$를 만족하는 정수 e를 찾아내는 문제를 **이산대수 문제**(discrete logarithm problem)라 한다. 이것이 암호를 해독하기 위해 이브가 풀어야 하는 문제이다.

이산대수 문제를 푸는 것이 암호화나 복호화보다 더 어려운지는 확실히 밝혀지지 않았다. P와 C의 몇 가지 예를 알고 있다면 이브가 가장 먼저 할 일은 소수 p를 추측하는 것이다. 메시지에서 가장 큰 암호문 숫자를 알면 상당히 쉽게 추측할 수 있다. 그다음은 C를 얻을 때까지 모듈로 p에 대해 P를 거듭제곱하는 것이다. 그때 거듭제곱의 횟수가 바로 e가 된다.

이것은 앨리스가 암호화할 때 수행하는 작업과 몹시 비슷해 보인다. 그렇지 않은가? 사실 앨리스가 P를 e번 거듭제곱하는 것은 가장 좋은 암호화 방법이 아니다. 여기 더 좋은 방법이 있다.

$e = 769$일 때를 생각해보자. 4.1절에서 769가 실제로 $7 \times 10 \times 10 + 6 \times 10 + 9$를 의미한다고 했다. 따라서 다음이 성립한다.

$$P^{769} = P^{7\times10\times10+6\times10+9} = ((P^{10})^{10})^7 (P^{10})^6 P^9$$

잘 생각해 보면 앨리스는 곱셈을 768번이 아니라 단지 46번만 하면 된다는 것을 알 수 있다. 반면에 이브는 e를 미리 알지 못하므로 이처럼 분리해서 계산할 수 없고, 따라서 768번을 모두 곱해야 한다.

2015년 기준으로 35년 이상을 이산대수 문제를 빨리 푸는 방법을 찾으려는 노력이 끊이지 않았지만, 여전히 이브는 앨리스와 밥의 속도를 따라잡지 못한다. 그러나 이브가 앨리스와 밥의 속도를 따라잡을 수 없다고 증명한 사람도 아직은 없다. 앞으로 몇 장에 걸쳐 우리가 살펴볼 다른 문제와 마찬가지로 이산대수 문제의 난해성은 잘 알려져 있다. 하지만 아무도 확신할 수는 없다. 이 문제는 7.2절에서 더 논의하기로 하자.

6.5 합성수 모듈로

폴리그-헬만 암호에서 2819와 같은 소수를 모듈로로 사용해야 하는 것이 조금 성가시게 생각될지도 모르겠다. 블록 크기가 2일 때는 차라리 다루기 쉽도록 3000으로 반올림해서 사용하는 것이 나을 것이다. 아니면, 가장 큰 블록 2626과 모듈로 사이에 다른 수가 있으면 귀찮을 수 있으므로 정확히 2626을 모듈로로 사용해도 좋을 것 같다. 이 수들은 2개 이상의 소수의 곱으로 표현되므로 **합성수**(composite number)이다.

합성수 모듈로에 대해서도 아무 문제 없이 지수연산을 이용한 암호화가 가능하다. 예를 들어, 앨리스는 암호화 지수 $e = 769$와 모듈로 2626을 사용해서 밥에게 보낼 메시지를 암호화하려고 한다. 이전과 마찬가지로 앨리스는 평문을 숫자로 변환하고 각 블록의 수를 769제곱한다.

평문:	de	co	mp	os	in
숫자:	4, 5	3, 15	13, 16	15, 19	9, 14
숫자 병합:	405	315	1316	1519	914
769제곱:	405	1667	1992	817	1148

평문:	gc	om	po	se	Rs
숫자:	7, 3	15, 13	16, 15	19, 5	18, 19
숫자 병합:	703	1513	1615	1905	1819
769제곱:	1405	603	1615	137	1819

여기에서도 복호화가 문제인데, 이번에는 페르마의 작은 정리를 이용해도 해결할 수 없을 것이다. 6.2절에서 다룬 것과 비슷한 예를 살펴봄으로써 문제가 무엇인지 알아보자. 이번에는 13문자로 된 하와이어 알파벳 대신에 15문자로 된 마오리어 알파벳에 곱셈 암호를 적용할 것이다. 13은 소수이지만 15 = 3×5는 합성수라는 점에 주목하자. 15가 소수가 아니므로 1부터 14까지 모든 수가 다 좋은 키가 되는 것은 아니다. 하지만 2는 15와 서로소이므로 좋은 키가 될 수 있다.

평문	숫자	곱하기 2	암호문
a	1	2	E
e	2	4	I
h	3	6	M
i	4	8	O
k	5	10	R
m	6	12	U
n	7	14	NG
o	8	1	A
p	9	3	H
r	10	5	K
t	11	7	N
u	12	9	P
w	13	11	T
ng	14	13	W
wh	15	15	WH

6.2절에서 모듈로가 소수였을 때 우리는 왼쪽 열의 수를 모두 곱하고, 오른쪽 열의 수를 모두 곱했다. 다만, 각 열의 마지막 수는 모듈로 연산에서는 0이 되므로 제외했다. 여기에서도 같은 방식으로 곱하면 다음을 얻는다.

$$1 \times 2 \times 3 \times \cdots \times 14 \equiv (1 \times 2) \times (2 \times 2) \times (3 \times 2) \times \cdots \times (14 \times 2) \quad \bmod 15$$
$$1 \times 2 \times 3 \times \cdots \times 14 \equiv (1 \times 2 \times 3 \times \cdots \times 14) \times 2^{14} \quad \bmod 15$$

양변에서 $1 \times 2 \times 3 \times \cdot\cdot\cdot \times 14$를 약분하고 싶은데, 불행히도 모든 수가 다 곱셈에 대한 역원을 가지고 있는 것이 아니다. 15와 서로소인 수만 곱셈에 대한 역원을 가지므로 그 수들만 양변에서 약분할 수 있다.

이는 나쁜 키를 갖는 암호체계에서 발생하는 문제와 같다. $15 = 3 \times 5$이므로 3이나 5의 배수는 제외하고 앞선 과정을 다시 시작해야 한다.

평문	숫자	곱하기 2	암호문
a	1	2	E
e	2	4	I
i	4	8	O
n	7	14	NG
o	8	1	A
t	11	7	N
w	13	11	T
ng	14	13	W

왼쪽 열과 오른쪽 열에 순서는 다르지만 같은 수들이 나열되어 있다. 이것은 당연하다. 왼쪽 열에 있는 수가 3이나 5의 배수라면 그 수에 2를 곱해도 여전히 3이나 5의 배수가 되기 때문에 양쪽에서 같은 수들을 뺀 것이다.

다시 각 열의 수를 곱하면 다음을 얻는다.

$$1 \times 2 \times 4 \times 7 \times 8 \times 11 \times 13 \times 14$$
$$\equiv (1 \times 2) \times (2 \times 2) \times (4 \times 2) \times \cdots \times (14 \times 2) \quad \bmod 15$$
$$1 \times 2 \times 4 \times 7 \times 8 \times 11 \times 13 \times 14$$
$$\equiv (1 \times 2 \times 4 \times 7 \times 8 \times 11 \times 13 \times 14) \times 2^{8} \quad \bmod 15$$

이제 모든 수가 각기 곱셈에 대한 역원을 가지므로 $1\times2\times4\times7\times8\times11\times13\times14$를 양변에서 약분할 수 있다. 결과적으로 다음이 성립한다.

$$1 \equiv 2^8 \mod 15$$

여기에서도 2를 키로 선택한 것은 중요하지 않다. 2 대신 다른 좋은 키를 사용해도 마찬가지다. 그러나 모듈로 선택은 결과에 영향을 미치며, 앞의 거듭제곱식에서 지수가 8인 것도 모듈로가 15이기 때문이다. 왜 그렇게 되는지 알아낸다면 밥이 메시지를 복호화하는 방법을 곧 알 수 있을 것이다.

6.6 오일러 파이 함수

이제 앞 절의 마지막 예에서 어떻게 해서 지수가 8이 되었는지 자세히 살펴보자. 먼저 1부터 15까지 모든 수를 나열한다.

$$1, 2, 3, 4, 5, 6, 7, 8, 9, 10, 11, 12, 13, 14, 15$$

그리고 15와 서로소가 아닌 수를 모두 없앤다.

$$1, 2, \not{3}, 4, \not{5}, \not{6}, 7, 8, \not{9}, \not{10}, 11, \not{12}, 13, 14, \not{15}$$

그래서 남은 수가 8개이다. 다시 말해 15 이하의 양의 정수 중에서 15와 서로소인 수가 8개이다.

n보다 작거나 같은 양의 정수 중에서 n과 서로소인 수의 개수를 그리스 문자 ϕ(파이)를 사용해서 $\phi(n)$이라 표기한다. 예를 들면 다음과 같다.

n	$\phi(n)$	n	$\phi(n)$
1	1	11	10
2	1	12	4
3	2	13	12
4	2	14	6

n	$\phi(n)$	n	$\phi(n)$
5	4	15	8
6	2	16	8
7	6	17	16
8	4	18	6
9	6	19	18
10	4	20	8

우리는 이미 n이 소수일 때 $\phi(n)$이 얼마인지 알고 있다. n 이하의 양의 정수 중에서 n을 제외한 모든 수의 개수이다. 그러나 n이 소수가 아니라면 이 함수는 꽤 복잡해진다.

이 함수의 패턴을 알아낸 사람은 19세기 가우스나 17세기 페르마에 비유되는, 18세기의 위대한 천재 수학자 레온하르트 오일러(Leonhard Euler)이다. 오일러는 스위스에서 태어났지만 주로 러시아와 프러시아의 명성 높은 학술원에서 연구 활동을 했다. 1736년 그는 처음으로 페르마의 작은 정리를 증명했고, 이후에 여러 논문을 추가로 발표했다. 1736년 발표한 논문에서 오일러는 오늘날 **오일러 파이 함수**라고 불리는 $\phi(n)$을 소개하고, 이 함수를 사용해 **오일러 페르마 정리**(Euler-Fermat theorem)를 증명했다.

정리(오일러 페르마 정리)

임의의 양의 정수 n과 임의의 k에 대해 다음 식이 성립한다. 단, 이때 k는 n보다 작거나 같은 양의 정수 중에서 n과 서로소인 수이다.

$$k^{\phi(n)} \equiv 1 \mod n$$

n이 소수라면 $\phi(n)$은 $n-1$이므로 이 정리는 페르마의 작은 정리와 같다. 만일 n이 15라면 $\phi(n)$은 8이며, 정확히 우리가 앞에서 살펴본 것과 같다. 이제 우리는 오일러 파이 함수가 무엇인지 알고, 대략 어떤 용도로 쓰이는지도 안다. 만일 1과 n까지 모든 수에 대해 n과의 최대공약수를 각각 구해보고 $\phi(n)$을 계산해야 한다면 시간이 아주 오래 걸릴 것이다.

다행히 이보다 쉬운 방법이 있다. 다시 앞의 예로 돌아가서 '나쁜 키'를 제거하는 과정을 조금 더 자세히 살펴보자. 15의 약수는 1, 3, 5, 15이므로, 먼저 우리는 3의 배수를 제거해야 한다.

$$\begin{array}{ccc} 1 & 2 & \cancel{3} \\ 4 & 5 & \cancel{6} \\ 7 & 8 & \cancel{9} \\ 10 & 11 & \cancel{12} \\ 13 & 14 & \cancel{15} \end{array}$$

세 번째 오는 수를 차례대로 제거하면 15/3 = 5개의 수가 제거된다. 다음으로 5의 배수도 제거해야 한다.

$$\begin{array}{ccccc} 1 & 2 & 3 & 4 & \cancel{5} \\ 6 & 7 & 8 & 9 & \cancel{10} \\ 11 & 12 & 13 & 14 & \cancel{15} \end{array}$$

이번에는 차례대로 다섯 번째 수를 모두 제거한다. 따라서 15/5 = 3개가 제거된다. 15의 배수는 3의 배수이므로(물론 5의 배수이기도 하므로) 이미 제거되었고, 그래서 별도로 제거할 필요가 없다.

그렇다면 제거되지 않은 수는 몇 개인가? 분명히 15 − 3 − 5 = 7개이다. 그러나 앞에서는 8개였다. 왜 이런 차이가 생겼을까? 그것은 3과 5의 공배수인 15를 두 번 뺐기 때문이다. 따라서 한 번은 도로 포함해야 한다. 따라서 15 − 3 − 5 + 1 = 8개의 수가 남아 있다. 일반적으로 p와 q가 서로 다른 소수라면 다음 공식이 성립한다.

$$\phi(pq) = pq - p - q + 1$$

대수학을 조금 이용하면 다음과 같이 인수분해된 형태로 바꿀 수 있다.

$$\phi(pq) = (p-1)(q-1)$$

이제 우리가 모듈로로 사용하는 n에 대한 $\phi(n)$은 얼마일까? 이 경우 $n = 2626 = 2 \times 13 \times 101$이었다. 2626과 서로소가 아닌 수를 단계적으로 제거한다면 처음에 제거되는 수의 개수는 다음과 같다.

$$\frac{2626}{2} + \frac{2626}{13} + \frac{2626}{101} = 13 \times 101 + 2 \times 101 + 2 \times 13$$

그러나 두 번 중복해서 제거되는 수가 있다. 그 개수가 다음과 같으므로 그만큼 도로 더해 줘야 한다.

$$\frac{2626}{2 \times 13} + \frac{2626}{2 \times 101} + \frac{2626}{13 \times 101} = 101 + 13 + 2$$

하지만 2626은 세 번 제거되었다가 세 번을 도로 더했으므로 다시 한 번 빼야 한다. 따라서 2626에 대한 오일러 파이 값은 다음과 같다.

$$\phi(2626) = 2626 - 2 \times 13 - 2 \times 101 - 13 \times 101 + 2 + 13 + 101 - 1 = 1200$$

일반적으로 서로 다른 소수 p, q, r에 대해 다음 식이 성립한다.

$$\begin{aligned} \phi(pqr) &= pqr - pq - pr - qr + p + q + r - 1 \\ &= (p-1)(q-1)(r-1) \end{aligned}$$

이제 서로 다른 소수들의 곱으로 표현되는 수에 대한 오일러 파이 함수의 패턴을 알 수 있을 것이다.

6.7 합성수 모듈로의 복호화

이제 우리는 모듈로가 합성수인 폴리그-헬만 지수 암호로 암호화된 메시지를 복호화하는 방법을 찾아낼 수 있다. 일단 $\phi(n)$을 알고 있으므로 오일러 페르마 정리에 의해 다음이 성립한다.

$$p^{\phi(n)} \equiv 1 \equiv P^0 \qquad \bmod n$$

이것은 우리가 모듈로 n에 대한 지수방정식을 다루고 있다면 지수는 모듈로 $\phi(n)$에 대해 생각하면 된다는 말이다. 즉, 페르마의 작은 정리에 대해서 성립했던 관계와 같은 것이다. n = 2626일 때 오일러 페르마 정리를 적용하면 다음과 같다.

$$P^{1200} \equiv P^0 \qquad \text{mod } 2626$$

암호화 지수를 e = 769라 하자. 만일 모듈로 1200에서 e의 곱셈에 대한 역원이 존재한다면 그 역원이 복호화 지수가 될 것이다. 모듈로 1200에 대해 e의 역원이 존재하려면 e와 1200이 서로소여야 한다는 사실을 기억하자. 그렇지 않으면 e는 나쁜 키이며, 앨리스는 애초에 이것을 키로 선택하지 말아야 한다.

따라서 복호화 과정에서 밥이 가장 먼저 해야 할 일은 다음과 같이 유클리드 호제법을 사용해 모듈로 1200에 대해 e = 769의 곱셈에 대한 역원을 찾는 것이다.

$$\begin{aligned}
1200 &= 769 \times 1 + 431 & 431 &= 1200 - (769 \times 1) \\
769 &= 431 \times 1 + 338 & 338 &= 769 - (431 \times 1) \\
& & &= (769 \times 2) - (1200 \times 1) \\
431 &= 338 \times 1 + 93 & 93 &= 431 - (338 \times 1) \\
& & &= (1200 \times 2) - (769 \times 3) \\
338 &= 93 \times 3 + 59 & 59 &= 338 - (93 \times 3) \\
& & &= (769 \times 11) - (1200 \times 7) \\
93 &= 59 \times 1 + 34 & 34 &= 93 - (59 \times 1) \\
& & &= (1200 \times 9) - (769 \times 14) \\
59 &= 34 \times 1 + 25 & 25 &= 59 - (34 \times 1) \\
& & &= (769 \times 25) - (1200 \times 16) \\
34 &= 25 \times 1 + 9 & 9 &= 34 - (25 \times 1) \\
& & &= (1200 \times 25) - (769 \times 39) \\
25 &= 9 \times 2 + 7 & 7 &= 25 - (9 \times 2) \\
& & &= (769 \times 103) - (1200 \times 66) \\
9 &= 7 \times 1 + 2 & 2 &= 9 - (7 \times 1) \\
& & &= (1200 \times 91) - (769 \times 142) \\
7 &= 2 \times 3 + 1 & 1 &= 7 - (2 \times 3) \\
& & &= (769 \times 529) - (1200 \times 339)
\end{aligned}$$

따라서 다음이 성립하고,

$$1 = (769 \times 529) + (1200 \times -339)$$

복호화 지수는 $d = 529$가 된다.

$$1 \equiv 769 \times 529 \quad \mod 1200$$

그러므로 복호화하면 다음과 같다.

암호문:	405	1667	1992	817	1148
529제곱:	405	315	1316	1519	914
숫자 분할:	4, 5	3, 15	13, 16	15, 19	9, 14
평문:	de	co	mp	os	in
암호문:	1405	603	1615	137	1819
529제곱:	703	1513	1615	1905	1819
숫자 분할:	7, 3	15, 13	16, 15	19, 5	18, 19
평문:	gc	om	po	se	rs

실제로 여기에는 약간의 속임수가 사용되었다. 오일러 페르마 정리는 단지 P와 n이 서로소일 때 우리가 원하는 대로 지수가 행동함을 보장해 준다. 따라서 앞의 예에서 1316과 같은 일부 평문 블록에는 해당하지 않는다. 실제로 1316과 2626의 최대공약수는 2이다. n이 서로 다른 소수의 곱으로 소인수분해되면 항상 복호화가 알맞게 진행된다고 밝혀졌는데, 이 책에서는 따로 증명하지 않겠다. 원한다면 책 뒷부분에 달아놓은 노트의 문헌을 보기 바란다.

사이드바 6.1: 더 큰 파이를 찾아서

소수들의 거듭제곱으로 소인수분해되는 n에 대해 폴리그-헬만 암호는 쉽게 사용할 수 없을지라도 $\phi(n)$의 공식은 찾을 수 있다. 예를 들어 $n = 12 = 2^2 \times 3$이라 하자. 12의 약수는 1, 2, 3, 4, 6, 12이다. 나쁜 키를 제거할 때 2의 배수와 3의 배수를 제거해야 한다. 그러면 4, 6, 12의 배수도 모두 제거될 것이다. 먼저 2의 배수를 제거하자.

$$\begin{array}{cc} 1 & \cancel{2} \\ 3 & \cancel{4} \\ 5 & \cancel{6} \\ 7 & \cancel{8} \\ 9 & \cancel{10} \\ 11 & \cancel{12} \end{array}$$

그러면 12/2 = 6개가 제거된다. 다음으로 3의 배수를 모두 제거한다.

$$\begin{array}{ccc} 1 & 2 & \cancel{3} \\ 4 & 5 & \cancel{6} \\ 7 & 8 & \cancel{9} \\ 10 & 11 & \cancel{12} \end{array}$$

그러면 12/3 = 4개가 제거된다. 12와 6은 모두 2와 3의 공배수이기 때문에 두 번씩 제거되었다. 그래서 한 번씩 도로 더한다. 따라서 $\phi(n) = 12 - 6 - 4 + 2 = 4$이다. 일반적으로 서로 다른 소수 p, q에 대해 다음 식이 성립한다.

$$\phi(p^a q^b) = p^a q^b - \frac{p^a q^b}{p} - \frac{p^a q^b}{q} + \frac{p^a q^b}{pq}$$

더 흔히 쓰이는 형태로 정리하면 다음과 같다.

$$\phi(p^a q^b) = \left(p^a - \frac{p^a}{p}\right)\left(q^b - \frac{q^b}{q}\right) = \left(p^a - p^{a-1}\right)\left(q^b - q^{b-1}\right)$$

n이 서로 다른 세 소수의 거듭제곱 꼴이라면, 즉 $n = p^a q^b r^c$이라면 다음과 같고, 소수의 개수가 늘어날 때도 이런 패턴으로 계속된다.

$$\phi(p^a q^b r^c) = \left(p^a - p^{a-1}\right)\left(q^b - q^{b-1}\right)\left(r^c - r^{c-1}\right)$$

예를 들어 $n = 3000 = 2^3 \times 3 \times 5^3$에 대한 오일러 파이 값은 다음과 같다.

$$\phi(3000) = (2^3 - 2^2) \times (3 - 1) \times (5^3 - 5^2) = 800$$

앨리스는 $e = 769$, $n = 3000$에 대해 다음과 같이 암호화할 수 있다.

평문:	sy	st	em	er	ro	rx
숫자:	19, 25	19, 20	5, 13	5, 18	18, 15	18, 24
숫자 병합:	1925	1920	513	518	1815	1824
769제곱:	125	0	2073	368	375	2424

유클리드 호제법을 사용한다면 밥은 모듈로 800에 대해 769의 역원이 129임을 알아낼 것이다. 따라서 복호화 지수 $d = 129$를 사용해 다음과 같이 복호화를 시도할 수 있다.

암호문:	125	0	2073	368	375	2424
129제곱:	125	0	513	2768	375	1824
숫자 분할:	1, 25	0, 0	5, 13	27, 68	3, 75	18, 24
평문?:	ay	??	em	??	c?	rx

P와 n이 서로소가 아니면 오일러 페르마 정리는 제대로 된 복호화를 보장하지 않음을 기억하자. 앞의 표를 보면 제대로 된 문자쌍처럼 보이는 블록이 두 곳인데, 하나는 3000과 서로소인 513이다. 다른 하나는 3000과의 최대공약수가 $24 = 2^3 \times 3$인 1824인데, 어쨌든 제대로 복호화된 것처럼 보인다. 하지만 나머지 블록은 틀린 문자쌍이나 문자에 대응되지 않는 숫자가 나왔다. 분할된 두 자리 수를 모듈로 26을 적용해 줄이면 문제가 해결되리라 생각할 수도 있겠지만 사실은 그렇지 않다. 복호화 체계가 맞게 작동하고 있다면 밥은 앨리스가 처음에 사용한 숫자를 그대로 얻을 수 있어야 한다. $\phi(n)$의 일반 공식은 다른 상황에 대해서는 유용하게 쓰이지만, 폴리그-헬만 지수 암호에 대해서는 꼭 그렇지만은 않다.

6.8 장을 마치며

그렇다면 지수 암호는 현대 암호의 첨단에 서 있을까? 공교롭게도 지수 암호는 실제로 그렇게 많이 사용되지 않는다. 오히려 AES와 같은 암호가 해독 공격에 대한 저항력이 좋고, 심지어 앞서 잠깐 설명한 지수연산의 속도를 높이는 기법을 사용했을 때의 지수 암호보다도 속도가 훨씬 더 빠르다. 그러나 지수 암호에 사용된 아이디어와 특히 이산대수 문제의 난해성은 공개키 암호기술이라고 알려진 아주 흥미진진한 암호체계에 더할 나위 없이 중요한 개념으로 쓰인다. 이에 대해서는 7장과 8장에서 다룬다.

폴리그와 헬만은 지수 암호를 개발하는 과정에서 합성수를 모듈로로 사용할 생각을 잠깐 했었다. 그러나 편리함을 추구하는 데 복잡함을 끌어들일 필요가 없다고 판단해서 그 생각을 접었다. 그것은 엄청난 실수였다. 합성수를 모듈로로 하는 지수연산 방식은 7.4절에서 살펴볼 매우 중요한 암호체계의 핵심 요소이다.

다른 한편, 폴리그와 헬만은 4.5절에서 살펴본 유한체 연산(유한체는 사칙연산을 자유롭게 할 수 있는, 유한개의 원소로 구성된 집합을 말하며 정수를 소수 p로 나눈 나머지의 집합이 대표적인 예다.)을 이용한 지수 암호기법도 알아냈다. 모듈로 2에 대한 유한체 연산은 컴퓨터가 비트를 조작할 수 있도록 해주는 편리한 방법이므로 이것 역시 암호기술의 중요한 개념이다.

7

공개키 암호

7.1 공개키 암호, 바로 공개되다

지금까지 암호에 대해 이야기하면서 우리는 암암리에 앨리스와 밥, 이브에 대한 몇 가지 사항을 가정했다. 그 중 하나는 앨리스와 밥이 그들이 사용할 키를 약속하기 위해 메시지를 송수신하기 전에 이브가 엿들을 수 없는 어떤 장소에서 만나거나 이브가 엿들을 수 없는 통신 방법을 알고 있어야 한다는 것이다. 정말로 필수이면서 논리적으로 당연해 보이는 조건이기 때문에 2,000여 년 동안 아무도 그 가정에 대해 진지하게 의심한 적이 없었다. 앨리스와 밥이 보안이 철저한 장소에서 만나려면 여러모로 불편하겠지만, 미리 약속 시간을 정할 수 있고 오래 만날 필요도 없기 때문에 대부분 안전하게 만날 수 있다. 역사를 보면 앨리스와 밥이 아무것도 미리 약속하지 않고 통신한 사례도 있었다. 과거에는 비상 상황이 발생하면 앨리스는 밥이 영리해서 메시지를 읽어낼 수 있기를 바라면서, 하지만 이브는 그러지 못하기를 바라면서 메시지를 보내야 했다. 그러나 큰 위험을 감수해야 하고, 안전을 뒷받침하는 기반이 거의 없는 방법이다.

1974년 가을 랄프 머클(Ralph Merkle)은 캘리포니아대학교 버클리 캠퍼스에서 컴퓨터 보안 과목을 수강하며 학부 마지막 학기를 보내고 있었다. 강의 시간에 암호기술을 조금 다루기는 했지만 DES가 공식적으로 발표되기 이전이어서 암호기술에 대해 논의할 만한 것이 그렇게 많지 않았다. 그러나 머클의 관심을 사로잡은 것이 하나 있었다. 머클은 모든 사람이 항상 기본적으로 전제하는 그 가정에 대해 의문을 갖기 시작했다. 사전에 키를 약속하지 않고도 앨리스가 밥에게 메시지를 안전하게 보낼 방법이 있지 않을까? 당연히 키는 있어야 할 것이다. 앨리스와 밥은 이브가 엿들어도 이해할 수는 없는 과정을 만들어낸다면 그 과정을 통해 키 정보를 안전하게 교환할 수 있을 것이다. 훗날 스스로 "간단하지만 비효율적인" 발상이었다고 묘사했지만 머클은 이 아이디어를 주제로 첫 번째 연구 과제 제안서를 제출했다. 원래 머클이 수강하고 있던 강의에서는 연구 과제 제안서를 두 편 제출하기로 되어 있었다. 머클이 기본 아이디어를 기술하는 데는 종이 한 장 반으로 충분했지만, 주제의 중요성을 역설하고 문제점을 설명하며 처음에 구상했던 아이디어를 발전시키려다 보니 넉 장 반을 더 추가하게 됐다. 이와 같은 생각을 했던 사람이 전에는 아무도 없었기 때문에 당연히 참고한 문헌은 없었다. 아니나 다를까 교수는 그의 아이디어를 전혀 이해하지 못했고, 머클에게 그것 말고 두 번째 제출한 연구 과제를 하라고 권했다. 그러나 머클은 중도에 수강을 포기하고 그 연구를 계속 했다.

오늘날 흔히 **머클의 퍼즐**(Merkle's puzzle)이라 불리는 머클의 암호화 기법은 여러 차례 수정을 거쳤다. 여기에 소개하는 것은 마지막으로 발표된 버전이다. 첫 번째 단계로 앨리스는 암호화된 메시지(퍼즐)를 많이 만들어 밥에게 보낸다. 그 과정은 그림 7.1과 같다. 이때 사용하는 암호화 함수는 무차별 대입 공격을 이용한다면 "지루하기는 해도 퍼즐이 풀리는" 것이어야 한다. 머클은 128비트 키를 가진 암호를 사용하되, 사용 가능한 모든 키 중에서 극소수만 지정할 것을 제안했다. 아주 간단한 예로 우리는 덧셈 암호를 사용할 것이다. 덧셈 암호를 사용해 앨리스가 암호화한 퍼즐들의 예는 다음과 같다.

VGPVY	QUGXG	PVYGP	VAQPG	UKZVG
GPUGX	GPVGG	PBTPU	XSNHT	JZFEB
GJBAV	ARSVI	RFRIR	AGRRA	GJRYI
RFRIR	AGRRA	VTDHC	BMABD	QMPUP
AFSPO	JOFUF	FOUFO	TFWFO	UXFOU
ZGJWF	TFWFO	UFFOI	RCXJQ	EHHZF
JIZJI	ZNDSO	RZIOT	ADAOZ	ZINZQ
ZIOZZ	IWOPL	KDWJH	SEXRJ	IKAVV
YBJSY	DSNSJ	YJJSY	BJSYD	KNAJX
JAJSK	TZWXJ	AJSYJ	JSFNY	UZAKM
QCTCL	RFPCC	RUCLR	WDMSP	RCCLD
GDRCC	LQCTC	LRCCL	JLXUW	HAYDT
ADLUA	FMVBY	ALUVU	LVULZ	LCLUZ
LCLUA	LLUGE	AMPWB	PSEQG	IKDSV
JXHUU	VYLUJ	XHUUJ	UDDYD	UIULU
DJUUD	AUTRC	SGBOD	ALQUS	ERDWN
RDUDM	SDDMS	VDMSX	RDUDM	SDDMM
HMDSD	DMRHW	SDDMR	DUDMS	DDMAW
BEMTD	MBEMV	BGBPZ	MMMQO	PBMMV
AMDMV	NQDMA	MDMVB	MMVUR	YCEZC

여러 퍼즐을 만든다.

퍼즐, 검산용 수 →

그림 7.1 머클의 퍼즐 시작 단계

앨리스는 밥에게 각 퍼즐에는 무작위로 뽑은 세 분류의 숫자들이 차례로 나열되어 있고 모두가 같은 키로 암호화된 것이라고 설명한다. 처음에 오는 수는 퍼즐을 식별하는 ID 번호이다. 그다음 나오는 일련의 수들은 앨리스와 밥이 실제로 통신하는 데 사용할 수 있는 안전한 암호에서 나온 비밀키이다. 머클은 여기에 다시 키가 128비트인 암호를 쓸 것을 제안했는데, 이번에는 가능한 모든 키를 허용했다. 예를 들어 우리는 2×2 힐 암호를 사용할 것이다. 마지막에 나오는 수는 밥이 퍼즐을 맞게 풀었는지 확인하기 위한 검산용으로써 모든 퍼즐에 대해 동일하다. 우리가 사용할 검산용 수는 seventeen (17)이다. 마지막에는 퍼즐의 길이가 모두 같아지도록 무작위로 무효 문자를 채운다.

밥은 여러 퍼즐 중에서 무작위로 하나 선택해 무차별 대입법으로 퍼즐을 푼다. 그다음, 검산용 수로 맞게 풀었는지 확인하고 나서 그 퍼즐의 암호화된 ID 번호를 앨리스에게 보낸다. 이 과정을 그림으로 나타내면 그림 7.2와 같다. 예를 들어 밥이 푼 퍼즐 하나의 결과가 다음과 같다고 하자.

twent	ynine	teent	wenty	fives
evenf	ourse	vente	enait	puvfh

그러면 밥은 ID 번호가 twenty (20)이고 비밀키가 nineteen (19), twentyfive (25), seven (7), four (4)임을 알게 된다. 이 중에서 20을 앨리스에게 보내는 것이다.

그림 7.2 밥이 선택한 퍼즐을 푼다.

앨리스에게는 ID 번호로 분류된 퍼즐의 평문 목록이 있다.

ID	비밀키				검산용 수
Zero	nineteen	ten	seven	twentyfive	seventeen
One	one	six	twenty	fifteen	seventeen
Two	nine	five	seventeen	twelve	seventeen
Tree	five	three	ten	nine	seventeen
Seven	three	twenty	fourteen	fifteen	seventeen
Ten	two	seven	twentyone	sixteen	seventeen
Twelve	twentythree	eighteen	seven	five	seventeen
Seventeen	twenty	seventeen	nineteen	sixteen	seventeen
Twenty	nineteen	twentyfive	seven	four	seventeen
Twentyfour	ten	one	one	seven	seventeen

따라서 앨리스는 목록에서 밥에게 받은 ID를 검색해 비밀키가 19, 25, 7, 4임을 알아낸다. 이제 앨리스와 밥 양쪽이 안전한 암호의 비밀키를 알고 있으므로 암호 메시지 전송을 시작할 수 있다(그림 7.3 참고).

그림 7.3 앨리스와 밥 둘 다 비밀키를 알고 있다.

이브도 비밀키를 알아낼 수 있을까? 이브는 보통 때처럼 앨리스와 밥의 대화를 도청한다. 이브가 어떤 정보를 엿들었는지 보자. 그림 7.4가 보여주듯이 이브는 퍼즐의 암호문과 검산용 수를 모두 알아냈다. 밥이 어느 퍼즐을 선택했는지 모르지만 그것의 ID 번호가 20이라는 것도 알아냈다. 그러나 이브에게는 앨리스가 가진 평문 목록이 없다. 그래서 밥이 어느 퍼즐을 선택해서 비밀키를 알아냈는지 알려면 모든 퍼즐을 다 풀어봐야 할 것이다. 물론 가능한 일이다. 하지만 앨리스와 밥이 비밀키를 공유하기 위해 밟은 과정보다 훨씬 더 오래 걸릴 것이다. 앨리스는 퍼즐 10개를 암호화했고, 밥은 무차별 대입법으로 한 퍼즐에 대해서 최악의 경우 25차례 복호화를 시도하면 됐다. 그러나 이브는 퍼즐 10개에 대해 각각 최대 25차례 시도해야 한다. 즉, 최악의 경우 총 250차례 시도해야 한다는 말이다. 2015년형 최신 데스크톱 컴퓨터로 암호화 또는 복호화를 대략 1초당 천만 번 실행할 수 있다. 앨리스가 퍼즐을 1억 개 만들었고 각 퍼즐에 들어 있는 가능한 키가 1억 개라면 앨리스와 밥은 컴퓨터를 사용해 필요한 것을 얻는 데 각각 1분도 걸리지 않을 것이다. 반면에 이브는 복호화를 1경(1억의 제곱) 번 시도해야 한다. 컴퓨터 한 대로 대략 10억 초, 즉 32년 정도 걸릴 것이다. 혹시 이브에게 초고속 컴퓨터가 있지 않을까 걱정된다면 앨리스와 밥은 가능한 키를 많이 포함한 퍼즐을 더 많이 만들면 된다.

그림 7.4 이브는 따라갈 수 없다.

앨리스와 밥이 사전에 비밀리에 만나 비밀키를 공유하지 않고도 안전하게 통신을 할 수 있게 해주는 방식을 가리켜 **공개키 암호기술**(public-key cryptography)이라 한다. 머클의 퍼즐은 공개키 암호 체계다. 그러나 이것 자체가 코드나 암호인 것은 아니다. 앨리스와 밥 둘 다 최종 비밀키가 무엇일지 미리 예측할 수 없으므로 그 키 자체를 비밀 메시지로 사용할 수 없다. 머클의 공개키 암호체계는 오히려 **키 합의 방식**(key-agreement system)이라고 해야 적절할 것이다. 키 합의 방식은 공개키 방식의 핵심 카테고리다. 물론 공개키 암호기술에는 실제로 암호인 것을 포함해 다른 유형도 있다.

머클은 자신의 방식이 결코 이상적이지 않다고 처음부터 인정했다. 앨리스가 퍼즐을 만들려면 상당한 시간이 걸리고, 저장하려면 아주 많은 공간이 필요하다. 게다가 전송하는 데도 시간이 오래 걸리며 데이터 전송 용량도 아주 커야 한다. 마찬가지로 밥도 퍼즐을 풀려면 상당한 시간이 필요하다. 앨리스와 밥이 투입하는 시간은 이브가 퍼즐을 풀려고 투입하는 시간과 같은 비율로 늘어난다. 이브가 퍼즐을 푸는 데 걸리는 시간을 두 배로 늘어나게 하고 싶다면 앨리스와 밥, 두 사람 중 한 명은 시간을 두 배로 늘여야 한다. 머클은 이브에게 필요한 시간이 앨리스와 밥에 비해 훨씬 더 높은 비율로 커지는 키 합의 방식을 개발할 수 있다면 더 실용적으로 쓰일 수 있음을 알고 있었다.

7.2 디피-헬만 키 합의

랄프 머클이 누군가에게 자신의 아이디어를 이해시키려고 애쓰고 있을 때, 다른 두 사람도 공개키 암호화 방식에 대해 생각하고 있었다. 1972년 스탠퍼드 인공지능연구소의 연구원이었던 위트필드 디피(Whitfield Diffie)는 동료 연구원인 여자 친구와 함께 스트림 암호와 관련된 연구를 수행하기 시작했다. 디피는 암호기술에 흥미를 느꼈고 곧 완전히 몰입하게 되었다. 1972년부터 1974년까지 디피는 NSA에 소속되어 있지 않은 암호전문가를 찾아 미국 전역을 돌아다녔다. 그들과 암호기술에 대한 이야기를 나누고 싶어서였다. 1974년 디피는 스탠퍼드대학교에 그와 같은 생각을 가진 사람이 있다는 소식을 들었다. 그 사람은 바로 6.3절에서 간단히 언급했던 마틴 헬만이다. 헬만은 이전에 IBM사와 매사추세츠공과대학(MIT)에 연구원으로 있었고, IBM에 근무할 당시부터 암호기술에 관심이 있었다. 그는 1971년 스탠퍼드대학교의 조교수가 됐고, 1974년 그곳에서 디피와 인연을 맺게 되었다.

디피의 표현을 빌리자면 디피와 헬만의 발견은 "두 가지 문제와 한 가지 오해"의 산물이었다. 첫 번째 문제는 머클도 고민하던 것으로, '사전에 만난 적이 없는 두 사람이 어떻게 안전하게 통신을 주고받을 수 있을까?'이다. 두 번째 문제는 인증 또는 '전자서명'에 관한 것이다. 디지털 메시지 수신자는 송신자라고 주장하는 사람이 보낸 메시지가 맞는지 어떻게 확신할 수 있을까에 관한 문제이다. 이에 대한 해결방법은 8.4절에서 다룰 것이다. 하지만 이것이 고전적인 암호기술의 문제는 아니라고 미리 말해 둔다. 암호키나 메시지 인증코드(MAC)를 가지고 있기만 해도 메시지 송신자가 소속기관의 신뢰할 만한 구성원이라고 보장하는 것이 된다. 디피와 헬만은 또한 암호체계를 사용하는 사람들이 통신 연결을 위해 제삼자를 신뢰해야 하는 상황을 원하지 않을 것이라고 가정했다. 이것이 바로 그 한 가지 오해이다. 디피는 이렇게 말했다.

> *나는 절도나 수색 영장 등에 의해 훼손될 수도 있는 키 분배 센터를 통해 사용자가 키를 공유해야 하는 어쩔 수 없는 상황이 생긴다면 침투 불가능한 암호체계를 개발하는 것이 무슨 소용이 있겠느냐고 생각했다.*

수천 년 동안 모든 사람이 공개키 암호기법이 불가능하다고 가정한 것은 어쩌면 당연한 일이다. 그러다 갑자기 1970년대 초에 이 세 사람이 서로 독립적으로 공개키 방식을 생각해낸 것이다. 마이크로컴퓨터 혁명이 막 시작되고, 전문가들은 언젠가 보통 사람들도 통신이나 상업에 마이크로컴퓨터를 사용할 수 있으리라 전망하고 있던 시기였다. 미국 내부에서는 반문화 운동과 워터게이트 사건으로 한창 떠들썩했고, 국민 사이에서는 정부와 다른 대형기관에 대한 불신이 강했다. 위트필드 디피와 마틴 헬만을 포함해 많은 사람들의 머릿속에 사생활과 자립에 대한 의식이 생겨나기 시작했다.

디피와 헬만은 무엇보다 공개키 암호의 유용성에 주목하면서 이 암호체계의 실행 원리와 방법을 설명하는 논문을 발표했다. 그러나 실제로 구현하는 방법을 모른다고 시인했다. 1976년 초 디피와 헬만이 쓴 논문의 초고가 어쩌다 보니 랄프 머클의 수중에 들어가게 되었다. 머클은 자신이 생각하고 있던 것을 다른 사람도 이해하고 있다는 사실에 굉장히 흥분했다. 그는 머클의 퍼즐에 관해 쓴 논문을 디피와 헬만에게 보내면서 자신이 고안한 키 합의 방식을 개선하고자 공동 연구를 제안했다. 1976년 여름 내내 디피와 헬만, 머클 세 사람은 서로 편지를 주고받았다. 디피와 헬만은 키 합의 방식이 자신들의 아이디어를 구현시킬 수 있는 특정한 방법이라 생각하고 그에 대해 연구하기 시작했다.

디피와 머클은 둘 다 **단방향 함수**(one-way function)를 이용하는 방법을 연구했다. 단방향 함수는 한쪽 방향에서는 계산하기 쉽지만 다른 쪽 방향에서는 계산하기 어려운 함수를 말한다. 사실 우리는 6.4절에서 이미 단방향 함수를 경험했다. 모듈로 p에 대해 e를 P^e에 대응시키는 지수함수는 계산하기 쉽지만, P^e와 P, 모듈로 값 p를 모두 알더라도 e를 계산하기는 어렵다. 이것이 6.4절에서 말한 이산대수 문제이다. 따라서 이 함수는 단방향 함수의 한 예다. 머클의 퍼즐에서 밥의 역할은 일종의 단방향 함수라고 생각할 수 있다. 밥이 암호문을 하나를 선택해서 ID 번호를 추출하기는 비교적 쉽지만, 이브가 입수한 ID 번호에 대응하는 암호문을 알아내는 것은 상당히 어렵다. 디피와 헬만, 머클은 다른 단방향 함수의 예도 알고 있었다. 1976년 어느 여름날, 헬만은 모든 것을 종합해서 오늘날 **디피-헬만 키 합의**(Diffie-Hellman key agreement)라 불리는 체계를 만들었다. 이 새로운 체계는 〈암호기술의 새로운 방향(New Directions in Cryptography)〉이라는 인상적인 제목의 논문에 발표되었다. 논문은 조금 감성적인 문장으로 시작된다. "오늘 우리는 암호기술 혁명의 출발점에 서 있습니다."

머클의 퍼즐처럼 디피-헬만 방식도 앨리스와 밥이 기본 규칙을 설정하는 것에서 출발한다. 먼저 두 사람은 아주 큰 소수를 선택해야 한다. 2015년 전문가들은 만족스러운 보안 수준을 유지하려면 자리수가 600 이상인 소수를 사용할 것을 권장했다. 그렇지 않으면 이산대수 문제가 어렵지 않게 풀릴 수 있기 때문이다. 디피-헬만 방식에서는 모듈로 p에 대한 **생성자**(generator) g를 찾아야 한다. 1부터

$p-1$ 사이의 수 g에 대해 g, g^2, g^3, ⋯, g^{p-1}에 mod p를 취한 수 집합과 {1, 2, 3, ⋯, $p-1$}이 합동이면 g를 모듈로 p에 대한 생성자라 한다. 예를 들어 3은 모듈로 7에 대한 생성자이다. 왜냐하면 다음과 같은 3의 거듭제곱수는,

$$3^1 = 3,\ 3^2 = 9,\ 3^3 = 27,\ 3^4 = 81,\ 3^5 = 243,\ 3^6 = 729$$

결국 다음과 같기 때문이다.

$$3, 2, 6, 4, 5, 1 \qquad \text{mod } 7$$

즉, 7보다 작은 양의 정수를 모두 나열한 것이다. 사실 모든 소수에 대해 생성자가 적어도 하나 존재한다는 것이 이미 증명되었고, 생성자를 찾는 것도 그다지 어렵지 않다. 그뿐만 아니라 p와 g는 비밀로 할 필요가 없기 때문에 소수 목록에서 찾아봐도 된다.

머클의 퍼즐과 마찬가지로 디피–헬만 방식에서도 앨리스가 비밀 정보를 선택한다. 1부터 $p-1$까지 중에서 a를 하나 선택했다고 하자. 디피–헬만 방식이 머클의 퍼즐과 다른 점은 밥도 비밀 정보를 선택한다는 것이다. 밥이 1부터 $p-1$까지 중에서 b를 하나 골랐다고 하자. 상황을 그림으로 나타내면 그림 7.5와 같다.

그림 7.5 디피–헬만 방식의 시작 단계

그다음, 앨리스는 $A \equiv g^a \pmod p$를 계산하고 밥은 $B \equiv g^b \pmod p$를 계산한다. 그림 7.6처럼 앨리스는 밥에게 A를 보내고 밥은 앨리스에게 B를 보낸다.

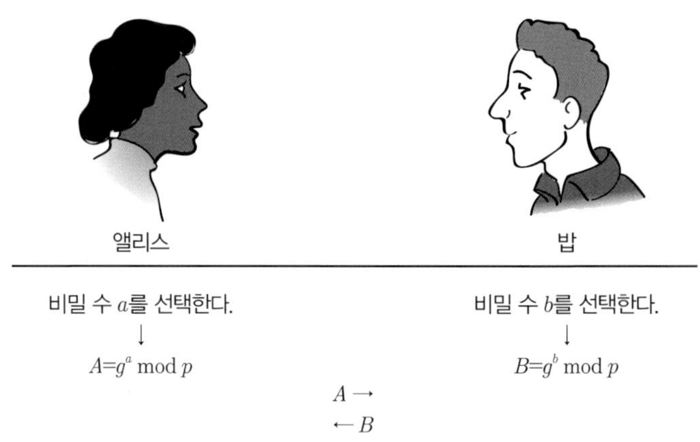

그림 7.6 앨리스와 밥이 공개 정보를 교환한다.

마지막으로 그림 7.7처럼 앨리스는 모듈로 p에 대해 B^a를 계산하고 밥은 A^b를 계산한다. 그러면 앨리스는 $B^a \equiv (g^b)^a \equiv g^{ba} \pmod p$, 밥은 $A^b \equiv (g^a)^b \equiv g^{ab} \pmod p$를 얻는다. 하지만 $ab = ba$이므로 두 사람은 같은 값을 갖고 있다. 다시 말해 안전한 암호키로 사용할 수 있는 비밀 정보를 공유하게 된 것이다.

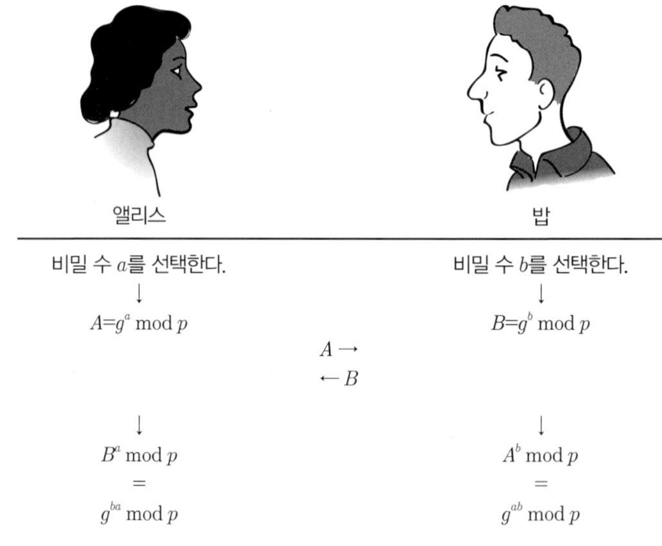

그림 7.7 앨리스와 밥은 같은 비밀키를 가지고 있다?

예를 들어 앨리스와 밥이 6.1절에서 설명한 폴리그-헬만 지수 암호의 비밀키를 합의하고 싶어 한다고 하자. 여기에서는 소수 $p = 2819$에 대해 디피-헬만 방식을 사용할 것이므로 키는 1과 2818 사이에서 골라야 한다. 2가 모듈로 2819에 대한 생성자이므로 앨리스와 밥은 2를 사용하기로 결정한다. 앨리스가 비밀 수를 하나 고른다. 이를테면 94라 하자. 밥은 비밀 수로 305를 선택했다고 하자. 그러면 그림 7.8처럼 진행된다.

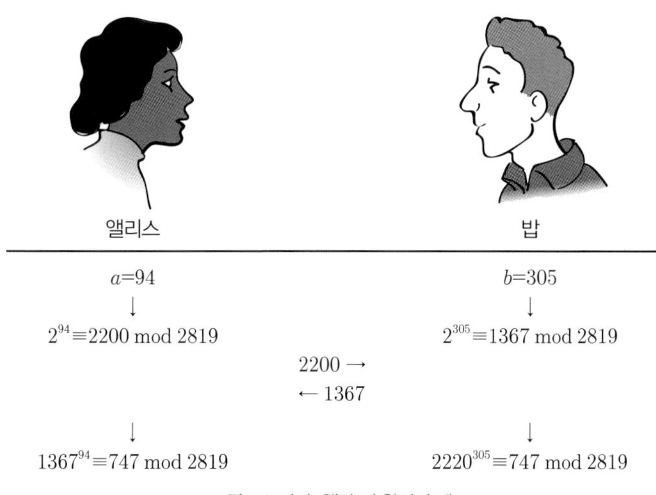

그림 7.8 디피-헬만 키 합의의 예

이제 앨리스와 밥 둘 다 비밀키 747을 알고 있고, 이것을 지수 암호에 사용할 수 있다. 처음에 비밀 수를 선택할 때만 하더라도 앨리스와 밥은 비밀키가 무엇이 될지 전혀 모른다는 점을 다시 한 번 상기하자. 심지어 그 키는 지수 암호에 사용할 수 있는 좋은 키가 아닐 수도 있다. 만약 그럴 경우에 두 사람은 재빨리 그 사실을 파악하고 좋은 키를 얻을 때까지 비밀 수를 새로 선택하고 다시 시도해야 한다.

이브가 비밀키를 알아내는 일은 얼마나 어려울까? 앨리스와 밥이 안전하지 않은 통신선을 통해 p와 g를 약속하기 때문에 이브도 그 값들을 안다. 게다가 a와 b는 모르지만 그림 7.9에서 볼 수 있듯이 모듈로 p에 대한 g^a와 g^b 값은 알고 있다. 두 값 $g^a \pmod p$와 $g^b \pmod p$로부터 비밀키 $g^{ab} \pmod p$를 알아내는 문제를 **디피-헬만 문제**(Diffie-Hellman problem)라 한다. 만일 이브가 a나 b를 알아낼 수 있다면 비밀키도 알아낼 수 있다. 하지만 그러려면 이산대수 문제를 풀어야 하는데, 6.4절에서 언급했듯이 그것은 꽤 어려운 일이다. 아마 이산대수를 이용하지 않고 디피-헬만 문제를 풀 수 있는 다른 방법이 있을지도 모른다. 그러나 지난 35년 동안 그 방법을 찾으려고 노력했지만 아무도 성공하지 못했다. 아직까지 디피-헬만 문제는 풀기 어려운 문제로 분류된다. 하지만 언제 쉬운 해법이 발견될지는 아무도 모를 일이다.

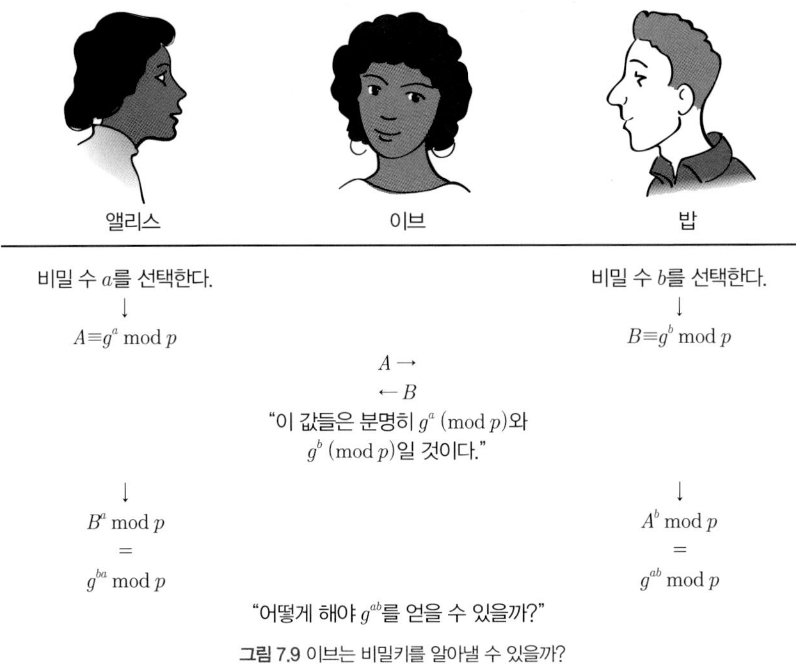

그림 7.9 이브는 비밀키를 알아낼 수 있을까?

2016년 6월을 기준으로 커다란 소수 p를 모듈로로 하는 이산대수 문제를 푼 최고 기록은 p가 다음과 같을 때이다.

$$p = \lfloor 2^{766}\pi \rfloor + 62762$$

이는 232자리 소수(이진수로 768비트)이다. 도전 과제는 생성자가 $g = 11$일 때, 다음 수의 로그값을 찾는 것이었다.

$$y = \lfloor 2^{766}e \rfloor$$

결과는 2016년 6월 16일에 발표되었는데, 라이프치히대학교와 스위스 로잔공과대학의 연구진이 16개월간 프로젝트를 진행한 결과였다.

디피–헬만 방식은 일반적인 가상사설망(Virtual Private Network, VPN) 보안시스템의 일부로 중요하게 사용된다. 가상사설망은 한 기관의 구성원들이 제삼자의 인터넷 도청 가능성을 배제할 수 없는 곳에서도 안전하게 기관 네트워크에 접근할 수 있도록 설계된 것이다. 이 책을 쓰는 동안에도 인터넷 상의 데이터 이동을 제어하는 새로운 버전의 VPN 시스템이 서서히 구축되고 있다. IPv6라고 알려진 이 시스템은 일반 사용자의 메시지뿐만 아니라 인터넷 자체를 제어하는 정보통신을 보호하기 위해 디피–헬만 기반의 보안 체계를 훨씬 더 광범위하게 사용하도록 되어 있다.

7.3 비대칭키 암호기술

공개키 암호방식의 역사에 대해 간단히 이야기해보자. 1976년 디피와 헬만은 머클의 도움으로 실용적인 공개키 키 합의 체계를 고안했다. 하지만 그들은 서로 다른 각도로 연구를 계속했다. 1975년 어느 여름날, 디피는 완전히 다른 종류의 시스템에 대해 중요한 통찰을 하고 있었다. 랄프 머클이 키 합의 방식에 대한 아이디어를 제공하기 전이었다. 고전 암호기술은 앨리스와 밥이 본질적으로 동일한 키 정보를 갖는다는 점에서 대칭적이다. DES, AES, 시프트 레지스터 암호 등 많은 경우에서 앨리스가 암호화하는 데 사용하는 키와 밥이 복호화할 때 사용하는 키가 같다. 덧셈 암호, 곱셈 암호, 지수 암호 등의 경우에는 앨리스가 암호화할 때 사용하는 키의 역원을 밥이 복호화 키로 사용한다. 서로 다른 키이지만 암호화 키를 안다면 어렵지 않게 복호화 키를 알아낼 수 있다. 그 반대도 마찬가지다. 이런 암호체계를 **대칭키 체계**(symmetric–key system)라 한다.

디피가 새로이 고안한 것은 **비대칭키 체계**(asymmetric–key system)이다. 이 체계에서는 송신자와 수신자 각각이 **암호화 키**와 **복호화 키**를 둘 다 갖는다. 비대칭키 체계에서는 암호화 키를 알고 있더라도 복호화 키를 알아내기 매우 어렵다. 앨리스가 암호화 키만 알고 밥은 복호화 키만 안다면 앨리스는 암호화만 할 수 있고 밥은 복호화만 할 수 있기 때문에 비대칭이라 부른다. 물론 키가 마술처럼 갑자기 나타나는 것은 아니다. 특정 시기에 누군가는 두 키를 모두 알아야 한다. 그림 7.10은 비대칭키 방식이 일반적으로 어떻게 작동하는지 보여준다. 밥은 비밀 정보로부터 암호화 키와 그에 대응하는 복호화 키를 모두 만들어낸다. 그런 다음, 웹사이트와 같은 공개된 장소에 암호화 키를 게시하고 복호화 키는 비밀에 부친다. 이런 이유로 암호화 키를 종종 **공개키**(public key)라 하고 복호화 키는 **개인키**(private key)라 한다. 앨리스는 밥에게 메시지를 보내고 싶을 때 밥의 암호화 키를 찾아내어 그것으로 메시지를 암호화한다. 앨리스가 메시지를 보내오면 밥은 자신만 알고 있는 복호화 키를 사용해 해독한다. 그러나 다른 사람은 해독할 수 없다. 앨리스도 자신이 암호화한 암호문을 복호화할 수 없다. 따라서 평문을 잃어버리게 된다면 앨리스도 이브와 같은 처지가 되는 것이다.

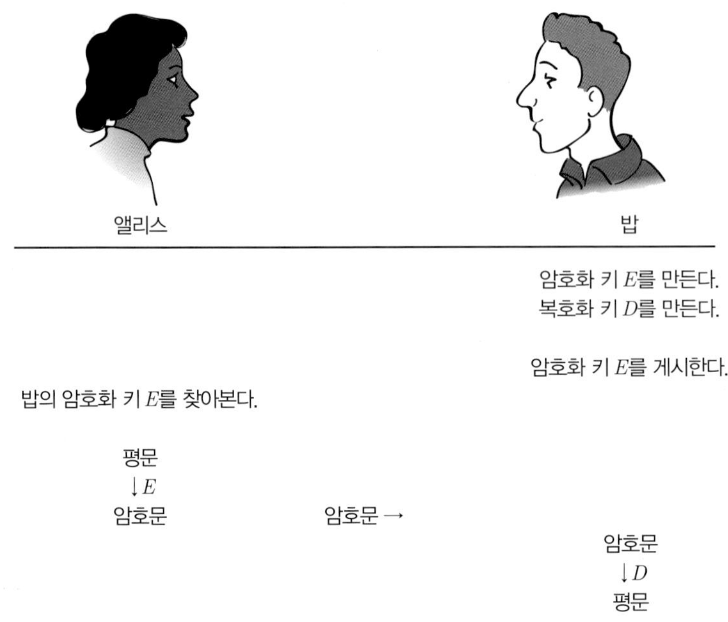

그림 7.10 비대칭키 암호기술

디피-헬만 체계에서 비롯된 많은 비대칭키 암호방식들이 등장했는데, 내가 가장 좋아하는 것은 그림 7.11처럼 우편함 투입구가 있는 굳게 잠겨 있는 대문 방식이다. 밥이 자신의 대문 주소를 공개하면, 즉 암호화 키를 공개하면 누구든지 우편함 구멍에 편지를 넣을 수 있다. 하지만 대문 열쇠, 즉 복호화 키를 가지고 있는 사람은 오직 밥 혼자이므로 편지를 꺼내 읽을 수 있는 사람도 밥 혼자이다. 앨리스가 우편함 투입구로 편지를 집어넣으면 아무리 자기가 쓴 편지라도 꺼낼 수 없다.

그림 7.11 비대칭키 암호체계

안타깝게도 디피와 헬만은 비대칭 암 · 복호화 키를 사용하는 시스템을 어떻게 구현할지 뚜렷한 아이디어가 없었다. 그들은 한쪽 방향에서는 계산하기 쉽지만 다른 쪽 방향에서는 계산하기 어려운 단방향 함수를 생각했지만 그것만으로는 충분하지 않았다. 앨리스가 계산하기는 쉽고 이브가 계산하기에는 어려운 함수, 즉 암호화 키로 암호화하기는 쉽고 암호화 키로 해독하려면 어려운 단방향 함수가 필요한 것은 분명하다. 그러나 계산하기 어려운 방향에서라도 밥이 별도의 비밀 정보를 이용해 계산하는 것은 쉬워야 한다. 즉, 복호화 키를 이용해 쉽게 복호화할 수 있어야 한다. 이런 함수를 **트랩 도어 단방향 함수**(trap-door one-way function)라 한다. 별도의 비밀 정보가 트랩 도어 역할을 하고, 밥은 비밀 통로를 이용해 평문에 도달하게 된다. 이브가 다른 정보를 이용해 트랩 도어에 대한 정보를 계산하려고 시도해도 십중팔구 굉장히 어려울 것이다. 그런 의미로 보더라도 이 함수는 단방향 함수이다.

1976년 머클이 읽은 디피와 헬만의 논문에는 트랩 도어 단방향 함수에 대한 기본 아이디어와 그것을 생성하는 방법에 대한 간략한 개요가 담겨 있었다. 하지만 그 논문과 〈암호기술의'새로운 방향〉, 어느 쪽에도 실질적인 비대칭키 암호체계에 대한 내용은 없었다. 1977년 머클과 헬만은 최초의 비대칭 암호체계인 '배낭 암호(knapsack cipher)'를 제안했지만 안전성을 해치는 결함이 발견되었다. 최초의 성공적인 비대칭키 암호체계를 개발해내는 영광은 다른 사람이 차지했다.

7.4 RSA

1970년대 후반 공개키 암호기술은 놀라울 정도로 빠르게 발전했다. 1976년 그 해가 거의 저물어갈 무렵, 〈암호기술의 새로운 방향〉 한 부가 MIT 컴퓨터과학 조교수 론 리베스트(Ron Rivest)의 책상 위에 올려져 있었다. 리베스트는 MIT의 두 동료 과학자를 설득해 연구팀을 꾸렸다. 한 사람은 암호이론에 뛰어난 레너드 애들먼(Leonard Adleman)이었고, 다른 한 사람은 당시 이스라엘에서 객원교수로 온 아디 샤미르(Adi Shamir)였다. 리베스트와 샤미르는 비대칭키 암호체계에 대한 기대감으로 몹시 흥분했다. 애들먼은 그들만큼은 아니었다. 리베스트와 샤미르가 암호를 만들어내면 애들먼이 그것을 해독하는 방식으로 연구가 진행되었다. 처음에는 암호를 만들면 거의 즉각적으로 해독이 이루어졌다. 그런 식으로 대략 서른두 번까지 같은 과정이 반복되었다. 그러나 리베스트와 샤미르가 서른세 번째로 고안한 방식은 애들먼이 결점을 찾아내는 데 밤새 걸렸다. 그때부터 세 사람은 그 암호방식에 본격적으로 매달렸다.

그때부터 그들은 디피와 헬만의 지수 함수와는 전혀 다른 단방향 함수를 조사하기 시작했다. 그것은 계산이 쉬운 방향에서는 큰 수 두 개를 곱하고, 계산이 어려운 방향에서는 큰 수를 소인수분해하는 함수였다. 1.3절에서 봤을 때, 작은 수의 소인수분해는 그렇게 어려워 보이지 않았을 것이다. 그러나 아주 큰 수를 소인수분해하는 것은 극도로 어려울 수 있다.

소인수분해 함수에는 트랩 도어가 빠져 있었지만 리베스트와 샤미르, 애들먼은 트랩 도어를 생성하는 방법을 바로 알아내지 못했다. 그러던 중 세 암호학자는 1977년 4월 3일 한 대학원생의 집에서 열리는 유월절 축제에 가게 되었다. 으레 그런 행사에 참가하면 늘 그렇듯이 사람들은 포도주를 많이 마시기 때문에 리베스트와 아내는 밤늦게 집으로 돌아왔다. 아내가 잠자리를 준비하는 동안 리베스트는 소파에 누워서 트랩 도어 문제를 생각했다. 잠자리에 들기 전, 마침내 리베스트는 **RSA 암호체계**(RSA cryptosystem)라고 알려지게 되는 이 암호체계의 중요한 돌파구를 찾았다. 바로 곱셈의 단방향 함수가 지수연산에 기초한 단방향 함수의 트랩 도어가 될 수 있다는 것이다.

밥이 비대칭키를 어떻게 설정하는지 보자. 먼저 아주 큰 소수 두 개를 선택한다. 두 소수를 p, q라 하자. 이것이 비밀 트랩 도어 정보가 될 것이다. 두 소수의 곱을 n이라 하자. n은 6.5절에 등장했던 지수 암호의 합성수 모듈로로 쓰일 것이다. 일단 n은 디피-헬만 방식에서 사용하는 모듈로와 대략 같은 크기여야 한다. 그렇지 않으면 소인수분해 문제가 충분히 어렵지 않을 것이다. 앞에서 언급했듯이 2015년 기준으로 봤을 때 600자리 이상의 수이어야 안전하다고 할 수 있다. 600자리 이상의 n을 얻는 가장 쉬운 방법은 300자리 이상의 수 가운데서 p와 q를 선택하는 것이다.

6.6절의 공식을 이용해 밥은 $\phi(n) = \phi(pq) = (p-1)(q-1)$을 구할 수 있다. 밥은 암호화 지수로 $\phi(n)$과 서로소인 e를 선택한 다음, 복호화 지수 $d = \overline{e} \pmod{\phi(n)}$를 찾아낸다. 모듈로 n과 암호화 지수 e가 밥의 공개키이며, 밥은 이것들을 공개할 수 있다. 복호화 지수 d는 밥의 개인키이므로 비밀로 해야 한다. 물론 p, q, $\phi(n)$도 비밀에 부쳐야 한다. 사실 이 세 값은 더는 쓸 일이 없으므로 원한다면 없애도 된다.

편의상 실제로 사용되는 것보다 작은 수를 예로 들어보자. 밥이 소수 $p = 53$과 $q = 71$을 선택했다고 하자. 그러면 $n = 53 \times 71 = 3763$이고 $\phi(n) = (53-1) \times (71-1) = 3640$이다. 밥은 암호화 지수로 $e = 17$을 선택할 수 있다. 유클리드 호제법을 이용해서 밥은 17과 3640의 최대공약수가 1임을 확인할 수 있고, 모듈로 3640에 대해 17의 곱셈에 대한 역원이 1713임을 알 수 있다. 세부 과정은 생략하니 원하는 사람은 직접 계산해보면 좋겠다. 계산이 아주 오래 걸리지는 않을 것이다. 밥은 그림 7.12에 보이는 것처럼 e와 n은 공개하고 p, q, $\phi(n)$, d는 비밀로 한다.

비밀 소수 p와 q를 선택한다.
p와 q를 사용해서 공개 암호화 키 (n, e)를 만든다.
p와 q를 사용해서 개인 복호화 키 d를 만든다.

암호화 키 (n, e)를 공개한다.

그림 7.12 RSA 초기 설정

앨리스는 밥에게 메시지를 보내고 싶을 때, 밥이 공개한 모듈로 n과 암호화 지수 e를 찾아서 지수 암호로 메시지를 암호화한다. 예를 들어 $e = 17$, $n = 3763$으로 앨리스는 다음과 같은 암호문을 보낼 수 있다.

평문:	ju	st	th	ef	ac	to	rs	ma	am
숫자:	10, 21	19, 20	20, 8	5, 6	1, 3	20, 15	18, 19	13, 1	1, 13
숫자 병합:	1021	1920	2008	506	103	2015	1819	1301	113
17제곱:	3397	2949	2462	3290	1386	2545	2922	2866	2634

밥은 복호화 지수 d와 공개 모듈로 n을 알고 있으므로 모듈로 n에 대해 암호문을 d제곱하면 메시지를 복호화할 수 있다.

암호문:	3397	2949	2462	3290	1386	2545	2922	2866	2634
1713제곱:	1021	1920	2008	506	103	2015	1819	1301	113
숫자 분할:	10, 21	19, 20	20, 8	5, 6	1, 3	20, 15	18, 19	13, 1	1, 13
평문:	ju	st	th	Ef	ac	to	rs	ma	am

이 암호체계 전체를 도식화하면 그림 7.13과 같다.

앨리스

밥

비밀 소수 p와 q를 선택한다.
p와 q를 사용해서 공개 암호화 키 (n, e)를 만든다.
p와 q를 사용해서 개인 복호화 키 d를 만든다.

암호화 키 (n, e)를 공개한다.

밥의 암호화 키 (n, e)를 찾아본다.

$$P$$
$$\downarrow (n, e)$$
$$C \equiv P^e \bmod n$$

$$C \rightarrow$$

$$C$$
$$\downarrow (n, d)$$
$$P \equiv C^d \bmod n$$

그림 7.13 RSA 전체 체계

RSA 방식에도 수학이 연관되어 있음을 알 수 있을 것이다. 하지만 RSA에 쓰인 수학적 아이디어는 정말로 간단하다. 보통 밤늦게 생각해낸 아이디어는 아침에 보면 형편없을 때가 많지만, 1977년 4월 4일 아침 리베스트가 전날 밤 생각해낸 암호체계를 종이에 적어 샤미르와 애들먼에게 보여주었을 때 그 아이디어는 여전히 훌륭했다. 이 새로운 암호체계를 설명하는 논문에 저자 이름을 애들먼, 리베스트, 샤미르라고 올렸다. 이렇게 알파벳 순서로 적는 것이 수학계의 관례이고 컴퓨터과학에서도 이례적인 일이 아니었다. 하지만 애들먼이 반대했다. 그는 자신이 한 일이라고는 다른 때와 다르게 이 발상에 대해 심하게 비난하지 않은 것뿐이라며 공로를 인정받을 만한 어떤 기여도 하지 않았다고 말했다. 결국 리베스트가 고집을 부려서 세 사람 이름을 모두 올리기로 합의했지만, 리베스트 이름을 맨 앞에 놓고 애들먼은 마지막에 올리기로 했다. 그때 MIT 기술메모(MIT Technical Memo)에 발표된 논문과 특허증에는 리베스트, 샤미르, 애들먼 순서로 이름이 올랐다. 그래서 이 암호체계는 간단히 줄여서 RSA라 한다.

리베스트와 샤미르, 애들먼이 학술 논문으로 발표하고 특허권을 얻기도 전에 RSA는 놀라운 방식으로 대중에게 알려졌다. 리베스트는 기술보고서 한 부를 〈사이언티픽 아메리칸〉지에 '유희 수학'이라는 제목의 칼럼을 연재하고 있던 마틴 가드너(Martin Gardner)에게 보냈다. 마틴 가드너의 칼럼은 전문 수학자뿐만 아니라 아마추어 수학자들 사이에서도 유명했다. 1956년부터 1981년까지 연재된 칼럼은 플렉사곤, 탱그램 퍼즐, 폴리오미노(여러 정사각형을 조합해서 생기는 다각형을 총칭해서 폴리오미노라 한다.), 펜로즈 타일링, 에셔(M. C. Escher)의 작품, 프랙털, 마술 등 수학적인 게임이나 장난감, 퍼즐, 그림을 다뤘다. 가드너는 RSA 암호체계에 곧바로 흥미를 느꼈고 리베스트의 도움을 받아 칼럼을 쓰기 시작했다. 그 칼럼은 1977년 8월호에 실렸는데, 공개키 암호기법이 "아주 혁명적이어서 이전의 모든 암호와 암호해독 기법은 머지않아 잊힐 것이다."라고 선언했다. 일회성 패드와 RSA, 〈암호기술의 새로운 방향〉에 대한 간략한 설명이 주를 이뤘고, 끝 부분에 129비트 RSA 모듈로를 이용해서 암호화된 메시지를 해독하라는 독자 퀴즈가 있었다. 처음으로 퀴즈를 해독한 사람은 리베스트, 샤미르, 애들먼으로부터 100달러의 상금을 받는다는 문구도 포함되어 있었다. 리베스트는 백만 달러짜리 1977년형 최신 컴퓨터를 이용해서 해독하더라도 약 4경 년이 걸릴 것으로 추정했다. 칼럼에는 수신자 주소가 적힌 반송용 봉투를 MIT 대학의 리베스트에게 보내면 RSA에 관한 기술보고서를 받아볼 수 있다고 설명되어 있었다. 리베스트는 3천 명 이상이 보고서를 요청했다고 밝혔다.

RSA에 관심을 갖는 사람은 주로 수학자들과 일부 컴퓨터과학자, 암호를 취미로 즐기는 사람들로 한정되어 있었지만, 1990년대 들어 범세계통신망과 인터넷 상거래의 폭발적인 성장으로 많은 변화가 일어났다. 사람들은 누군가에게 인터넷으로 자신의 신용카드 정보를 보내는 것이 개인적으로 만난 적 없는 사람에게 안전한 통신문을 보내는 것과 같다는 것을 깨달았다. 우리가 오늘 어떤 안전한 웹서버에 접속했다면 우리의 개인 컴퓨터는 그 웹서버의 RSA 공개키를 찾은 다음, 그것을 이용해 그 서버와의 연결을 암호화했을 것이다.

하지만 대개 웹페이지 자체나 우리가 보내려고 하는 신용카드번호는 RSA를 사용해 직접 암호화되지 않는다. 비대칭키 방식은 대체로 대칭키 방식보다 속도가 느리기 때문이다. 대신에 개인 컴퓨터는 접속한 서버의 공개키 암호를 이용해 AES와 같은 대칭키 암호의 키 생성에 필요한 정보를 암호화한다. 이런 방식을 가리켜 **복합 암호체계**(hybrid cryptographic system)라 하며 키 합의 체계와 실제로 아주 유사하다. 복합 암호체계를 간단히 도식화하면 그림 7.14와 같다. 앨리스가 개인 컴퓨터이고 밥이 접속 서버 역할을 한다.

앨리스 | 밥

비밀 소수 p와 q를 선택한다.
p와 q를 사용해서 공개 암호화 키 (n, e)를 만든다.
p와 q를 사용해서 개인 복호화 키 d를 만든다.

암호화 키 (n, e)를 공개한다.

AES의 비밀키 k를 선택한다.
밥의 암호화 키 (n, e)를 찾아본다.

k
$\downarrow (n, e)$
$k^e \bmod n$

$k^e \bmod n \rightarrow$

$k^e \bmod n$
$\downarrow (n, d)$
$k \equiv (k^e)^d \bmod n$

P
$\downarrow k$
C

$C \rightarrow$

C
$\downarrow k$
P

그림 7.14 RSA-AES 복합 암호체계

7.5 마중물 효과: 소수 판정

RSA로 암호화된 메시지를 해독하기 위해 이브가 어떤 방법을 시도하는지 살피기에 앞서 밥이 키를 설정하는 데 걸리는 시간에 대해 잠깐 이야기해보자. 우선 밥은 키를 정하기 위해 소수 두 개를 찾아야 한다. 소수는 어떻게 찾을 수 있을까? 가장 단순한 방법은 수 하나를 선택해서 그 수가 인수를 갖는지 확인하는 것이다. 하지만 앞에서 말했듯이 소인수분해는 정말 어려운 문제이다. 사실, n을 소인수분해할 수 있다면 이브는 밥의 비밀 트랩 도어 정보인 p와 q를 알 수 있다. 그러면 복호화 키 d를 알 수 있을 것이고, 그 키를 사용해 밥에게 보낸 메시지를 모두 읽을 수 있을 것이다. 또한, 만일 밥이 새로운 키를 설정하는 데 이브가 키를 복구하는 데 걸리는 시간만큼 걸린다면 문제가 된다. 그런 경우 이브는 그저 밥보다 빠른 컴퓨터를 마련하기만 하면 되기 때문이다.

다행히 인수분해를 하려고 애쓸 필요 없이 바로 소수인지 판별할 수 있는 방법들이 있다. 소수 판정법들은 17세기부터 알려져 있었지만 대체로 실용적이지 않다고 여겨졌다. 그 이유는 첫째, 속도가 너무 느려서 어떤 때는 인수분해를 직접 해보는 것이 더 빨랐다. 둘째, 소수 판정법들은 특별한 경우에만 적용이 가능했다. 셋째, 잘못된 답을 도출하거나 어떤 경우는 아예 답을 내지 못했다. 소인수분해 문제와 소수 판정 문제를 분리해서 생각한 학자로 종종 가우스가 인용된다. 소수 판정에 관해 가우스가 한 말은 오늘날 수학자들 사이에서 꽤 유명하지만 다소 애매모호한 부분도 있다.

소수와 합성수를 구별하고 합성수를 소인수분해하는 문제는 연산에서 가장 중요하고 가장 유용한 것으로 알려져 있다. 고대부터 현대에 이르는 많은 기하학자들의 노력과 지혜가 관련되어 있으므로 이 문제를 길게 논의할 필요는 없을 것이다. 그럼에도 불구하고 지금까지 등장한 방법들이 모두 아주 특별한 경우에만 유효하거나, 아니면 너무 많은 시간과 노력을 들여야 한다는 점을 인정해야 한다. 심지어 훌륭한 수학자들이 만든 소수 목록에 포함된 수조차도 이들 방법을 이용해 확인하려면 아무리 능숙하게 계산을 잘하는 사람도 인내심을 시험받게 된다. 게다가 이 학문 분야가 지닌 위엄은 아주 명쾌하고 감탄할 만한 해법을 찾기 위해 가능한 모든 수단을 탐색해야 한다고 요구하는 것 같다. 이런 이유로 오랜 경험을 통해 효능과 간결성이 확인된 다음의 두 방법이 산술을 사랑하는 사람들에게 만족스러운 방법이 되리라 믿어 의심치 않는다.

가우스가 언급하는 문제는 한 가지일까, 두 가지일까? 가우스가 설명한 두 방법을 살펴보면, 첫 번째 방법은 어떤 수가 합성수라고 밝혀지면 즉시 그것을 소인수분해하는 것이다. 두 번째 방법의 첫 번째 변형도 마찬가지다. 가우스는 두 번째 방법의 마지막 변형을 설명하면서 "... 빠른 계산을 가능하게 하기 때문에 두 번째 방법이 더 훌륭하다. 하지만 몇 번이고 반복하지 않는다면 이 방법으로는 합성수의 소인수를 찾아내지 못한다. 그래도 소수인지 합성수인지 판별할 수는 있다."라고 말했다. 아무리 봐도 가우스가 어느 방법이 더 낫다고 권하는 것인지 혼동된다.

RSA 구현의 돌파구는 소수 판정법이 항상 맞지 않더라도 속도가 빠르면 충분히 유용하게 쓰일 수 있다는 사실에 있었다. 이것을 처음 깨달은 사람은 로버트 솔로베이(Robert Solovay)와 폴커 스트라센(Volker Strassen)인 것으로 보인다. 1974년 머클, 디피, 헬만이 각자 공개키 암호체계에 대해 생각하기 시작한 무렵 솔로베이와 스트라센은 과정 중간에 무작위로 수를 선택하는 **확률적 소수 판정법**(probabilistic primality test)을 제안했다. 무작위 선택 덕분에 판별 과정이 아주 빨리 진행될 수 있다는 것이다. 하지만 잘못된 결과가 나올 가능성도 있다.

이제 페르마의 작은 정리에 기반을 둔 확률적 소수 판정법 하나를 살펴보자. 이 판정법은 솔로베이와 스트라센의 소수 판정법과 비슷하지만 더 복잡하고 더 정확하다. 가장 중요한 것은 페르마의 작은 정리가 '합성수 판정법'으로 사용될 수 있다는 것이다. 즉, 어떤 수가 소수가 아님을 확실하게 말해줄 수 있다. 예를 들어 15가 소수인지 합성수인지 모른다고 가정하자. 15가 소수라면 페르마의 작은 정리에 따르면 1부터 14까지의 임의의 수 k에 대해 $k^{14} \equiv 1 \pmod{15}$가 성립한다. 이제 k값을 대입해 시험해 볼 수 있다. $k = 2$라면 $2^{14} \equiv 2 \pmod{15}$이다. 15가 소수라면 이것은 일어날 수 없는 현상이다. 따라서 15는 합성수임이 증명되었다. 이때 2는 15가 합성수임을 보여주는 **증거**(witness)라고 말한다.

모든 수에 대해 다 순조롭게 시험이 진행되는 것은 아니다. 예를 들어 $k = 4$일 때, 15가 소수가 아님을 알고 있는데도 $4^{14} \equiv 1 \pmod{15}$가 성립한다. 15가 소수가 아닌데도 소수라고 암시하므로 이런 경우, 4를 가리켜 페르마의 소수 판정법에 대한 **거짓 증거**(liar)라고 말한다. 따라서 n이 소수인지 검사하는데 $k^{n-1} \equiv 1 \pmod{n}$이 성립한다면, 실제로 n이 소수인지 아니면 k가 거짓 증거인지 확실히 알 수 없다. 이 단계에서 무작위 선택을 시행한다. 1부터 $n - 1$까지 중에서 무작위로 k값을 여러 개 선택한다. 그 중 증거가 되는 것이 하나 나오면 우리는 n이 합성수라고 결론 내린다. 만약 모두 확인했는데 어떤 값도 증거가 되지 않으면 n이 소수일지도 모른다고 말한다. 확인해봐야 하는 k값이 많을수록 n이 소수가 될 가능성이 높아진다. 하지만 굉장히 많은 수의 k를 검사해보지 않는 한 절대로 n이 소수라고 확신할 수 없다. 게다가 아주 많은 수의 k값을 검사해야 한다면 더는 속도가 빠른 소수 판정법이라 할 수 없다. 불만족스러운 상황처럼 보일지 모르지만 암호학자들은 충분히 만족할 것이다. 결국 인간이 직접 하든 컴퓨터를 이용하든 계산은 완벽하지 않다. 우주 방사선이 우연히 예상치 못한 시간에 발생해서 엉뚱한 장소에서 여러분 컴퓨터가 그 방사선을 맞을 가능성은 늘 존재한다. 소수 검사가 잘못될 가능성이 그보다 낮다면야 정말로 문제가 되는 것은 아니다.

소수인지 아닌지 즉시 구별할 수 없는 두 수에 대해 이 방법을 이용해 소수 검사를 해보자. 바로 증거를 찾은 경우가 아니라면 각각 무작위로 10개의 k를 선택한다.

$n = 6601$은 소수일까?

k	k^{6600} (mod 6601)
1590	1
3469	1
1044	1
3520	1
4009	1
2395	1
4740	1
4914	3773

k = 4914가 합성수의 증거가 되므로 n = 6601은 확실히 소수가 아니다.

$n = 7919$는 소수일까?

k	k^{7918} (mod 7919)
1205	1
313	1
1196	1
1620	1
5146	1
2651	1
3678	1
2526	1
7567	1
3123	1

어떤 수도 증거가 되지 못하기 때문에 n = 7919는 아마 소수일 것이다. 실수할 가능성을 줄이고 싶다면 더 많은 k값을 시험해봐야 한다.

이미 말했듯이 솔로베이와 스트라센의 소수 판정법은 페르마 판정법보다 복잡하다. 하지만 합성수임을 보여주는 증거가 더 많기 때문에 같은 시간이 주어졌을 때 합성수를 포착할 가능성이 더 높다. 사실, 오늘날 가장 흔히 사용되는 소수 판정법은 두 방법보다 더 정확하면서 페르마의 판정법만큼 간단한 방법이다. 바로 1980년 마이클 라빈(Michael Rabin)이 개리 밀러(Gary Miller)의 아이디어를 기반으로 고안한 라빈–밀러 소수 판정법이다. 소수 판정법에 대한 마지막 이야기로, 소인수분해 방식보다 훨씬 빠르고 어쩌면 항상 정확하다고 할 수 있는 최초의 비무작위 소수 판정법(nonrandomized primality test)을 소개하겠다. 이것은 인도 칸푸르 공과대학의 마닌드라 아그라왈(Manindra Agrawal) 교수와 두 명의 1년 차 대학원생 니라즈 카얄(Neeraj Kayal)과 니틴 삭세나(Nitin Saxena)가 공동으로 2002년에 개발한 것이다. 이런 방식의 소수 판정법이 개발되리라 전혀 예상하지 못했던 수많은 수학자들에게는 정말 놀라운 일이었다. 하지만 암호 분야에서는 아직도 라빈–밀러 소수 판정법이 더 많이 사용된다. 실제로 사용했을 때 정확성이 충분히 만족스럽고 속도가 더 빠르기 때문이다. 라빈–밀러 소수 판정법을 이용하면 RSA에 사용될 수 있는 300자리 수를 오차율 10^{-30} 미만으로 몇 초 안에 판정할 수 있다.

결론을 말하자면 밥은 두 소수 p와 q를 문제없이 빨리 찾을 수 있다. 두 소수의 곱 n도 분명히 빨리 계산할 수 있다. 이제 남은 것은 n과 서로소인 수 가운데 e를 고르고, 그것의 역원을 찾는 일이다. 유클리드 호제법을 이용하면 역원은 쉽게 찾을 수 있다. 1.3절에서 언급했듯이 유클리드 호제법은 생각보다 속도가 빠르다. 사실 1844년 가르비엘 라메(Gabriel Lamé)는 두 수에 대해 유클리드 호제법을 시행할 때 필요한 나눗셈 횟수가 둘 중 작은 수 자릿수의 다섯 배를 초과하지 않음을 증명했다. RSA에 사용되는 600자리 수를 예로 든다면 나눗셈 횟수가 3000 미만이란 말이고, 따라서 요즘 나온 컴퓨터나 고성능 휴대용 전자계산기로 1초도 걸리지 않는다는 말이다. 밥이 운이 없다면 처음 고른 e가 나쁜 키일 수도 있다. 하지만 진짜로 운이 없지 않은 한, 두세 번 이상 다시 골라야 하는 일은 없을 것이다. 안전한 RSA 키를 생성하는 전체 과정은 대개 일반 개인용 컴퓨터로 15초가 채 걸리지 않는다.

7.6 RSA는 왜 공개키 암호체계일까?

이제 이브는 어떻게 해야 할까? 앨리스와 마찬가지로 이브도 밥이 공개한 정보를 찾아 그림 7.15에서처럼 n과 e를 알아낼 수 있다. 그리고 어떤 P에 대한 거듭제곱 P^e과 모듈로 n에 대해 합동인 C를 알고 있다. 이브는 역함수를 이용해서 P의 값을 구할 수 있을까? 이렇게 P를 구하는 문제를 RSA **문제**라 한다. 장담할 수는 없지만 디피-헬만 문제처럼 RSA 문제도 꽤 풀기 어렵다.

비밀 소수 p와 q를 고른다.
p와 q를 사용해서 공개키 (n, e)를 만든다.
p와 q를 사용해서 개인키 d를 만든다.

(n, e)를 공개한다.

(n, e)를 찾아본다.

$$P \downarrow (n, e) \quad C \equiv P^e \bmod n$$

$C \rightarrow$
"이것은 분명히 $P^e \pmod n$일 것이다."

(n, e)를 찾아본다.

"d와 $\phi(n)$을 모른다."
"역함수를 어떻게 구하지?"

$$C \downarrow (n, d) \quad P \equiv C^d \bmod n$$

그림 7.15 이브가 알고 있는 것

이브가 RSA 문제에 도전할 수 있는 가장 명백한 방법은 n을 소인수분해하는 것이다. 소인수분해가 되면 p와 q를 알게 되고 $\phi(n) = (p-1)(q-1)$을 계산할 수 있다. 그러면 밥과 마찬가지로 이브도 d를 찾을 수 있다. 여러 차례 말했지만 소인수분해 문제는 어렵다. 하지만 이산대수 문제와 마찬가지로 해결할 수 없다고 누구도 장담하지 못한다. 한편, 사람들은 이산대수 문제보다 더 오랫동안 소인수분해 문제 해결에 매달려왔다. 현대 컴퓨터가 등장하기 이전부터 페르마, 오일러, 가우스 등 여러 수학자들이 이 문제를 해결하려고 애썼고, 컴퓨터가 등장한 이후의 수학자들은 35년 넘게 컴퓨터를 이용해 소인수분해를 하려고 노력했다. 그 결과, 각각의 소수로 나눠보는 빤한 방법보다 더 좋은 방법을 알아냈다. 하지만 이브는 여전히 밥이 n을 만들어 내는 속도만큼 빨리 n을 소인수분해할 수 없다.

1993년 8월, 한 명의 수학자와 여러 명의 학생을 주축으로 전 세계의 자발적인 지원자들로 구성된 프로젝트팀이 조직되었다. 이들은 인터넷의 힘으로 가드너의 칼럼에 실린 퀴즈 속 129자리 모듈로를 소인수분해할 수 있는지 시험해보기로 했다. 분명히 1977년보다 컴퓨터 속도도 빨라졌고 기술도 좋아졌다. 더 중요한 것은 컴퓨터 수가 훨씬 많아졌다는 것이다. 1994년 4월 26일 프로젝트가 성공적으로 끝날 때까지 전 세계 600여 명이 참가했고, 크레이 슈퍼컴퓨터부터 팩스기에 이르기까지 1,600대가 넘는 컴퓨터가 사용되었다. 컴퓨터들은 다른 작업을 하고 있지 않을 때만 소인수분해를 시도하도록 프로그램되어 있었다. 8개월 후 프로젝트 기획자들은 도전에 성공했다고 발표했다. 그들은 론 리베스트에게서 100달러 상금을 받아 자유소프트웨어재단(Free Software Foundation)에 기부했다. 그들이 밝혀낸 퀴즈 정답은 이렇다.

the magic words are squeamish ossifrage

마법 주문은 까탈스러운 수염수리이다.

내가 이 책을 쓰고 있는 지금 기준으로 소인수분해에 성공한 최대 기록은 232자리 십진수(768비트 이진수)이다. 이 수의 소인수분해는 2009년 12월 12일에 완성되었는데, 인터넷 공개형 프로젝트가 아니라 16명의 연구자가 연구소 여덟 곳에서 오직 이 문제만을 위한 작업 시간을 따로 할당해서 실시한 프로젝트였다. 한 연구소에서는 2005년 여름 3개월 동안 프로젝트를 진행했고, 두 번째 연구소도 2007년 봄에 비슷한 시간을 들였다. 2007년 8월부터 2009년 12월까지 대략 16개월 사이 집중적으로 계산이 진행되었다. 연구자들은 RSA의 모듈로로 사용된 1024비트(대략 300자리 십진수)가 앞으로 5년 후에 소인수분해가 가능할 것이라 말하면서 그전에 RSA를 폐지해야 한다고 결론 내렸다. 아직까지 그런 소인수분해를 해냈다는 발표는 없지만 곧 그렇게 된다고 해도 전혀 놀랍지 않을 것이다.

n을 소인수분해하는 것 이외에 이브가 시도할 수 있는 공격 방법은 무엇일까? 이브는 다른 방법을 이용해 $\phi(n)$의 값을 구하려고 할 수 있다. 그렇게 할 수 있다면 p와 q의 값을 모르더라도 d를 계산할 수 있다. 이브는 n과 서로소인 n 미만의 양의 정수 개수가 $\phi(n)$이라는 것을 알고 있다. 하지만 각각의 수에 대해 유클리드 호제법을 적용해 서로소인지 확인하려면 무차별 대입 방식으로 n을 소인수분해하는 것보다 훨씬 오래 걸릴 것이다. 게다가 $\phi(n)$을 알 수 있다면 저절로 n을 소인수분해할 수 있다. 어떻게 그것이 가능할까? 이브는 다음 공식을 알고 있다.

$$\phi(n) = (p-1)(q-1) = pq - p - q + 1 = n - (p+q) + 1$$

따라서 n과 $\phi(n)$ 둘 다 알고 있다면 이 공식에 의해 $p + q$를 구할 수 있다. 또한, 다음 식이 성립한다.

$$(p-q)^2 = p^2 - 2pq + q^2 = p^2 + 2pq + q^2 - 4pq = (p+q)^2 - 4n$$

따라서 $p + q$의 값과 n을 안다면 $p - q$의 값도 구할 수 있다. 마지막으로 $p + q$와 $p - q$를 알고 있다면 다음 식에 의해서 p와 q를 각각 구할 수 있다.

$$\frac{(p+q)+(p-q)}{2} = p \qquad \frac{(p+q)-(p-q)}{2} = q$$

사람들은 이 방법을 이용해 n을 소인수분해하려고 시도했지만 실제로 효과가 좋은 것 같지 않다. 아마 이브에게도 좋은 방법이 아닐 것이다.

그렇다면 $\phi(n)$을 모르더라도 d를 바로 찾을 수는 없을까? d를 알아내기만 하면 n을 소인수분해할 수 있을 것이다. 만일 이브가 d와 e를 알고 있다면 $de - 1$을 계산할 수 있고, 모듈로 $\phi(n)$에 대해 $de \equiv 1$이 성립하므로 다음이 성립한다.

$$de - 1 \equiv 0 \quad \mod \phi(n)$$

하지만 앞의 식은 $de - 1$이 $\phi(n)$의 배수일 때만 성립한다. 사실, $\phi(n)$ 자체는 모르고 $\phi(n)$의 배수만 알더라도 n을 소인수분해할 수 있는 확률적 알고리즘이 있다는 것이 판명되었다.

이제 이브는 d의 값을 전혀 알지 못하더라도 다음 방정식을 어떻게든 풀기만 하면 된다.

$$C \equiv P^e \mod n$$

실제로 이것이 가능할까? 가능성은 매우 낮아 보인다. 하지만 30년 동안 많은 사람이 도전했지만 결국 누구도 이것이 가능한지 혹은 불가능한지 확실히 밝히지 못했다. 표준 테스트에서 디피-헬만 문제가 이산대수 문제에 비유되듯이 RSA 문제는 소인수분해 문제에 비유될 수 있을 것이다. 우리는 두 경우 모두 비유되는 두 문제가 동등하고, 둘 다 풀기 어렵다고 생각한다. 하지만 그 어떤 것도 확실히 말할 수 없다.

7.7 RSA 암호해독

이브가 가치 있을 정도로 충분히 빨리 RSA를 해독할 수 있는 방법이 전혀 없다고 한다면 이 절은 무엇을 위한 공간일까? 사실은 RSA의 일반적인 해독 방법을 모른다고 해야 더 정확한 표현일 것이다. 특정한 경우에 대해 이브는 RSA 체계를 해독할 수 있으며, 특히 앨리스와 밥이 주의를 기울이지 않으면 그것을 이용해 해독할 수 있다.

가장 먼저 시도할 만한 것은 **단문 메시지 공격**(small message attack)이다. 앞에서처럼 밥이 모듈로 n = 3763을 사용한다고 가정하자. 앨리스가 암호화할 때 수고를 조금 덜어주기 위해 밥은 암호화 지수를 e = 3으로 정했다. 그리고 z에 대응하는 숫자를 26 대신에 0을 사용하라고 앨리스에게 말한다. 어쨌든 다른 문자에 대해서는 0을 사용하지 않을 것이다.

불행히도 앨리스는 밥에게 "zero zebras in Zanzibar zoos (잔지바르 동물원에는 얼룩말이 0마리다)"라는 메시지를 알려줘야 한다. 이것이 왜 불행한 일일까? 암호화를 하면 다음과 같다.

평문:	ze	ro	ze	br	as	in
숫자:	0, 5	18, 15	0, 5	2, 18	1, 19	9, 14
숫자 병합:	005	1815	005	218	119	914
3제곱:	125	2727	125	693	3098	1614

평문:	za	nz	ab	ar	zo	os
숫자:	0, 1	14, 0	1, 2	1, 18	0, 15	15, 19
숫자 병합:	001	1400	102	118	015	1519
3제곱:	1	1585	42	2364	3375	581

이제 이브는 공개된 정보로부터 $e = 3$임을 알아냈다. 3은 3763에 비하면 아주 작은 수이기 때문에 이브는 모든 블록이 다 실제로 3763보다 커서 몇 바퀴 돌고 온 값은 아닐 것으로 생각할 것이다. 실제로 이브가 모듈로 연산이 아니라 일반 연산을 이용해서 각 블록의 1/3제곱, 즉 3제곱근을 계산한다면 다음과 같을 것이다.

암호문:	125	2727	125	693	3098	1614
1/3제곱:	5.00	13.97	5.00	8.85	14.58	11.73
평문 숫자:	005	??	005	??	??	??
평문:	ze	??	ze	??	??	??
암호문:	1	1585	42	2364	3375	581
1/3제곱:	1.00	11.66	3.48	13.32	15.00	8.34
평문 숫자:	001	??	??	??	015	??
평문:	za	??	??	??	zo	??

이브는 분명히 전체 메시지는 읽을 수 없을 것이다. 하지만 '잔지바르 얼룩말'에 관한 이야기라는 것을 알아차린다면 그것만으로도 앨리스와 밥에게는 위험할 수 있다. 따라서 우리에게 시사하는 교훈은 메시지 블록을 충분히 크게 하고, 암호화 지수를 충분히 크게 잡아야 한다는 것이다.

비슷하게 **선택 암호문 공격**(chosen-ciphertext attack)을 시도할 수도 있는데, 이것은 복호화 지수가 아주 작을 때 효과가 좋다. 이브는 밥이 모듈로 $n = 4089$와 암호화 지수 $e = 2258$을 사용한다는 것을 알고 있고, 이제 밥의 복호화 지수 d를 찾아내려 한다고 가정하자. 이브는 밥에게 진짜 메시지를 보내는 것이 아니라 정확하게 암호화된 블록과 무작위로 뽑은 작은 수를 혼합해서 '암호문'을 만들어 밥에게 보낸다. 그런 다음, 그것들이 무엇으로 복호화되는지 알아낼 수 있기를 바라는 것이다. 다음을 예로 들어보자.

암호문:	2221	2736	1011	3	5	1474	1110	2859
d제곱:	1612	501	1905	243	3125	2008	114	1119
평문:	pl	ea	se	b?	?y	th	an	ks

지금 상황에서 밥이 저지를 수 있는 최악의 실수는 "당신 메시지 가운데 블록 두 곳은 이해되지 않습니다. 243 3125는 문자로 어떻게 변환해야 할까요?"라고 물으면서 이브의 공개키를 사용해 암호화된 메시지를 이브에게 도로 보내는 것이다. 설령 밥이 그런 실수를 하지 않더라도 이브가 다른 방법을 이용해 복호화된 숫자를 알아낼 수 있다면 밥은 곤경에 빠질 수 있다.

이제 이브는 $243 \equiv 3^d \pmod{4089}$이고 $3125 \equiv 5^d \pmod{4089}$임을 알고 있으므로 일반 연산을 이용해서 3을 밑으로 하는 243의 로그를 구한다.

$$\log_3(243) = 5$$

이 로그값이 d의 값일 것이다. 추가로 더 확인하기 위해 이브는 5를 밑으로 하는 3125의 로그도 구해본다.

$$\log_5(3125) = 5$$

따라서 이브는 d가 5임을 알아냈다. 여기에서 교훈은 두 가지이다. 첫째, 누군가로부터 얻은 암호문을 복호화했는데 알아볼 수 없는 평문이 나왔다면 절대로 상대방에게 복호화한 평문에 대해 알리지 마라. 다양한 방식의 선택 암호문 공격법이 있으므로 이것은 거의 모든 암호에 해당하는 이야기다. 둘째, d의 값으로 너무 작은 수를 선택하지 마라. 이브가 선택 평문 공격을 할 수 없을지라도 암호의 안전성을 해치는 다른 공격법인 **낮은 암호화 지수 공격**(low decryption exponent attack)이 있다.

그밖에 가능한 공격으로 **공통 모듈로 공격**(common modulus attack)이 있다. 밥과 데이브가 서로 신뢰하는 사이지만 메시지를 혼용하는 것을 원하지 않는다고 하자. 아마 두 사람은 같은 수를 모듈로로 사용하고 암호화 지수만 서로 다른 수를 사용하기로 결정할 것이다. 그러나 이것은 좋은 생각이 아니다.

예를 들어 모듈로 n = 3763이고 밥이 사용하는 암호화 지수 e = 3, 데이브가 사용하는 암호화 지수 e = 17이라 하자. 앨리스는 다음과 같이 두 사람에게 같은 메시지를 보낼 것이다.

평문:	hi	gu	ys
숫자:	8, 9	7, 21	25, 19
숫자 병합:	809	721	2519
3제곱:	2214	3035	964
17제곱:	2019	1939	2029

이브는 먼저 두 e값에 대해 유클리드 호제법을 사용한다. 3과 17이 서로소이므로 1.3절에서처럼 1을 3 × a와 17 × b 꼴의 합으로 나타낼 수 있을 것이다. 그 과정은 다음과 같다.

$$\begin{aligned} 17 &= 3\times5+2 \qquad & 2 &= 17-3\times5 \\ 3 &= 2\times1+1 \qquad & 1 &= 3-2\times1 \\ & & &= 3\times6-17\times1 \end{aligned}$$

따라서 다음과 같이 된다.

$$1=(3\times6)+(17\times-1)$$

이브는 평문의 첫 번째 블록에 대해 다음이 성립함을 알고 있다.

$$2214\equiv P^3 \quad \bmod 3763 \qquad 2669\equiv P^{17} \quad \bmod 3763$$

만약 이브가 모듈로 3763에 대해 $2214^6 \times 2019^{-1}$을 계산한다면 다음을 얻는다.

$$2214^6 \times 2019^{-1} \equiv (P^3)^6 (P^{17})^{-1} \equiv P^{(3\times6)+(17\times-1)} \equiv P^1 \equiv P \qquad \text{mod } 3763$$

아니나 다를까 다음을 보라.

암호문 1:	2214	3035	964
암호문 2:	2019	1939	2029
암호문 1에 6제곱:	229	1946	897
암호문 2에 −1제곱:	2682	1178	523
곱하기:	809	721	2519
숫자 분할:	8, 9	7, 21	25, 19
평문:	hi	gu	ys

여기에서 교훈은 서로 신뢰하는 사이라 할지라도 모듈로를 공유하지 말라는 것이다.

앨리스가 밥에게 완전히 동일한 메시지는 아니지만 비슷한 메시지 두 개를 같은 n과 e를 사용해 보낸다면 **관련 평문 공격**(related message attack)도 가능하다. 이 공격법은 e가 3보다 커지면 실행하기 매우 어려워진다. 그래서 $e = 17$ 또는 $e = 2^{16} + 1 = 65537$을 암호화 지수로 선택한다.

서로 관련 있는 메시지에 대해서는 **브로드캐스트 공격**(broadcast attack)이라 알려진 공격을 실행할 수도 있다. e명의 사람이 서로 다른 모듈로를 사용하되 암호화 지수로 모두 똑같이 e를 사용할 때, 앨리스가 각자에게 같거나 비슷한 메시지를 보낸다면 이브는 브로드캐스트 공격을 시도할 수 있다. 3이나 17처럼 작은 값을 암호화 지수로 선택하면 속도가 빠르다는 장점 때문에 흔하게 사용될 수 있으므로(7.4절 참고), 무슨 일이 있어도 여러 사람에게 비슷한 메시지를 보내지 않는 것이 최선이다. 메시지가 비슷해 보이지 않도록 만드는 방법의 하나는 암호화를 하기 전에 무작위로 무효 비트를 선택해 조심스럽게 메시지에 추가하는 것이다. 복호화를 마치면 무효 비트를 무시하고 메시지를 읽으면 된다.

무작위성을 가미하는 것은 **전진 탐색 공격**(forward search attack)의 효용성을 떨어뜨리는 데에도 도움이 된다. 전진 탐색 공격은 말하자면 '있을만한 단어 공격(probable word attack)'으로서 비대칭키 암호체계 전반에 걸쳐 문제가 될 수 있다. 앨리스가 밥에게 보낸 어떤 암호문에 대해 이브가 평문을 추측한다고 가정하자. 암호화에 무작위성이 전혀 개입되지 않는다면 이브는 항상 자신의 추측이 맞는지 틀린지 확인할 수 있다. 다른 사람들과 마찬가지로 이브도 밥이 공개한 키를 가지고 암호화할 수 있기 때문이다. 암호화 과정에 무작위 무효 문자가 추가되어 있지 않고 이브가 앨리스와 똑같은 평문으로 시작한다면, 이브 역시 앨리스와 같은 암호문을 얻을 것이다. 반면에 무작위로 채움 문자를 선택해서 확산이 잘 일어나도록 추가한다면 같은 메시지라도 서로 다르게 암호화되어 전혀 같은 것처럼 보이지 않을 것이다. 이렇게 무작위 선택을 기반으로 암호화하는 것을 **확률적 암호화**(probabilistic encryption)라 한다. 확률적 암호화의 또 다른 예는 7.8절에서 살펴볼 것이다.

지금까지 RSA에 대한 여러 유형의 공격과 그 공격에 대한 방어 대책을 간략히 살펴봤다. 우리가 얻은 교훈은 결국 기억하기 쉽게도 "게으름을 피우지 마라."라는 것이다. 더 자세한 내용을 알고 싶은 독자는 책 뒷부분의 노트에 있는 문헌을 참고하기 바란다.

7.8 장을 마치며

머클의 퍼즐은 모두 개념 증명(proof of concept)이라고 부를 만한 것들이었다. 심지어 머클도 이 퍼즐이 실제로 작동하지 못하리라는 것을 알고 있었다. 그럼에도 불구하고 머클의 퍼즐은 디피와 헬만이 키 합의 체계를 개발하는 데 직접적인 영향을 미쳤다. 그래서 헬만은 키 합의 체계의 이름을 디피-헬만-머클 체계라고 해야 한다고 주장했으며, 이에 대한 특허는 실제로 세 사람 이름으로 등록되어 있다.

이름이 무엇이든 간에 디피-헬만 키 합의 체계는 인터넷상에서 다양한 보안 체계의 일부로서 사용되고 있다. 하지만 이것은 키 합의 체계이지 암호화 체계가 아니므로 독자적으로 사용될 수 없다는 사실을 명심해야 한다. 그래서 사람들은 결국 이산대수 문제를 기반으로 하는 비대칭키 암호체계를 고안했는데, 그들 중 일부를 8장에서 살펴보겠다.

RSA 역시 현재 인터넷에 많이 사용하는 보안 체계다. 아마 디피-헬만 체계보다 더 많이 사용하고 있을 것이다. 하지만 RSA와 디피-헬만 체계는 해결해야 할 숙제를 안고 있다. 두 체계가 공통으로 지닌 한 가지 단점은 아주 큰 값의 키가 필요하다는 것이다. 8.3절에서 살펴볼 타원 곡선 암호라 불리는 암호화 기술은 디피-헬만 체계와 RSA보다 작은 키 값을 가져서 계산 속도는 더 빠르면서도 두 체계와 같은 수준의 안전성과 장점을 확보하려는 시도로 만들어졌다. 현재 타원 곡선 암호에 기초한 새로운 암호체계를 추구하는 움직임이 일고 있지만 아직은 이전의 공개키 방식이 더 많이 사용되고 있다.

2013년 스노든이 NSA 문서를 공개하자 사람들은 디피-헬만 방식의 안전성을 우려하기 시작했다. 공개된 일부 문건은 NSA가 디피-헬만 방식을 기반으로 암호화된 VPN 트래픽을 해독했음을 시사했다. 2015년 프랑스와 미국 연구자로 구성된 연구팀은 실제로 효과가 있는 암호해독 방법을 발표했다. **로그잼**(Logjam)이라 알려진 이 공격은 두 부분으로 구성된다. 첫 번째 부분은 우리가 7.2절에서 언급한 내용이 완전히 사실이 아님을 깨닫는 것으로 시작된다. 앞에서 우리는 p를 비밀로 할 필요가 없기 때문에 소수 목록에서 찾아서 사용해도 괜찮다고 했다. 문제는 g, A, B는 모르고 오직 p만 알아도 이산대수 문제를 푸는 과정 대부분을 해결할 수 있다는 데 있다. 많은 사람들이 동일한 소수 목록을 이용한다면 선호하는 소수가 몇 개로 한정될 것이다. 이브가 이 사실을 안다면 메시지가 보내지기 전에 그 소수에 대한 계산을 미리 해둘 수 있다. 그러면 메시지가 보내졌을 때 이브는 모든 계산을 처음부터 시작하는 것보다 훨씬 빨리 해독할 수 있다. 로그잼 연구진은 이와 같은 사전계산 공격(precomputation attack)에 대해 분석을 한 결과, 최대 225자리 소수를 이용한 디피-헬만 방식은 학술 연구팀의 공격에도 취약하고, 최대 300자리 소수를 이용하다고 해도 미국 NSA나 다른 국가 정부기관의 공격에 취약하다는 것을 알아냈다. 게다가 그들이 살펴본 VPN 중에서 대략 3분의 2가 300자리 이하의 잘 알려진 소수를 선호한다는 것도 알아냈다.

로그잼 공격의 두 번째 부분은 안전한 웹 브라우징에만 적용된다. 앞에서 RSA는 인터넷 연결을 암호화하는 데 가장 흔히 사용하는 방법이지만 디피-헬만 방식도 사용한다고 언급했다. 로그잼 연구진의 연구 결과에 따르면, 웹서버가 디피-헬만 방식을 사용하고 있다면 이브는 시스템을 속여서 앨리스와 밥이 원했던 값보다 더 작은 소수를 사용하도록 보안 수준을 다운그레이드하고 메시지를 변경할 수 있다. 이것이 **다운그레이드 공격**(downgrade attack)의 예다. 선호하는 소수가 아주 큰 수일지라도 사전계산 공격과 결합해서 다운그레이드 공격을 사용하면 웹서버의 보안 수준을 낮추고 공격에 취약하게 만들 수 있다. 조사한 웹사이트 중에서 대략 25%가 가장 인기 있는 300자리 소수 10개 중 하나로 다운그레이드되고, 대략 8%가 150자리 소수로 다운그레이드되도록 할 수 있었다.

덧붙여 말하자면 RSA를 사용하는 웹서버를 공격할 수 있는 새로운 다운그레이드 공격이 2015년에 발견되었다. 프릭 공격(FREAK attack)이라 불리는 이 공격은 RSA 익스포트 키에 대한 소인수분해 공격을 의미하는 Factoring RSA Export Keys에서 머리글자를 따서 이름이 지어졌다. 로그잼과 달리 프릭 공격은 특정한 소프트웨어 버그를 이용해 브라우저와 서버에 대해서만 공격을 일으킨다. 일반적으로 300자리 미만의 키를 갖는 디피-헬만 방식과 RSA는 어떤 경우에도 사용해서는 안 된다는 것이 밝혀졌다. 대부분 소프트웨어 생산자들은 버그 패치를 제공하는 것은 물론이고, 그런 키의 사용을 전면 금지하면서 최소 600자리 이상의 키를 사용할 것을 장려하고 있다.

디피-헬만 방식과 RSA가 직면한 또 다른 문제는 9장에서 다룰 양자전산(quantum computation)과 관련되어 있다. 9장에서 우리는 양자 컴퓨터가 대중화되면 디피-헬만 방식과 RSA 방식의 안정성이 현저히 떨어지게 된다는 것을 알게 될 것이다. 대체 암호체계는 크게 두 가지 유형으로 나뉜다. 하나는 포스트 양자 암호(post-quantum cryptography)이고 다른 하나는 양자 암호(quantum cryptography)인데, 서로 이름이 혼동될 수 있다. 포스트 양자 암호는 모든 컴퓨터에 사용할 수 있는, 양자 공격을 견딜 수 있는 암호체계를 설계하려는 시도이고, 양자 암호는 양자물리학 자체를 이용해 새로운 유형의 암호체계를 설계하려는 시도이다.

부록 A 공개키 암호 역사의 비밀

공개키 암호는 공개된 역사와 감춰진 역사를 나란히 가지고 있다. 1997년 세상 사람들은 1970년대 초에 등장한 공개키 암호라는 낯선 개념이 디피, 헬만, 머클 이 세 사람에게서만 나온 것이 아니라는 사실을 알게 되었다. 그들이 자신들에게 명예를 안겨다 줄 여정을 시작하기 이전인 1969년에 이미 제임스 엘리스(James Ellis)가 공개키 암호가 가능함을 증명했다. 하지만 엘리스의 발견은 거의 30년 동안 비밀로 묻혀 있었다.

이유는 명확하다. 제임스 엘리스는 미국의 NSA에 해당하는 영국정부통신본부(Government Communication Headquarters, GCHQ)에서 일했다. 특히 GCHQ 산하 전자통신과 데이터 보안에 관한 정부자문기관인 전자통신보안그룹(Communications-Electronics Security Group, CESG)에 소속되어 있었다. 엘리스는 머클, 디피와 마찬가지로 비밀리에 약속된 키 없이 두 사람이 비밀 메시지를 교환하는 것이 필요한지에 대한 생각에서 출발했다. 디피와 달리 엘리스는 제삼자에게 키 분배를 맡기는 문제를 걱정하지 않았다. 어쨌든 엘리스는 키 분배와 관련된 전문기관에서 일하고 있었기 때문이다. 그가 걱정한 것은 키 분배를 어떻게 실행할지에 관한 문제였다. 대규모 기관에서 일하는 수천 명이 서로 통신을 해야 하고, 두 사람이 주고받는 통신은 반드시 그 두 사람만 아는 비밀로 해야 한다면 서로 다른 키를 수백만 개 다뤄야 할 것이다.

엘리스는 처음에 다른 사람들과 마찬가지로 이 상황이 불가피하다고 생각했다. 하지만 몇 가지 관련 자료를 읽다가 1940년대에 쓰인 저자 미상의 벨 전화(Bell Telephone) 음성변환 프로젝트에 관한 논문을 발견했다. 논문에 설명된 것은 아날로그 전화 회선용 시스템으로 기본 원리는 이렇다. 앨리스가 안전한 회선을 통해 밥에게 메시지를 전달하고자 한다면 앨리스가 아니라 밥 쪽에서 소음을 무작위로 발생시켜 전파에 추가시킨다. 소음이 무엇인지 잘 파악하고 있다면 밥은 자기가 받은 혼합된 신호를 처리해 소음은 제거하고 메시지를 추출할 수 있다. 이브는 소음이 들어간 신호를 이해할 수 없을 것이고, 앨리스는 밥이 정확하게 무슨 조치를 취했는지 알 필요가 없을 것이다. 제임스 엘리스는 그런 아날로그 시스템 자체는 실용적이지 않으며 디지털용으로 정확하게 전환할 수도 없다는 것을 알았다. 그러나 중요한 아이디어를 하나 얻을 수 있었다. 밥이 적극적으로 시스템에 관여한다면 앨리스는 복호화 키를 몰라도 안전하게 암호화된 메시지를 보낼 수 있다는 것이다.

정말 신기하게도 론 리베스트처럼 제임스 엘리스도 침대에 누워 있다가 기발한 아이디어가 떠올랐다. 어느 날 밤 엘리스는 가만히 누워서 전화 음성변조 시스템과 비슷한 방식으로 비대칭키 암호체계를 만들 수 있지 않을까 곰곰이 생각했다. 만약 그럴 수만 있다면 통신 참가자들은 각기 개인키 하나만 있으면 되기 때문에 대칭키 방식보다 통신을 다루기 훨씬 수월할 것이다. 퍼즐 조각 맞추듯 생각이 정리되자 몇 분 사이에 엘리스의 머릿속에 해답이 떠올랐다. 그것은 실현 가능한 아이디어였고 엘리스는 어떻게 실현할지 방법을 알아낸 것이었다.

머클의 퍼즐처럼 엘리스가 처음에 생각해낸 아이디어는 "간단하지만 비효율적"인 것이었다. 엘리스는 자신의 아이디어는 "그런 암호체계가 이론적으로 가능하다는 것을 보여줄 뿐이지 실제로 물리적 모형이 존재한다고는 할 수 없다."라고 말했다. 엘리스의 암호체계는 거대한 숫자표 3개를 가정하고 시작한다. 엘리스는 숫자표를 일종의 기계라고 간주하고 M_1, M_2, M_3라고 이름을 붙였다. 그 이유는 이제 곧 뒤에서 밝힐 것이다. 나는 기계보다 오히려 거대한 책이라고 생각하는 것을 좋아한다. 사실 M_2는 코드북으로 가득 채워진 거대한 방과 같다. 지금까지 코드에 대해 별로 이야기하지 않았는데, 코드북은 단어나 어구가 알파벳 순서로 나열된 사전과 같다. 코드북의 각 항목은 언어적 정의를 보여준다기보다 단어나 어구에 대응하는 코드군, 이를테면 다섯 자리 수를 의미한다. M_2 방에 있는 거대한 코드북 각각에는 번호가 매겨져 있고 서로 내용물이 완전히 다르다. M_2는 암호화 방으로 쓰일 것이다. 복호화 방으로 쓰일 M_3는 암호화 방과 아주 비슷하지만 코드북들이 알파벳순이 아니라 코드군 순서로 배열되어 있다. M_2의 암호화 코드북은 M_3의 복호화 코드북에 일대일로 대응된다. 이제 곧 밝혀질 명백한 이유로 M_3 코드북에 번호를 매기는 체계는 M_2와 완전히 다르다. 정신 나간 사서가 아무리 이상하게 코드북에 번호를 매겨도 앨리스와 밥에게는 다행히 거대한 색인 책자 M_1이 있다. M_1에서 복호화 코드북의 번호를 찾아 대응하는 암호화 코드북의 번호를 찾을 수 있다. 그러나 주목해야 할 점은 암호화 코드북 번호에서 거꾸로 복호화 코드북의 번호를 찾을 수 있는 색인 책자는 없다는 것이다.

앨리스		밥
"당신에게 전할 메시지가 있어요."		
		개인 복호화 키 d를 선택한다. d와 M_1을 이용해 공개 암호화 키 e를 찾는다.
	$\leftarrow e$	
P $\downarrow (M_2, e)$ C		
	$C \rightarrow$	
		C $\downarrow (M_3, d)$ P

그림 7.16 제임스 엘리스(James Ellis)의 공개키 암호체계

이제 앨리스는 밥에게 메시지를 보내기 전에 암호화 키에 대해 먼저 물어본다. 밥은 무작위로 복호화 키 값 d를 선택하고, M_1에서 그 값을 찾아 대응하는 암호화 키 e를 알아낸다. 해당 암호화 키는 앨리스에게 보내고 d는 혼자만 간직한다. 앨리스는 M_2 방으로 가서 책 번호가 e인 코드북을 찾는다. 그 코드북을 이용해 메시지를 암호화한 뒤, 밥에게 보낸다. 밥은 M_3 방으로 가서 번호가 d인 코드북을 찾아 그것을 이용해 메시지를 복호화한다. 이 과정을 보여주는 그림 7.16을 보면 아마 앞에서 살펴본 여러 가지 암호화 기법이 떠오를 것이다.

이브는 어떻게 할까? 계속 대화를 도청한다면 이브는 e의 값과 암호문을 입수할 수 있다. 이브가 선택할 수 있는 방안은 세 가지 있는데, 어느 것도 좋은 수가 아니다. 첫째, M_2 방으로 가서 번호가 e인 코드북을 찾은 다음 해당 코드북을 샅샅이 뒤지면서 암호문의 코드군을 일일이 찾아본다. 암호문의 코드군은 특정한 순서가 없으므로 코드북을 전부는 아니더라도 거의 다 찾아봐야 할 것이다. 둘째, M_3 방으로 들어가서 의미 있는 평문이 나올 때까지 가능한 코드북을 모두 적용해 암호문 해독을 시도한다. 셋째, 색인 책자인 M_1을 입수해서 암호화 코드북의 번호 e에 대응하는 복호화 코드북의 번호 d를 찾을 때까지 색인을 계속 찾아볼 수 있다. M_1과 대응관계가 반대인 코드북 색인이 없기 때문에 운이 좋지 않으면 이브는 아마 코드북을 거의 다 뒤져봐야 할 것이다. 코드북 번호와 코드북 크기가 둘 다 꽤 크기 때문에 세 방법 모두 하나같이 부적절하다.

하지만 이것은 심지어 컴퓨터로 처리한다고 해도 전혀 실용적인 체계가 아니다. 컴퓨터를 이용한다면 대규모 코드북을 더 쉽게 저장할 수 있지만, 그만큼 이브도 더 빨리 검색할 수 있기 때문에 도움이 되지 않는다. 제임스 엘리스가 M_1, M_2, M_3을 가리켜 '기계'라고 한 것은 모든 정보를 실제로 다 저장하지 않고도 코드북이나 숫자표처럼 작동하는 '과정(process)'을 발견할 수 있기를 바라서였다. 기계라는 단어를 사용했지만 기계적인 과정이라기보다 수학적인 과정을 의미했다. 하지만 엘리스는 공학을 전공했기 때문에 스스로 꼭 필요하다고 생각한 세부적인 수학을 잘 몰랐다. 이후에 그는 "정수론에 약했기 때문에 내 아이디어를 실제로 구현하는 것은 다른 사람에게 맡겼다."라고 했다.

그 후 몇 년 동안 이 프로젝트는 CESG나 GCHQ의 우선과제 목록에서 밀려나 있었다. 어떤 수학자들은 엘리스의 아이디어에서 논리적 결함을 찾으려고 했지만 성공하지 못했고, 그것을 구현할 수 있는 실질적인 수학적 체계를 찾으려는 시도도 있었지만 역시나 성공하지 못했다. 1973년 말에 클리포드 콕스(Clifford Cocks)가 CESG에 고용될 때까지 상황은 달라지지 않았다. 엘리스와 달리 콕스는 케임브리지대학교 학부과정과 옥스퍼드대학교 대학원에서 1년 동안 수학을 공부한 수학전공자였다. 어느 날 콕스는 휴식 시간에 선배 연구원으로부터 엘리스의 프로젝트에 관한 설명을 들었다.

콕스에게는 그 문제의 해법을 찾는 데 유리한 장점이 몇 가지 있었다. 첫째, 그는 단지 수학을 공부한 것이 아니라 정확하게 공개키 암호의 밑바탕이 되는 수학 분야를 전공했다. 둘째, 그 프로젝트와 관련해 엘리스가 이전에 수행한 연구나 다른 논문을 접해본 적이 없기 때문에 새로운 시각으로 접근할 수 있었다. 셋째, 과제라기보다는 퍼즐과 다름 없이 제기된 문제이므로 부담감이 없었다. 이것에 대해 콕스는 "그날 저녁 특별하게 할 일이 없었는데, 사실 그것도 도움이 됐다고 생각한다."라고 말했다. 그날 저녁, 퇴근 후 임대로 살고 있던 집에 돌아온 콕스는 암호체계를 하나 고안했다. 나중에 RSA로 알려지게 되는 체계와 본질적으로 완전히 같은 것이었다. 엘리스 방식에서 복호화 코드북 번호는 밥의 개인키 p와 q가 대신하고, 암호화 코드북 번호는 공개키 n이 대신한다. 콕스 버전의 RSA에서 암호화 지수 e는 n과 같기 때문에 암호키는 하나만 있으면 된다. '기계' M_2와 M_3은 모듈로 지수 연산이고 M_1은 p와 q를 곱해서 n을 얻는 것과 같다.

콕스는 기밀유지 규정 때문에 집에 있는 동안 업무와 관련된 어떤 것도 기록할 수 없었다. 다행히 그가 생각해낸 방식은 다음날 아침에도 기억할 수 있을 만큼 간단했다. 콕스는 출근하자마자 짧은 논문을 써내려갔다. 콕스의 선배는 흥분을 감추지 못했고 소식을 접한 엘리스도 기뻐했다. 엘리스는 그러면서도 서두르지 않고 신중함을 유지했다. 이 암호체계와 관련된 세 번째 인물은 말콤 윌리엄슨(Malcom Williamson)이다. 그는 어릴 적부터 콕스와 친구였고 그 역시 CESG에서 일했다. 윌리엄슨은 그전에는 엘리스의 아이디어를 들어본 적이 없었다. 워낙 회의적인 성격인지라 콕스에게서 엘리스의 암호체계에 대해 듣자 그는 집에 돌아가서 그것이 작동할 수 없음을 증명하려고 애썼다. 물론 성공하지 못했지만 그날 밤 8-12시간 동안 증명을 시도하는 과정에서 엘리스의 암호체계와 비슷한 것을 구현할 수 있는 완전히 다른 방법을 발견했다. 그것은 오늘날 쓰리-패스 프로토콜(three-pass protocol)이라 불리는 것으로, 폴리그-헬만 암호와 밀접한 관련이 있는 공개키 방식이다(쓰리-패스 프로토콜에 관해서는 8.1절에서 다룬다). 윌리엄슨은 역시 다음날 출근할 때까지 어떤 것도 기록할 수 없었으며, 그 후 수개월이 지나 1974년 1월이 되어서야 논문을 완성할 수 있었다. 그 사이 윌리엄슨은 쓰리-패스 프로토콜에 대해 엘리스와 의견을 나눴고, 확실히 이전보다 과감해진 엘리스는 윌리엄슨의 아이디어를 다듬었다. 몇 차례 대화를 더 나눈 후에 윌리엄슨은 공개키 암호를 구현할 수 있는 "더 값싸고 더 빠른" 방법을 생각해냈다. 그것은 디피와 헬만이 생각해낸 아이디어와 정확히 일치하는 것으로 밝혀졌다.

더 값싸고 더 빠른 방법을 찾는 것은 잠재적으로 중요했다. GCHQ 내부의 전반적인 분위기는 엘리스가 '비기밀성 암호화'라고 명명한 공개키 암호화가 불가능하다고 생각하던 것에서 이제는 그것이 비실용적이라고 생각하는 것으로 바뀌었다. 반면에 윌리엄슨은 전체 체계를 다시 검토해 봤다. 키 합의 시스템에 관한 두 번째 논문이 완성되었을 무렵, 그는 "비기밀성 암호화 이론 전반에 대해 의심하게 되었다."라고 말했다. 윌리엄슨을 괴롭힌 문제는 이산대수 문제와 소인수분해 문제의 난해성을 증명할 수도 반증할 수도 없다는 것이었다. 그런 까닭에 두 번째 논문이 2년 동안 미뤄진 것이라고 그가 스스로 밝혔다. 결국, 영국 GCHQ 내에서 실질적인 공개키 암호체계를 구현하는 데 조금이나마 기여한 사람은 아무도 없었다.

돌이켜 생각해보면 그렇게 놀라운 일은 아니었다. 국가정보기관은 공개키 암호체계를 개발하기에 적절한 장소가 아니었을 것이다. 비록 그런 기관이 키 분배 문제를 해결하는 데 분명히 도움되지만, 공개키 암호체계의 진짜 장점은 두 사람이 처음부터 만나지 않고 통신을 주고받는 것이다. 같은 정부기관에서 일하는 사람 사이에는 일어날 수 없는 일이다. 게다가 그런 기관들은 새로운 암호나 시도된 적이 없는 암호에 대해 각별히 조심하기 마련이다. 누군가 1977년에 소인수분해를 하거나 이산대수 문제를 푸는 빠른 방법을 발견했다면 MIT와 스탠퍼드대학교 주변의 몇몇 사람은 아주 딱한 처지가 되었을 것이다. 그러나 만약 영국 GCHQ나 NSA가 공개키 암호체계로 전환해 사용했다가 일 년 후에 그것이 해독되는 사태를 겪었다면 국가적인 정보 보안 참사로 이어졌을 것이다.

그래서 실제로는 아무 일도 일어나지 않았다. 1977년 리베스트, 샤미르, 애들먼이 특허를 신청했을 때 윌리엄슨은 그것을 막으려고 했지만 그의 상사들은 그냥 놔두기로 결정했다. 1987년 "계속 비밀로 하는 것이 더는 도움이 되지 않는다."라고 판단한 제임스 엘리스는 자신의 발견을 논문으로 정리했다. 상사들의 반대로 그 논문은 그 후 10년 동안 기밀문서로 분류되어 있었다. 1997년 12월 23일 마침내 GCHQ는 엘리스의 첫 논문, 콕스의 논문, 윌리엄슨의 논문 두 편, 엘리스의 〈비기밀성 암호의 역사〉 이렇게 다섯 편의 논문을 웹사이트에 게재했다. 세상 사람들은 비로소 엘리스가 이룬 업적을 알게 되었지만 안타깝게도 엘리스는 이미 그해 11월 25일에 세상을 떠났다.

8

기타 공개키 암호체계

8.1 쓰리-패스 프로토콜

이제 우리는 사전에 만나지 않고도 앨리스가 밥에게 비밀 메시지를 몰래 전달하는 방법 두 가지를 알고 있다. 하나는 대칭키 암호에 쓸 비밀키를 선택하기 위해 키 합의 방식을 사용하는 것이고, 다른 하나는 앨리스는 밥이 공개한 암호키를 알지만 복호키는 오직 밥만 아는 비대칭키 방식을 이용하는 것이다. 하지만 공개키이든 비밀키이든 키를 교환하거나 합의하지 않고도 앨리스가 밥에게 메시지를 전달할 수 있는 새로운 대칭키 암호방식이 있다. 바로 **쓰리-패스 프로토콜**(three-pass protocol)이다. 일반 용도로 쓰기에 너무 비효율적이지만 아주 흥미롭고 가끔은 편리한 방식이다.

비대칭키 암호가 우편함 투입구가 있는 굳게 잠긴 문에 비유되듯이 대칭키 암호는 그림 8.1처럼 자물쇠 하나에 같은 열쇠 두 개가 있는 여행 가방에 비유된다. 밥에게 메시지를 보내고 싶다면 앨리스는 편지를 여행 가방에 담아 자물쇠로 잠근다. 밥은 가방을 받아서 있던 열쇠로 자물쇠를 열고 편지를 꺼내 읽는 것이다.

이제 여행 가방의 빗장에 여유 공간이 있어서 자물쇠를 두 개까지 사용할 수 있고, 앨리스와 밥 각자 서로 다른 자물쇠와 열쇠 짝을 가지고 있다고 가정하자. 그림 8.2처럼 앨리스는 전달할 메시지를 여행 가방에 넣고 자신의 자물쇠로 잠근 다음, 밥에게 여행 가방을 보낸다. 이것이 쓰리-패스 프로토콜의 1차 패스다.

밥은 앨리스가 잠근 자물쇠를 열 수 없다. 키가 없기 때문이다. 그는 자신의 자물쇠를 하나 더 채워 여행 가방을 앨리스에게 돌려보낸다. 이것이 그림 8.3에 나타낸 2차 패스다.

앨리스는 다시 밥에게 여행 가방을 보낸다. 하지만 이번에는 그림 8.4처럼 자신의 자물쇠를 열어둔 상태이다. 이것이 3차 패스다. 여행 가방은 여전히 밥이 잠가놓은 자물쇠로 잠겨 있다는 점에 주목하자. 따라서 이브는 가방을 열어볼 수 없다. 그제야 밥은 자신의 자물쇠를 열어 메시지를 읽을 수 있다. 여행 가방이 옮겨질 때는 어느 자물쇠로든 반드시 잠겨 있는 상태였고, 앨리스와 밥은 한 번도 키를 공유하거나 교환하지 않았다.

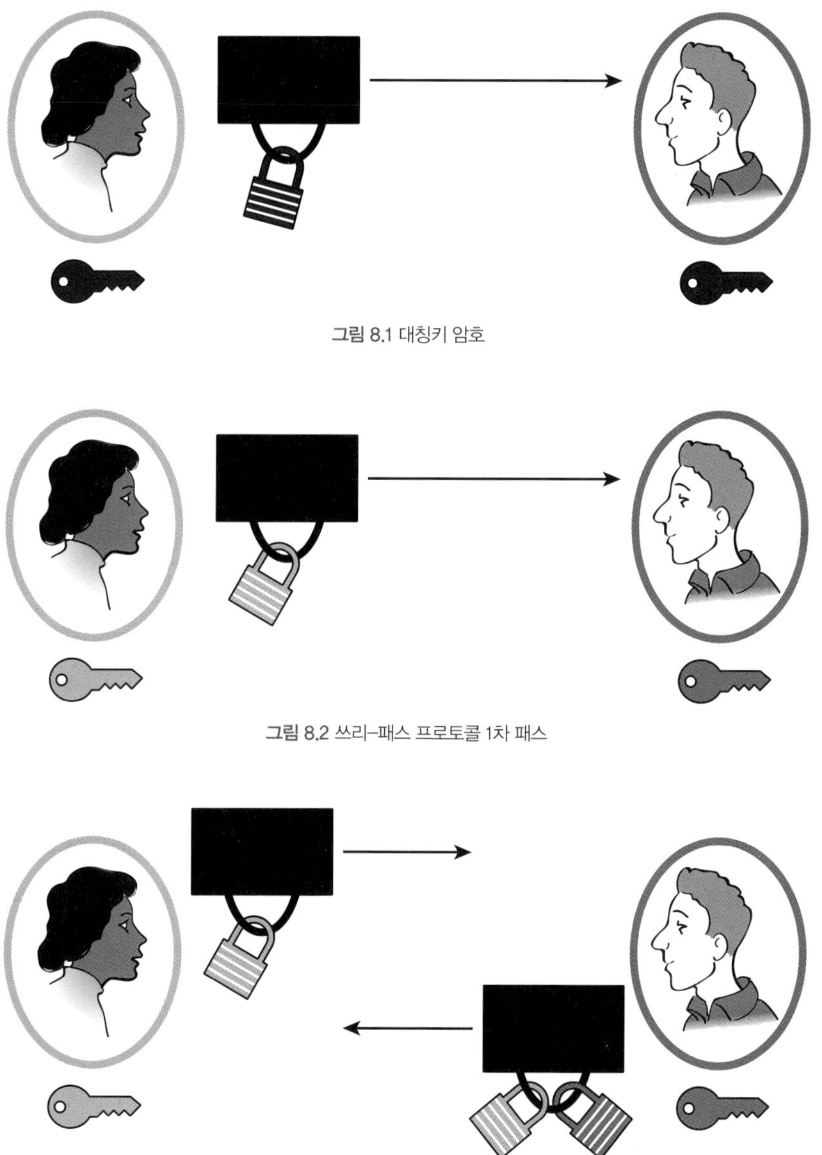

그림 8.1 대칭키 암호

그림 8.2 쓰리-패스 프로토콜 1차 패스

그림 8.3 쓰리-패스 프로토콜 2차 패스

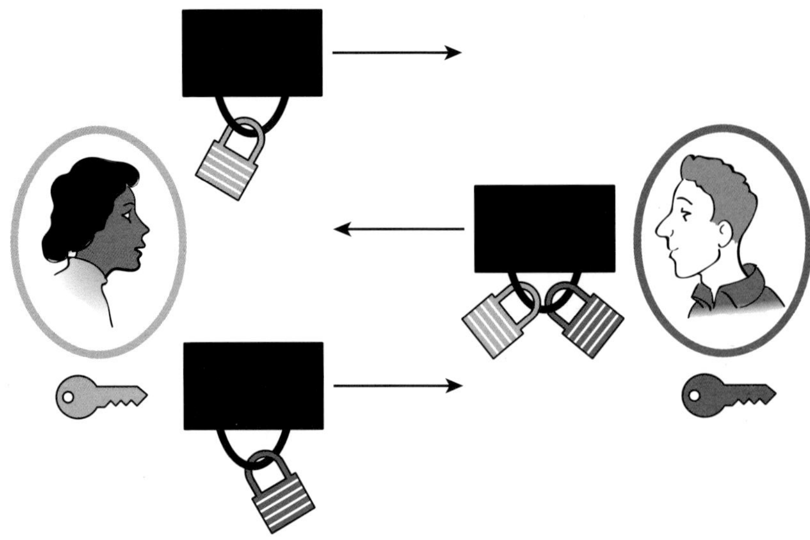

그림 8.4 쓰리-패스 프로토콜 3차 패스

이 방식이 작동하려면 다음과 같은 두 가지 속성을 지닌 하나의 대칭키 암호가 필요하다. 첫째, 밥의 암호화나 앨리스의 암호화가 서로 상대에게 방해가 되어서는 안 된다. 만약 밥이 자신의 자물쇠를 앨리스의 자물쇠 위로 겹쳐서 채우면 앨리스는 자기 자물쇠를 열 수 없게 된다. 다시 말하자면 3.4절에서 논의한 것처럼 앨리스의 암호화와 밥의 암호화 사이에 교환법칙이 성립해야 한다. 즉, 앨리스가 먼저 암호화하고 나서 밥이 암호화하는 것이나 순서를 바꿔 암호화하는 것이나 같아야 한다. 여태 살펴본 암호 중에서 오직 일부 암호만 이런 성질을 가지고 있다. 덧셈 암호, 곱셈 암호, 다표식 치환 암호 또는 이런 암호에 기반을 둔 스트림 암호가 그 예이다. 반면에 아핀 암호, 힐 암호, 전치 암호는 앨리스와 밥이 극히 제한된 키 집합을 사용할 때만 이 성질을 만족한다. 현대 컴퓨터에 사용할 용도로 만들어진 대칭키 암호방식 중에는 폴리그-헬만 지수 암호를 제외하고는 모두 이런 성질을 갖지 않는다.

그다음 필요한 성질이 무엇인지 알아보기 위해 앨리스와 밥이 덧셈 암호를 사용할 때 어떤 일이 벌어지는지 생각해보자. 앨리스의 키를 a, 밥의 키를 b, 평문의 첫 글자를 P라고 하자. 이때 쓰리-패스 프로토콜은 그림 8.5와 같다.

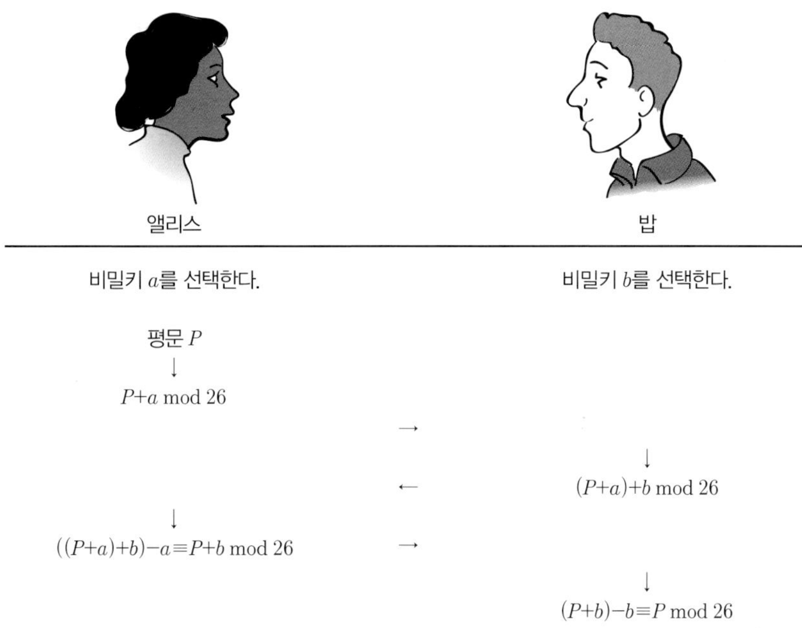

그림 8.5 덧셈 암호를 바탕으로 한 쓰리-패스 프로토콜

문제는 다음과 같다. 1차 패스와 2차 패스를 하고 난 뒤, 이브는 모듈로 26에 대한 $P + a$와 $(P + a) + b$를 갖는다. 따라서 알려진 평문 공격을 시행해서 b를 복구할 수 있다. 즉, $b \equiv ((P + a) + b) - (P + a) \pmod{26}$이다. 이제 이브는 b를 사용해 3차 패스로부터 나온 메시지를 복호화할 수 있다. 따라서 그림 8.6에서 보듯이 $P \equiv (P + b) - b \pmod{26}$을 얻는다. 그러므로 교환법칙이 성립하는 것 외에 앨리스의 암호화와 밥의 암호화 모두 알려진 평문 공격에 대한 저항력이 있어야 한다. 우리가 아는 암호 가운데 그럴 수 있는 암호는 오직 하나, 폴리그-헬만 지수 암호이다.

그림 8.7은 폴리그-헬만 지수 암호를 사용해 정확하게 작동하는 쓰리-패스 프로토콜을 나타낸 것이다. 앨리스와 밥은 값이 큰 소수 p 하나를 서로 합의해야 하지만, 그것이면 충분하다. 어떤 면에서는 폴리그-헬만 지수 암호와 디피-헬만 키 합의 체계를 혼합한 방식이라고 생각할 수 있다.

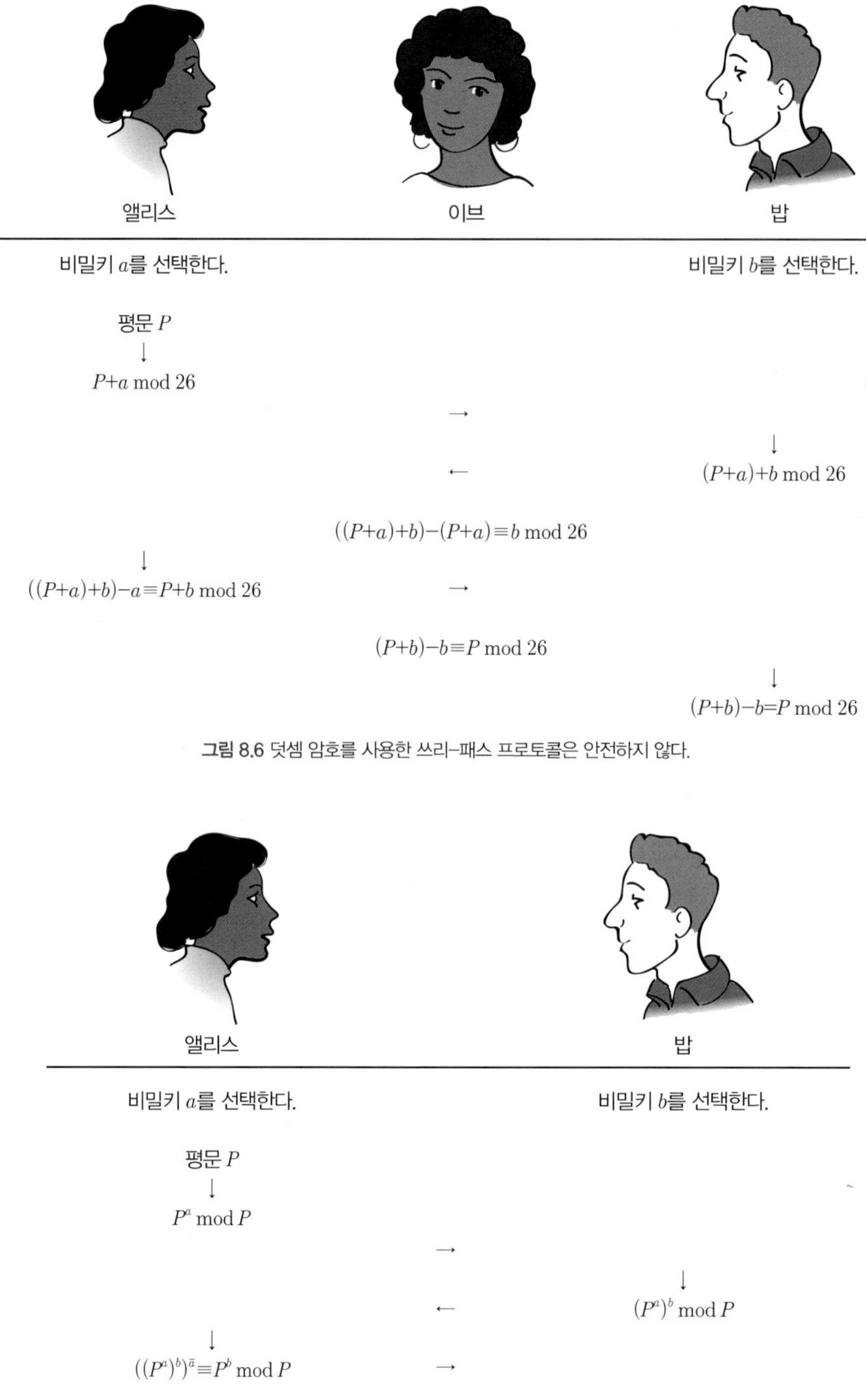

그림 8.6 덧셈 암호를 사용한 쓰리-패스 프로토콜은 안전하지 않다.

그림 8.7 폴리그-헬만 암호를 사용한 쓰리-패스 프로토콜

앨리스가 쓰리-패스 프로토콜을 이용해 밥에게 메시지를 보내고 싶어 한다고 가정하자. 두 사람은 블록 크기를 2로 해서 6.1절에서 사용했던 방식으로 문자를 숫자로 변환하고, 그때처럼 소수 p = 2819를 모듈로 쓰기로 했다. 앨리스는 비밀키 a = 113을 선택하고, 모듈로 2818에 대한 a의 역원이 $\overline{a}$ = 2419를 구했다. 밥은 비밀키 b = 87을 선택하고, 마찬가지로 모듈로 2818에 대한 b의 역원 $\overline{b}$ = 745를 구했다. 그러면 프로토콜은 다음과 같이 진행된다.

평문:	te	ll	me	th	re	et	im	es
숫자:	20, 5	12, 12	13, 5	20, 8	18, 5	5, 20	9, 13	5, 19
숫자 병합:	2005	1212	1305	2008	1805	520	913	519

앨리스가 밥에게 보내는 암호문

113제곱:	1749	1614	212	774	2367	2082	2156	1473

밥이 앨리스에게 보내는 암호문

87제곱:	301	567	48	1242	1191	1908	2486	986

앨리스가 밥에게 보내는 암호문

2419제곱:	1808	2765	289	692	2307	2212	1561	2162

밥이 복호화할 때

745제곱:	2005	1212	1305	2008	1805	520	913	519
숫자 분할:	20, 5	12, 12	13, 5	20, 8	18, 5	5, 20	9, 13	5, 19
평문:	te	ll	me	th	re	et	im	es

이제 우리는 지수 암호를 사용하고 있다. 이브가 이 메시지를 읽으려면 얼마나 어려울까? 앞에서와 마찬가지로 알려진 평문 공격을 시도할 수 있지만 그러려면 이산대수 문제를 풀어야 한다. 디피-헬만 문제에서처럼 이브는 추가 정보를 가지고 있다. 따라서 디피-헬만 문제처럼 이산대수 문제를 풀지 않

고도 쓰리-패스 프로토콜을 해독할 수 있을지도 모른다. 그러나 아무도 그 방법을 발견하지 못했고, 사실 앞으로도 그다지 가능성이 있어 보이지 않는다. 엄밀한 의미에서 디피-헬만 문제를 푸는 것이나 쓰리-패스 프로토콜을 해독하는 것이나 둘 다 어렵기는 매한가지다. 이브가 둘 중 하나를 빨리 해결할 수 있다면 다른 하나도 빨리 해결할 수 있을 것이다.

이 장에서 말하는 쓰리-패스 프로토콜은 샤미르의 쓰리-패스 프로토콜, 매시-오무라 암호(Massey-Omura system), 키 없는 암호(no-key cryptography) 등을 포함해 여러 이름으로 불린다. 샤미르는 이른바 '머리로 하는 포커(mental poker)' 게임, 즉 실물 카드를 교환하지 않고 서로 속이지 않으면서 전화상으로 하는 포커 게임을 생각하다가 이 암호체계를 개발했다. 그는 새로 발명한 암호체계를 1979년 기술보고서에 발표했고, 관련 논문을 모아 1981년 마틴 가드너에게 보냈다. 그 후 얼마 지나지 않아 UCLA(캘리포니아대학교 LA캠퍼스)의 전자공학과 교수였던 제임스 오무라(James Omura)는 샤미르 프로토콜의 기본 아이디어에 대해 듣게 되었다. 하지만 샤미르가 폴리그-헬만 암호를 사용했다는 것까지는 몰랐기 때문에 샤미르와 별개로 독자적으로 자세히 연구하기 시작했다. 이후 그는 UCLA에서 취리히 스위스연방공과대학으로 자리를 옮긴 옛 동료 제임스 매시(James Massey)와 공동 연구를 진행했다. 그들은 모듈로 2를 사용하는 유한체 버전의 폴리그-헬만 암호에 맞추어 샤미르의 프로토콜을 개조하고, 모듈로 유한체에서의 컴퓨터 계산 속도를 향상시켰다. 매시는 1983년 유럽의 한 주요 암호학 학술대회에서 연구 결과를 발표했지만, 그때는 발표논문집이 따로 없었다. 매시와 오무라의 체계가 처음으로 출판물로 나온 것은 1982년 특허를 출원할 때였던 것으로 보인다. 그들이 출원한 특허는 1986년에 등록되었다.

쓰리-패스 프로토콜은 모듈로 지수연산을 많이 해야 하기 때문에 AES와 같은 암호에 쓸 키를 합의하기 위해 디피-헬만 체계를 사용하고 나서 메시지를 교환하는 것보다 훨씬 속도가 느리다. 게다가 더 많은 정보가 송·수신자 사이에 왕복해야 하기 때문에 '머리로 하는 포커 게임'처럼 몇몇 특별한 상황을 제외하고는 대체로 매우 실용적이지 않다. 그래도 아주 멋진 아이디어임은 부인할 수 없다.

8.2 엘가말 방식

지금까지 살펴본 바로는 최초의 실용적인 공개키 암호체계인 디피-헬만 키 합의 방식은 안전성을 위해 이산대수 문제의 난해성을 이용했고, 최초의 비대칭키 암호체계는 소인수분해의 난해성을 이용했다. 하지만 스탠퍼드대학교에서 마틴 헬만이 지도하던 대학원생 테하르 엘가말(Tehar ElGamal)이 1984년에 이산대수와 연결시킨 비대칭키 암호체계를 고안해내면서 모든 것이 바뀌었다. **엘가말 암호화**(ElGamal encryption)에는 이전 공개키 방식에 없던 몇몇 아이디어가 필요하기 때문에 다른 방식보다 뒤늦게 등장했다는 것이 그다지 놀라운 일이 아니다.

엘가말 방식은 비대칭키 암호이므로 우선 밥이 키를 설정한다. 디피-헬만 방식에서처럼 밥은 아주 큰 소수 p와 모듈로 p에 대한 생성자 g를 선택한다. 다음으로 p보다 작은 양의 정수 중에서 개인키 b를 고르고 $B \equiv g^b \pmod p$를 계산한다. p, g, B 모두 공개키로 밥은 이것들을 발표한다. 디피-헬만 방식과 마찬가지로 p와 g를 비밀에 부칠 필요가 없고, 다른 사람이 사용하는 것을 밥이 사용해도 전혀 문제가 되지 않는다.

어떻게 보면 밥이 게으르다고 느껴지겠지만 7.2절의 디피-헬만 방식에서 사용했던 $p = 2819$와 $g = 2$를 그대로 사용할 것이다. 밥은 $b = 2798$을 개인키로 정하고 $B \equiv 2^{2798} \equiv 1195 \pmod{2819}$를 계산한다. p, g, B는 공개하고 b는 비밀로 한다.

밥에게 평문 P가 들어 있는 메시지 블록을 보내고 싶다면 앨리스는 먼저 밥의 공개키를 찾아본다. 그다음 p보다 작은 양의 정수 중에서 임의의 수 r을 선택한다. 이 수는 단지 일회용이므로 임시값(nonce)이라 부른다. 앨리스는 임시값 r을 사용해서 두 수 $R \equiv g^r \pmod p$와 $C \equiv PB^r \pmod p$를 계산해낸다. R과 C는 밥에게 보낼 암호문 블록을 형성한다. 앨리스는 r을 비밀에 부친다. 사실 원하기만 하면 사용하고 난 다음에 r에 대한 기록을 파기해도 괜찮다.

밥이 암호문을 복호화하는 데 왜 두 수가 필요할까? B^r은 **은닉값**(blind) 혹은 **마스크**(mask)라 불리며 평문 P를 위장하기 위한 것이다. 은닉값을 암호문에서 분리하기 위해 밥은 **힌트**(hint)가 되어줄 R이 필요하다. 엘가말 암호체계를 발명하는 데 필요한 새로운 전제 조건이 바로 은닉값과 힌트라는 개념이다.

앨리스의 암호화는 다음과 같이 진행될 것이다.

임시값 r:	1324	2015	5	2347	2147
힌트 g^r:	2321	724	32	1717	2197
은닉값 B^r:	93	859	1175	229	1575
평문:	al	lq	ui	et	Fo
숫자:	1, 12	12, 17	21, 9	5, 20	6, 15
숫자 병합:	112	1217	2109	520	615
은닉값 곱하기:	1959	2373	174	682	1708
암호문:	2321, 1959	724, 2373	32, 174	1717, 682	2197, 1708
임시값 r:	1573	2244	2064	2791	1764
힌트 g^r:	1050	941	1336	1573	188
은닉값 B^r:	2395	798	1192	1215	1786
평문:	rt	he	no	nc	ex
숫자:	18, 20	8, 5	14, 15	14, 3	5, 24
숫자 병합:	1820	805	1415	1403	524
은닉값 곱하기:	726	2477	918	1969	2775
암호문:	1050, 726	941, 2477	1336, 918	1573, 1969	188, 2775

앨리스가 얻은 암호문은 임시값으로 무엇을 선택하느냐에 따라 달라진다는 점에 주목하자. 그런 면에서 엘가말 방식은 7.7절에서 살펴본 암호와 같은 확률적 암호화 기법이다. 우리는 엘가말 암호화의 임시값이 특정 공격을 예방하기 위해서 꼭 필요한 요소이며 7.7절에서 언급한 전진 탐색 공격도 막을 수 있음을 확인할 것이다.

복호화하기 위해 밥은 모듈로 p에 대해 $\overline{CR^b}$를 계산한다. $R \equiv g^r$이므로 다음과 같고,

$$R^b \equiv (g^r)^b \equiv (g^b)^r \equiv B^r \mod p$$

따라서 다음 식이 성립한다.

$$C\overline{R^b} \equiv (PB^r)\overline{B^r} \equiv P \qquad \bmod p$$

이제 밥은 평문을 얻는다.

주어진 예를 밥이 복호화하는 과정은 다음과 같다.

암호문:	2321, 1959	724, 2373	32, 174	1717, 682	2197, 1708
힌트 R:	2321	724	32	1717	2197
은닉값 R^b:	93	859	1175	229	1575
$C\overline{R^b}$:	112	1217	2109	520	615
숫자 분할:	1, 12	12, 17	21, 9	5, 20	6, 15
평문:	al	lq	ui	et	fo

암호문:	1050, 726	941, 2477	1336, 918	1573, 1969	188, 2775
힌트 R:	1050	941	1336	1573	188
은닉값 R^b:	2395	798	1192	1215	1786
$C\overline{R^b}$:	1820	805	1415	1403	524
숫자 분할:	18, 20	8, 5	14, 15	14, 3	5, 24
평문:	rt	he	no	nc	ex

밥은 앨리스가 사용한 임시값이 무엇인지 결코 알아내지 못하지만, 이것은 보통 중요한 문제가 아니다. 전체 과정을 도식으로 나타내면 그림 8.8과 같다.

앨리스		밥
		p와 g를 선택한다. 비밀키 b를 선택한다. b를 사용해 $B \equiv g^b \pmod p$를 계산한다. 공개 암호화 키 (p, g, B)를 공개한다.
밥의 암호화 키 (p, g, B)를 찾아본다. 비밀리에 임의의 수 r을 선택한다. r $\downarrow (p, g)$ $R \equiv g^r \bmod P$ 평문 P $\downarrow (p, B, r)$ $C \equiv PB^r \bmod P$		
	$(R, C) \rightarrow$	
		(R, C) $\downarrow (p, b)$ $P \equiv C\overline{R^b} \bmod P$

그림 8.8 엘가말 암호체계

엘가말 암호화를 다른 각도에서 보면 밥의 공개키는 디피-헬만 키 합의 체계의 전반부에 해당한다고 할 수 있다. 앨리스가 무작위로 임시값과 힌트를 선택하는 것은 키 합의 체계의 후반부에 해당하며, 생성된 키는 모듈로 p에 대한 곱셈 암호의 일회성 키스트림으로 사용된다. 밥은 힌트를 사용해 자신 쪽에서 동일한 키스트림을 생성한 다음, 곱셈 암호를 복호화한다. 만약 이브에게 앨리스가 동일한 임시값을 한 번 이상 반복해서 사용하고 있다고 생각할 만한 근거가 있다면, 이브는 키스트림도 반복된다는 것을 알 것이다. 이것은 본질적으로 일회성 패드를 재사용하는 것과 같다. 이브는 5.2절에서 언급한 공격과 같은 종류의 공격을 엘가말 암호에 대해 시행할 수 있다. 앨리스가 임시값을 재사용하지 않는다고 가정한다면 이브가 공개키 p, g, B와 암호문 R, C를 이용해 P를 얻는 것은 p, g, $B \equiv g^b \pmod p$, $R \equiv g^r \pmod p$로부터 $B^r \equiv g^{rb} \pmod p$ 값을 구하는 것과 같다. 다시 말해, 정확하게 디피-헬만 문제와 같다.

엘가말 방식은 디피-헬만 방식이나 RSA와 달리 특허를 받지 않았기 때문에 PGP(Pretty Good Privacy)나 GNU 프라이버시 가드(GNU Privacy Guard, GPG)와 같은 무료 오픈 소스 암호화 프로그램에서 공통 옵션으로 사용되었다. 하지만 디피-헬만 방식과 RSA의 특허가 만료되었기 때문에 이들 프로그램은 엘가말 방식뿐만 아니라 RSA도 암호화 옵션에 포함해 제공하고 있다. 엘가말 암호화 방식과 동시에 개발된 엘가말 전자서명 방식은 엘가말 암호화와 관련되어 있으며 전자서명 분야에 큰 영향을 끼쳤다. 실제로 엘가말 전자서명 방식은 여러 인기 있는 변형 알고리즘을 낳았는데, 자세한 것은 8.4절에서 다루겠다.

8.3 타원 곡선 암호

1985년 무렵 두 명의 수학자 닐 코블리츠(Neal Koblitz)와 빅터 밀러(Victor Miller)는 서로 독립적으로, 그러나 거의 동시에 우리가 살펴본 많은 공개키 암호체계를 **타원 곡선**(elliptic curve)이라는 수학적 대상에 맞도록 조정할 수 있다는 것을 알아냈다. 명심해야 할 것은 이름이 타원 곡선이기는 하지만 이것이 타원을 지칭하는 것이 아니라는 사실이다. 그림 8.9와 같이 타원은 원을 눌러놓은 것처럼 생겼고, 대칭축이 두 개인 하나의 닫힌 곡선이다. 반면에 타원 곡선은 그림 8.10처럼 대칭축 하나에 양쪽 끝이 열려 있는 곡선 하나로 되어 있거나 두 부분으로 구성되어 있다.

타원 곡선을 방정식 형태로 나타내면 다음과 같다.

$$y^2 = x^3 + ax^2 + bx + c$$

타원 곡선은 17세기 수학자들이 타원의 둘레를 연구하기 시작하면서 처음 등장했다. 수학자들은 타원 곡선이 갖는 흥미로운 성질을 여러 가지 발견했다. 그중에서 암호학에서 유용하게 쓰이는 것은 타원 곡선 사이에 '덧셈 법칙'이 성립한다는 것이다. 여기에서 덧셈은 곡선 위의 두 점을 더해서 제3의 곡선 위의 점을 얻는 것을 말한다. 곡선 위에서의 덧셈은 수에 대한 일반 덧셈과 거의 관련이 없지만, 일반 덧셈이 가지고 있는 성질을 만족한다.

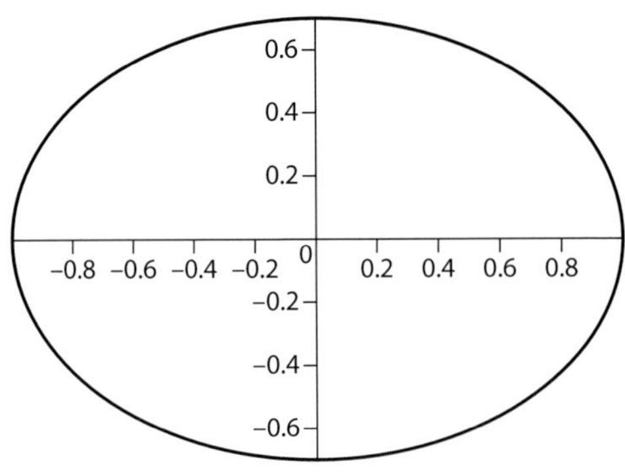

그림 8.9 타원(타원 곡선이 아님)

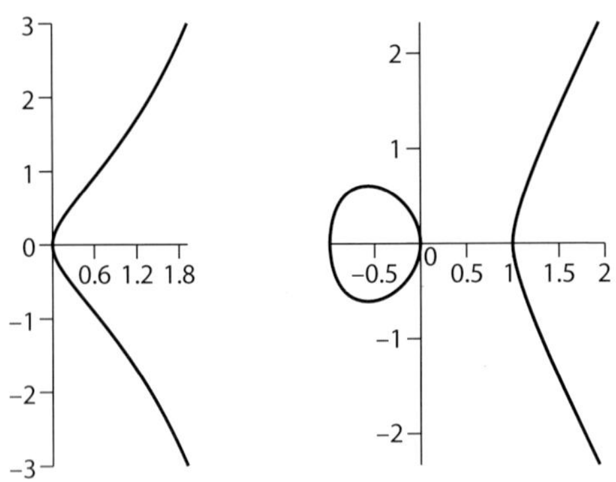

그림 8.10 두 타원 곡선 $y^2 = x^3 + x$와 $y^2 = x^3 - x$

그래프를 그려보는 것이 가장 쉬운 방법이므로 다음의 타원 곡선을 예로 들어보자.

$$y^2 = x^3 + 17$$

이 방정식에 대해 다음 식이 성립하므로 두 점 $P = (-2, 3)$와 $Q = (2, 5)$는 곡선 위에 있다(그림 8.11 참고).

$$3^2 = (-2)^3 + 17$$

$$5^2 = 2^3 + 17$$

이제 두 점의 덧셈을 어떻게 계산하는지, 즉 $P + Q$를 정하는 규칙이 필요하다. 먼저 P와 Q를 지나는 직선을 그린다. 그러면 직선은 항상 타원 곡선 위의 제3의 점을 지난다.[1] 그 점을 R이라 하자(그림 8.12 참고). 이제 x축을 기준으로 R에 대칭인 점을 찾는다. x축이 대칭축이므로 이 점 역시 곡선 위에 있다. 그림 8.13에서 보듯이 R의 대칭점을 $P + Q$라 부른다.

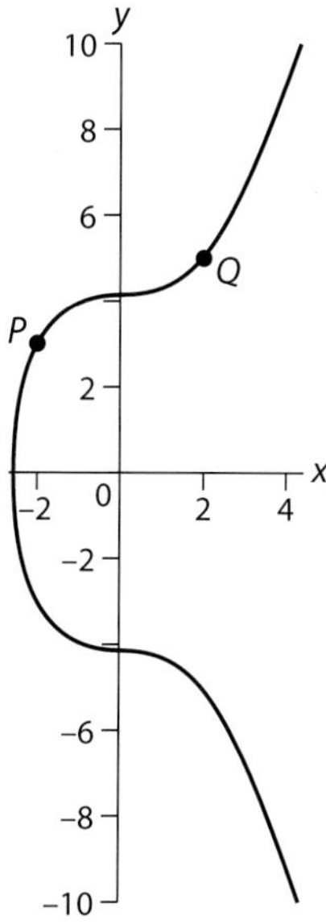

그림 8.11 두 점 $P = (-2, 3)$과 $Q = (2, 5)$를 지나는 타원 곡선 $y^2 = x^3 + 17$

1 사실은 모두 그런 것은 아니다. 아마 이미 몇 가지 예외를 알고 있을지도 모르겠다. 이 부분은 조금 뒤에서 곧 다룬다.

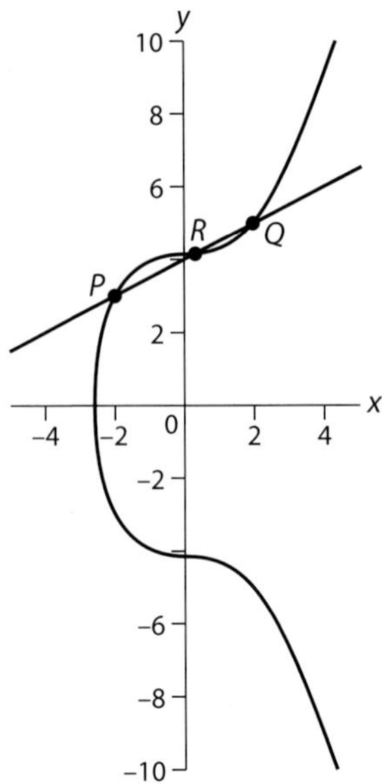

그림 8.12 타원 곡선 $y^2 = x^3 + 17$과 곡선 위 세 점 P, Q, R

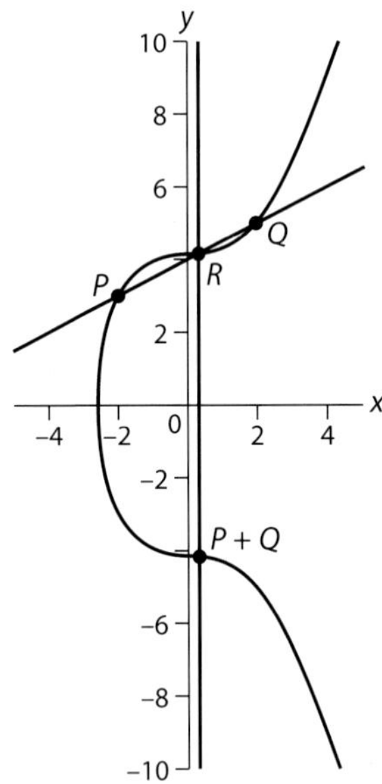

그림 8.13 타원 곡선 $y^2 = x^3 + 17$과 곡선 위 세 점 $P, Q, P + Q$

이제 두 점 $P = (-2, 3)$과 $Q = (2, 5)$를 지나는 직선의 방정식을 구해보자. 고등학교 기하학을 이용하면 두 점을 지나는 직선의 기울기를 구하고 다음과 같은 직선의 방정식을 계산할 수 있다.

$$y - 3 = \frac{5-3}{2-(-2)}(x-(-2))$$

$$y = \frac{1}{2}x + 4$$

다음 두 방정식을 이용하면 이 직선과 타원 곡선의 교점을 찾을 수 있다.

$$y^2 = x^3 + 17,\ \ y = \frac{1}{2}x + 4$$

직선의 y를 곡선 방정식에 대입하면 다음과 같이 x에 관한 방정식이 된다.

$$\left(\frac{1}{2}x + 4\right)^2 = x^3 + 17$$

이 식을 정리하면 다음과 같으며

$$x^3 - \frac{1}{4}x^2 - 4x + 1 = 0$$

해를 구하면 다음과 같다.

$$x = 2, \qquad x = -2, \qquad x = \frac{1}{4}$$

이미 P와 Q의 x좌표가 2와 −2라는 것을 알고 있으므로 R의 x좌표는 이 중에서 1/4이어야 한다. 따라서 R의 y좌표는 다음과 같다.

$$y = \frac{1}{2}x + 4 = \frac{1}{2} \times \frac{1}{4} + 4 = \frac{33}{8}$$

즉 R =(1/4, 33/8)이다. 이때 x축에 대한 대칭점은 y좌표에 −1을 곱해서 구할 수 있으므로 최종적으로 $P + Q$ = (1/4, −33/8)이다.

우리가 마지막에 구한 대칭점에 신경을 쓰는 이유는 무엇일까? 이 과정이 왜 흥미로운 것일까? 수학자들이 타원 곡선에서의 '덧셈'에 관심을 두는 이유는 여러 가지 측면에서 수의 덧셈과 비슷하게 행동하기 때문이다. 예를 들어 P, Q가 타원 곡선 위에 있는 임의의 두 점일 때, 두 점을 지나는 직선은 P나 Q 어느 쪽에서 시작해서 그리든 상관없다. 즉, 다음이 성립한다.

$$P + Q = Q + P$$

다시 말해 3.4절에서 본 순열 곱과는 다르게 타원 곡선에서의 덧셈은 일반적인 수의 덧셈이나 곱셈처럼 **교환법칙**이 성립한다. 임의의 세 점 P, Q, S에 대해서 다음과 같은 식이 성립함을 보이는 것은 다소 어렵기는 하지만 어쨌든 가능하다.

$$(P + Q) + S = P + (Q + S)$$

따라서 타원 곡선에서의 덧셈은 **결합법칙**도 성립한다.

이제 예외적인 경우를 다룰 차례다. 먼저 가장 쉬운 경우로, 한 점 Q를 자기 자신에 더하고 싶을 때 어떻게 해야 할까? 이때는 약간의 미적분학 지식을 동원해야 한다. 미적분학에서는 곡선 위의 두 점을 지나는 직선이 있다고 할 때, 한 점을 다른 한 점에 점점 접근시켜 두 점이 일치되도록 만든다면 두 점을 지나는 직선은 그 점에서의 접선이 된다. 따라서 그림 8.14처럼 두 점을 지나는 직선 대신에 점 Q를 지나는 접선을 그리면 된다. 그다음은 앞에서 했던 것과 과정이 같다. 직선은 곡선과 다른 한 점에서 만날 것이고, 그 점을 x축을 대칭으로 이동한 점이 $Q + Q$가 된다. $Q + Q$는 점을 나타내지만 고등학교 대수학에서처럼 $2Q$라고 부르며, 그림 8.15에 나타낸 것과 같다. 서로 다른 두 점을 지나는 직선을 그렸는데, 그 직선이 곡선과 제3의 점에서 만나지 않고 두 점 중 한 점에서의 접선이 될 때도 같은 이치가 적용된다.

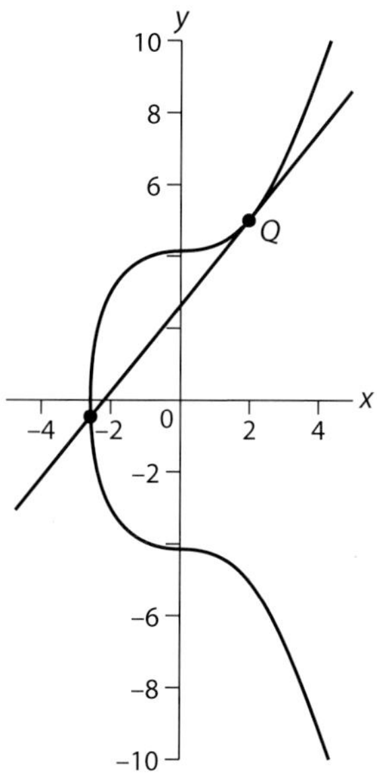

그림 8.14 곡선 $y^2 = x^3 + 17$ 위의 한 점 Q를 지나는 접선

접선의 기울기를 구하기 위해 미적분학을 조금 이용한다는 점만 제외하면 이번에도 앞에서 했던 것과 같은 방식을 쓰면 된다. 이미 직선 위의 한 점 $Q = (2, 5)$를 알고 있으므로 다음과 같이 음함수 미분법에 의해 접선의 기울기를 구할 수 있다.

$$y^2 = x^3 + 17$$

$$2yy' = 3x^2$$

$$y' = \frac{3x^2}{2y}$$

따라서 점 $(2, 5)$에서 접선의 방정식은 다음과 같다.

$$y - 5 = \frac{3 \times 2^2}{2 \times 5}(x - 2)$$

$$y = \frac{6}{5}x + \frac{13}{5}$$

앞에서 사용한 것과 같은 방법으로 이 접선과 주어진 타원 곡선의 교점을 찾을 수 있다. 즉, 다음 두 방정식을 연립해서 풀면 된다.

$$y^2 = x^3 + 17, \qquad y = \frac{6}{5}x + \frac{13}{5}$$

해를 구하면 x값은 다음과 같다.

$$x = 2, \qquad x = 2, \qquad x = -\frac{64}{25}$$

교점의 x좌표는 $-\frac{64}{25}$이고 y좌표를 구하면 다음과 같다.

$$\frac{6}{5}x + \frac{13}{5} = -\frac{59}{125}$$

따라서 최종 결과는 $2Q = \left(-\frac{64}{25}, \frac{59}{125}\right)$이다.

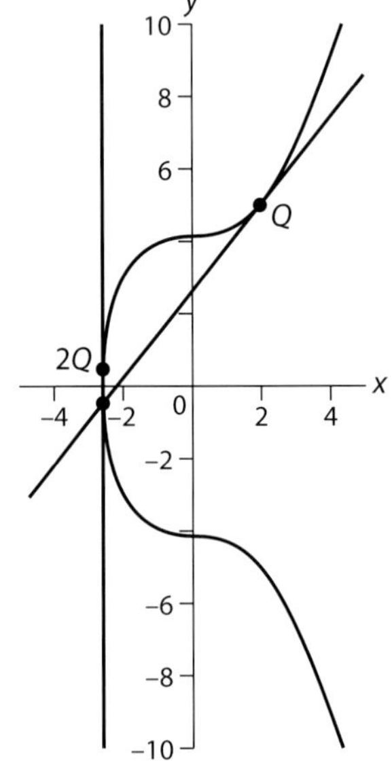

그림 8.15 곡선 $y^2 = x^3 + 17$ 위의 점 Q와 $2Q$

두 번째로 살펴볼 예외적인 경우는 첫 번째보다 이해하기 조금 더 어려울지도 모른다. 수직선상에 놓인 두 점 P와 Q를 더한다고 해보자. P와 Q를 더하려면 곡선과 만나는 제3의 교점이 있어야 하는데, 그런 점은 존재하지 않는다. 하지만 앞에서와 같이 P에 접근하는 점 P'과 Q를 지나는 직선을 그린다고 바꿔 생각해볼 수 있다. 이때 이 직선과 곡선의 제3의 교점을 R'이라 하면, P'이 P에 가까워질수록 교점 R'의 y좌표 값은 그림 8.16에서처럼 점점 커지거나, 타원 곡선 방정식에 따라 어떤 경우는 절댓값이 점점 커지는 음의 값을 가지게 된다. P'이 P와 완전히 일치하게 되면 교점은 무한원점 ∞(일반적인 의미에서는 만나지 않지만 무한히 먼 곳에서 만난다고 가정한 가상의 교점)라고 말하고, 이 경우 $P + Q = \infty$라고 표기한다. 무한원점의 대칭점도 무한원점으로 여기므로 표기 문제를 걱정할 필요는 없다.

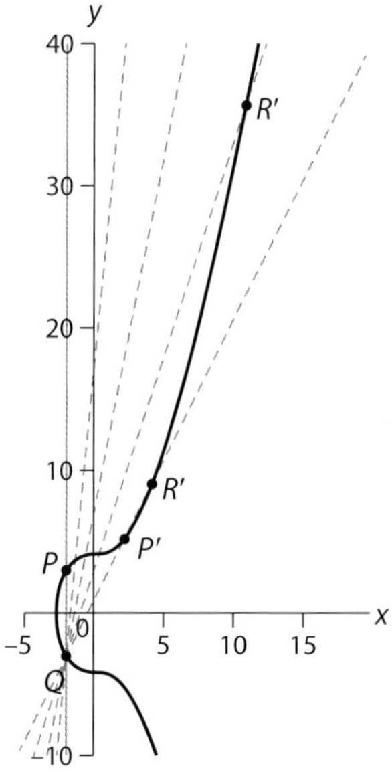

그림 8.16 곡선 $y^2 = x^3 + 17$ 위의 두 점 P와 Q가 수직선 위에 있다.

그뿐만 아니라 타원 곡선 위 두 점 P, Q를 지나는 직선이 x축에 수직이면 항상 ∞를 직선과 곡선의 교점 중 하나로 간주한다. 또한, 타원 곡선의 대칭성에 의해 두 점 P, Q는 서로 x축에 대해 대칭이다. 따라서 두 점 P와 ∞를 지나는 직선은 점 Q에서 곡선과 만나고, Q의 대칭점은 P이므로 결론적으로 $P + \infty$는 P 자체가 된다. 이것은 타원 곡선 덧셈이 일반 덧셈에서 성립하는 성질을 두 가지를 더 가지고 있음을 보여준다. 첫째, 덧셈의 항등원 0과 같은 역할을 하는 **항등원**이 존재한다. 즉, 어떤 점에 더해도 그 점 그대로 유지되게 하는 점이 존재한다는 말이다. 임의의 점 P에 대해 $P + \infty = P$가 성립하므로 ∞가 항등원이다. 둘째, 모든 점은 서로 더하면 상쇄되는 역원을 가지고 있다. 임의의 점 P에 대해 대칭점 Q가 존재하고, 이 두 점을 더하면 항등원이 되기 때문에 Q는 P의 역원이다. 덧셈에 대한 역원임을 부각시키기 위해 음수를 표기하듯이 P의 대칭점을 $-P$라고 표기하자. 그러면 $P + (-P) = \infty$ 또는 $P - P = \infty$라고 표현할 수 있다.

지금까지 타원 곡선에서의 덧셈 법칙을 살펴보았다. 이제 타원 곡선을 암호기술에 어떻게 활용할 수 있을지 아이디어가 떠오르기 시작할 것이다. 그러나 정말로 암호기술에 사용할 수 있으려면 개념이 하나 더 필요하다. 그것은 1장에서 다뤘던 '순환'의 개념이다. 먼저 소수 p를 하나 정하고, 타원 곡선 위의 두 점에 대해 x좌표와 y좌표 각각이 모듈로 p에 대해 합동이면 두 점은 같은 것으로 취급한다.

앞에서 예로 들었던 다음과 같은 타원 곡선과 소수 $p = 7$을 예로 들어 살펴보자.

$$y^2 = x^3 + 17$$

곡선 위의 점 $P = (-2, 3)$은 모듈로 7에 대해 $(5, 3)$과 같은 점이다. 일반 덧셈에서는 다음 등식이 성립하지 않지만,

$$3^2 = 5^3 + 17$$

모듈로 연산에서는 다음과 같이 등식이 성립한다.

$$3^2 \equiv 5^3 + 17 \qquad \text{mod } 7$$

따라서 $(5, 3)$은 모듈로 7에 대해 주어진 곡선 위에 있는 점이라 말할 수 있다. 마찬가지로 $Q = (2, 3)$도 모듈로 7에 대해 곡선 위에 있다. 그렇다면 $P + Q = \left(\frac{1}{4}, -\frac{33}{8}\right)$은 어떨까? 모듈로 7에 대해 $\frac{1}{4}$에 해당하는 정수 $\bar{4}$는 실제로 2이고, $-\frac{33}{8}$에 해당하는 정수는 다음과 같다.

$$33 \times \overline{8} \equiv 2 \times \overline{1} \equiv 2 \times 1 \equiv 2 \quad \mod 7$$

따라서 $P + Q \equiv (2, 2) \pmod 7$이다. 이 점이 모듈로 7에 대해 주어진 곡선 방정식을 만족하는지 다음과 같이 확인할 수 있다.

$$2^2 \equiv 2^3 + 17 \quad \mod 7$$

이로써 $P + Q$는 모듈로 7에 대해 타원 곡선 위에 있다고 말할 수 있다. 만일 타원 곡선 위에서 덧셈에 대한 역원을 찾을 수 없는 지점에 이르면 그 점은 무한원점으로 간주한다. 앞에서 기하학적으로 나타낸 타원 곡선의 그래프는 모듈로 p에 대해서는 의미가 통하지 않는다. 하지만 덧셈에 필요한 모든 공식은 그대로 유효하며 지금까지 논의한 성질들도 모두 성립한다. 그러므로 모듈로 p에 대해 타원 곡선에서의 덧셈을 아무 문제 없이 다룰 수 있다.

타원 곡선 위의 두 점을 결합하는 방식을 두고 '덧셈'이라는 용어를 쓰기는 했지만 사실 수의 덧셈보다는 곱셈과 더 비슷한 성질을 가지고 있다. 타원 곡선 덧셈에 대해 이산대수 문제를 풀어야 하기 때문이다. 수에 대한 이산대수 문제는 이브가 두 수 P와 C를 알고 있을 때 소수 p에 대해 다음 식을 만족하는 정수 e를 찾는 문제임을 기억하자.

$$C \equiv P^e \quad \mod p$$

이 절에서 소개하려는 이산대수 문제와 구별하기 위해 기존의 이산대수 문제는 '모듈로 지수연산 이산대수 문제(modular exponentiation discrete logarithm problem)'라고 부르기로 하겠다.

타원 곡선에 대한 덧셈 법칙을 사용하면 $2P$는 $P + P$를 의미한다. 일반적으로 eP는 덧셈 법칙을 사용해 P에 P 자신을 e번 더한다는 의미이고, 덧셈에 대한 항등원은 P에 더해도 더하지 않은 것과 같으므로 0P는 ∞를 의미한다. 주어진 타원 곡선 방정식과 두 점 C와 P, 소수 p에 대해 다음 식을 만족하는 정수 e를 찾는 문제를 '**타원 곡선 이산대수 문제**(elliptic curve discrete logarithm problem)'라고 한다.

$$C \equiv eP \quad \mod p$$

모듈로 지수연산 이산대수 문제처럼 타원 곡선 이산대수 문제도 풀기 어렵지만, 그렇다고 단정 지어 말할 수도 없다. 우리가 알고 있는 모듈로 지수연산 이산대수 문제를 푸는 방법 중에 타원 곡선에서는 유효하지 않은 것이 있으므로 타원 곡선 이산대수 문제가 훨씬 더 어렵게 느껴질 것이다.

이제 우리는 타원 곡선 암호기법에 필요한 모든 기본 요소를 갖추었다. 닐 코블리츠의 이야기에 따르면, 1984년 워싱턴대학교 교수로 재직하면서 타원 곡선을 연구하고 있었을 때, 그는 어느 수학자로부터 타원 곡선을 이용해 큰 수를 소인수분해하는 방법을 묻는 편지를 받았다고 한다. 정수의 소인수분해가 RSA 보안에 매우 중요하다는 사실을 알고 있었기 때문에 코블리츠는 타원 곡선과 소인수분해의 연관성에 대해 깊이 연구하기 시작했다. 하지만 실질적인 결과를 얻기 전에 예정되어 있던 여행을 떠나야 했다. 수개월간 소련에 머무는 동안 코블리츠는 타원 곡선 이산대수를 이용해 암호체계를 구성하는 방법을 생각해냈다. 하지만 소련에서는 그 누구도 미국인과 암호에 대한 의견을 나누려고 하지 않았다. 당시로써는 당연한 일이었다. 코블리츠는 미국의 한 수학자에게 자신의 발상을 편지로 설명했고, 한 달 후에야 답장을 받았다. 코블리츠가 생각해낸 아이디어는 그냥 좋은 수준이 아니라 IBM 연구소의 빅터 밀러도 독자적으로 같은 아이디어를 고안했을 정도로 굉장히 훌륭한 생각이었다. 결국 두 사람 모두 1985년에 같은 주제로 논문을 발표했다.

밀러는 논문에서 앨리스와 밥이 어떻게 **타원 곡선 디피-헬만 키 합의**(elliptic curve Diffie-Hellman key agreement) 방식을 사용할 수 있는지 설명했다. 앨리스와 밥은 공개키 정보인 특정 타원 곡선과 아주 큰 소수 p를 선택해야 한다. 타원 곡선 암호는 해독이 더 어려울 것으로 추측되기 때문에 모듈로 지수연산 디피-헬만 체계에서 선택했던 소수만큼 큰 소수를 선택하지 않아도 된다. 전문가들의 의견을 들어보면, 타원 곡선 디피-헬만 체계에서는 대략 70자리 소수를 사용하면 7.2절에서 언급한 모듈로 지수연산 디피-헬만 체계에 600자리 소수를 사용할 때와 같은 수준의 안전성을 확보할 수 있다.

다음 단계로 앨리스와 밥은 점 G를 찾아야 한다. 수 집합에서 모듈로 p에 대한 생성자와는 달리 타원 곡선 위에 있는 점을 모두 생성할 수 있는 점 G를 찾는 일은 불가능할 것이다. 그 대신에 되도록 많은 점을 생성할 수 있는 점을 찾아야 한다. 모듈로 지수연산 디피-헬만 방식에서 생성자를 찾을 때 그랬던 것처럼(7.2절 참고) 일일이 계산하는 것이 골치 아프다면 앨리스와 밥은 타원 곡선의 생성자도 이미 나와있는 표에서 찾아볼 수 있을 것이다.

비밀키로 앨리스는 a를, 밥은 b를 고르면 앨리스는 $A \equiv aG \pmod{p}$를 만족하는 점 A를 구해서 밥에게 보낸다. 밥은 $B \equiv bG \pmod{p}$를 계산해 앨리스에게 보낸다. 마지막으로 앨리스는 $aB \pmod{p}$를 계산하는데 이는 $abG \pmod{p}$와 같고, 밥은 $bA \pmod{p}$를 계산하는데 이는 $baG \equiv abG \pmod{p}$와 같다. 따라서 다시 한 번 앨리스와 밥은 비밀키로 사용할 수 있는 비밀 정보를 공유하게 된 것이다. 이 체계를 도식으로 나타내면 그림 8.17과 같다.

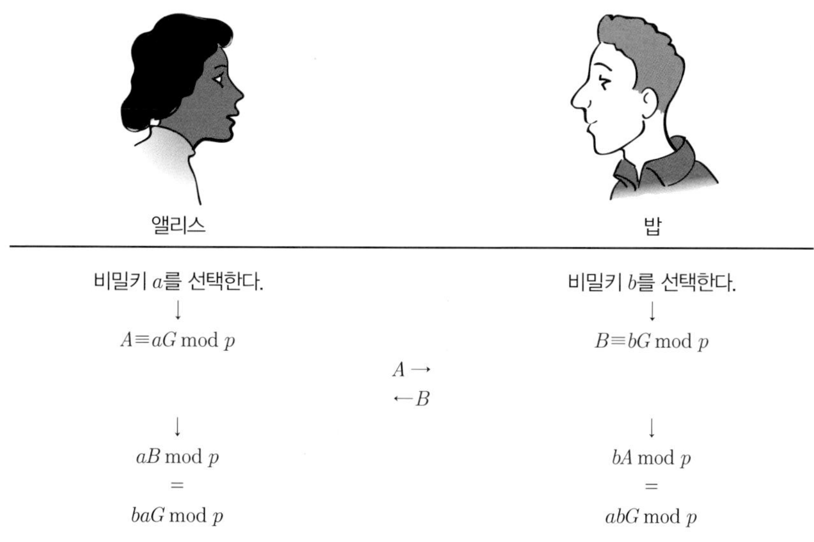

그림 8.17 타원 곡선 디피-헬만 키 합의 체계

앨리스와 밥이 공유하는 비밀 정보를 알아내기 위해 이브는 **타원 곡선 디피-헬만 문제**를 풀어야 할 것이다. 즉, aG와 bG로부터 abG의 값을 알아내야 한다. 이 문제는 그렇지 않아도 어렵다고 여겨지는 타원 곡선 이산대수 문제 못지않게 어려울 것이다. 하지만 누구도 장담할 수 없다. 이 문제들은 지금까지 언급했던 다른 난제들보다 역사가 짧다고 할 수 있지만, 그래도 25년 넘게 쉬운 풀이법을 발견하지 못했고 아직 이브에게 행운이 찾아오지 않았다. 현재 타원 곡선 이산대수 문제를 푼 기록은 모듈로가 34자리 소수(112비트 소수)인 다음 소수일 때이다.

$$p = \frac{2^{128} - 3}{11 \times 6949}$$

중간에 작업이 중단되기도 했지만 이를 계산하기 위해 플레이스테이션 3 게임 콘솔 200대 이상을 대략 6개월 동안 가동시켰다.

타원 곡선 유형의 공개키 암호가 디피-헬만 체계만 있는 것이 아니다. 물론 RSA는 해당하지 않는다. 소수(prime number)도 존재하고 소수다항식(prime polynomial)도 존재하지만, 타원 곡선 위의 점 중에서 이것과 유사한 성질을 지니는 소수 점(prime point)은 정의할 수 없기 때문이다. 그러므로 소인수분해 문제와 대등한 타원 곡선 문제는 없을 것이다. 반면에 쓰리-패스 프로토콜과 엘가말 암호체계는 이산대수를 바탕으로 작동하기 때문에 코블리츠가 논문에서 설명한 대로 타원 곡선 유형의 암호로 개조할 수 있다. **타원 곡선 엘가말 암호기법**(Elliptic curve ElGamal encryption)은 모듈로 지수 연산 방식을 단순히 변형한 것으로 그림 8.18과 같다.

앨리스

밥

타원 곡선, 소수 p, 생성자 G를 정한다.
비밀키 b를 선택한다.
b를 사용해 개인 복호화 키 $B \equiv bG \pmod{p}$를 만든다.
공개 암호화 키 (곡선, p, G, B)를 공개한다.

밥의 공개 암호화 키 (곡선, p, G, B)를 찾아본다.
무작위로 비밀키 r을 고른다.

r
↓ (곡선, p, G)
$R \equiv rG \bmod p$

평문 P
(타원 곡선 위의 한 점으로 나타낸다.)
↓ (곡선, p, B, r)
$C \equiv P + rB \bmod p$

$(R, C) \rightarrow$

(R, C)
↓ (곡선, p, b)
$P \equiv C - bR \bmod p$

그림 8.18 타원 곡선 엘가말 암호체계

반면에 **타원 곡선 쓰리-패스 프로토콜**(elliptic curve three-pass protocol)에는 약간의 문제가 있다. 지금까지 언급한 요소 이외에도 앨리스와 밥은 모듈로 p에 대해 타원 곡선 위에 있는 점의 개수를 알아야 한다. 왜냐하면, 다음과 같은 오일러 페르마 정리의 타원 곡선 형식이 필요하기 때문이다.

정리(타원 곡선 오일러 페르마 정리)

임의의 타원 곡선과 임의의 소수 p에 대해, f를 모듈로 p에 대해 서로 다른 타원 곡선 위 점(∞ 포함)의 개수라 하자. 이때 타원 곡선 위 임의의 점 P에 대해 다음 식이 성립한다.

$$fP \equiv \infty \pmod{p}$$

이번에도 앨리스와 밥이 계산하기를 꺼린다면 f가 이미 계산된 곡선과 p를 찾아 사용할 수 있다. 그래도 f를 직접 계산해야 한다면 상당히 빨리 계산할 수 있는 방법이 있다.

여기에 타원 곡선 오일러 페르마 정리가 유용하게 쓰인다. 이 정리에 의해 다음 식이 성립한다.

$$fP \equiv \infty \equiv 0P \pmod{p}$$

따라서 타원 곡선 모듈로 연산 $aP \pmod{p}$에서 a를 계산하는 것은 실제로 모듈로 f에 대해 계산하면 된다. 이것은 모듈로 지수연산 $k^a \pmod{n}$에서 a를 계산할 때 실제로 모듈로 $\phi(n)$에 대해 계산하면 되는 것과 같은 원리이다. 따라서 그림 8.19에서 a와 b는 모듈로 f에 대해 곱셈에 대한 역원을 가져야 하고, 그림에서 $\bar{a}$와 $\bar{b}$는 모듈로 f에 대한 역원이다. 그러면 모든 과정은 예상대로 진행된다.

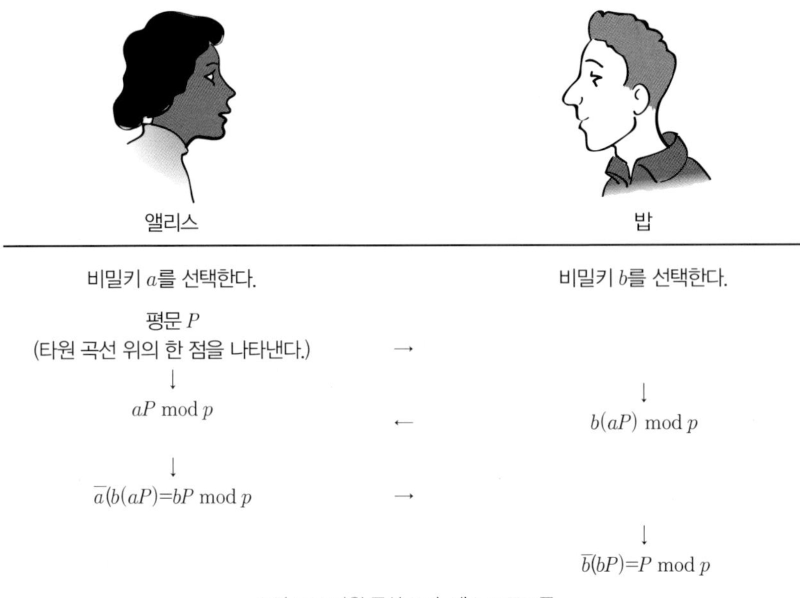

그림 8.19 타원 곡선 쓰리-패스 프로토콜

타원 곡선 암호체계가 인기를 끌기까지 시간이 걸렸지만 최근 몇 년 사이에 더 많은 관심을 끌고 있다. 그 이유에 대해서는 이 장을 마무리할 때 더 이야기하기로 하자.

8.4 전자서명

7.2절에서 위트필드 디피의 말을 인용해 디피와 헬만이 발명한 공개키 암호는 "두 가지 문제와 한 가지 오해"의 결과물이라고 했다. 우리가 아직 논의하지 않은 두 번째 문제는 인증(authentication)에 관한 것이다. 다시 말해, '디지털 메시지 수신자는 송신자의 신분을 어떻게 확인할 수 있을까?' 하는 문제이다. 대칭키 암호가 이 문제를 해결해 주기는 하지만 제한적으로만 가능하다. 앨리스와 밥이 다른 사람은 모르고 두 사람만 아는 비밀키를 공유한다고 하자. 만약 그 키를 이용해 암호화된 메시지를 받는다면 밥은 그 메시지를 보낼 수 있는 사람이 앨리스밖에 없다고 확신한다. 하지만 그것만으로는 송신자를 확신하기에 충분하지 않은 상황들이 생긴다. 만일 앨리스와 밥이 비밀키를 교환할 수 없다면 더는 키를 이용해 자신이 누구인지 증명할 수 없다. 앨리스와 밥이 두 사람만 아는 비밀키를 가지고 있다면 밥 스스로는 특정 메시지의 송신자가 엘리스가 맞다고 확인할 수 있다지만, 제삼자에게 앨리스가 송신자가 맞다고 증명해 보이고 싶다면 어떻게 해야 할까? 바람직한 조치는 아니지만 밥은

적어도 암호화 비밀키 하나를 드러내야 할 것이다. 그다음 단계로 밥은 앨리스가 정말로 그 키를 가진 것이 맞고, 다른 사람에게는 절대 누설하지 않았다는 것을 증명해야 한다. 앨리스가 협조하지 않으면 이것은 증명하기 어려울 것이다. 설령 증명한다고 해도 밥은 자기도 앨리스와 같은 키를 가지고 있으므로 자기가 메시지를 작성하지 않았음을 또 증명해야 한다.

이런 상황에서 필요한 것이 **전자서명**(digital signature)이다. 전자서명은 손으로 하는 서명과 동일한 기능을 하며, 위조하거나 하나의 문서에서 다른 문서로 복제하는 것이 허용되어서는 안 된다. 전자서명은 단순히 손으로 쓴 서명을 스캔해서 이메일이나 문서 파일 하단에 첨부하는 것으로는 충분하지 않다. 그렇게 한다면 타인이 쉽게 서명 부분을 복사해 다른 곳에 붙일 수 있고, 문서에서 서명이 들어간 부분을 입수해 스캔한 후 자기 서명인 양 첨부할 수 있기 때문이다.

디피와 헬만이 비대칭키 암호체계를 구현하는 방법을 알아내기 이전에 발표한 첫 번째 논문을 보면, 두 사람은 '이미 사용된 적이 있더라도 위조할 수 없도록 시간과 메시지에 따라 달라지는 전자서명'을 제공하기 위해 비대칭키 암호체계를 어떻게 이용해야 할지 이미 알고 있었다. 여기에는 두 가지 가정이 필요하다. 첫째, 평문 메시지를 마치 암호문인 것처럼 다룰 수 있다. 둘째, 암호화와 복호화 순서가 뒤바뀌더라도 여전히 같은 메시지를 얻는다. 이 가정이 항상 사실인 것은 아니지만 가끔 성립할 때가 있다.

만일 밥에게 서명된 메시지를 보내고 싶다면 앨리스는 마치 암호문인 것처럼 메시지에 복호화 키를 적용한다. 앨리스의 복호화 키는 개인키이기 때문에 앨리스만이 그 작업을 할 수 있다. 앨리스에게 메시지를 받은 밥은 앨리스의 암호화 키를 적용해 복호화를 상쇄시킬 수 있다. 앨리스의 암호화 키는 공개키이므로 밥은 앨리스의 서명임을 검증하기 위해 앨리스와 비밀키를 나눠 가질 필요가 없다. 공개키를 적용했을 때 알아볼 수 있는 메시지가 나오면 밥은 앨리스가 보낸 것이라고 확신할 수 있다. 어떤 경우에는 앨리스가 서명된 메시지와 서명이 되지 않은 메시지를 함께 보내서 밥이 두 개를 비교하게 하는 것도 좋은 생각일 것이다. 우리는 메시지를 비밀로 하려는 것이 아니라 단지 메시지를 인증하려는 것임을 명심하자. 게다가 밥은 제삼자에게, 이를테면 캐럴에게 앨리스가 메시지에 서명했음을 보여줄 수 있다. 아무나 앨리스의 공개 암호키를 알 수 있으므로 캐럴은 밥이 가짜 키를 준 것이 아니라고 확신할 수 있다. 밥도 앨리스의 복호화 개인키를 모르기 때문에 캐럴은 밥이 자기가 서명해 놓고 앨리스가 했다고 거짓 주장을 할 수 없다고 확신할 수 있다.

이런 방식으로 전자서명에 실제로 사용될 수 있었던 첫 번째 암호체계는 RSA이다. 어떻게 사용되는지 예를 들어 살펴보자. 앨리스가 밥에게 서명된 메시지를 보낼 예정이다. 앨리스의 개인키에 해당하는 소수는 $p = 59$와 $q = 67$이고, 따라서 공개되는 모듈로는 $n = 3953$이다. 이 경우 앨리스가 공개하는 암호화 키는 더 구체적인 이름을 사용해 **인증키**(verification key)라 한다. 앞으로 인증키는 v로 표기할 것이다. 앨리스는 속도 문제를 고려해 작은 값의 인증키를 원한다. 그래서 $v = 5$를 고른다. 앨리스는 $\phi(n) = (p - 1) \times (q - 1) = 3828$을 계산해낸다. 따라서 앨리스의 복호화 키, 즉 **서명키**(signing key)는 $\overline{5} \pmod{3828} \equiv 2297$이다. 서명키는 '서명(signing)'을 의미하는 그리스 문자 σ(시그마)로 표기한다. 늘 하던 대로 앨리스는 n과 v를 공개된 장소에 게시하고 다른 것들은 비밀에 부친다. 메시지 M에 서명하기 위해 앨리스는 서명 $S \equiv M^{\sigma} \pmod{n}$을 밥에게 보낸다.

메시지:	ev	er	yw	he	re	as	ig	nx
숫자:	5, 22	5, 18	25, 23	8, 5	18, 5	1, 19	9, 7	14, 24
숫자 병합:	522	518	2523	805	1805	119	907	1424
2297제곱:	2037	2969	369	3418	3746	1594	1551	1999

밥은 $M \equiv S^{v} \pmod{n}$을 계산함으로써 메시지를 복구하고 서명을 확인할 수 있다.

서명:	037	2969	369	3418	3746	1594	1551	1999
5제곱:	522	518	2523	805	1805	119	907	1424
숫자 분할:	5, 22	5, 18	25, 23	8, 5	18, 5	1, 19	9, 7	14, 24
메시지:	ev	er	yw	he	re	as	ig	nx

복구된 메시지가 의미 있는 내용이므로 밥은 이것이 앨리스가 보낸 진짜 메시지가 맞다고 결론 내린다. 그림 8.20은 RSA 전자서명의 전체 과정을 나타낸 것이다.

앨리스		밥
비밀키 p와 q를 선택한다. p와 q를 사용해 공개되는 인증키 (n, v)를 만든다. p와 q를 사용해 비밀로 하는 서명키 σ를 만든다.		
인증키 (n, v)를 공개한다. M $\downarrow (n, \sigma)$ $S \equiv M^{\sigma} \bmod n$		
	$S \rightarrow$	
		앨리스의 인증키 (n, v)를 찾아본다. S $\downarrow (n, v)$ $M \equiv S^{v} \bmod n$

그림 8.20 RSA 전자서명 체계

RSA 전자서명 체계에 덧붙이면 좋은 것이 몇 가지 있다. 누구라도 서명을 확인하고 메시지를 복구할 수 있어야 하기 때문에 전자서명은 기밀성을 제공하지 않는다. 그러나 만약 앨리스가 밥에게 보내는 메시지에 전자서명도 하고 암호화도 하고 싶다면 충분히 할 수 있다. 앨리스는 비밀키 p, q, σ와 공개키 n, v를 가지고 있다. 밥에게는 비밀키 p, q, d와 공개키 n, e가 있다. 여기에서 앨리스의 p, q, n은 밥의 p, q, n과 다르다는 것에 주의하자. 앨리스는 자신의 개인 서명키 σ를 적용하고 난 뒤에 밥의 공개 암호화 키 e를 사용해 전체를 암호화할 수 있다. 그 메시지를 받은 밥은 우선 자신의 개인 복호화 키 d를 이용해 복호화하고 나서, 앨리스의 공개 인증키 v를 이용해 서명을 확인한다.

전자서명과 공개키 암호화를 결합하는 데 흔히 쓰이는 다른 방법은 **인증서**(certificate)에서 찾아볼 수 있다. 우리는 암호화용이든 전자서명용이든 밥이 앨리스의 공개키라고 알고 있는 것이 정말로 앨리스의 것이 맞는지 확인하는 방법에 대해 아직 논의한 적이 없다. 이브가 일부러 가짜 키를 게시해 놓고 자기가 읽을 수 있는 메시지를 보내도록 사람들을 유인할 수 있으므로 밥은 자신이 얻은 키가 이브가 올려놓은 가짜 키가 아님을 확인해야 한다. 앨리스는 공개키를 게시하기 전에 신뢰할 수 있는 인증기관인 트렌트(Trent)로부터 키에 대한 인증을 받을 수 있다. 즉, 트렌트는 앨리스의 공개키가 무엇인지 명시한 인증서를 앨리스에게 발급한다. 인증서는 트렌트의 비밀 서명키로 서명되어 있다. 밥이 트렌트의 공개 인증키를 알고 있다면 그 서명을 검증할 수 있고, 따라서 진짜 앨리스의 공개키가 맞는지 어느 정도 확신을 얻을 수 있다. 만약 밥이 인증된 트렌트의 키를 갖고 있는 것이 아니라면 또 다른 기관으로부터 트렌트를 인증해주는 인증서를 받을 수 있다. 이렇게 인증서 확인을 위해 해당 인증서를 발급한 기관을 찾아 잇달아 인증을 받는 것을 **인증서 체인**(certificate chain)이라 한다. 웹브라우저는 웹사이트가 실제 자신의 사이트라고 주장하는 기관의 것이 맞는지 확인하기 위해 이와 같은 인증서를 사용한다. 소프트웨어를 만들 때 이미 인증을 받아서 브라우저에 내장된 공개키 중 어느 하나에 도달하면 인증서 체인이 멈춘다.

웹상에서 단연코 가장 많이 사용되는 인증서는 RSA 전자서명에 기초한 것이다. 아마 최초로 인증서를 사용한 웹브라우저인 넷스케이프(Netscape)가 RSA 데이터 시큐리티(RSA Data Security)가 인증한 내장형 인증서 하나로 출발했기 때문일 것이다. RSA 데이터 시큐리티의 인증서 서비스부서는 나중에 베리사인(VeriSign)이라 불리는 회사로 분리되었고 지금은 시만텍(Symantec)이 소유하고 있다. 시만텍은 웹 인증서를 발급하는 다른 회사들도 소유하고 있으며, 2013년 기준으로 인터넷상에 인증서를 발급하는 가장 중요한 회사로 꼽혔다. 인터넷 익스플로러(Internet Explorer), 파이어폭스(Firefox), 크롬(Chrome), 사파리(Safari) 등 인기 있는 브라우저는 또 다른 체계인 전자서명 알고리즘(Digital Signature Algorithm)에 기초한 인증서를 지원한다. 전자서명 알고리즘에 대해서는 나중에 간략하게 더 설명하도록 하겠다.

지금까지 전자서명이 어떻게 위조자 프랭크(Frank)의 노골적인 공격으로부터 앨리스와 밥을 보호하는지 살펴봤다. 여기에서 프랭크의 공격은 메시지를 꾸며내서 밥이 그 메시지가 앨리스에게서 온 것이라고 착각하게 하려는 시도를 말한다. 이것보다 노골적이지 않은 미묘한 공격이 두 가지 있는데, 이들 공격을 막으려면 전자서명 체계에 다른 요소를 추가해야 한다. 첫째, **재전송 공격**(replay attack)이다. 프랭크는 앨리스가 밥에게 서명된 메시지를 보낼 때 그것을 엿들어 기록해 두었다가 나중에 앨리스가 보내는 것으로 가장하여 밥에게 재전송하는 것이다. 그 메시지는 원래 앨리스가 서명한 것이 맞기 때문에 밥은 서명을 검증한 후, 그것이 앨리스가 보낸 것이 맞다고 결론 내린다. '8시 정각에 만나자(meet me at eight o'clock)'이거나 'X 파일 보내줘(send me file X)'와 같이 간단한 메시지라면 같은 메시지를 다른 시간에 두 번 받더라도 밥은 전혀 이상하다고 생각하지 않을 것이다. 그러나 사실 많은 문제를 일으킬 위험이 잠재되어 있다. 아니면 프랭크가 중도에 메시지를 가로채서 밥에게 보내면 밥은 메시지를 한 번만 받기는 하지만 어긋난 시간에 받는다. 이 문제를 해결하는 표준적인 방법은 간단하게 타임스탬프(timestamp)를 메시지에 포함하는 것이다. 그러면 메시지가 반복되거나 전달 시간이 지연될 일이 없다. 프랭크가 서명을 무효화하지 않고서는 변조할 수 없도록 타임스탬프는 전자서명을 하기 전에 추가되어야 한다. 그러기 위해서 앨리스와 밥은 시계를 동기화했는지 반드시 확인해야 하는데, 이것은 또 다른 성질의 문제로 이어진다.

둘째, **존재 위조 공격**(existential forgery)이다. 우리는 이브가 어떤 평문이라도 암호화할 수 있기 때문에 전진 탐색 공격이 가능하다는 것을 알고 있다. 그와 비슷하게 존재 위조 공격은 프랭크가 어떤 서명이라도 검증할 수 있기 때문에 가능하다. 프랭크는 십진수나 이진수로 된 임의의 숫자열을 선택해서 마치 그것이 전자서명인 것처럼 앨리스의 인증키를 적용한다. 그러고 나서 밥에게 그 인증키로 만든 '메시지'와 그 메시지에 적용된 '서명'을 보낸다. 메시지는 영어나 다른 언어로 된 글이 아니라 숫자 또는 비트가 무작위로 나열된 것이다. 하지만 서명은 앨리스의 것이 맞다고 검증될 것이다. 이로 말미암아 어떤 경우에는, 이를테면 밥이 인증서에 서명이 된 공개키 하나만 들어 있을 것이라고 기대할 경우 밥은 곤경에 빠지고, 결국 보안 침입(security breach)이 발생할 수 있다. 전진 탐색 공격을 막는 방법은 암호화 과정에 무작위성을 추가하는 것이다. 존재 위조를 막기 위한 대비책은 반대로 체계성을 추가해 무작위성을 줄이는 것이다. 밥이 인증서에 공개키뿐만 아니라 앨리스의 이름과 타임스탬프가 들어 있어야 한다는 것을 안다면 십중팔구 프랭크는 밥을 속이기 위한 무작위 서명을 충분히 시도할 수 없을 것이다.

RSA 전자서명 방식은 검증 과정이 서명 과정의 정반대이므로 **가역성 전자서명**(reversible digital signature)이며, 원래 메시지를 복원하기 때문에 **메시지 복원형 전자서명**(digital signature with message recovery)이기도 한다. 이와 정반대로 원래 메시지를 복원하는 데 생성된 서명을 사용할 수 없는 **비가역성 전자서명**(nonreversible digital signature)도 있다. 이 경우 앨리스는 항상 밥에게 메시지와 서명을 둘 다 보내야 하고, 서명이 원문 메시지에 첨부되기 때문에 종종 **메시지 부가형 전자서명**(digital signature with appendix)이라 한다.

비가역성 전자서명 방식은 서명 과정을 뒤바꿀 수 없기 때문에 불편하게 느껴질 수 있지만, 사실은 장점이 몇 가지 있다. 첫째, 메시지보다 훨씬 짧은 서명을 사용할 수 있으므로 계산이 빠르다. 둘째, 앨리스는 먼저 밥에게 메시지의 서명을 보냄으로써 자신이 어떤 정보를 알고 있음을 증명해 놓고, 나중에야 그 정보를 포함하는 메시지를 밝힐 수 있다.

비가역성 전자서명의 예로 **엘가말 서명 방식**(ElGamal signature scheme)을 들 수 있는데, 엘가말 암호방식과 밀접한 관련이 있으며 실제로 동시에 개발되었다. 그림 8.21을 보면 엘가말 서명 방식이 어떻게 작동되는지 알 수 있다. 엘가말 전자서명의 영향력은 대단하다. **전자서명 알고리즘**(Digital Signature Algorithm, DSA)을 포함해 시중에서 널리 쓰이는 여러 전자서명이 엘가말 방식에서 변형된 것이라는 사실이 그 영향력을 단적으로 보여준다. DSA는 1994년 미국표준기술연구소 NIST가 최초로 승인한 전자서명 체계로서 여전히 미국 표준으로 쓰인다. 처음 소개되었을 때는 다소 논란이 일었지만 지금은 일반적으로 용인되고 있다. 그 외로 **타원 곡선 엘가말 전자서명**(elliptic curve ElGamal digital signature scheme)과 **타원 곡선 전자서명 알고리즘**(Elliptic Curve Digital Signature Algorithm, ECDSA)이 있다. DSA와 더불어 ECDSA도 2000년에 미국 표준으로 승인받았다.

앨리스 | 밥

---

p와 g를 선택한다.
비밀키 a를 선택한다.
a를 사용해 $A \equiv g^a \pmod{p}$를 만든다.

공개 인증키 (p, g, A)를 공개한다.

무작위로 비밀키 r을 고른다.

$$r \;\downarrow (p, g)\; R \equiv g^r \bmod p$$

메시지 M

$$\downarrow (p, a, r, R)\; S \equiv \bar{r}(M - aR) \bmod p-1$$

$(R, S, M) \rightarrow$

앨리스의 인증키 (p, g, A)를 찾아본다.

$$(R, S, M) \;\downarrow (p, g, A)$$

$A^R R^S \equiv g^M \pmod{p}$가 성립할까?
성립한다면 서명이 유효하다.

그림 8.21 엘가말 전자서명 방식

한 회사의 ECDSA 사용(오용이라고 해야 할지도 모르겠다)이 적어도 암호기술에 관심 있는 사람들 사이에 상당히 큰 파문을 일으키는 사건이 2010년 말에 벌어졌다. 소니(Sony)는 2006년에 출시한 플레이스테이션 3 비디오 게임 콘솔에 ECDSA를 사용했다. 소니가 승인한 코드만 게임 콘솔에서 작동하게 하고 승인하지 않은 코드는 작동되지 않도록 막는 것이 목적이었다. 불행히도 소니는 ECDSA에 관한 중요한 사실 하나를 간과했던 것 같다. 엘가말 암호와 엘가말 전자서명처럼 DSA와 ECDSA도 무작위로 임시값을 선택해 사용한다. 8.2절에서 언급했듯이 임시값을 재사용하면 시스템이 안전하지 않다. 2010년 말 무렵 한 해커집단은 소니가 모든 서명에 동일한 임시값을 사용하고 있다는 것을 알아냈다. 그래서 해커들은 소니의 비밀 서명키를 복구해 플레이스테이션 3용 소프트웨어를 자체적으로 만들 수 있었다. 얼마 지나지 않아 또 다른 해커가 소니의 서명키를 복구해 자신의 웹사이트에 발표했다. 소니는 이들 해커들을 상대로 소송을 제기했고, 그 소송은 2011년 4월 합의로 마무리됐다.

8.5 장을 마치며

쓰리-패스 프로토콜은 아주 특정한 상황을 제외하고는 너무 느려서 사용할 수 없으며, 실제로 사용해야 하는 상황도 거의 일어나지 않는다. 누군가 교환법칙이 성립하고 알려진 평문 공격에 견딜 수 있으며 속도 면에서 현대 블록 암호와 견줄만한 대칭키 암호를 고안해 낸다면, 쓰리-패스 프로토콜은 더할 나위 없이 매력적인 암호체계가 될 수 있다. 그러나 지금으로서는 가능성이 희박하다.

엘가말 암호화는 원래 버전이나 타원 곡선 버전 모두 **후천적 선택 암호문 공격**(adaptive chosen-ciphertext attack)에 취약하다고 밝혀졌다. 만약 이브가 교묘한 방법을 써서 밥으로 하여금 관련된 암호문(후천적인 부분)을 복호화하도록 속이고, 그 복호화된 내용을 누설하게끔 할 수 있다면 이브는 원래의 메시지를 복원할 수 있다. 이 문제를 해결하기 위해 많은 엘가말 암호의 변형 암호가 제안되었다. 그중에서 간단한 방식으로 꼽히는 **디피-헬만 통합 암호화 방식**(Diffie-Hellman integrated encryption scheme, DHIES)은 엘가말 방식과 동일하게 은닉값과 힌트를 사용하지만, 은닉값과 메시지를 결합할 때는 모듈로 곱셈이 아니라 대칭키 암호화 방식을 사용한다. 타원 곡선 키는 RSA나 모듈로 지수연산 이산대수 문제에 기반을 둔 암호에 사용되는 키보다 길이가 짧은데도 동등한 수준의 보안을 제공하는 것으로 보인다. 즉, 타원 곡선 유형의 암호체계들이 보안 수준은 같으면서 속도가 더 빠르고 더 편리하다는 말이다. 이런 잠재력 때문에 타원 곡선 유형의 DHIES인 **타원 곡선 통합 암호화 방식**(elliptic curve integrated encryption scheme, ECIES)이 최근 이목을 끌고 있다. ECIES는 미국 정부는 아니지만 일본 정부와 많은 산업위원회로부터 승인을 받았다.

이미 언급했듯이 타원 곡선을 사용하면 키의 길이가 짧아지는 장점이 있다. 이것은 스마트카드나 무선 주파수 식별 태그처럼 메모리 용량이 거의 없는 경우를 포함해 여러 가지 상황에서 편리하게 사용될 수 있다. 만일 키를 한꺼번에 작동시킬 필요가 없는 작은 조각들로 분리할 수 있다면 훨씬 더 편리할 것이다. 타원 곡선의 일반적 형태인 초타원 곡선(hyperelliptic curve)을 이용하면 이것도 가능하다. 초타원 곡선은 4보다 큰 n에 대해 다음과 같은 방정식으로 표현된다.

$$y^2 = x^n + a_{n-1}x^{n-1} + a_{n-2}x^{n-2} + \cdots + a_2x^2 + a_1x + a_0$$

초타원 곡선에서는 타원 곡선보다 더 복잡한 덧셈 법칙이 성립하는데, 개별적인 두 점 사이의 덧셈이 아니라 점의 집합에 대한 덧셈이 작동한다. 초타원 곡선 암호(hyperelliptic curve cryptography)의 키를 구성하는 전체 점의 집합은 타원 곡선의 키와 크기가 비슷하지만, 암호화에 필요한 계산 중 일부는 한 번에 한 점에 대해서 수행된다.

타원 곡선의 또 다른 장점은 덧셈 법칙 이외에 유용한 구조가 더 있다는 것이다. 예를 들어 어떤 타원 곡선의 경우, 곡선 위의 점 G와 두 정수 a, b에 대해 다음 성질을 만족하는 '짝짓기 함수(pairing function)'가 존재한다.

$$f(aG,bG)^{c}=f(G,G)^{ab}$$

짝짓기 함수를 **3자 디피-헬만 키 합의**(tripartite Diffie-Hellman key agreement)에 사용하면 세 사람이 비밀 정보를 합의하도록 할 수 있다. 즉, 앨리스가 비밀키 a와 공개키 $A = aG$를 선택하고, 밥이 비밀키 b와 공개키 $B = bG$를 선택하고, 캐럴이 비밀키 c와 공개키 $C = cG$를 선택하면, 다음 식이 성립하므로 세 사람은 모두 같은 비밀 정보를 계산해 낸다.

$$f(B,C)^{a}=f(A,C)^{b}=f(A,B)^{c}=f(G,G)^{abc}$$

짝짓기 함수는 **ID 기반 암호체계**(identity-based encryption)에 응용할 수도 있다. 기본 개념은 앨리스가 밥에게 메시지를 보내고 싶을 때 밥의 공개키 대신에 이메일 주소나 다른 공개 정보를 찾아 그것을 바탕으로 직접 공개키를 생성할 수 있다는 것이다. 편리한 것은 물론이고 앨리스는 자신이 얻은 키의 출처를 이브가 조작하지 않을까 걱정하지 않아도 된다. 키를 직접 생성하고 나면 앨리스는 엘가말 암호화 방식과 비슷하게 일련의 계산을 수행하는데, 이때 밥의 공개키와 인증기관 트렌트의 공개키를 짝짓는 작업이 수반된다.

밥은 앞선 짝짓기 작업과 그의 고유한 비밀키를 사용해서 메시지를 복호화할 수 있는데, 이때 밥의 고유한 비밀키는 트렌트가 트렌트만의 비밀키를 사용해서 생성한 것이다. 더 자세한 내용은 책의 뒷부분 노트에 있는 문헌을 참고하기 바란다.

2005년 NSA는 기밀 정보나 다른 민감한 데이터를 NSA 조직 내에서 전달하거나 미국 정부에 전달하기 위한 암호화 알고리즘 집합인 '스위트 B(Suite B)'를 발표했다. 발표 당시에는 대칭키 암호화용 AES, 타원 곡선 디피-헬만 방식, 타원 곡선 유형 키 합의 방식, ECDSA, 비가역성 전자서명 알고리즘 DSA가 포함되어 있었다. AES와 DSA는 정부 표준으로 인정받았을 뿐만 아니라 상업적으로 꽤 많이 사용되고 있다. NSA는 타원 곡선 암호기법은 키의 크기가 작기 때문에 속도와 안전성이 뛰어나다는 장점을 강조하면서 AES와 DSA의 타원 곡선 알고리즘도 곧이어 나오기를 기대하고 있었다.

타원 곡선 암호화 기법은 이런 장점과 NSA의 적극적인 후원에도 불구하고 상업적 인기를 끄는 데는 속도가 더뎠다. 그 이유는 암호학자들이 본래 보수적인데다가 해독될 위험이 있지 않은 한 기존 암호를 고수하는 성향이 있다는 것도 한몫한다. 사람들은 암호를 해독하려는 시도가 실패로 끝나는 날이 길어질수록 가까운 시일에 끔찍하고 놀라운 일이 벌어질 가능성이 더 적다고 생각한다.

게다가 최근에 전개된 두 가지 사건으로 사람들은 타원 곡선 알고리즘을 채택하는 것에 대해 더욱 의심을 품게 되었다. 첫 번째 사건은 비밀키·공개키 암호방식에 필요한 비밀 정보나 확률적 암호에 필요한 무작위 숫자로 사용될 수 있는 난수(random number)를 생성하는 시스템과 관련 있다. 이 시스템은 **이중 타원 곡선 난수 발생기**(Dual Elliptic Curve Deterministic Random Bit Generator), 또는 간단히 **Dual EC DRBG**라 불리는 것으로 2004년 처음 공개되었고, 2006년 다른 세 난수 생성 시스템과 더불어 NIST 권장 표준 시스템으로 채택되었다. 이름에서 짐작할 수 있듯이 이것은 타원 곡선 이산대수 문제를 두 개 사용한다. 다른 이유도 있지만 그 탓에 다른 난수 발생 시스템에 비해 속도가 느렸다. 게다가 연구자들은 Dual EC DRBG로 생성된 난수가 약간 편중되어 있다는 점을 일찍 발견했다. 따라서 Dual EC DRBG는 특별하게 우수한 다른 성질을 가지고 있지나 않으면 표준 시스템으로서 자격이 박탈될 수밖에 없었다. 결국 절대로 설명되지 않는 무작위 선택을 표준 시스템의 초깃값 설정에 포함시켰다. 데이터 암호화 표준 S-박스가 소개된 이후로 암호학자들은 한 시스템에 설명되지 않는 선택이 있다면 그 시스템을 약화시키는 무엇인가 분명히 있을 것으로 의심하게 되었다.

2007년에 마이크로소프트 소속의 두 연구자는 무작위로 선택된 두 수 사이에 어떤 특정한 관계가 있는지 알 수 있다면 난수 발생 과정을 잠깐만 지켜보더라도 그 관계를 이용해 난수를 예측할 수 있다고 증명했다. 다시 말해, 이런 유형의 백도어 덕분에 그 관계를 알고 있는 사람은 누구라도 난수 발생기로 비밀키를 생성하는 암호체계를 해독할 수 있다는 것이다.

그즈음 NSA가 일부러 암호해독이 가능하도록 표준을 조작했다는 의혹이 일기 시작했다. 하지만 그 의혹이 본격적으로 수면 위로 떠오른 것은 2013년 스노든이 NSA에 대해 폭로하면서이다. 스노든이 공개한 기밀문서는 NSA가 자체적으로 Dual EC DRBG를 고안해서 성공적으로 미국 암호화 표준과 국제 표준에 포함시켰음을 암시한다. 저명한 암호학자들은 "NSA가 할 수만 있다면 언제든 영향을 미칠 수 있는" 상수가 타원 곡선 암호에 들어 있기 때문에 이 암호를 사용하지 말아야 한다고 주장하기 시작했다. 결국 NIST는 추천 표준 목록에서 Dual EC DRBG를 제거했다.

두 번째 사건은 2015년에 일어났다. 이것을 계기로 타원 곡선 알고리즘 채택을 찬성하는 목소리가 잦아들었다. 2015년 8월 NSA는 우리가 다음 장에서 다룰 양자 컴퓨터에 대한 저항력이 있는 새로운 알고리즘 집합으로 스위트 B를 대체한다는 계획을 발표했다. 양자 컴퓨터가 실현된다면 불행하게도 대부분의 타원 곡선 알고리즘은 취약성을 드러낼 것이다. 구체적으로 어떤 알고리즘이 스위트 B의 대안으로 고려되고 있는지 아직 발표되지 않았지만, 우리는 9.2절에서 몇몇 후보 알고리즘을 살펴볼 것이다. NSA는 아직 타원 곡선 알고리즘을 채택하지 않은 사용자들에게 "지금 시기에 타원 곡선 알고리즘을 채택하려고 많은 지출을 하지 마라."라고 권장했다. 대신에 과도기 동안 기밀 자료나 민감한 정보에 사용할 수 있는 암호 알고리즘 목록에 디피-헬만 방식과 RSA를 추가했다. 같은 맥락에서 NIST는 2016년 4월 양자 내성 암호기술(quantum-resistant cryptography)에 관한 보고서를 완성했다. 보고서에 따르면 AES를 선정할 때와 비슷한 경합을 통해 양자 내성이 있는 새로운 알고리즘 표준을 개발할 예정이지만, NIST가 다양한 범주에 속하는 여러 후보 알고리즘을 승인할 가능성도 있다. 제출 마감은 2017년 후반으로 계획되어 있고, 이후 3-5년 동안 공개 심사를 거친 후에 최종 표준 암호가 발표될 것이다.

9

암호의 미래

9.1 양자전산

앞에서 여러 번 말했듯이 현재 사용되는 공개키 암호의 보안은 이산대수 문제나 소인수분해와 같이 널리 알려진 수학적 문제의 난해성에 의존한다. 이 문제들을 쉽게 푸는 방법은 아직 아무도 발견하지 못했다. 하지만 쉬운 풀이법이 존재하지 않는다는 것도 아직 증명되지 않았다. 그러므로 내일 누군가 나타나서 모든 코드를 파괴할 수 있는 새로운 수학적 기법을 발견했다고 공표할 수도 있을 것이다.

설령 새로운 수학적 기법이 개발되지 않더라도 새로운 종류의 컴퓨터가 등장해서 이런 코드들의 보안을 해제시킬 수도 있다. 가장 가능성이 높은 후보는 양자역학에 기반을 둔 양자 컴퓨터이다. 양자 컴퓨터가 중대한 문제를 해결할 수 있다고 아직 정식으로 증명되지 않았지만, 과학자들은 지난 20여 년 동안 연구를 통해 양자 컴퓨터용 프로그램을 만드는 법을 알아냈다. 이 새로운 분야는 **양자전산**(quantum computing)이라 하며, 암호기술에 중대한 파문을 일으킬지도 모른다.

고전물리학과 구별되는 양자물리학의 가장 두드러진 성질은 아마 **중첩**(superposition)이다. 슈뢰딩거의 가상 고양이처럼 양자 입자가 동시에 이중적인 상태에 있을 수 있다는 개념이다. 1935년 물리학자 에르빈 슈뢰딩거(Erwin Schrödinger)는 고양이를 상자 안에 가두어 보이지도 들리지도 않도록 봉인한다면 무슨 일이 벌어질지 문제를 냈다. 상자 안에는 소량의 방사능 물질이 들어 있는데, 한 시간 동안 방사성 원소가 붕괴할 확률이 50%이고 아무 일도 일어나지 않을 확률이 50%이다. 상자 안 방사능 검출기가 원소 붕괴를 감지하면 고양이 밥을 주는 자동장치가 작동하고, 그렇지 않으면 아무 일도 일어나지 않을 것이다. 한 시간이 지났을 때 고양이는 굶주려 있을까? 먹이를 먹었을까? (그림 9.1 참고) 양자물리학에 따르면 우리가 상황을 알아보려고 상자를 열어보기 전까지 방사성 원소는 붕괴가 일어나면서 동시에 일어나지 않으므로 고양이는 굶주려 있으면서 동시에 배불러 있다. 고양이가 동시에 두 가지 상태에 있을 수 있는 것처럼 **양자 비트**(quantum bit), 즉 **큐비트**(qubit)는 반드시 0과 1 둘 중 하나가 아니라, 0이면서 동시에 1이 될 수 있다.

그림 9.1 슈뢰딩거의 고양이는 굶주릴까, 먹이를 먹을까?

양자전산을 설명한 글이 많아서 마치 양자 컴퓨터가 모든 문제를 즉시 해결해 줄 비법처럼 들릴지도 모르겠다. 양자 컴퓨터를 이용해 수를 소인수분해한다고 가정하자. 예를 들어 4를 소인수분해한다고 하면 먼저 4의 이진수 표현 100에 큐비트 한 다발을 설정한다. 그다음은 4의 인수가 될 가능성이 있는 수에 다른 큐비트 다발을 설정한다. 인수가 될 가능성이 있는 수를 하나씩 시험해보는 것이 아니라, 인수 큐비트를 각 큐비트가 0이면서 동시에 1이 되도록 다음과 같이 설정한다.

$$\begin{Bmatrix} 0 \\ or \\ 1 \end{Bmatrix} \begin{Bmatrix} 0 \\ or \\ 1 \end{Bmatrix}$$

모두 합치면 다음과 같이 각각 0, 1, 2, 3을 뜻하는 양자수(qunumber)가 된다.

$$\begin{Bmatrix} 00 \\ or \\ 01 \\ or \\ 10 \\ or \\ 11 \end{Bmatrix}$$

우리는 4보다 작은 인수를 찾고 있으므로 지금까지 괜찮다. 이제 이 양자수로 4를 나눈다. 몫이 정수이면 몫을 그대로 보관하고 그렇지 않으면 0을 출력한다. 그러면 다음과 같은 큐비트 표현을 얻는다.

$$\begin{Bmatrix} 00 \\ or \\ 00 \\ or \\ 10 \\ or \\ 00 \end{Bmatrix}$$

슈뢰딩거의 사고 실험(thought experiment)에서 상자를 열기 전까지 고양이는 배고프면서 동시에 배부른 상태지만, 일단 상자를 열어 안을 들여다보면 순식간에 둘 중 한 상태가 되어 버린다는 점을 기억해야 한다. 이 점을 양자 소인수분해에 적용하면 양자 컴퓨터의 출력값을 확인할 때 종종 00이 나오는데, 이것은 약수가 아니므로 아무 쓸모없다. 가끔 10을 답으로 얻기도 하는데, 이것은 2가 약수이기 때문에 쓸모가 있다. 하지만 이것은 확률 알고리즘으로도 할 수 있는 일이므로 순전히 중첩만 이용해서 얻은 것은 아무것도 없다.

그러나 양자물리학에는 우리가 이용할 수 있는 또 다른 성질이 있다. 그림 9.2처럼 설치된 장치가 있다고 하자. 그림에서 전자(electron)나 광자(photon)와 같은 아원자 소립자가 광선 분할기 방향으로 보내진다. 광자를 예로 들면, 광선 분할기는 반도금 처리된 거울이다. 입자를 보내는 시행을 반복하면 시행 횟수의 절반은 입자가 광선 분할기와 같은 방향으로 통과하고, 절반은 다른 방향으로 튀어나간다. 이것이 바로 검출기에서 관찰할 수 있는 현상이다(그림 9.3 참고). 지금까지 소립자들은 전적으로 확률 원리에 따라 행동했다.

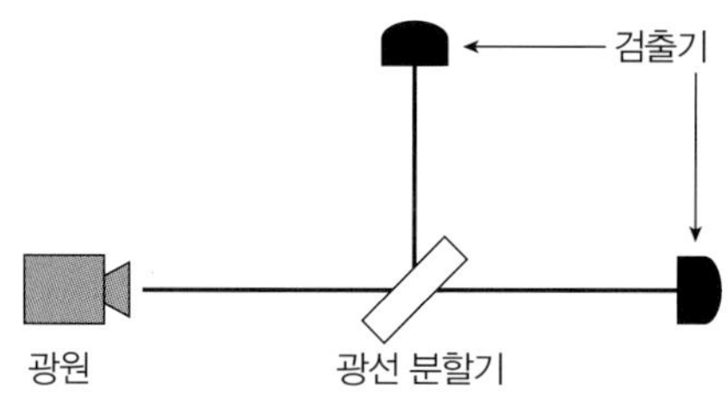

그림 9.2 광선 분할기 한 대를 이용한 실험

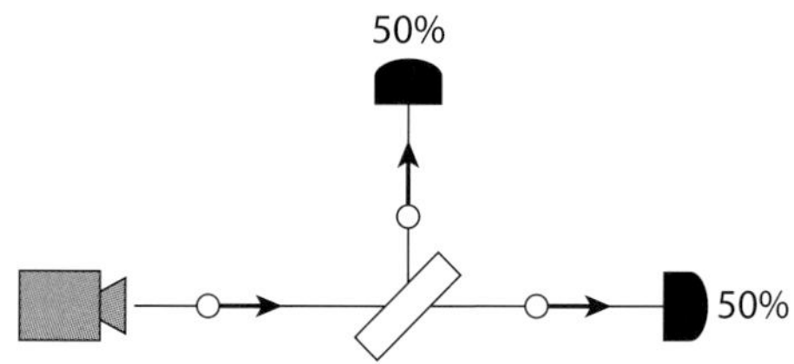

그림 9.3 각 검출기에서 횟수의 절반이 검출된다.

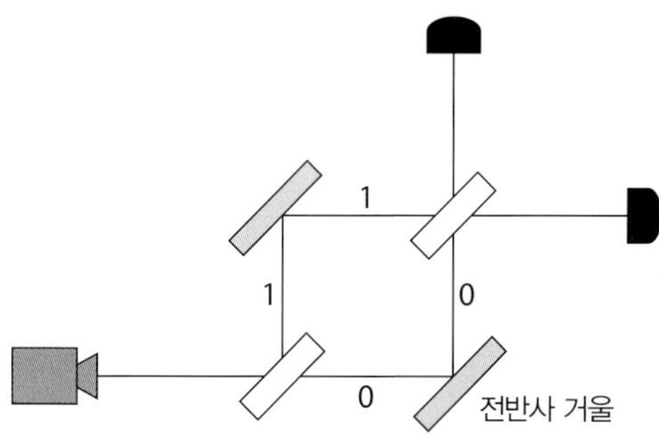

그림 9.4 광선 분할기 두 대를 이용한 실험

이제 그림 9.4와 같이 광선 분할기 두 대와 항상 입자를 반사시키는 전반사 거울 같은 완전한 반사벽을 설치해 놓고 살펴보자. 광선 분할기 각각 광선을 통과시키는 횟수가 전체 횟수의 절반이라고 할 때 검출기까지 이르는 경로는 두 가지이며, 둘 다 확률이 같다. 따라서 입자가 각 검출기에 도달하는 기대횟수는 반반이다. 그러나 반드시 그렇게 되는 것은 아니다. 오히려 장치를 어떻게 설정하느냐에 따라 항상 같은 검출기에 도달할 수도 있다. 그림 9.5를 참고하자.

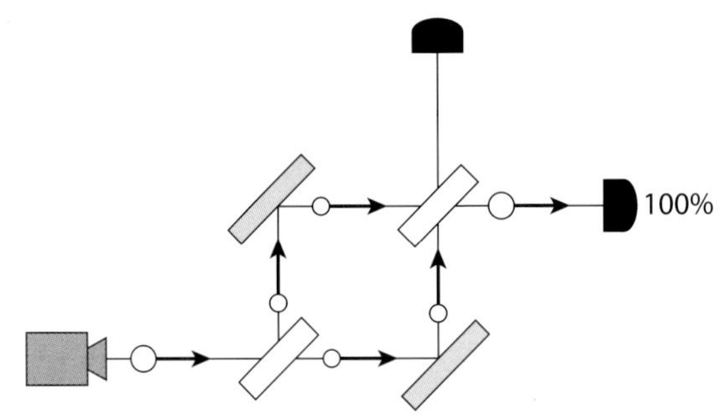

그림 9.5 검출기 하나에는 광자가 전혀 기록되지 않고 다른 하나에는 항상 기록된다!

그 이유는 각 입자가 어쨌든 광선 분할기를 통과하기도 하고 반사되기도 해서 경로가 중첩되며 결국 자신의 경로를 간섭하게 되기 때문이다. 거울을 잘 배치하면 한쪽으로는 간섭 때문에 입자가 스스로 상쇄되고 다른 쪽으로는 입자가 강화되어 검출기 하나에는 입자가 전혀 기록되지 않고 다른 검출기에는 항상 기록되도록 할 수 있다. 양자전산을 제대로 이용하기 위해서는 중첩뿐만 아니라 양자 간섭도 이용해야 한다.

양자전산에 대해 상세한 이야기는 다루지 않겠다. 1985년 물리학자 데이비드 도이치(David Deutsch)가 고전 컴퓨터를 사용하는 것보다 양자 컴퓨터를 사용해 계산 문제를 더 빨리 풀 수 있는 **양자 알고리즘**(quantum algorithm)을 최초로 고안했다는 이야기면 충분할 것이다. 도이치가 사용한 문제 자체는 그다지 흥미롭지 않지만, 그 문제를 풀는 데 사용한 기법은 더할 나위 없이 중요하다. 그것은 곧바로 1994년 최초의 '유용한' 양자 알고리즘 탄생으로 이어졌다. 피터 쇼어(Peter Shor)가 양자 컴퓨터를 사용해서 기존의 어떤 고전 알고리즘보다 빨리 소인수분해를 할 수 있는 알고리즘을 발견한 것이다. 사실 양자 알고리즘이나 고전 알고리즘이 큰 소수를 찾아내는 속도만큼 빨리 쇼어의 알고리즘은 수를 소인수분해할 수 있다. 그래서 쇼어의 알고리즘이 널리 사용되면 RSA의 보안이 완전히 흔들리게 될 것이다. 쇼어는 논문에서 이산대수 문제를 빨리 푸는 방법도 선보였다. 따라서 디피–헬만 방식과 이것을 바탕으로 하는 체계, 타원 곡선 디피–헬만 체계와 같은 변형 체계 등 이산대수 문제의 난해성에 의존한 모든 암호체계가 위태로워질 것이다.

대형 양자 컴퓨터가 구현되려면 오랜 시간이 걸리겠지만 최근 들어 개발이 가속화되고 있다. 지금 현재 양자 컴퓨터의 한계는 우리가 구성해서 안정한 상태로 유지할 수 있는 큐비트 개수와 관련 있다.

2001년 IBM의 과학자들과 스탠퍼드대학교 대학원생들로 구성된 연구팀이 쇼어 알고리즘을 적용할 수 있는 최소 정수 15를 7큐비트 양자 컴퓨터를 사용해 소인수분해했다고 발표했다. 2012년에는 영국의 한 연구팀이 더 적은 큐비트를 사용해 21을 소인수분해하는 방법을 발견했고, 중국의 연구팀이 단지 4큐비트와 다른 알고리즘을 사용해 143을 소인수분해했다. 2014년에는 143을 소인수분해하는 데 사용한 동일한 4큐비트 양자 컴퓨터가 56,153과 같이 큰 수를 소인수분해할 수 있다고 발표되었다. 물론 소인수분해할 수가 특정한 형태를 지니고 있을 때만 가능하다는 제약이 있었다.

양자 컴퓨터가 우리가 보통 사용하는 모든 공개키 암호의 안전성을 해칠 수 있다고 한다면 대칭키 암호에 대해서는 어떨까? 공개키 암호의 경우처럼 극단적인 영향을 끼치지는 않지만 대칭키 암호에도 분명히 영향을 미칠 것이다. 1996년 AT&T 벨연구소의 인도계 미국인 컴퓨터과학자 로브 그로버(Lov Grover)는 고전 컴퓨터보다 훨씬 빨리 데이터베이스를 확률적으로 검색할 수 있는 양자 알고리즘을 발명했다. 검색할 대상이 N개 있다면, 예를 들어 대칭키 암호에 필요한 키를 N개 찾아야 한다면, 그로버의 알고리즘은 단지 $\sqrt{N}$번의 단계를 거치면 된다. 크기가 가장 작은 AES 키는 128비트인데, 고전 컴퓨터로 무차별 대입 공격을 하려면 키를 2^{128}개 모두 찾아봐야 한다. 하지만 그로버의 알고리즘에서는 $\sqrt{2^{128}} = 2^{64}$개를 조사하면 된다. 적어도 무차별 대입 공격의 경우, 양자 컴퓨터를 사용한다면 대칭키 암호에서 키의 실질적인 크기가 절반으로 줄어든다. 8.5절에서 언급했듯이 NSA는 새로운 양자 내성 알고리즘(quantum-resistant algorithm)으로 이행되는 과도기적 조치로 256비트 AES 키를 사용할 것을 권고하고 있다.

9.2 포스트 양자 암호

양자 컴퓨터가 대중화된다면 암호작성자는 어떻게 대처해야 할까? 대칭키 암호체계의 경우, 지금으로서는 키의 길이를 늘이는 것으로 충분한 것 같다. 공개키 암호 분야에서는 **포스트 양자 암호기술**(post-quantum cryptography), 즉 좀 더 구체적으로 말하면 **양자내성 암호기술**(quantum-resistant cryptography)에 대한 연구가 한창 진행되고 있다. 이 암호체계는 양자 컴퓨터로도 쉽게 풀 수 없는 문제를 기반으로 한다. 즉, 소인수분해나 이산대수 문제가 아니라 다변수 연립방정식을 풀거나, 한 점에서 다른 점들의 n차원 편향 좌표까지 최단거리를 찾거나, 주어진 비트열 집합에 속하지 않으면서 이 집합과 가장 가까운 비트열을 찾는 문제를 바탕으로 한다. 이 방법들은 효율성이 떨어지기 때문에 과거에는 거의 사용되지 않았다. 그러나 지금은 점점 효율성이 좋아지고 있다. 게다가 8.5절에서 언급했듯이 적어도 NSA와 NIST는 이제 양자 암호방식으로 전환해야 할 때라고 생각하고 있다.

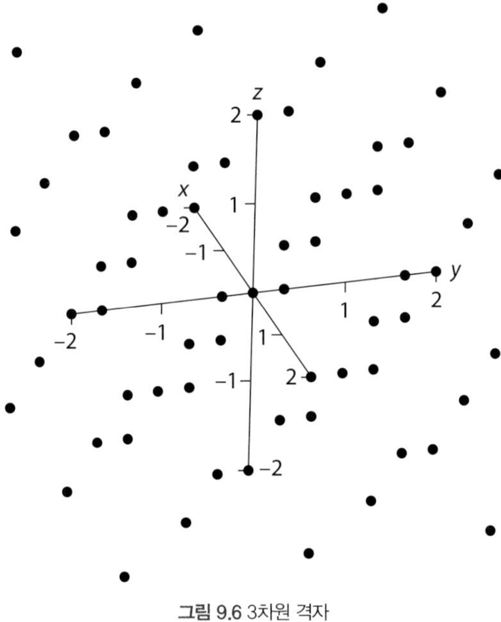

그림 9.6 3차원 격자

예를 들어 **격자기반 암호**(lattice-based cryptography)를 살펴보자. 격자(lattice)는 좌표축이 갖추어져 있는 n차원 공간에 일정한 간격으로 배열된 점들의 눈금(grid)이다. 그림 9.6은 3차원 격자의 예를 보여준다. 표준 격자 문제 중에는 양자 컴퓨터로도 풀기 어렵다는 문제가 두 개 있다. 두 문제 모두 그림 9.7처럼 격자를 생성하는 점, 즉 격자 생성자(lattice generator)가 n개 명시되어 있다. 격자 생성이란 좌표축의 원점에서 출발해서 일정한 간격의 눈금이 되도록 주어진 점을 연장하는 것을 의미한다. **최단 벡터 문제**(shortest vector problem, SVP)는 두 점으로 생성된 격자점 중에서 원점과 가장 가까운 위치에 있는 점을 찾는 문제이다. 2차원의 경우는 그림 9.8과 같다. **최근접 벡터 문제**(closest vector problem, CVP)는 격자 생성자와 격자 위에 있지 않은 한 점이 주어졌을 때, 주어진 점과 가장 가까운 격자점을 찾는 문제이다. 그림 9.9가 2차원 최근접 벡터 문제의 예를 나타낸 것이다.

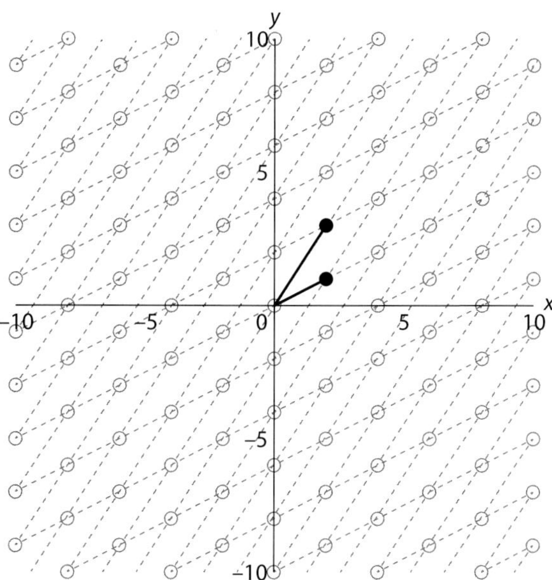

그림 9.7 두 점(검은 점)과 그것으로 생성된 격자(흰 점)

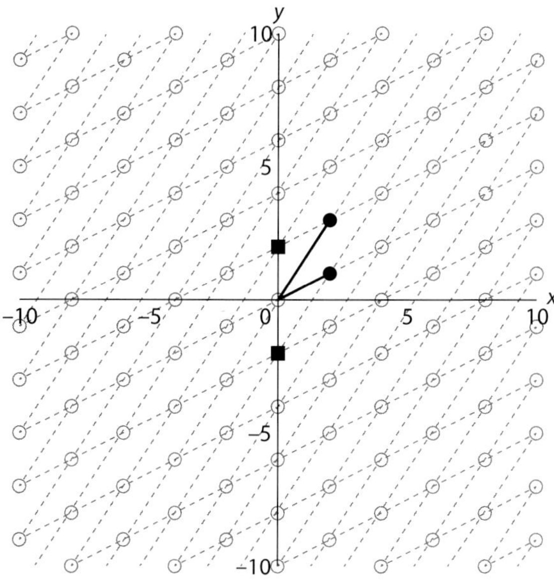

그림 9.8 최단 벡터 문제: 두 격자 생성자(검은 점), 생성자로 생성된 격자(흰 점), 원점과 거리가 가장 가까운 격자점(검은색 네모)

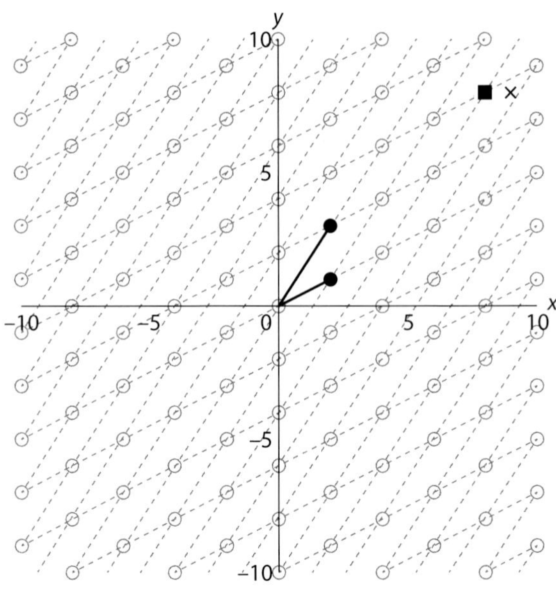

그림 9.9 최근접 벡터 문제: 두 생성자(검은 점), 생성자로 생성된 격자(흰 점), 격자점이 아닌 점(십자 표시)과 거리가 가장 가까운 격자점(검은색 네모)

이와 같은 격자 문제는 유별나게 어려워 보이지는 않을 것이다. 사실 예로 제시된 문제는 어렵지 않다. 따라서 격자 문제를 더 어렵게 만드는 두 가지 요소가 필요하다. 첫째, 차원을 늘리는 것이다. 격자 문제를 기반으로 실제 사용 가능한 암호체계를 만들려면 500차원 이상의 격자를 사용해야 한다. 하지만 그렇게 높은 차원이라 해도 눈금의 각도가 90°에 가까우면 어렵지 않게 풀릴 수 있다. 그러므로 둘째로는 그림 9.10에서처럼 눈금의 각도가 직각이 되지 않도록 하는 것이다. 2차원 격자를 시각적으로 면밀히 살펴보면 같은 격자를 생성하는 다른 생성자 집합을 찾을 수 있다. 따라서 암호에 사용하기에 더 좋은 각도를 만들어낼 수 있다. 그림 9.10과 같은 각도를 가지는 500차원 격자를 상상해보라. 아마 암호와 격자 문제의 관련성이 보이기 시작할 것이다.

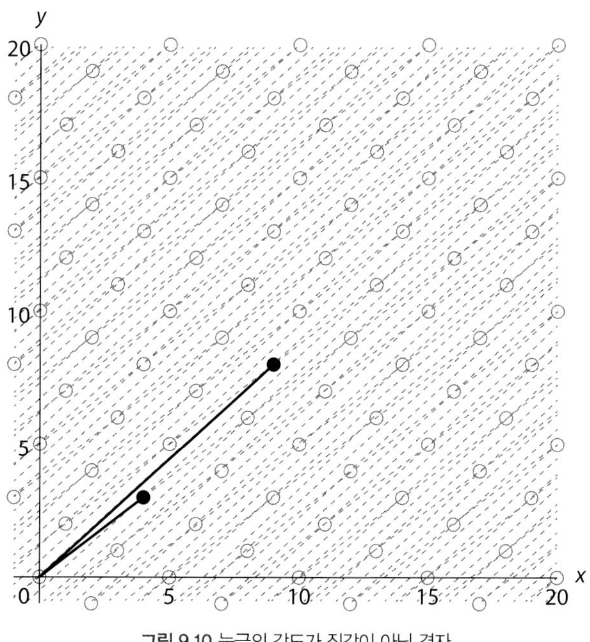

그림 9.10 눈금의 각도가 직각이 아닌 격자

이제 최근접 벡터 문제를 집중적으로 살펴보자. 나중에 최근접 벡터 문제를 바탕으로 한 암호체계를 예로 들기 위해서다. 1984년 라슬로 바바이(László Babai)는 격자 생성과 우리가 1.6절에서 다룬 힐 암호의 연립방정식과 같은 종류의 방정식 사이의 연관성을 이용하면, 최근접 벡터 문제의 근사해를 쉽게 구할 수 있다고 주장했다. 여기 (k_1, k_3)과 (k_2, k_4)로 생성된 2차원 격자가 있다고 하자. 임의의 격자점은 두 정수 s와 t에 대해 다음 식으로 표현할 수 있다.

$$s(k_1,k_3) + t(k_2,k_4) = (sk_1 + tk_2,\ sk_3 + tk_4)$$

반면에 격자 위에 한 점 (x, y)가 있는데, 이것이 어떻게 생성되었는지 알고 싶다면 다음과 같이 설정하고,

$$(x,y) = (sk_1 + tk_2,\ sk_3 + tk_4)$$

다음 연립방정식을 풀면 된다.

$$x = sk_1 + tk_2$$
$$y = sk_3 + tk_4$$

이것은 1.6절에서 살펴본 미지수가 두 개인 연립방정식과 기본적으로 같은 방정식이다. 따라서 그때 사용했던 방법을 그대로 사용하면 정수 s, t를 구할 수 있다. 만약 n차원 격자를 다룬다면 n개의 미지수를 갖는 n개의 방정식을 연립해서 풀 수 있다.

격자점이 아닌 점에 대해 똑같이 연립방정식을 세운다면 어떤 일이 일어날까? 그래도 s와 t 값을 구할 수 있다. 하지만 정수는 아닐 것이다. 그때의 s와 t 값을 각각 가장 가까운 정수로 반올림한다면 주어진 점과 가장 가까운 격자점이 될 수 있는 후보를 얻는다. 예를 들어 그림 9.11에서 십자 표시된 점은 $4.250(k_1, k_3) + 1.125(k_2, k_4)$라고 표현할 수 있다. 근사치를 구하면 $4(k_1, k_3) + 1(k_2, k_4)$이고, 이것은 검은색 네모를 가리킨다.

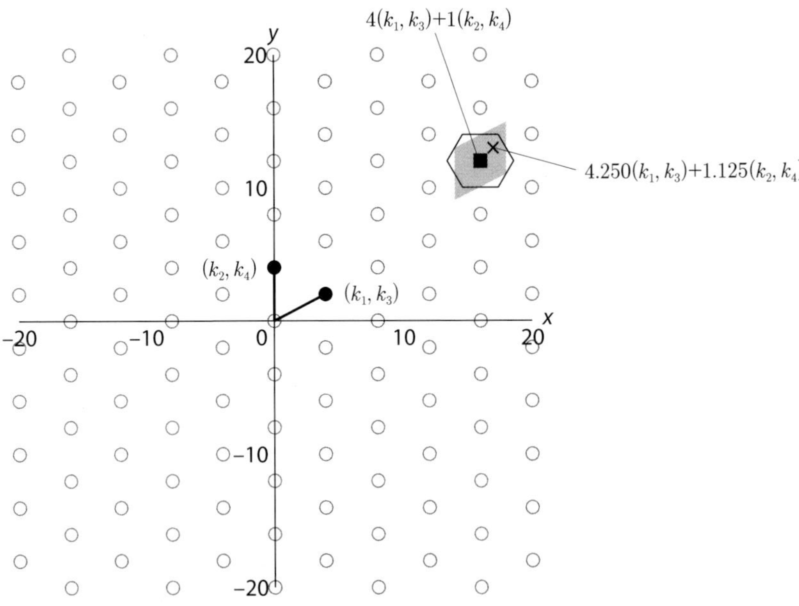

그림 9.11 바바이의 방법을 이용한 최근접 벡터 문제 풀이법: 격자 위에 있지 않은 점(십자 표시)을 두 생성자로 표현했을 때, 계수를 반올림하면 격자 위에 있는 점(검은색 네모)이 된다. 그림에 주어진 십자 표시 점에 대해서는 검은색 네모로 표시된 점이 최근접 격자점이 된다. 사실, 회색 평행사변형 내부의 모든 점에 대해 같은 방법으로 근삿값을 계산하면 같은 격자점, 즉 검은색 네모가 된다. 육각형 내부의 모든 점에 대해서 실제로 거리가 가장 가까운 격자점은 검은색 네모이다. 두 도형이 겹쳐지는 부분이 크다는 것은 바바이의 방법이 대체로 정확하다는 것을 뜻한다.

이제 격자 눈금의 각도가 거의 직각에 가까울 때를 생각해보자. 이때는 근삿값을 계산한 점이 주어진 점에 가장 가까운 격자점이 된다. 그림 9.12처럼 눈금의 각도가 직각과 크게 차이가 난다면 바바이의 방법으로 주어진 점에 가까운 격자점을 찾을 수는 있지만, 그것이 가장 가까운 격자점은 아니다. 그림에서 x로 표시된 점은 $2.4(k_1, k_3) - 1.4(k_2, k_4)$라고 쓸 수 있다. 이것의 근삿값은 $2(k_1, k_3) - 1(k_2, k_4)$이며, 이것은 흰 네모로 표시된 점이다. 그러나 십자 표시된 점과 실제로 가장 가까운 점은 검은색 네모 점인 $3(k_1, k_3) - 3(k_2, k_4)$이다. 같은 상황이 n차원에서도 벌어지며, 차원이 커질수록 정확한 최근접 격자점을 찾기 더 어려워진다.

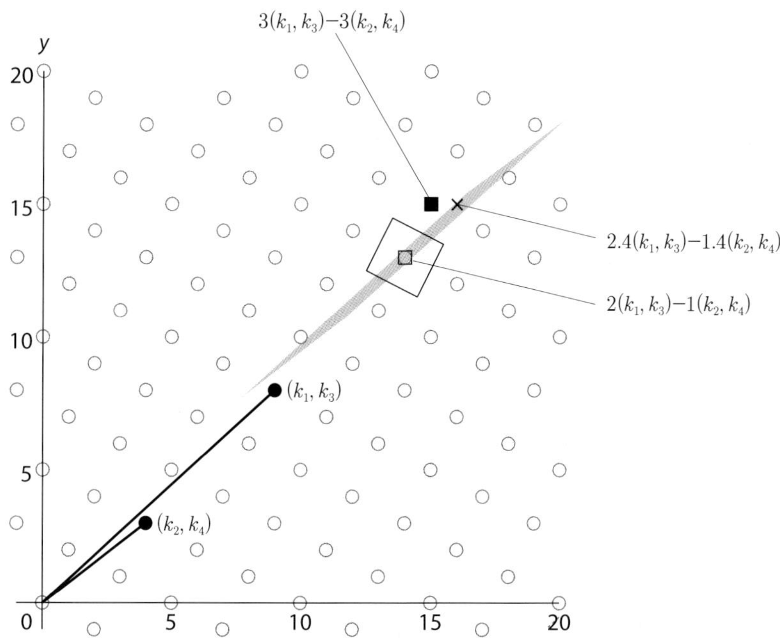

그림 9.12 나쁜 격자에 대한 바바이의 방법: 검은색 네모는 주어진 점(십자 표시)에서 거리가 가장 가까운 격자점이다. 그러나 바바이의 방법은 주어진 점을 흰색 네모로 표시된 점으로 근사시킨다. 이는 최근접 벡터 문제의 정답이 아니다. 사실, 바바이의 방법으로 회색 평행사변형 내부의 점을 근사계산하면 모두 흰색 네모로 표시된 점이 된다. 흰색 네모 점을 둘러싸고 있는 정사각형 내부의 모든 점에 대해 실제로 가장 가까운 격자점은 흰색 네모 점이다. 두 도형이 겹쳐지는 부분이 작다는 것은 이 격자의 경우 바바이의 방법이 대체로 들어맞지 않는다는 것을 뜻한다.

어떻게 하면 최근접 벡터 문제를 이용해 비대칭키 암호체계를 만들 수 있을까? 밥이 그림 9.13에 주어진 것과 같은 격자에 대해 '좋은' 격자 생성자 집합과 '나쁜' 생성자 집합 모두를 알고 있다고 하자. 좋은 생성자는 각도가 거의 직각인 눈금을 형성하는 반면에 나쁜 생성자는 같은 격자를 생성하더라도 눈금의 각도가 직각과 거리가 멀다. 나쁜 생성자는 밥의 공개키가 되고 좋은 생성자는 비밀키가 될 것이다. 주어진 2차원 격자에서 공개키는 0.24°를 이루는 두 생성자 (50, 40)와 (58, 46)이고, 비밀키는 90°를 이루는 (2, 4)와 (4, −2)이다. 사실 우리는 일상생활에서 우리는 2차원 이상을 더 많이 사용한다는 점도 기억해두자.

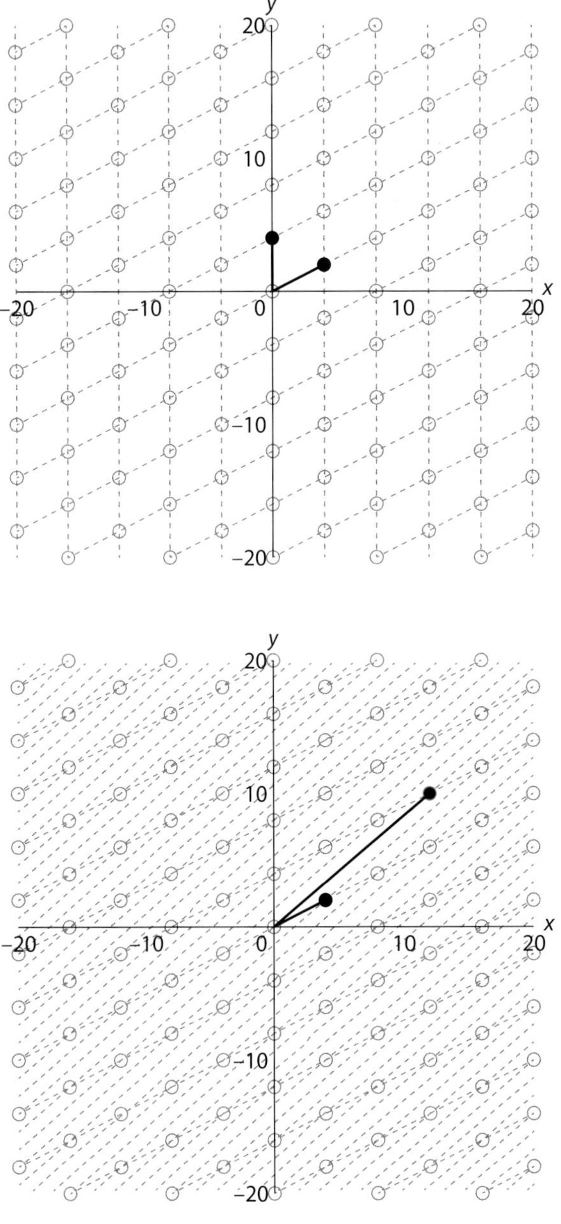

그림 9.13 동일한 격자에 대한 좋은 생성자 집합(위)과 나쁜 생성자 집합(아래)

밥에게 메시지를 보내려고 할 때 앨리스는 메시지의 문자를 숫자로 모두 바꾼 다음, 그 숫자와 나쁜 생성자를 사용해 격자점을 찾는다. 격자 암호는 각각의 '블록'이 아주 작은 정보로 구성되어 있다면 실제로 다른 어떤 암호보다 더 안전하다. 이것이 우리가 앞에서 다룬 몇몇 암호와 다른 점이다. 그러므로 메시지의 각 문자는 십진 숫자 두 개로 분리되어 별개의 수로 취급될 것이다. 이때의 두 수가 격자점의 좌표를 형성할 것이다.

평문:	l	a	t	t	i
숫자:	12	1	2 0	2 0	9
숫자 분할:	1, 2	0, 1	2, 0	2, 0	0, 9
격자점:	166, 132	58, 46	100, 80	100, 80	522, 414
평문:	c	e	n	o	w
숫자:	3	5	14	15	23
숫자 분할:	0, 3	0, 5	1, 4	1, 5	2, 3
격자점:	174, 138	290, 230	282, 224	340, 270	274, 218

다음 단계로 앨리스는 크기가 작은 임시값을 임의로 선택해 각 점에 더한다. 8.2절의 엘가말 암호체계에 은닉값을 사용했던 것과 비슷한 방식이다. 그 결과, 더는 격자점이 아니라 격자점에 근접한 점이 된다. 이것이 앨리스가 밥에게 보내는 암호문이다. 예를 들면 다음과 같다.

평문:	l	a	t	t	i
숫자:	12	1	2 0	2 0	9
숫자 분할:	1, 2	0, 1	2, 0	2, 0	0, 9
격자점:	166, 132	58, 46	100, 80	100, 80	522, 414
임시값:	1, 1	1, 1	−1, 1	1, −1	1, 1
암호문:	167, 133	59, 47	99, 81	101, 79	523, 415
평문:	c	e	n	o	w
숫자:	3	5	14	15	23
숫자 분할:	0, 3	0, 5	1, 4	1, 5	2, 3

격자점:	174, 138	290, 230	282, 224	340, 270	274, 218
임시값:	1, 1	1, 1	1, 1	−1, 1	−1, −1
암호문:	175, 139	291, 231	283, 225	339, 271	273, 217

암호 메시지를 복호화하기 위해 밥은 바바이의 방법과 비밀키, 즉 좋은 격자 생성자를 사용해 격자점을 찾는데, 그렇게 해서 찾은 격자점은 앨리스가 사용한 격자점이 거의 확실하다. 그러니까 밥은 과정을 거꾸로 밟아 원래의 평문을 알아낸다.

암호문:	167, 133	59, 47	99, 81	101, 79	523, 415
바바이 방법의 s와 t값:	43.3, 20.1	15.3, 7.10	26.1, 11.7	25.9, 12.3	135.3, 63.1
반올림한 값:	43, 20	15, 7	26, 12	26, 12	135, 63
격자점:	166, 132	58, 46	100, 80	100, 80	522, 414
숫자:	1, 2	0, 1	2, 0	2, 0	0, 9
숫자 병합:	12	1	20	20	9
평문:	l	a	t	t	i

암호문:	175, 139	291, 231	283, 225	339, 271	273, 217
바바이 방법의 s와 t값:	45.3, 21.1	75.3, 35.1	73.3, 34.1	88.1, 40.7	70.7, 32.9
반올림한 값:	45, 21	75, 35	73, 34	88, 41	71, 33
격자점:	174, 138	290, 230	282, 224	340, 270	274, 218
숫자:	0, 3	0, 5	1, 4	1, 5	2, 3
숫자 병합:	3	5	14	15	23
평문:	c	e	n	o	w

이브도 정확한 격자점을 찾아내려고 시도할 수 있지만, 나쁜 격자 생성자만 알고 있으므로 바바이 방법을 사용하더라도 십중팔구 잘못된 격자점을 만들어낼 것이다.

암호문:	167, 133	59, 47	99, 81	101, 79	523, 415
이브에게 있는 *s*와 *t*값:	1.6, 1.5	.6, .5	7.2, −4.5	−3.2, 4.5	.6, 8.5
반올림한 값:	2, 2	1, 1	7, −5	−3, 5	1, 9
격자점:	216, 172	108, 86	60, 50	140, 110	572, 454
숫자:	2, 2	1, 1	7, −5	−3, 5	1, 9
숫자 병합:	22	11	??	??	19
평문?:	v	k	??	??	s

암호문:	175, 139	291, 231	283, 225	339, 271	273, 217
이브에게 있는 *s*와 *t*값:	.6, 2.5	.6, 4.5	1.6, 3.5	6.2, .5	1.4, 3.5
반올림한 값:	1, 3	1, 5	2, 4	6, 1	1, 4
격자점:	224, 178	340, 270	332, 264	358, 286	282, 224
숫자:	1, 3	1, 5	2, 4	6, 1	1, 4
숫자 병합:	13	15	24	61	14
평문?:	m	o	x	??	n

정확한 격자점을 찾아내려면 이브는 최근접 벡터 문제를 풀어야 한다. 격자 생성자가 충분히 나쁘고 차원이 충분히 높으면 이브에게 양자 컴퓨터가 있더라도 이 문제는 쉽게 풀리지 않을 것이다.

이 암호체계는 세 명의 이스라엘 컴퓨터과학자 오데드 골드라이히(Oded Goldreich), 샤프리라 골드바서(Shafrira Goldwasser), 샤이 할레비(Shai Halevi)가 1997년 발명한 것으로 **골드라이히-골드바서-할레비 암호체계**(Goldreich-Goldwasser-Halevi cryptosystem), 혹은 간단히 **GGH 암호체계**라 불린다. 전체 과정을 그림으로 나타내면 그림 9.14와 같다. 그러나 같은 해에 GGH 암호체계가 실제로는 안전하지 않다는 것이 밝혀졌다. 앨리스의 은닉값은 격자의 크기보다 작아야 한다. 그렇지 않으면 밥이 찾은 최근접 격자점은 앨리스가 처음에 사용한 격자점이 되지 않을 것이다. 그러나 이브가 그 정보를 사용해서 표준 최근접 벡터 문제보다 훨씬 쉽게 풀리도록 문제를 조작할 수 있다는 것이 밝혀졌다.

밥:

- 차원 n을 선택한다.
- 비밀키인 격자 생성자 $b_1, \cdots, b_n$을 선택한다.
- $b_1, \cdots, b_n$을 이용해 같은 격자를 생성하는 격자 생성자 집합 $B_1, \cdots, B_n$을 만든다.
- 공개키 $B_1, \cdots, B_n$을 공개한다.

앨리스:

- 밥의 암호화 키 $B_1, \cdots, B_n$을 찾아본다.
- 크기가 작은 비밀 점 r을 무작위로 선택한다.
- 평문 숫자 $P_1, \cdots, P_n$을 가지고 시작한다.

↓

- 암호문 점 $C = P_1B_1 + P_2B_2 + \cdots + P_nB_n + r$을 계산한다.

$C \rightarrow$

밥:

C

↓

- 바바이 방법과 $(b_1, \cdots, b_n)$을 이용해 C의 근사점을 구한다.

↓

- (C의 근사점) $= P_1B_1 + P_2B_2 + \cdots + P_nB_n$을 풀어서 $P_1, \cdots, P_n$을 얻는다.

그림 9.14 GGH 암호체계

격자 기반 암호 중에는 아직 해독 방법이 발견되지 않은 것들이 있는데, 대개 GGH와 비슷한 구성요소를 사용한다. 가장 전망이 밝은 격자 기반 암호체계는 **NTRU**라고 알려진 것이다. 1996년 브라운 대학의 과학자 제프리 호프슈타인(Jeffrey Hoffstein), 질 파이퍼(Jill Pipher), 조셉 실버만(Joseph Silverman)이 개발한 것이다(특허 정보는 http://www.google.com/patents/US6081597을 참조). NTRU는 원래 다른 수학적 원리를 기반으로 개발되었지만, 나중에 격자를 사용하는 체계와 동일하다는 것이 증명되었다. NTRU가 무엇을 의미하는지 확실히 밝혀지지 않았지만, 소문에 의하면 Number Theorists aRe Us(우리가 정수론 학자이다.)이거나 Number Theorists aRe Useful(정수론 학자들은 효용가치가 있다.)을 의미한다고 한다. NTRU가 무엇을 의미하느냐는 질문에 제프리 호프슈타인은 "당신이 원하는 것, 아무것이나 됩니다."라고 대답한 적 있다.

GGH와 NTRU는 둘 다 관련된 전자서명 시스템도 가지고 있다. 자세한 내용은 이 책 뒷부분의 노트를 참고하기 바란다.

9.3 양자 암호

양자물리학은 양자 컴퓨터를 낳았을 뿐만 아니라 양자전산을 이용한 암호 공격을 막을 수 있는 또 다른 잠재력을 지니고 있다. **양자 암호기술**(quantum cryptography)은 양자물리 법칙과 암호기술을 결합해서 암호체계를 만드는 방법을 연구한다. 양자 암호기술의 첫 번째 예는 원래 1960년대 후반 컬럼비아대학교의 물리 전공 대학원생이었던 스티븐 위즈너(Stephen Wiesner)가 제안한 것이다. 위즈너는 두 가지 아이디어를 제안했는데, 첫째는 두 가지 메시지를 동시에 보내 수신자가 둘 중 하나만 선택할 수 있도록 하는 것이다. 둘째는 복제할 수 없고, 그래서 위조할 수 없는 일련번호와 함께 메시지를 전달하는 것이다. 랄프 머클처럼 위즈너도 교수와 동료로부터 온갖 불신의 시선을 받으며 제대로 이해받지 못했고, 그의 논문은 여러 학술지에 투고했지만 계속해서 게재 불가 판정을 받았다. 위즈너의 논문은 1983년에야 비로소 학술지에 발표되었다.

위즈너 논문의 가치를 제대로 알아본 사람 중 한 명이 찰스 베넷(Charles Bennett)이다. 베넷은 브랜다이스대학교 학부 시절부터 위즈너와 알고 지냈고 컴퓨터과학을 전공하기 이전에는 화학, 물리학, 수학을 공부했었다. 베넷의 학문적 배경은 양자 암호를 이해하는 데 적격이었다. 자신의 이력을 개척해 나가던 중에 위즈너는 베넷에게 논문 원고를 보여주었다. 위즈너의 바람대로 베넷은 그 논문에 매료되었다. 베넷은 그 후 10여 년 동안 간헐적으로 위즈너의 아이디어에 관해 생각했지만 어떻게 구체화해야 할지 몰랐다. 그러다 뜻밖에도 1979년 학회 참석차 머물던 호텔 앞 해변에서 수영을 즐기다가 길레스 브라사드(Gilles Brassard)를 만났다. 브라사드가 암호기술에 대해 발표할 예정이라는 것을 알게 되자 베넷은 즉시 위즈너의 아이디어를 설명하기 시작했다. 브라사드는 마틴 가드너의 칼럼에서 베넷의 연구에 대해 읽은 적이 있지만 해변에서 수영하고 있는 남자가 그 연구자일 것이라고는 상상도 하지 못했다! 두 사람은 정식으로 인사를 나누었고, 양자 암호에 대한 공동연구를 시작했다. 그 결과 여러 가지 중에서 특히 BB84 **프로토콜**을 개발했다.

베넷과 브라사드의 이름, 그리고 처음 발표된 연도에서 이름을 딴 BB84 프로토콜은 일종의 키 합의 방식이며, 위즈너의 방식처럼 정보를 전달할 때 광자 편광(polarization of a photon)을 이용한다. 광자 편광은 광자가 진동하는 방향이라 생각하면 된다. 광자가 지면과 평행을 이루면서 관찰자를 향해 이동한다면 관찰자가 보기에 좌우, 상하, 또는 그 중간쯤 기울어진 사선 방향으로 진동할 것이다(그림 9.15 참고). 편광된 광자를 검출하려면 편광 필터가 필요하다. 편광 필터는 주어진 필터와 같은 방향으로 진동하는 광자만 통과하도록 만들어진 장치이다. 따라서 그림 9.16의 필터는 수직 방향으로 진동하는 광자는 통과시키고 수평 방향으로 진동하는 광자는 통과시키지 않는다.

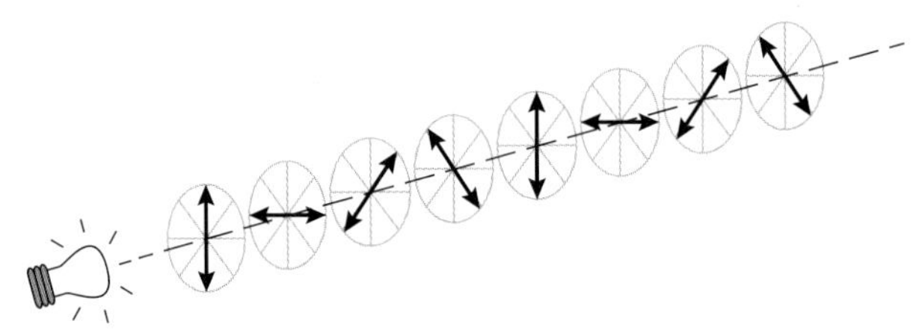

그림 9.15 편광된 광자

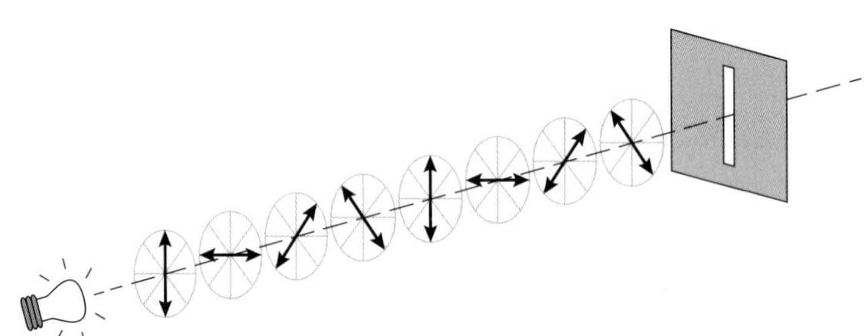

그림 9.16 필터에 접근하는 편광된 광자

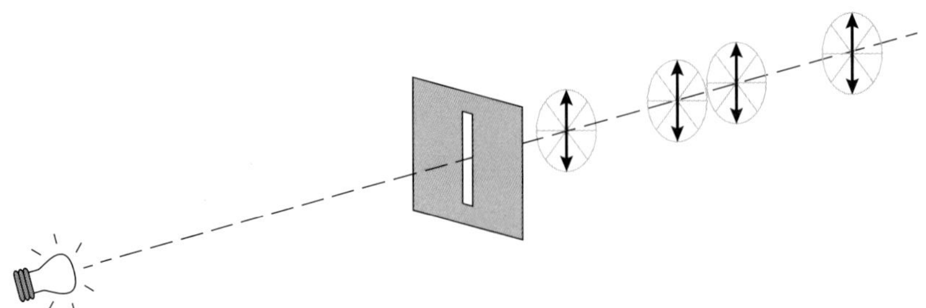

그림 9.17 필터를 통과한 편광된 광자

광자가 사선 방향으로, 즉 45° 각도로 진동할 때 흥미로운 일이 일어난다. 양자물리학에서 사선 방향의 진동은 수직 진동과 수평 진동 상태가 중첩된 것으로 볼 수 있다. 이 두 상태 중에서 광자가 무작위로 하나를 선택하게 하는 장치가 편광 필터라고 할 수 있다. 따라서 광자 다발이 사선 방향으로 진동한다면 절반은 필터를 통과하고 나머지 절반은 통과하지 못할 것이며, 그다지 놀라운 일도 아니다. 하지만 필터를 통과한 광자가 그대로 기울어 있는 상태, 즉 '반쪽짜리' 혹은 그 비슷한 상태일 것이라 기대한다면 오산이다. 수직으로 편광된 필터를 통과하기만 하면 그 광자는 수직으로 편광된 다른 광자와 똑같아 보인다. 원래부터 수직으로 편광된 것인지 사선 방향으로 편광된 것인지 구별하는 방법이 따로 없다. 필터를 통과하지 않은 광자도 마찬가지로 원래가 수평으로 편광된 것인지 사선으로 편광되었는데 운이 좋지 않아 통과하지 못한 것인지 구별할 수 없다. 그림 9.17의 광자는 그림 9.16과 동일한 광자이지만 필터를 통과하려고 시도한 이후의 모습이다.

한 가지만 더 언급하고 다음으로 넘어가도록 하겠다. 사선 방향의 편광 상태가 수직 편광과 수평 편광이 중첩된 상태이듯이 수직이나 수평으로 편광된 광자는 두 가지 사선 방향(왼쪽 위에서 오른쪽 아래 방향과 왼쪽 아래에서 오른쪽 위로 방향)이 중첩된 것으로 생각할 수 있다. 따라서 수직이나 수평으로 편광된 광자가 그림 9.18처럼 사선 방향으로 난 편광 필터를 통과하려고 한다면 절반은 통과하고 절반은 통과가 저지될 것이다. 그리고 통과된 광자는 사선 방향으로 편광된 다른 광자와 전혀 구별되지 않을 것이다.

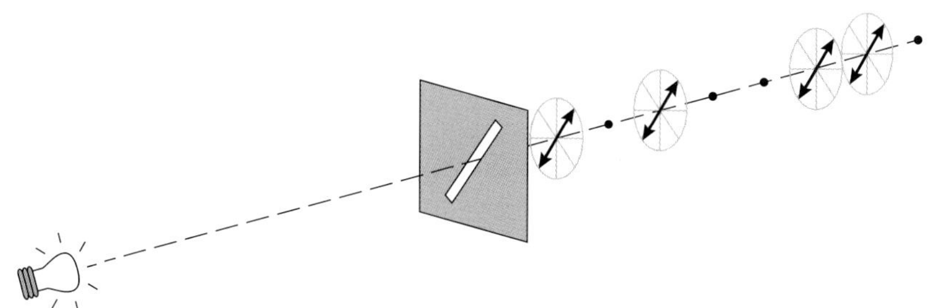

그림 9.18 사선 필터를 통과한 편광된 광자

이제 BB84 프로토콜을 위한 준비를 마쳤다. 앨리스와 밥에게 필요한 것은 앨리스가 밥에게 편광된 단일광자들을 보낼 때 사용할 통신 회선과 반드시 단일광자 방식일 필요 없는 보통의 양방향 통신 수단이다. 이브는 송신이나 수신 양쪽 회선 중 하나 또는 양쪽 모두를 도청할 수 있다. 암호화의 첫 단계는 앨리스가 무작위로 비트 집합 두 개를 생성하는 것이다. 첫 번째 집합은 앨리스가 사용할 광자 필터 방식이 수직 수평 방식일지(⊞로 표기), 사선 방식일지(⊠로 표기) 제어한다. 수직 수평 방식에서는 수직으로 편광된 광자(↕)는 비트 1을 나타내고, 수평으로 편광된 광자(↔)는 비트 0을 나타낸다. 사선 방식에서는 왼쪽 아래에서 오른쪽 위로 편광된 광자(⤢)는 1을 나타내고, 왼쪽 위에서 오른쪽 아래로 편광된 광자(⤡)는 0을 나타낸다. 두 번째 비트 집합은 선택된 방식으로 보내진 비트를 제어한다. 여기에서 다룰 예에서는 어떤 방식이 선택되느냐가 중요하기 때문에 앞으로 첫 번째 비트 집합은 별도로 나열하지 않겠다.

앨리스의 필터 방식	⊠	⊠	⊠	⊠	⊞	⊞	⊞	⊠	⊞	⊠
앨리스의 비트	0	1	0	0	0	0	0	1	0	0
앨리스의 광자	⤡	⤢	⤡	⤡	↔	↔	↔	⤢	↔	⤡

이제 밥도 무작위로 비트 집합을 하나 생성한다. 편광 필터로 광자를 검출할 때 어느 방식을 쓸지 이 비트 집합을 이용해 결정한다. 일부 광자에 대해 밥의 필터 방식이 앨리스 방식과 일치한다면 밥은 정확하게 광자를 검출할 수 있으며 그것을 정확한 비트값으로 전환할 수 있다. 그렇지 않다면 광자는 무작위로 한 가지 상태에 빠질 것이고 밥은 무작위로 선택된 비트값을 얻을 것이다. 이 값은 앨리스의 값과 일치할 수도 일치하지 않을 수도 있다.

앨리스의 필터 방식	⊠	⊠	⊠	⊠	⊞	⊞	⊞	⊠	⊞	⊠
앨리스의 비트	0	1	0	0	0	0	0	1	0	0
앨리스의 광자	⤡	⤢	⤡	⤡	↔	↔	↔	⤢	↔	⤡
밥의 필터 방식	⊠	⊠	⊞	⊞	⊞	⊞	⊞	⊞	⊠	⊠
밥의 광자	⤡	⤢	↕	↔	↔	↔	↔	↕	⤡	⤡
밥의 비트	0	1	1	0	0	0	0	1	0	0

이 단계에서는 앨리스와 밥 둘 다 어느 비트가 정확하게 전달되었는지 모른다.

이제 앨리스와 밥은 양방향 통신 회선을 개방한다. 앨리스는 각각의 비트에 대해 어떤 방식을 사용했는지 밥에게 알린다. 하지만 비트값이 무엇인지는 말하지 않는다. 밥은 자기가 같은 방식을 사용했는지 아닌지 앨리스에게 알린다. 두 사람이 같은 방식을 사용한 비트는 보관하고, 서로 다른 필터를 사용한 비트는 제거한다.

앨리스의 필터 방식	⊠	⊠	⊠	⊠	⊞	⊞	⊞	⊠	⊞	⊠
앨리스의 비트	[0]	[1]	~~0~~	~~0~~	[0]	[0]	[0]	~~1~~	~~0~~	[0]
앨리스의 광자	⤡	⤢	⤡	⤡	↔	↔	↔	⤢	↔	⤡
밥의 필터 방식	⊠	⊠	⊞	⊞	⊞	⊞	⊞	⊞	⊠	⊠
밥의 광자	⤡	⤢	↕	↔	↔	↔	↔	↕	⤡	⤡
밥의 비트	[0]	[1]	~~1~~	~~0~~	[0]	[0]	[0]	~~1~~	~~0~~	[0]

앞의 예에서 알 수 있듯이 앨리스와 밥은 가끔 우연히 일치하는 비트를 버려야 한다. 이렇게 우연히 일치하는 비트가 발생하는 것을 피할 방법은 없다. 그럼에도 불구하고 평균적으로 절반 정도가 일치할 수 있으므로 대략 절반의 비트가 남는다. 그러면 앨리스와 밥은 키 분배 방식처럼 살아남은 비트를 안전한 비양자(nonquantum) 대칭키 암호의 비밀키로 사용할 수 있다. 혹시라도 제거되는 비트가 너무 많아서 대칭키 암호의 키로 사용할 비트가 충분하지 않다면 앨리스와 밥은 다시 BB84 프로토콜로 돌아가서 같은 방식으로 비트를 더 모을 수 있다.

이브가 앨리스와 밥 사이의 통신 회선을 도청하고 있다면 어떻게 될까? 이브 역시 무작위로 필터 방식을 선택해서 밥이 했던 것과 같은 방식으로 광자를 검출하려고 시도할 수 있다.

앨리스의 필터 방식	⊠	⊠	⊠	⊠	⊞	⊞	⊞	⊠	⊞	⊠
앨리스의 비트	[0]	[1]	~~0~~	~~0~~	[0]	[0]	[0]	~~1~~	~~0~~	[0]
앨리스의 광자	⤡	⤢	⤡	⤡	↔	↔	↔	⤢	↔	⤡
밥의 필터 방식	⊠	⊠	⊞	⊞	⊞	⊞	⊞	⊞	⊠	⊠
밥의 광자	⤡	⤢	↕	↔	↔	↔	↔	↕	⤡	⤡
밥의 비트	[0]	[1]	~~1~~	~~0~~	[0]	[0]	[0]	~~1~~	~~0~~	[0]
이브의 필터 방식	⊞	⊞	⊞	⊠	⊠	⊞	⊞	⊠	⊞	⊠
이브의 광자	↔	↔	↕	⤡	⤢	↔	↔	⤢	↔	⤡
이브의 비트	0	0	1	0	1	0	0	1	0	0

이브는 앨리스와 밥의 대화를 엿들을 수 있고, 자신이 사용하는 필터 중에 앨리스나 밥이 사용하는 것과 같은 것이 있는지 알 수 있다. 불행히도 이브에게 도움이 되는 비트는 이브의 필터가 앨리스와 밥의 두 필터와 동시에 일치하는 비트뿐이다.

앨리스의 필터 방식	⊠	⊠	⊠	⊠	⊞	⊞	⊞	⊠	⊞	⊠
앨리스의 비트	[0]	[1]	~~0~~	~~0~~	[0]	[0]	[0]	~~1~~	~~0~~	[0]
앨리스의 광자	⤡	⤢	⤡	⤡	↔	↔	↔	⤢	↔	⤡
밥의 필터 방식	⊠	⊠	⊞	⊞	⊞	⊞	⊞	⊞	⊠	⊠
밥의 광자	⤡	⤢	↕	↔	↔	↔	↔	↕	⤡	⤡
밥의 비트	[0]	[1]	~~1~~	~~0~~	[0]	[0]	[0]	~~1~~	~~0~~	[0]
이브의 필터 방식	⊞	⊞	⊞	⊠	⊠	⊞	⊞	⊠	⊞	⊠
이브의 광자	↔	↔	↕	⤡	⤢	↔	↔	⤢	↔	⤡
이브의 비트	0	0	~~1~~	~~0~~	1	[0]	[0]	~~1~~	~~0~~	[0]

이브의 필터와 앨리스의 필터가 일치하는데 밥의 방식이 일치하지 않는다면 해당 비트는 제거한다. 밥의 필터와 앨리스의 필터는 일치하는데 이브의 필터가 다르다면 이브는 자신의 비트가 맞는지 틀리는지 알 수 없다. 결국에 이브는 앨리스와 밥이 사용하는 비트의 대략 절반 정도를 정확하게 가로챌 수 있다. 그리고 나머지 중에서도 우연히 절반 정도는 정확한 비트를 선택할 수 있겠지만 어떤 것이 맞는 것인지 알 수 없다. 그래서 이브는 더 이상 어떻게 할 수 없다. 이브가 용케 앨리스와 밥에게 유효한 키의 크기를 절반으로 줄여 놓았지만 앨리스와 밥이 그 사실을 미리 계산에 넣기만 한다면 전혀 문제 될 것이 없다.

사실 이브의 상황은 겉으로 보이는 것보다 더 좋지 않다. 만약 이브가 잘못된 검출기를 이용해 광자를 가로챈다면 광자를 다른 상태로 붕괴시킬 것이고, 결국 밥이 수신하는 정보에 영향을 미칠 것이다. 그래서 실제로 다음과 같은 상황이 벌어질 것이다.

앨리스의 필터 방식	⊠	⊠	⊠	⊠	⊞	⊞	⊞	⊠	⊞	⊠
앨리스의 비트	[0]	[1]	~~0~~	~~0~~	[0]	[0]	[0]	~~1~~	~~0~~	[0]
앨리스의 광자	⤡	⤢	⤡	⤡	↔	↔	↔	⤢	↔	⤡

이브의 필터 방식	⊞	⊞	⊞	⊠	⊠	⊞	⊞	⊠	⊞	⊠
이브의 광자	↔	↔	↕	⤡	⤢	↔	↔	⤢	↔	⤡
이브의 비트	0	0	~~1~~	~~0~~	1	[0]	[0]	~~1~~	~~0~~	[0]
밥의 필터 방식	⊠	⊠	⊞	⊞	⊞	⊞	⊞	⊞	⊠	⊠
밥의 광자	⤡	⤡	↕	↔	↕	↔	↔	↕	⤡	⤡
밥의 비트	[0]	[0]	~~1~~	~~0~~	[1]	[0]	[0]	~~1~~	~~0~~	[0]

이브가 잘못 추측해서 광자를 붕괴시킨다면 밥은 전체 횟수의 절반 정도를 왜곡된 광자로 수신하게 될 것이다. 앨리스와 밥은 이브가 도청하고 있으리라 판단된다면 서로 편광 필터가 일치해야 하는 비트를 무작위로 골라서 기존 통신망의 퍼블릭 채널(public channel)을 통해 공개한다. 만약 공개된 비트의 편광 필터가 서로 일치하면 밥과 앨리스는 공개한 비트는 버리고 나머지 비트를 키로 사용한다. 이것은 도청하는 사람이 없거나, 아니면 도청하던 이브가 운이 아주 좋다는 의미이다. 만약 퍼블릭 채널에 공개된 비트의 필터가 서로 다르다면 이브가 엿듣고 있다는 것을 의미하므로 앨리스와 밥은 새로이 통신할 수 있는 다른 방법을 찾아야 한다.

BB84 프로토콜이 발표되고 5년이 지나도 양자 암호 분야에 별다른 변화가 일어나지 않았다. 결국 베넷과 브라사드는 사람들에게 그들의 아이디어를 제대로 이해시키기 위해 실질적인 프로토콜 모형을 만들어야겠다고 결론 내렸다. 베넷과 브라사드는 그들이 첫 만남을 가진지 10주년이 되는 1989년 10월 말에 학생 세 명의 도움을 받아 키 합의 방식의 양자 암호를 최초로 구현했다. 양자 전송은 32.5센티미터 거리를 두고 일어났기 때문에 실용적 가치는 거의 없었지만 어쨌든 그들은 양자 암호의 실현 가능성을 증명했다.

베넷과 브라사드는 연구자들의 관심을 끌어들이는 데 성공했다. 사람들은 곧이어 실용적인 규모의 양자 암호를 설계하기 시작했다. 2014년 제네바대학과 코닝사(Corning Incorporated) 공동 연구팀은 307km 길이의 광섬유 케이블을 통해 양자 키 분배 프로토콜을 구현할 수 있었다. 307km는 오늘날 사용되는 거의 모든 광섬유 네트워크에 실제로 쓸 수 있을 만큼 충분한 길이다. 비밀키 비트는 초당 12,700비트 속도로 생성되었고, 심지어 일회성 패드 체계에 사용하기에도 충분한 속도이다. 다른 한편, 2006년 유럽과 아시아 여러 기관이 합동으로 조직한 연구팀은 144km 떨어진 카나리아 제도의 두 지점 사이에 대기 중으로 레이저를 전송해 BB84를 실행했다. 연구팀은 이것이 지상과 저궤도 위성 사이의 통신에 제법 비길 만하다고 주장한다. 물론 위성까지의 거리가 더 멀지만 공전방해(대기 중에 생기는 전자기파의 방해) 규모는 분명히 더 작을 것이다.

이러한 실험이 시행되기도 전에 사실 양자 암호가 상업적으로 사용될 가능성을 암시하는 사건이 일어났다. 성질상 유용하다기보다는 극적인 사건이라 할만하다. 2004년 4월 21일 오스트리아 빈의 시청에서 시내 다른 곳에 있는 오스트리아 크레디탄스탈트 은행 본점으로 최초로 양자 암호를 보안기술로 사용한 계좌이체가 시행되었다. 전송에 필요한 대략 1.5km 길이의 광케이블은 도시 하수도망을 통해 특별히 설치되었다. 이제 여러 기업이 양자 암호 장비를 판매하거나 개발하고 있고, 양자 암호로 무장된 다양한 멀티컴퓨터 네트워크가 미국, 오스트리아, 스위스, 일본, 중국 등의 연구자들에 의해 설치되었다. 한 예로 일본 네트워크는 통신거리가 1km부터 90km까지 다양한 중계소 여섯 개로 구성되어 있는데, 2010년 통신거리가 45km인 중계소 한 곳에서 1초에 304,000비트 속도로 비밀키를 생성해 일회성 패드 방식으로 생중계 동영상을 암호화했다. 그 무렵 대부분 기관들에서 보안에 대한 요구가 커졌지만 양자 암호에 필요한 값비싼 장비를 받아들이지는 못했다. 그럼에도 불구하고 2013년 미국 오하이오의 한 비영리 연구개발기관이 자칭 미국 최초의 상업용 양자 키 분배 암호 시스템을 설치했다. 그곳의 한 연구자는 이렇게 말했다. "모든 사람이 양자 키 분배 암호를 선택할지는 모르겠습니다. 하지만 아주 귀중한 데이터를 가진 기업이나 기관이라면 분명히 이 암호를 설치하리라 확신합니다."

물론 양자 암호를 채택한다고 암호해독의 종식을 의미하는 것은 아니다. 이 책에서 언급한 암호해독 공격 대부분이 순수 암호해독(pure cryptanalysis)의 범주에 속한다. 포괄적 의미의 순수 암호해독은 평문이나 암호문을 제외하면 필요한 정보가 거의 없거나 아예 없는 해독 기법을 가리킨다. 따라서 있을만한 단어 공격(probable-word attack)은 이브가 메시지 자체뿐만 아니라 메시지에 대한 배경지식도 알아야 하므로 순수 암호해독 기법이 아니다. 일반적으로 순수 암호해독 기법에서는 이브가 입력값과 출력값은 알지만, 앨리스와 밥이 사용하는 암호기법이나 암호기계의 운용에 대한 정보는 알 수 없다고 가정한다. 마지막으로 순수 암호해독 기법은 앨리스와 앨리스가 사용하는 기계가 정확하게 계획대로 암호화를 수행한다고 가정한다. 앨리스의 실수나 이브가 유도하는 실수를 포함해 암호화 과정 내부의 운용방식에 대한 지식을 이용하는 암호해독 공격은 **구현 공격**(implementation attack)이라 한다.

이브가 앨리스와 밥이 사용하는 장비의 어떤 내부 운용방식도 이용할 수 없고 모든 것이 정확하게 정해진 대로 진행된다면 BB84 프로토콜은 이브가 시도하는 어떤 공격에 대해서도 안전하다는 것이 일반적인 주장이다. 항상 정해진 대로 되지 않는 예가 바로 한 번에 정확하게 하나의 광자를 생성하는 전송장치를 만드는 일이다. 많은 양자 암호체계들이 아주 약한 레이저를 사용한다. 약한 레이저는 발사를 해도 대체로 광자를 생성하지 않으며, 가끔 하나를 생성하거나 아주 가끔 두 개 이상 생성한다. 펄스 한 번에 광자가 하나도 생성되지 않으면 밥은 광자를 전혀 받지 못할 것이고, 마치 밥이 틀린 검출 방식을 선택한 것처럼 밥과 앨리스는 해당 비트를 제거하기로 합의할 것이다. 반면에 펄스 한 번에 광자가 하나 이상 생성된다면 그 광자들은 모두 같은 방식으로 편광될 것이다. 밥이 그중에서 몇 개를 검출하는지, 어떤 것을 검출하는지는 중요하지 않다.

하지만 이렇게 양자의 개수가 가변적인 성질을 이용해 이브는 **광자분리 공격**(photon number-splitting attack)을 시도할 수 있다. 이는 광자를 교란하지 않으면 편광을 알 수는 없지만, 편광을 바꾸지 않고도 펄스 한 번에 생성되는 광자의 수는 알 수 있다는 사실에 바탕을 둔 공격이다. 따라서 앨리스의 레이저로 광자가 하나 이상 생성되면 이브는 그 중 하나를 아주 조심스럽게 분리해 내고 나머지를 밥에게 보낼 수 있다. 현실 세계에서는 전송 중에 일부 광자가 소실되는 일이 흔하므로, 앨리스나 밥은 이브가 무슨 일을 벌이고 있는지 당연히 알아차리지 못할 것이다. 그러고 나서 이브는 중도에 가로챈 광자를 일종의 양자 저장 장치에 보관해 두고, 앨리스와 밥이 서로 광자 검출 방식을 교환하는 것을 도청할 기회가 생길 때까지 기다린다. 도청에 성공하면 이브는 정확한 광자에 대해 정확한 검출 방식을 사용할 수 있다.

한 번에 여러 광자를 생성하는 다중 광자 펄스(multi-photon pulse)만 사용한다면 이브는 키로 쓸 비트를 많이 얻지 못할 것이다. 하지만 밥과 앨리스의 상황은 더 나빠진다. 왜냐하면 이브는 광자 하나를 생성하는 단일 광자 펄스(single-photon pulse)의 일부 또는 전부를 역시 차단할 수 있고, 그러면 앨리스와 밥은 이번에도 우연히 발생하는 광자 소실이 아니라 계획된 것임을 알아차리지 못할 것이다. 적절한 수의 단일 광자 펄스를 차단하고 적절한 수의 다중 광자 펄스를 가로챌 수 있다면 이브는 앨리스와 밥에게 들키지 않고 그들의 최종 키 전부 또는 상당 부분을 얻을 수 있다.

앨리스와 밥이 광자분리 공격을 막을 방법은 여러 가지가 있다. 그중에는 더 좋은 광자 생성장치를 개발하거나 BB84 프로토콜을 개량하는 것이 포함된다. 효과가 좋으리라 기대되는 또 다른 방법은 앨리스가 의도적으로 보통 때보다 광자를 더 많이 혹은 더 적게 생성되게 만든 **교란용 펄스**(decoy pulse)를 사용하는 것이다. 앨리스는 자신이 검출한 광자를 전송하는 동안 평상시 키를 계산할 때 사용하는 규칙적인 펄스에 무작위로 교란용 펄스를 섞는다. 밥과 쌍방향 비양자 통신을 하는 동안 앨리스는 편광 방식을 드러내 보일 뿐만 아니라 어느 것이 교란용 펄스인지도 밝힌다. 이브가 광자분리 공격을 사용하고 있다면 교란용 펄스와 규칙적인 펄스가 전송 중에 소실되는 비율이 서로 다를 것이다. 그 차이가 충분히 크면 앨리스와 밥은 이브가 도청하고 있다고 판단하고 적절한 조치를 취할 수 있다.

광자분리 공격은 본질적으로 **수동적 공격**(passive attack)이다. 이브가 앨리스와 밥의 통신에 최소한으로 간섭하면서 공격을 수행하기 때문이다. 양자 암호에 대한 다른 공격들도 앨리스와 밥이 사용하는 장치의 특성을 이용하지만 광자분리 공격보다 적극적으로 통신 회선이나 장비에 간섭한다. 이런 **적극적 공격**(active attack) 중 많은 수가 상업용으로 판매된 양자 암호 공격에 성공적이었음이 입증되었다. 예를 들어 **밝은 조명 공격**(bright illumination attack)에서 이브는 특별히 맞춘 밝은 레이저 광선 펄스로서 밥의 검출기를 공격한다. 어떤 검출기는 작동하지 않을 수 있으며, 심지어 앨리스의 광자를 이런 방식으로 수신하고 있다고 착각할 수도 있다.

9.4 장을 마치며

에드거 앨런 포가 한 유명한 말이 있다. "단언컨대 인간의 창의력이 풀 수 없는 암호를 인간의 창의력으로 만들 수 없다." 이론적으로 그의 말이 틀렸음이 이미 입증되었다. 일회성 패드 기법이나 BB84 프로토콜과 같은 암호기법들은 적절한 조건 아래에서 제대로 구현된다면 이브의 어떤 공격에도 안전하다고 입증할 수 있다. 그러나 실생활에서는 에드거 앨런 포의 말이 전적으로 옳다. '해독 불가능한' 암호체계가 실제 사용 단계에 이르면 어김없이 예상치 못했던 불운이 찾아와 이브에게 그것을 해독할 기회를 주곤 했다. 암호작성자와 암호해독가의 경쟁은 지금도 계속되고 있다. 사람들이 계속해서 비밀리에 메시지를 보내려고 한다면 이 경쟁은 끝나지 않을 것이다. 그리고 권력, 돈, 인간관계 등에 대한 관심이 사라지지 않는 한, 인간의 암호 사용은 멈추지 않을 것이다.

■ ■ ■ ■ 사용한 기호 ■ ■ ■ ■

A	앨리스의 공개키.
B	밥의 공개키.
C	암호문을 나타내는 숫자.
$C_1, C_2, \ldots$	다중문자 치환 암호에서 암호문 문자를 나타내는 숫자.
G	타원 곡선 위의 많은 점을 생성하는 점.
M	전자서명을 해야 할 메시지를 나타내는 숫자.
P	평문을 나타내는 숫자.
P, Q, R	타원 곡선 위의 점.
$P_1, P_2, \ldots$	다중문자 치환에서 평문 문자를 나타내는 숫자.
R	엘가말 암호화 방식의 힌트.
S	전자서명을 나타내는 숫자.
$\phi(n)$	n에 대한 오일러 파이 함숫값.
σ	전자서명을 위한 개인 서명키.
a	앨리스의 비밀키.
b	밥의 비밀키.
d	복호화 지수.
e	암호화 지수.
f	소수를 모듈로로 하는 타원 곡선 위의 점의 개수.
g	소수 모듈로에 대한 생성자.
k	대칭키 암호의 키.
$k_1, k_2, \ldots$	다중문자 치환 암호의 키를 구성하는 숫자.
m	다른 대칭키 암호의 키.
n	합성수 모듈로.
p	소수.
q	p와 다른 소수.
r	엘가말 암호 임시값.
v	전자서명 공개 인증키.

■ ■ ■ ■ 노트 ■ ■ ■ ■

(Page X) **"스티븐 호킹은 ...들었다고 한다."**: Stephen W. Hawking, *A Brief History of Time: From the Big Bang to Black Holes* (Toronto; New York: Bantam, 1988), p. vi.

(Page X) **"암호학은 수학과 무질서의 ..."**: J.W.S. "Ian" Cassels (1922 – 2015), 케임브리지대학교의 전임 수학 학부장, 다음 문헌에서 인용, Bruce Schneier, *Applied Cryptography*, 2d ed. (New York: Wiley, 1996), p. 381.

1 암호의 개요와 치환 암호

(Page 1) **"코드는 코드워드(codeword)나 코드넘버(code number)로 ..."**: David Kahn, *The Codebreakers*, rev. ed. (New York: Scribner, 1996), p. xvi.

(Page 2) **처음으로 고안한 사람은 아니었을지 모르지만**: Edgar C. Reinke, "Classical cryptography," *The Classical Journal* 58:3 (1962).

(Page 2) **"시저가 키케로와 ..."**: Suetonius, *De Vita Caesarum, Divus Iulius (The Lives of the Caesars, The Deified Julius*; c. 110 CE), paragraph LVI.

(Page 2) **x는 A가 되고**: 사실 시저의 로마자 알파벳에는 w나 z가 없었지만, 원리는 같다.

(Page 2) **"And you too, Brutus"**: 라틴어로 "Et tu, Brute" William Shakespeare, *Julius Caesar* (1599), act 3, scene 1, line 77.

(Page 4) **칼 프리드리히 가우스는 이와 같은 계산 방식을 수학적 형식으로 나타냈는데**: In Carl Friedrich Gauss, *Disquisitiones arithmeticae* (New Haven and London: Yale University Press, 1966), Section I.

(Page 4) **알파벳 문자를 숫자로 바꿔 생각한다면**: 우리가 아는 한, 가우스 이후 수십 년이 지나서야 모듈러 연산을 암호기술에 적용하게 되었다. 2장에 몇 번 언급되는 찰스 배비지가 1830년대에 이러한 아이디어를 적용하기 시작했다는 증거가 있다. (Ole Immanuel Franksen, "Babbage and cryptography. Or, the mystery of Admiral Beaufort's cipher," *Mathematics and Computers in Simulation* 35:4 (1993), p. 338 – 39) 모듈러 연산과 암호기술에 대한 내용을 1888년에 처음 출판한 사람은 가에탕 앙리 레옹 드 비아리 후작(Gaëtan Henri Léon de Viaris)인 것으로 보인다. 그는 또한 최초로 암호 인쇄 기계를 발명한 것으로 유명하다. (Kahn, *The Codebreakers*, p. 240.)

(Page 5) **시저의 관점에서 보면**: 시저가 때로는 3이 아닌 이동 암호를 사용하거나 더 복잡한 암호를 사용했을지 모른다는 증거도 있다. (Reinke, "Classical cryptography.")

(Page 5) **"암호체계는 ..."**: Auguste Kerckhoffs, "La cryptographie militaire, I," *Journal des sciences militaires* IX (1883).

(Page 6) **주로 군사용이나 국가안보용으로 사용되었다**: 케르크호프스의 다음과 같은 에세이로부터 추측할 수 있다. *La Cryptographie Militaire*!

(Page 6) **암호체계를 기밀로 취급하지 않을 때의 이점**: 최근에 널리 알려진 또 하나의 이점이 있다. 시스템(체계)을 사용해 본 사람이 많을수록 결함이 발견될 가능성이 커진다. 이러한 기본 아이디어가 바로 오픈소스 소프트웨어 운동의 중요한 부분이다.

(Page 6) **아우구스투스의 암호체계**: Suetonius, *The Divine Augustus*, paragraph LXXXVIII.

(Page 6) **이동 암호 또는 덧셈 암호**: 여러 가지 암호가 둘 이상의 이름이 있다. 특히, 모듈러 연산을 사용해서 표현할 수도 있고, 사용하지 않고도 표현할 수 있다면 더욱 그렇다. 이 책에서는 일반적으로 모듈러 연산과 관련된 용어를 사용한다.

(Page 8) **곱셈 암호**: 곱셈 암호는 사실 데시메이션 기법의 또다른 이름이다.

(Page 12) **왼쪽으로 k 자리 이동**: 즉, 오른쪽으로 $26-k$ 자리 이동하면 된다. $26-k$는 $-k$ mod 26과 합동이기 때문이다.

(Page 14) $\bar{3}$: 이 숫자를 나타내는 표준 표기법은 하나가 아니다. 보통 $\bar{3}$나 3^{-1}을 사용한다. 가우스는 단지 "$\frac{1}{3}$ (mod 26)"이라고 불렀다. (Gauss, *Disquisitiones arithmeticae*, Article 31.)

(Page 20) **아트바시 암호**: 히브리어 알파벳에서 첫 번째 문자는 aleph이며 마지막 문자인 tav로 암호화된다. 또한, 두 번째 문자인 bet는 마지막에서 두 번째 문자인 shin으로 암호화된다. 히브리어로 이 네 문자가 atbash의 철자를 구성한다.

(Page 20) **예레미야서의 아트바시 암호**: Kahn, *The Codebreakers*, pp. 77–78. 아트바시 암호는 다음 책에서도 약간의 역할을 한다. *The Da Vinci Code*. (Dan Brown, The Da Vinci Code, 1st ed. (Doubleday, 2003), Chapters 72–77.)

(Page 22) **알 킨디**: Ibrahim A. Al-Kadi, "Origins of cryptology: The Arab contributions," *Cryptologia* 16 (1992).

(Page 23) **힐 암호**: Lester S Hill, "Cryptography in an algebraic alphabet," *The American Mathematical Monthly* 36:6 (1929).

(Page 28) **아핀 힐 암호**: 덧셈 단계는 각 문자에 대해 독립적으로 다르게 적용되기 때문에, 이는 2장에서 살펴볼 다표식 암호의 예로 여길 수 있다.

(Page 28) **다이어그래프 중에서 가장 빈번하게 등장하는 것**: Parker Hitt, *Manual for the Solution of Military Ciphers* (Fort Leavenworth, KS: Press of the Army Service Schools, 1916), Table IV.

(Page 28) 출현 빈도가 가장 높은 트라이그래프: Hitt, *Manual*, Table V.

(Page 28) **힐의 기계장치**: Louis, Weisner and Lester Hill, "Message protector," United States Patent: 1845947, 1932. http://www.google.com/patents?vid=1845947

(Page 29) **기계장치를 이용한 다표식 치환 암호**: 2차 세계대전 당시 독일군이 사용한 에니그마 장치가 이러한 예이다. 이는 2.8절에서 자세히 살펴본다.

(Page 29) **디지털 컴퓨터의 출현으로 암호학에서 중요한 의미를 띠게 되었다**: 4.5절에서 이러한 예를 살펴볼 수 있다.

(Page 30) **힐 암호는 ...해독하기도 쉽다**: 아핀 힐 암호에는 키 숫자가 6개이므로, 이브는 6개의 방정식, 즉 평문 블록 3개가 필요하다. 일반적으로 이브가 아핀 힐 암호를 해독하려면 블록 크기보다 1개 더 많은 평문 블록이 필요하다.

2 다표식 치환 암호

(Page 33) **아랍의 동음이의 암호**: Al-Kadi, "Origins of cryptology."

(Page 33) **만토바 동음이의 암호**: Kahn, *The Codebreakers*, 107.

(Page 34) **자음의 동음이의어**: Kahn, *The Codebreakers*, 108.

(Page 37) **영어 텍스트의 기대 빈도**: Henry, Beker and Fred Piper, *Cipher Systems* (New York: Wiley, 1982), Table S1.

(Page 38) **윌리엄 프리드먼**: Ronald William Clark, *The Man Who Broke Purple: The Life of Colonel William F. Friedman, Who Deciphered the Japanese Code in World War II* (Boston: Little Brown, 1977).

(Page 38) **윌리엄 프리드먼과 동시발생지수**: 프리드먼이 동시발생지수에 관한 아이디어를 내놓은 것은 확실하지만, 여기서 다룬 버전은 그의 조수인 솔로몬 쿨백(Solomon Kullback)이 공식화한 것임을 밝힌다.

(Page 39) **알파벳 26개의 문자**: 암호문 문자의 개수가 다르다면 수치는 변경되겠지만 기본 아이디어는 같다.

(Page 35) **같은 A를 뽑는 것이 아니라고 가정한다**: 물론, 정확히 같은 문자를 두 번 뽑는 것은 공정하지 않다. 하지만 앞선 예에서는 텍스트가 방대하게 많아서 정확히 같은 문자를 두 번 뽑을 확률이 매우 작으므로 이 부분은 고려하지 않았다.

(Page 40) **파이 테스트**: William Friedman, *Military Cryptanalysis, Part III, Simpler Varieties of Aperiodic Substitution Systems* (Laguna Hills, CA: Aegean Park Press, 1992), p. 94. 프리드먼과 쿨백은 실제 동시발생 횟수를 가리키는 데 그리스 문자 파이를 사용했다. 이때, 실제 동시발생 횟수는 동시발생지수의 분자이다.

(Page 40) **단순 치환 암호**: 여기서 사용한 암호의 평문은 다음 도서로부터 가져왔다. Mark Twain, *The Adventures of Tom Sawyer* (1876), Chapter 2.

(Page 40) **동음이의 암호**: 해독에 도전할 암호의 평문은 다음 도서로부터 가져왔다. Twain, *Adventures of Tom Sawyer*, Chapter 5.

(Page 41) **유럽의 문자 빈도 분석법**: 이 기법은 아마 더 일찍 알려졌을지 모르지만, 그 이전에 출간되지는 않았다. Kahn, *The Codebreakers*, p. 127.

(Page 42) **52칸**: 알베르티가 사용한 라틴어 알파벳에는 24개의 문자가 있으며, 그가 코드넘버로 사용한 숫자들에 대한 칸도 몇 개 있었다. 여기서는 장치의 다표식 방식에 초점을 맞추고자 이런 부분은 고려하지 않았다.

(Page 42) **"고정된 문자처럼 규칙적인 순서가 아니라 ..."**: Kahn, *The Codebreakers*, p. 128.

(Page 42) **암호문 알파벳**: 이는 앞서 살펴본 곱셈 암호이다.

(Page 44) **알베르티 암호의 약점**: Kahn, *The Codebreakers*, p. 136.

(Page 44) **곱셈 암호를 적용하기 전에 덧셈을 먼저 실행한다**: 이것이 정말로 $kP+m$ 암호임을 보이는 것은 독자 몫으로 남겼다. 이때, 곱셈을 먼저 적용하고 덧셈을 한 암호와는 다르게 된다. 이런 유형은 3.3절에서 더 살펴본다.

(Page 44) **건축에 관한 최초의 인쇄물**: *De Re Aedificatoria*, published in 1485.

(Page 45) **트리테미우스가 쓴 이상한 글**: 예를 들자면 다음 문헌에서 찾을 수 있다. Thomas Ernst, "The numerical-astrological ciphers in the third book of Trithemius's Steganographia," *Cryptologia* 22:4 (1998); Jim Reeds, "Solved: The ciphers in book III of Trithemius's Steganographia," *Cryptologia* 22:4 (1998).

(Page 45) **맨 아래 줄에 이르면 처음부터 다시 시작한다**: 사실 트리테미우스는 마지막 줄을 빠뜨렸지만 여기서는 나중에 필요하다.

(Page 46) **트리테미우스의 다양한 암호표**: C. J. Mendelsohn, "Blaise de Vigenère and the 'Chiffre Carré,' " *Proceedings of the American Philosophical Society* 82:2 (1940), p. 118.

(Page 46) **벨라조의 삶**: Augusto Buonafalce, "Bellaso's reciprocal ciphers," *Cryptologia* 30:1 (2006).

(Page 46) **벨라조의 키 문자**: 대부분의 현대 암호작성자들은 평문 알파벳에 키 a로 암호표를 시작하고 마지막 줄은 빠뜨린다. 내가 여기서 왜 이런 방식을 사용했는지는 곧 밝혀질 것이다. 어쨌든, 벨라조는 키 문자들을 어떻게 배열하든 상관없다는 것을 잘 알고 있었다.

(Page 47) **"tre teste di leone"**: 벨라조 가문의 문장을 묘사한 다음 문장에서 따왔다. "Azzurro a tre teste di leone d'oro poste di profilo e linguate di rosso" (파란 바탕에 붉은 혀가 달린 세 개의 황금 사자 머리). Augusto Buonafalce, "Bellasco's reciprocal ciphers."

(Page 48) **평문 숫자와 키 숫자를 더한 값**: 달리 말하자면 $C \equiv P+k \bmod 26$이다. 알파벳 역순으로 문자를 배열한 암호표라면 $C \equiv k-P \bmod 26 \equiv 25P+k \bmod 26$이다.

(Page 48) **"다른 사람이 내 옷을 입은 채 ..."**: Buonafalce, "Bellasco's reciprocal ciphers."

(Page 48) **트리테미우스 암호표와 반복키 암호 방식을 결합한 암호**: 이렇게 결합하는 방식을 처음 생각한 사람이 누구인지는 확실하지 않다. 아마도 벨라조는 이를 생각했겠지만 더 복잡한 그의 체계를 선호해서 이 방식을 언급하지 않았던 것 같다.

(Page 50) **암호문은 사실상 규칙이 없이 완전히 무작위적이며**: 이 내용은 5.2절에서 깊게 살펴본다.

(Page 50) **배비지**: Franksen, "Babbage and cryptography."

(Page 50) **카지스키**: Kahn, *The Codebreakers*, p. 207.

(Page 51) **약수**: 약수(factor)는 제수(diviso)와 같은 의미지만, 카자스키 테스트를 논할 때는 일반적으로 약수라는 용어를 사용한다.

(Page 53) **카파 테스트**: 실제로 프리드먼은 5.1절에서 살펴볼 약간 다른 암호를 풀기 위해 카파 테스트를 개발했다.

(Page 53) **"Here is Edward Bear ..."**: A. A. Milne, *Winnie-the-Pooh*, reissue ed. (New York: Puffin, 1992), Chapter 1.

(Page 53) **"The Piglet lived ..."**: Milne, *Winnie-the-Pooh*, Chapter 3.

(Page 55) **순전히 우연한 결과**: 서로 다른 키를 지닌 두 개의 암호문이 완전히 우연하게도 일치하는 것은 사실이 아니지만, 이 테스트에서는 충분히 근사할 수 있다.

(Page 56) **동시발생지수**: 여기서는 평문 선택에서 운이 매우 좋았음을 짚고 넘어가자. 50개 중의 3.8%인 약 2개와 6.6%인 약 3개는 실제로 일반적인 오차 범위 내에서 구분하기에는 충분하지 않다. 적어도 100문자는 사용해야 하며 그 2~3배라면 더 좋을 것이다.

(Page 56) **평문을 오른쪽으로 4자리를 밀어서**: 여기서는 또한 텍스트가 끝나면 순환시켰다. 이것이 여기서 다루는 논의에 영향을 미치지는 않으며 작업할 텍스트를 좀 더 길게 만들 수 있다.

(Page 57) **일반적으로 다른 의미**: 밀어내는 것(slide)은 다양한 유형의 치환 암호에서 사용되는 특정 장치를 말하고, 이동(shift)은 일반적으로 덧셈 암호에서 사용한다.

(Page 60) **빈도를 모두 더하는 방법**: William Friedman, *Military Cryptanalysis. Part II, Simpler Varieties of Polyalphabetic Substitution Systems* (Laguna Hills, CA: Aegean Park Press, 1984), pp. 21, 40. 5.1절에서 살펴보겠지만, 사실 이는 카이 테스트의 특별한 경우다.

(Page 60) **무차별 대입**: 암호가 덧셈 암호라면, 이브는 상대적으로 제한된 수의 선택을 할 수 있어서 무차별 대입 공격이 특별히 어렵지는 않다.

(Page 62) **다표식 치환 암호**: 여기서 사용한 암호의 평문은 다음 도서로부터 가져왔다. Lewis Carroll, *Alice's Adventures in Wonderland* (1865), Chapter 1.

(Page 65) **배비지**: Franksen, "Babbage and cryptography," p. 337. 반복키 암호의 곱암호를 해독하는 최신 기술 중 하나로, 키 하나의 길이를 사용해서 중첩하고 행들의 '차이점'을 확인하는 것이 있다. 이 기술은 5.1절에서 다루는 기법과 관련있다. 자세한 내용은 다음을 참고하자. Alan G. Konheim, *Cryptography, A Primer* (New York: Wiley, 1981), Sections 4.11–15.

(Page 65) **하겔린**: Kahn, *The Codebreakers*, pp. 425–26

(Page 66) **M-209**: "이 기계는 1950년대 초까지 미군에서 전략적 용도로 폭넓게 사용했다." Robert Morris, "The Hagelin cipher machine (M-209): Reconstruction of the internal settings," *Cryptologia* 2:3 (1978). 다음 문헌에는 1951년 10월, 한국에서 M-209를 사용하는 미군 병사의 사진이 실려 있다. Kahn, *The Codebreakers*, photo facing p. 846 (described on p. 1151).

(Page 67) **러그의 비활성 위치**: 실제로 C-362의 사진(Jerry Proc, "Hagelin C-362", http://www.jproc.ca/crypto/c362.html.)을 보면 비활성 위치가 있는지, 몇 개인지 명확하지는 않다. C-36에는 러그의 개수와 위치가 다른 몇 가지 다른 버전이 있었던 것으로 보인다. 하지만 M-209에는 확실히 2개의 비활성 위치가 있다.

(Page 68) **C-36 반복키 치환**: 기술적으로 첫 번째 치환은 알파벳 역순 정사각형 암호표로 수행하고, 나머지는 기본 정사각형 암호표로 수행한다. 더 중요한 것은 곱암호가 여전히 반복키 암호라는 점이며, 실제로 이는 대칭형 알파벳 역순 정사각형 암호이다.

(Page 68) **러그와 핀 설정**: 이는 다음 문서에 따른 고정형 러그를 지닌 C-36 버전의 실제 러그 설정이다. Frédéric André, "Hagelin C-36," http://fredandre .fr/c36.php?lang=en.

(Page 70) **"Bork, bork, bork!"**: ABC, "The Muppet Show: Sex and Violence," Television, 1975.

(Page 70) **C-36의 키 설정**: 엄밀히 말해서 휠 시작 위치는 동일하게 유지할 수 있고, 핀을 변경하여 이를 보정할 수 있다. 하지만 시작 위치를 변경하는 것이 훨씬 쉬우므로, 시작 위치를 변경하는 것이 추가로 키를 변경하는 일반적인 방법이다.

(Page 71) **활성 핀의 통계적 구별**: 한 가지 방법은 5.1절에서 살펴볼 카이 테스트를 이용하는 것이다.

(Page 71) **하겔린 기계 암호에 대한 암호문 단독 공격**: Wayne G. Barker, *Cryptanalysis of the Hagelin Cryptograph* (Laguna Hills, CA: Aegean Park Press, 1981), especially Chapter 5; 다음 문헌에는 러그 설정을 결정하는 약간 다른 방식이 담겨 있다. Beker and Piper, *Cipher Systems*, Section 2.3.7

(Page 71) **하겔린 기계 암호에 대한 알려진 평문 공격**: Barker, *Cryptanalysis of the Hagelin Cryptograph*, especially Chapter 6; Beker and Piper, *Cipher Systems*, Section 2.3.5 - 2.3.6; 첫 문헌에서는 다양한 유형의 정보를 이용하는 몇 가지 다른 공격도 소개한다.

(Page 72) **최근 연구**: Karl de Leeuw, "The Dutch invention of the rotor machine, 1915 - 1923," *Cryptologia* 27:1 (2003).

(Page 72) **다른 사람들**: Friedrich L. Bauer, "An error in the history of rotor encryption devices," *Cryptologia* 23:3 (1999). 이 문헌을 보면 이들에 대해 시간 순으로 기록되어 있다. 하지만 이는 헨겔과 스펜글러의 작업이 밝혀지기 전에 쓰인 것이다.

(Page 72) **코흐가 초안을 봤다는 증거**: de Leeuw, "Dutch invention." 셰르비우스가 자신의 특허를 신청하기 전에 네덜란드 특허출원서를 미리 보았는지는 확실하지 않다.

(Page 72) **독자적으로 발명**: 특히, 담(Damm)의 회전자 기계는 다른 것들과 작동 방식이 다르다. Friedrich Bauer, *Decrypted Secrets*, 3rd, rev., updated ed. (Berlin [u.a.]: Springer, 2002), Section 7.3.

(Page 72) **회전자 기계에서 곱셈 암호**: 회전자 기계에서 곱셈 암호를 사용하는 특별한 이유는 없다. 사실 처음에는 곱셈 암호를 사용할 수 없는 이유가 몇 가지 있기는 했다. 하지만 공식을 작성하기 쉽고 일반적인 원리가 실제로 크게 다르지 않다.

(Page 74) **암호화 공식**: 공식을 더 단순화하면 이것이 실제로 아핀 암호임을 알게 될 것이다. 하지만 여기서는 이 점이 중요하진 않다.

(Page 75) **26개 문자마다**: 유명한 독일 에니그마 회전식 기계 대부분 버전에서 움직임은 이보다 훨씬 복잡하다. 에니그마 기계와의 차이점에 대해서는 다음 문헌을 참고하라. David H. Hamer, Geoff Sullivan, and Frode Weierud, "Enigma variations: An extended family of machines," *Cryptologia* 22:3 (1998).

(Page 77) **암호 공식은 ...중첩된다**: 좀 더 복잡한 회전자 배선을 사용한다면 공식은 더 복잡해진다. 곱셈을 통해 공식을 단순화하할 수 있을 것 같지만 실제 시스템에서는 그렇게 할 수 없다.

(Page 78) **에니그마의 키 설정**: 이렇게 복잡한 설정에는 3개(간혹 4개)의 회전자로부터 회전과 반사판의 재설정, 최초 이후에 회전자가 얼마나 자주 회전하는지 등이 포함된다.

(Page 78) **에니그마**: 에니그마와 그 역사에 대해 훌륭하게 설명된 문헌이 많다. 여기서는 다음 문헌을 참고했다. Józef Garliński, *The Enigma War: The Inside Story of the German Enigma Codes and How the Allies Broke Them*, hardcover, 1st American ed. (New York: Scribners, 1980), Chapters 1–2 and Appendix; Bauer, *Decripted Secrets*, Section 7.3; Konheim, *Cryptography*, Sections 5.6–5.7.

(Page 79) **회전자의 내부 회로**: Kahn, *The Codebreakers*, pp. 973–74; Garliński, *Enigma War*, Appendix; Bauer, *Decripted Secrets*, Section 19.6. 다른 여러 기법들이 다소 특별한 환경에서 고안되었다.

(Page 79) **가능성 있는 단어**: 이 기법은 5.1절에서 좀 더 살펴본다.

(Page 79) **키 설정을 알아내는 방법**: Kahn, *The Codebreakers*, pp. 975–76; Garliński, *Enigma War*, Appendix; and Bauer, Decripted Secrets, Section 19.6. 우선순위 단어 공격의 예는 다음 문헌을 참고하라. Bauer, Section 19.7. 폴란드와 영국에서 무차별 대입 공격을 감행하기 위한 선구적인 방법을 개발했다.

(Page 79) **회전자 암호에 대한 현대적 공격**: Konheim, *Cryptography*, Sections 5.4–5.5 and 5.8–5.9.

(Page 79) **반 헨겔과 스펜글러**: de Leeuw, "Dutch invention.".

(Page 80) **헤번**: Kahn, *The Codebreakers*, pp. 417–20.

(Page 80) **셰르비우스**: Kahn, *The Codebreakers*, pp. 421–22; David Kahn, *Seizing the Enigma*, 1st ed. (Boston: Houghton Mifflin, 1991), pp. 31–42.

(Page 80) **경제적 성공을 누리지 못했다**: 또 다른 유명한 회전자 기계인 British Typex는 2차 세계대전 동안 에니그마에 기반을 둔 것이다. (Louis, Kruh and C. A. Deavours, "The Typex Cryptograph," Cryptologia 7:2 (1983).) 비슷하게 소련도 1956년 Fialka 회전자 기계를 도입했다. (Paul Reuvers and Marc Simons, "Fialka," http://www.cryptomuseum.com/crypto/fialka/). 아마도 어느 국가도 회전자 기계 발명가에게 보상을 고려하진 않은 것 같다. 일본의 2차 세계대전 암호 기계인 RED도 회전자 기계였고, 담(Damm)의 기계와 구성이 비슷했다. 자세한 내용은 다음 문헌을 참고하라. Alan G. Konheim, *Computer Security and Cryptography* (Hoboken, NJ: Wiley–Interscience, 2007), Chapter 7.

(Page 81) **담과 하겔린**: Kahn, *The Codebreakers*, pp. 425–27.

3 전치 암호

(Page 83) **사이테일의 진위**: Thomas Kelly, "The myth of the skytale," *Cryptologia* 22 (1998). 또 다른 가능성은 사이테일은 확실히 있었지만, 완전히 다른 방식으로 작동했다는 것이다. 다음 문헌을 참고하라. Reinke, *Classical cryptography*.

(Page 83) **"스파르타인이 사용한 통신문은 ..."**: Plutarch, *Plutarch's Lives* (London; New York: Heinemann; Macmillan, 1914), Lysander, Chapter 19.

(Page 84) **"Go tell the Spartans ..."**: 헤로도투스가 케오스의 시모니데스에게 한 말로 다음 문헌을 참고했다. Edward Strachey, "The soldier's duty," *The Contemporary Review* XVI (1871).

(Page 86) **가능한 행렬은 네 가지**: 30이나 11 대신 소수가 아닌 숫자를 사용했다면, 경우의 수가 더 많을 것이다. 얼마나 많을지 알 수 있겠는가?

(Page 86) **격자형 문자를 읽는 방법**: Hitt, *Manual*, Chapter V, Case 1, p. 26 – 27.

(Page 88) **프리드먼이 1941년 발표한 암호 설명서**: William Friedman, *Advanced Military Cryptography* (Laguana Hills, CA: Aegean Park Press, 1976).

(Page 88) **"변형을 허용하지 않기 때문에 ..."**: Hitt, *Manual*, Chapter V, Case 1–i, p. 29.

(Page 88) **"쉽게 변경할 수 있는 키를 사용하지 않기"**: Hitt, *Manual*, Chapter V, Case 1, p. 30.

(Page 88) **아가일 백작의 암호**: David W. Gaddy, "The first U.S. Government Manual on Cryptography," *Cryptologic Quarterly* 11:4 (1992).

(Page 88) **에이브러햄 링컨의 암호 예**: Kahn, *The Codebreakers*, Chapter 7, p. 215. 이 암호체계에 대한 자세한 내용은 다음을 참고하라. David W. Gaddy, "Internal struggle: The Civil War," pages 88 – 103 of *Masked Dispatches: Cryptograms and Cryptology in American History*, 1775 – 1900, 3rd ed. (National Security Agency Center for Cryptologic History, 2013)

(Page 90) **알 킨디의 암호**: Al–Kadi, "Origins of cryptology.".

(Page 90) **알 킨디의 암호 예**: Kahn, *The Codebreakers*, p. 96.

(Page 90) **"Drink to the rose..."**: Al–Hasan ibn Hani al–Hakami Abu Nuwas, "Don't cry for Layla," Princeton Online Arabic Poetry Project, https://www.princeton.edu/~arabic/poetry/layla.swf.

(Page 90) **순열 표기법**: 일부 수학자들은 문자가 어디서 나왔는지 대신, 어디로 갈 것인지를 기준으로 표기하는 것을 선호한다. 하지만 이 절과 4장에서 다루는 암호 연산을 고려할 때 여기서 사용한 방법이 더 편리하다.

(Page 91) **"The battle and the sword..."**: Abu at–Tayyib Ahmad ibn al–Husayn al Mutanabbi, "al–Mutanabbi to Sayf al–Dawla," Princeton Online Arabic Poetry Project, http://www.princeton.edu/~arabic/poetry/al_mu_to_sayf.html

(Page 92) **역순열**: 숫자 4132가 다시 나타났다. 이는 우연이 아니다. 어떤 관계인지 알 수 있는가?

(Page 92) **HDETS REEKO NTSEM WELLW**: 평문은 다음으로부터 나왔다. al Mutanabbi, "al-Mutanabbi to Sayf al-Dawla."

(Page 93) **함수**: 그렇다. 실제로 고등학교에서 배운 함수와 같은 개념이다. 다만 여기서는 숫자 대신 문자와 문자의 위치에 대해 작동한다. 이 부분은 4.3절에서 자세히 다룬다.

(Page 93) **자명한 순열**: 자명한 순열을 어떻게 적을지 알 수 있겠는가?

(Page 94) **확장 함수**: 사실 암호기술자들은 이들 함수가 전혀 순열이 아닐지라도 이를 확장 순열이라고 부른다. 내 생각에는 확장 함수라고 하는 것이 좋을 것 같다.

(Page 95) **압축 함수**: 또는 압축 순열이라고 한다.

(Page 98) **확장 함수는 암호화만 가능하고 ...**: 4.3절에서 볼 수 있는 진짜 멋진 무언가를 하지 않는다면 말이다.

(Page 99) **poetry에 대응하는 순열 암호**: 이것은 실수가 아니다. 이번에는 키워드와 순열이 숫자가 모두 같다. 왜 그런지 알겠는가?

(Page 101) **키가 있는 행렬형 전치 암호의 첫 출현**: John (J. F.) Falconer, *Rules for Explaining and Decyphering All Manner of Secret Writing, Plain and Demonstrative with Exact Methods for Understanding Intimations by Signs, Gestures, or Speech ...* , 2nd ed. (London: Printed for Dan. Brown ... and Sam. Manship ... , 1692), p. 63.

(Page 101) **존 팔코너**: Kahn, *The Codebreakers*, p. 155.

(Page 101) **키가 있는 행렬형 전치 암호를 기반으로 한 암호**: 여러 사례는 다음 문헌을 참고하라. Kahn, *The Codebreakers*.

(Page 102) **키가 있는 행렬형 전치 암호의 복호화**: "신발과 양말" 원리에 다시 주의하자.앨리스는 키를 사용하지 않고 평문을 작성한 다음 키를 사용하여 암호문을 읽는다. 따라서 밥은 이를 거꾸로, 키를 사용해서 암호문을 적고 키를 사용하지 않고 읽어야 한다.

(Page 105) **니힐리스트 행렬형 전치 암호**: Kerckhoffs, "La cryptographie militaire, I", pp. 16-17. 니힐리스트 전치 암호와 니힐리스트 치환 암호를 혼동해서는 안 된다. 둘은 다른 것이다.

(Page 106) **2차 세계대전 중의 이중 행렬형 전치 암호**: Kahn, *The Codebreakers*, p. 539. 정확히 말하자면 이는 114쪽 사이드바 3.2에 나오는 일반적으로 "불완전하게 채운 격자"의 변형이다. 영국과 연합군이 2차 세계대전에서 사용한 암호에 대한 자세한 내용은 다음 문헌을 참고하라. Leo Marks, *Between Silk and Cyanide*, 1st US ed. (New York: Free Press, 1999).

(Page 106) **문자의 출현 빈도가 평문이나 암호문이나 동일하다**: 다소 특이한 무효 문자를 추가하지 않을 때 그렇다.

(Page 107) **대략 38.1%가 모음**: 여기서는 단지 a, e, i, o, u만 모음으로 셌다. 이를 문제삼을 수도 있지만 일관적이기만 하면 상관없다.

(Page 107) **분산**: 표준편차에 익숙하다면, 분산은 표준편차의 제곱이다. 하지만 여기서는 분산을 사용하는 것이 더 낫다.

(Page 108) **10문자로 된 단어를 하나 뽑을 때 a, e, i, o, u 가운데 하나도 포함되지 않은 단어**: 나는 실제로 이런 단어를 찾을 수 없었다. 내가 찾은 유일한 11문자 단어는 "twyndyllyng"인데, 이는 작은 쌍둥이를 뜻하는 오래된 용어이다. 아마 여러분은 다른 단어를 알고 있을지도 모르겠다.

(Page 108) **개선의 여지없이 뒤죽박죽이 될 것이다**: 만약 이 암호가 키가 있는 행렬형 전치가 아니라 순열 암호라면, 이 말은 너무 과장된 것이다. 그렇게 되면 각 암호문 행에 대해 2개 또는 3개의 평문 행이 혼합된 연속적이지 않은 비트를 얻게 된다. 그럼에도 이러한 통계적 기법은 꽤 잘 작동한다.

(Page 111) **실제로 1번 열 바로 뒤에 올 수 있는 열**: 물론, 1번 열이 마지막 열일 가능성을 고려해야 한다. 그렇다면 이때는 바로 앞에 올 수 있는 열을 찾거나, 순환하고 나서 뒤에 올 수 있는 열을 찾아야 한다.

(Page 112) **다이어그래프의 빈도**: 여기서는 1.6절 히트 대령 사용설명서의 표 4를 사용하고 있다.

(Page 112) **빈도를 모두 더할 것**: William Friedman, *Military Cryptanalysis, Part IV, Transposition and Fractionating Systems* (Laguna Hills, CA: Aegean Park Press, 1992), p. 5.

(Page 112) **수학적으로는 틀린 방법**: Friedman, *Military Cryptanalysis, Part IV*, p. 6.

(Page 112) **로그법을 이용할 것**: In Friedman, *Military Cryptanalysis, Part IV*, p. 6, note 5.

(Page 113) **log 0.0001을 대신 사용**: log 0은 정의되지 않기 때문에 사용할 수 없다.

(Page 113) **로그 가중치가 0에 가까워질수록**: 0은 log 1이기 때문이다.

(Page 113) **E가 있는 열은 2번뿐이라는 점**: 또는 아마 다음 줄로의 순환을 고려한다면 5번열일 수도 있다.

(Page 113) **키가 있는 행렬형 전치 암호**: 평문은 다음 문헌으로부터 얻었다. Howard Roger Garis, *Uncle Wiggily's Adventures* (New York: A. L. Burt, 1912), Story I.

(Page 113) **키워드를 추측**: 순열을 생성하는 데 사용한 키워드를 정확히 알 수 있는 방법은 없다. 예를 들어 키워드 WORD와 키워드 IDEA는 모두 같은 암호를 제공한다. 한 번 시도하고 확인해보라.

(Page 115) **전치 암호의 중첩**: 실제로, 순열 암호에 대해 접촉법을 사용하는 것은 반복키 암호에 대해 중첩을 사용하는 것과 매우 비슷해 보인다. 또한, 여기서 살펴볼 다중 애너그램은 5.1절에서 살펴볼 중첩 기법과 매우 비슷해 보인다.

(Page 115) **다중 애너그램**: 평문은 하워드 개리스(Howard Garis)의 시리즈 도서 제목으로부터 가져왔다.

(Page 117) **키가 k인 회전**: 맨 앞에 k 대신 $k+1$을 놓는 것은 $k=0$은 어리석은 키이기 때문이다. 따라서 이렇게 하는 것이 편리하다.

(Page 117) **마드리가**: W. E. Madryga, "A High Performance Encryption Algorithm," in *Proceedings of the 2nd IFIP International Conference on Computer Security: a Global Challenge*, edited by James H. Finch and E. Graham Dougall (Amsterdam: North-Holland, 1984).

(Page 117) **RC5:** Ronald L. Rivest, "The RC5 encryption algorithm," in Bart Preneel (ed.), *Fast Software Encryption* (Springer Berlin Heidelberg, 1995).

(Page 117) **RC6:** Ronald L., Rivest et al., "The RC6™ block cipher," NIST, August 1998, series AES Proposals. RC5와 RC6은 우연히 발명되었다. 특히 RC6은 7장에서 만나볼 론 리베스트(Ron Rivest)에 의해 발명되었는데, 이는 4장에서 다룰 AES(Advanced Encryption Standard) 경쟁에서 최종 후보였다.

(Page 117) **아케라레:** Gonzalo, Alvarez et al., "Akelarre: A new block cipher algorithm," in Stafford Tavares and Henk Meijer (eds.), *Proceedings of the SAC '96 Workshop* (ON: Queen's University, 1996).

(Page 117) **마드리가의 결함:** Alex, Biryukov and Eyal Kushilevitz, "From differential cryptanalysis to ciphertext-only attacks," in Hugo Krawczyk (ed.), *Advances in Cryptology—CRYPTO '98* (Springer Berlin Heidelberg, 1998).

(Page 117) **RC5에 대한 몇 가지 공격:** B. S., Kaliski and Yiqun Lisa Yin, "On the security of the RC5 encryption algorithm, RSA Laboratories (September 1998).

(Page 117) **RC6와 AES의 비교:** James, Nechvatal et al., Report on the development of the Advanced Encryption Standard (AES), NIST (October 2000).

(Page 107) **아케라레는 부분적으로 RC5에 기반을 둔다:** Alvarez et al., "*Akelarre*."

(Page 118) **아케라레에 대한 공격:** Niels, Ferguson and Bruce Schneier, "Cryptanalysis of Akelarre," in Carlisle Adams and Mike Just (eds.), *Proceedings of the SAC '97 Workshop* (Ottawa, ON: Carleton University, 1997); Lars R., Knudsen and Vincent Rijmen, "Ciphertext-only attack on Akelarre," *Cryptologia* 24:2 (2000). 이 두 번째 논문에는 본질적으로 회전을 제외한 모든 것을 우회하는 공격을 포함한다. 이 논문의 초기 버전은 두 개의 강력한 암호 요소를 결합해서 약한 암호로 만들었기 때문에 "때로는 올바른 두 개가 잘못된 하나를 만든다(Two rights sometimes make a wrong)" 라고 불렸다.

(Page 118) **애너그램과 아주 흡사한 과정:** 실제로는 두 가지 이유로 더 쉽다. 첫째, 열의 개수가 가변인 암호는 컴퓨터에서 구현하기가 비교적 어렵기 때문에, 열의 개수가 알려지기 쉽다. 둘째, 순열이 회전임을 알기 때문에 시도해봐야 할 횟수가 적다.

4 암호와 컴퓨터

(Page 119) **폴리비우스:** Polybius, *The Histories* (Cambridge, MA: Harvard University Press, 1922-1927), Book X, Chapters 43-47.

(Page 119) **횃불을 이용해 신호를 보내는 것:** 이는 오랫동안 사용된 방법이다. 유명한 예로는 "육로로 오면 1개, 바다로 오면 2개"와 같은 방식이 있다.

(Page 119) **"알파벳을 다섯 자씩 묶어 . ...":** Polybius, *Histories*, X.45.7-12.

(Page 120) **이 암호에도 키가 없다:** 정확히 말하자면 폴리비우스는 메시지의 기밀성에도 관심이 있었다. 물론, 그는 메시지를 빠르고 정확하게 먼 거리에 걸쳐 전달하는 데 가장 관심이 있었지만 말이다.

(Page 122) **표를 여러 개 사용하는 것**: 물론 3차원 표를 사용할 수도 있지만, 이는 책에 인쇄하기는 어렵다.

(Page 122) **두 자리 이상의 수를 표시하고 표는 하나만 사용하는 방법**: 9진법 표와의 유사성은 우연이 아니다. 이는 r행 c열의 문자에 대해 공식 $r \cdot 9 + c$와 $r \cdot 9 + (c_1 \cdot 3 + c_2)$의 유사성으로부터 비롯된다.

(Page 123) **현대 영어의 예**: 베이컨은 i와 j를 동일하게 취급하고 u와 v를 동일하게 취급하면서 알파벳 24 자만 사용했으며 00001 대신 00000으로 시작했다. 그는 또한 0과 1 대신 a와 b를 사용했다. 실제로 그가 a와 b의 문자열을 숫자로 생각했는지는 확실하지 않다. 하지만 그는 이진수와 같은 순서로 a와 b를 두었다.

(Page 124) **두 가지 형의 알파벳**: Francis Bacon, *Of the Advancement and Proficience of Learning* (Oxford: Printed by Leon Lichfield, Printer to the University, for Rob Young and Ed Forrest, 1640), Book VI, Chapter I, Part III.

(Page 124) **가우스와 베버**: William V. Vansize, "A new page-printing telegraph," *Transactions of the American Institute of Electrical Engineers* 18 (1902), p. 22.

(Page 124) **보도**: Vansize, "New page-printing telegraph," p.22.

(Page 125) **버냄은 보도 코드로 생성된 비트열을 이용해**: 정확히 말하자면, 이는 보도의 원래 코드가 아닌 수정된 버전이다.

(Page 125) **받아 올림이 없는 덧셈**: 받아 올림이 없는 덧셈은 모듈로 2에 대한 벡터의 덧셈으로 생각할 수 있다. 컴퓨터 프로그래밍 경험이 있다면 이것이 비트 단위 XOR임을 알 것이다.

(Page 125) **버냄의 기법**: Gilbert Vernam, "Secret signaling system," U.S. Patent: 1310719, 1919, http://www.google.com/patents?vid=1310719.

(Page 126) **스트래들 체커보드**: 역시 실제 시스템은 어떤 키에 따라 문자나 숫자의 순서를 섞는다.

(Page 127) **'흥미롭고 실용적인'**: Friedman, *Military Cryptanalysis*, Part IV, p. 97.

(Page 127) **GedeFu 18**: Michael van der Meulen, "The road to German diplomatic ciphers—1919 to 1945," *Cryptologia* 22:2 (1998), p. 144.

(Page 127) **ADFGVX 암호라 불렸다**: David Kahn, "In memoriam: Georges-Jean Painvin," *Cryptologia* 6:2 (1982), p. 122. 처음 소개되었을 때 사각형은 5 × 5였고 문자는 ADFGX만 사용되었다.

(Page 128) **ADFGVX 암호를 해독하는 일반적인 방법**: 원본 출처는 다음과 같다. M. Givierge, *Cours de cryptographie* (Paris: Berger-Levrault, 1925).

(Page 128) **시작이나 끝이 같은**: Kahn, *The Codebreakers*, p. 344. 현대적 용어로는 이를 차분 공격이라 부른다. 이는 4.4절에서 다시 다룰 것이다.

(Page 128) **행렬 크기를 쉽게 추정할 수 있을 때**: Friedman, *Military Cryptanalysis*, Part IV, pp. 123-24.

(Page 128) **확산**: C. E. Shannon, "Communication theory of secrecy systems," *Bell System Technical Journal* 28:4 (1949).

(Page 128) **혼돈**: Shannon, "Communication Theory". 혼돈의 정의는 수년에 걸쳐 변형되었다. 예를 들어 다음 문헌에서는 이를 "치환과 같은 방법을 통해 평문과 암호문 사이의 관계를 모호하게 한다"라고 정의한다. Schneier, *Applied Cryptography*, p. 237.

(Page 129) **출현 빈도가 높은 문자들이 집중되지 않도록**: 그렇지 않으면 암호문에서 어떤 문자가 행을 지정하고, 어떤 문자가 열을 지정하는지 구별할 수 있다. 이러한 정보를 자음과 모음에 비슷한 방식으로 사용하면 열의 개수를 찾을 수 있다. 그러면 열들을 다이어그래프 조합으로 바꾸는 애너그램을 시도할 수 있다. 이때 다이어그래프 조합은 단표식 암호와 파이 테스트 동시발생지수가 일치하게 된다. 자세한 설명은 다음 문헌을 참고하라. Friedman, *Military Cryptanalysis*, Part IV, pp. 124–43.

(Page 130) **"대략적으로 말해 ..."**: Shannon, "Communication Theory," p. 712.

(Page 132) **키 값 k에 의해 결정되는**: U와 V는 보안을 향상시키고자 두 개의 다른 키에 의해 결정될 수도 있다.

(Page 133) **섀넌의 암호 원리를 체계적으로 연구했다**: 적어도 공공 기록에 의하면 그렇다. 하지만 NSA와 같은 조직이 그전에 무엇을 했는지는 거의 알 수 없다.

(Page 133) **1944년까지의 파이스텔**: Steven Levy, *Crypto*, 1st paperback ed. (New York: Penguin (Non–Classics), 2002), p. 40.

(Page 133) **1944–1967년까지의 파이스텔**: Kahn, *The Codebreakers*, p. 980.

(Page 133) **NSA의 압력 때문에**: Whitfield, Diffie and Susan Landau, *Privacy on the Line*, updated and expanded edition (Cambridge, MA: MIT Press, 2010), p. 57.

(Page 135) **128비트**: 파이스텔은 분명히 같은 생각을 하고 있었다. 동시대의 대부분 사람들이 64비트도 충분히 많다고 생각했지만 말이다. Horst Feistel, "Cryptography and computer privacy," *Scientific American* 228:5 (1973).

(Page 137) **4비트씩 32개**: Feistel, "Cryptography and computer privacy."

(Page 137) **SP 네트워크의 예**: 이 예에서는 SP 네트워크 구조와 다른 약간의 예외가 있다.

(Page 137) **쇄도 효과**: Feistel, "Cryptography and computer privacy," p.23.

(Page 137) **3비트짜리 예**: Kwangjo, Kim, Tsutomu Matsumoto, and Hideki Imai, "A recursive construction method of S–boxes satisfying strict avalanche criterion," in *CRYPTO '90: Proceedings of the 10th Annual International Cryptology Conference on Advances in Cryptology*, edited by Alfred Menezes and Scott A. Vanstone (Berlin/Heidelberg, New York: Springer–Verlag, 1991).

(Page 138) **128비트 S–박스**: 이 글을 쓰는 지금, 8비트 S–박스가 일반적이며 16비트 S–박스 소식조차 들리지 않는다.

(Page 139) **라운드 키 비트의 모듈로 2 덧셈**: 때로는 라운드 키가 다른 모듈로에 대해 더해지거나 다른 방식으로 결합되기도 한다.

(Page 140) **루시퍼**: Levy, *Crypto*, p. 41. 분명히 루시퍼라는 이름은 데몬스트레이션(Demonstration)을 줄인 데몬(Demon)에 대한 말장난이었다. 약어를 사용한 이유는 당시 사용하던 컴퓨터 시스템에서는 13자의 파일 이름을 처리할 수 없었기 때문이다.

(Page 140) **IBM 2984**: Diffie and Landau, *Privacy on the Line*, p. 251.

(Page 140) **요청에 부응해서**: Levy, *Crypto*, pp. 51-52.

(Page 140) **새로운 표준 암호를 설계하는 것을 반대했다**: Diffie and Landau, *Privacy on the Line*, p. 59.

(Page 140) **NBS가 도와달라고 요청했을 때**: Schneier, *Applied Cryptography*, p. 266.

(Page 141) **128비트에서 64비트로 축소되었고**: Levy, *Crypto*, p. 58, IBM 제품개발팀의 수장인 월트 투흐만(Walt Tuchman)의 말에서 인용.

(Page 141) **당시 IBM 연구팀에 따르면**: Levy, Crypto, p. 59. 수학 팀을 이끈 앨런 콘하임(Alan Konheim)의 말에서 인용.

(Page 141) **오류 검출 장치**: Levy, *Crypto*, p. 58. 다시 월트 투흐만의 말에서 인용.

(Page 141) **48비트 키**: Thomas R. Johnson, *American Cryptology during the Cold War, 1945-1989; Book III: Retrenchment and Reform, 1972-1980* (Center for Cryptologic History, National Security Agency, 1995), p. 232. 관련 문장은 NSA 웹사이트에 게시된 버전을 편집한 것이며, http://cryptome.org/0001/nsa-meyer.htm에서 찾아볼 수 있다.

(Page 141) **차분 공격법**: Eli, Biham and Adi Shamir, *Differential Cryptanalysis of the Data Encryption Standard* (New York: Springer, 1993), p. 7. 이 차분 공격법은 4.2절에서 살펴본 ADFGVX 암호에 대한 공격법과 비슷하지만 고도의 확산 때문에 수행하기가 매우 어렵다.

(Page 141) **특히 차분 공격에 강하다**: Biham and Shamir, *Differential Cryptanalysis*, pp. 8-9.

(Page 141) **S-박스가 재설계되었다**: 바이햄에게 보낸 다음의 개인 이메일에서 인용. Don Coppersmith, "How to make a difference: Early history of differential cryptanalysis,"; 초청 강연 슬라이드: Fast Software Encryption, 13th International Workshop, 2006, http://www.cs.technion.ac.il/~biham/Reports/Slides/fse2006 -history-dc.pdf; 문헌: D. Coppersmith, "The Data Encryption Standard (DES) and its strength against attacks," *IBM Journal of Research and Development* 38:3 (1994).

(Page 142) **비밀에 부쳤다**: Coppersmith, "Data Encryption Standard." 여전히 NSA가 "백도어"를 S-박스에 심어놓았다는 의심은 남아 있다.

(Page 142) **P-박스의 목적**: Schneier, *Applied Cryptography*, p. 271.

(Page 144) **선형 암호분석**: Schneier, *Applied Cryptography*, p. 293.

(Page 144) **선형 암호분석에 대해 전혀 알지 못했던 것 같다**: 만약 알고 있었다면, 그들이 이에 대해 아무것도 하지 않은 이유가 있을 것이다. Coppersmith, "Data Encryption Standard."

(Page 144) **1,728개의 맞춤제작 칩**: The Electronic Frontier Foundation, "Frequently Asked Questions (FAQ) about the Electronic Frontier Foundation's 'DES cracker' machine," http://w2.eff.org/Privacy/Crypto/Crypto_misc/DESCracker /HTML/19980716_eff_des_faq.html. 다른 출처를 참고하면 칩이 1,536에서1,856개 사이라고 한다.

(Page 145) **시간과 비용**: Electronic Frontier Foundation, "'DES cracker' machine."

(Page 145) **DES는 일반적으로 해독 가능한 암호체계**: Susan Landau, "Standing the test of time: The Data Encryption Standard," *Notices of the AMS* 47:3 (March 2000).

(Page 145) **공모전 개최**: "Announcing request for candidate algorithm nominations for the Advanced Encryption Standard (AES)," *Federal Register* 62:177 (1997).

(Page 145) **외국 국적을 가진 사람**: Susan Landau, "Communications security for the twenty-first century: The Advanced Encryption Standard," *Notices of the AMS* 47:4 (April 2000). AES 암호를 선택하는 과정이 시작되었을 때, 40비트 이상의 키를 지닌 암호화 소프트웨어를 미국 밖으로 수출하는 것은 불법이었다. 하지만 NIST는 NIST에 등록하고 알고리즘을 공개하지 않겠다고 약속한 외국인이라면 AES 후보를 구현한 소프트웨어를 얻을 수 있게 허용했다.

(Page 145) **세 차례 열린 공개 발표대회**: 그중 하나는 미국이 아닌 이탈리아의 로마에서 열렸다.

(Page 145) **한 팀을 제외한 모든 암호 설계팀**: Landau, "Communication security."

(Page 145) **레인달**: 보통 암호 설계자들은 그들의 이름을 조합해서 암호에 이름을 붙인다. 라이먼(Rijmen)에 따르면 "네덜란드, 플랑드르, 인도네시아, 수리남, 또는 남아프리카 사람이라면 생각한 대로 발음하면 된다. 아니라면 'Reign Dahl'이나 'Rain Doll', 'Rhine Dahl'로 발음할 수 있다." Vincent Rijmen, "The Rijndael page," http://www.ktana.eu/html/theRijndaelPage.htm. 또한, 다음 문헌에 따르면 대부분의 영어권 사람들은 "Rhine Dahl" 또는 그냥 "A-E-S"라고 말하는 것 같다. Wade Trappe, and Lawrence C. Washington, *Introduction to Cryptography with Coding Theory*, 2nd ed. (Upper Saddle River, NJ: Prentice Hall, 2005), pp. 151 – 152.

(Page 146) **AES 블록 크기**: 원래는 128비트뿐만 아니라, 192와 256비트도 허용했지만, NIST는 이를 표준에 포함하지 않기로 했다. 블록 크기를 키워도 반드시 암호의 안전성이 높아지는 것은 아니다.

(Page 147) **128비트를 한 번에 P-박스에 통과시키기**: 그들은 특히 현대 암호에서 커다란 P-박스를 구현하는 데 드는 높은 비용을 언급했다. 다음 문헌을 참고하라. p. 75 and p. 131 of Joan Daemen and Vincent Rijmen, *The Design of Rijndael*, 1st ed. (Berlin/Heidelberg, New York: Springer, 2002).

(Page 148) **분산(dispersion)**: 이는 지금은 바람직하다고 여기는 쇄도 효과를 제공하진 않지만, 확산의 한 형태로 간주할 수 있다. 3.2절에서 다룬 사각형을 사용한 전치 암호를 떠올려보자.

(Page 148) **힐 암호를 적용한다**: AES 설계자는 확산을 위한 변형 과정을 D-박스라고 부른다. Daemen and Rijmen, *The Design of Rijndael*, p. 22. 마지막 라운드에서는 힐 암호 단계가 생략된다. 기술적 이유로 이는 복호화 알고리즘을 더 효율적으로 구현할 수 있게 한다. Daemen and Rijmen, pp. 45 – 50.

(Page 149) **DES의 S-박스는 사용자 선택 방식**: Coppersmith, "Data Encryption Standard."

(Page 149) **수학적 차원에서 보면 그다지 복잡하지 않은**: 이는 다소 논란의 여지가 있는 것으로 판명되었다. AES의 S-박스는 차분 공격과 선형 공격을 잘 방어하지만, AES의 S-박스의 높은 단순성을 이용한 다른 공격이 제안되었다. 예는 다음 문헌을 참고하라. Daemen and Rijmen, *The Design of Rijndael*, p. 156.

(Page 150) **기약다항식 목록**: According to Joan Daemen and Vincent Rijmen, AES Proposal: Rijndael, NIST, September 1999, series AES Proposals. , p. 25, 설계자들은 다음 문헌으로부터 목록을 얻었다. R., Lidl and H. Niederreiter, *Introduction to Finite Fields* (Cambridge, UK: Cambridge University Press, 1986), p. 378.

(Page 151) **소수 모듈로 2**: 모듈로 연산에서 다항식은 일반적인 연산에서는 인수가 없더라도 인수를 가질 수 있다. 예를 들어 x^2+1은 일반 연산에서 소수다항식이지만, 모듈로 2 연산에서는 $(x+1)\times(x+1)=x^2+2x+1=x^2+1$이기 때문에 소수다항식이 아니다.

(Page 151) $\boldsymbol{x^8+x^4+x^3+x+1}$: Daemen and Rijmen, *The Design of Rijndael*, p. 16. DES S-박스의 논란 이후, 암호 설계자가 임의의 숫자와 다항식 등을 선택할 때마다 정확히 어디에서 얻었는지 설명하는 것이 중요하다고 여기게 되었다. 이는 사람들이 백도어로 미끄러져 들어가지 않았다고 확신을 주는 데 도움이 된다. 이런 종류의 설명이 있는 숫자들은 때때로 "아무것도 숨긴 것이 없는(nothing up my sleeve)" 숫자라고 부른다.

(Page 152) **AES 다항식 연산**: 소수다항식과 소수 모듈로에 대한 이런 유형의 다항식 연산을 유한체 연산이라 부른다.

(Page 152) **충분하지 않다는 우려가 끊이지 않았다**: Nechvatal et al., "Report on the Development of the AES," p. 28.

(Page 152) **XSL은 무차별 대입 공격보다 더 나을 것이 없다**: Carlos Cid and Ralf-Philipp Weinmann, "Block ciphers: Algebraic cryptanalysis and Gröbner bases," in Massimiliano Sala, Shojiro Sakata, Teo Mora, Carlo Traverso, and Ludovic Perret (eds.), *Gröbner Bases, Coding, and Cryptography* (Springer Berlin Heidelberg, 2009), p. 313.

(Page 152) **다항식 구조에 기반을 둔 공격법**: Cid and Weinmann, "Block Ciphers," p. 325.

(Page 152) **알려진 키 공격과 관련된 키 공격**: Niels Ferguson, et al., *Cryptography Engineering* (New York: Wiley, 2010), p. 55

(Page 153) **암호가 항상 계획했던 대로 사용되는 것은 아니다**: 알려진 키 공격이 적용될 수 있는 상황의 예: Schneier, *Applied Cryptography*, p. 447; 관련된 키 공격의 사례: Ferguson et al., *Cryptography Engineering*, pp. 323-24.

(Page 153) **2011년의 AES에 대한 공격**: Andrey, Bogdanov, Dmitry Khovratovich, and Christian Rechberger, "Biclique cryptanalysis of the full AES," in Dong Hoon Lee and Xiaoyun Wang (eds.), *Advances in Cryptology—ASIACRYPT 2011* (Springer Berlin Heidelberg, 2011). 이 공격에 대한 일부 보고서에 따르면 2^{88}개의 텍스트 세트 모두를 한번에 메모리에 저장해야 하므로 비현실적이라고 한다.

(Page 153) **터무니없이 많은 시간**: Dave Neal, "AES encryption is cracked," *The Inquirer* (August 17, 2011).

(Page 153) **AES의 재평가**: NIST,"Announcing the Advanced Encryption Standard (AES), NIST, November 2001. 공식적인 재평가가 완료되었는지는 명확하지 않다.

(Page 153) **NBS 문건**: NBS, Guidelines for Implementing and Using the NBS Data Encryption Standard, April 1981.

(Page 153) **형태 보존 암호화 초안**: Morris Dworkin, "Recommendation for block cipher modes of operation: Methods for format-preserving encryption," NIST, July 2013.

(Page 154) **2015년 4월 발표된 보고서**: Morris, Dworkin and Ray Perlner, Analysis of VAES3 (FF2), 2015.

(Page 154) **1978년의 동형 암호화**: Ronald L. Rivest, Len Adleman, and Michael L. Dertouzos, "On Data Banks and Privacy Homomorphisms," in Richard A. DeMillo, David P. Dobkin, Anita K. Jones, and Richard J. Lipton (eds.), *Foundations of Secure Computation* (New York: Academic Press, 1978).

(Page 154) **초기의 동형 암호체계**: Craig Gentry, "Fully homomorphic encryption using ideal lattices," in *Proceedings of the Forty-first Annual ACM Symposium on Theory of Computing*, Association for Computing Machinery Special Interest Group on Algorithms and Computation Theory (ACM, 2009).

(Page 154) **정부연구기관 두 곳과 민간 회사 한 곳**: NSA Research Directorate staff, "Securing the cloud with homomorphic encryption," *The Next Wave* 20:3 (2014).

(Page 154) **NSA 문서**: Spiegel Staff, "Prying Eyes: Inside the NSA's war on Internet security," *Spiel Online* (2014)

(Page 155) **전문**: NSA, "Summer mathematics, R21, and the Director's Summer Program," *The EDGE: National Information Assurance Research Laboratory (NIARL) Science, Technology, and Personnel Highlights*, 2008, http://www.spiegel.de /media/media-35550.pdf.

5 스트림 암호

(Page 156) **"최적 범위(sweet spot)"**: Mendelsohn, *Blaise de Vigenère and the "Chiffre Carré."*, for example, p. 127.

(Page 156) **키텍스트**: 같은 시대의 출처를 보면 아서 헤르만(Arthur Hermann)의 1892년 작업이 이를 최초로 결정적인 형식으로 나타낸 것이라고 한다. André, Lange and Émile-Arthur Soudart, *Treatise on Cryptography* (Washington, D.C.): US Government Printing Office, (1940), pp. 31, 87.

(Page 156) **"Dorothy lived in the midst ..."**: L. Frank Baum, *The Wonderful Wizard of Oz* (Chicago: George M. Hill, 1900), Chapter 1.

(Page 156) **"A slow sort of country ..."**: Lewis Carroll, *Through the Looking-Glass, and What Alice Found There* (1871), Chapter 2.

(Page 158) **"Mowgli was far and far through the forest ..."**: Rudyard Kipling, *The Jungle Book* (1894), Chapter 1.

(Page 159) **메시지 수가 너무 적으면**: 암호문이 많을수록 문자 빈도 분석이 효과적이란 것을 떠올리자. 이는 또한 2.6절에서 다룬 '빈도 합' 기법으로 무차별 공격을 할 때도 적용된다.

(Page 159) **카이 테스트와 교차곱 합**: 정확히 말하자면, 프리드먼과 쿨백은 여기서 내가 교차곱 합이라 부르는 것의 분자를 나타낼 때 그리스 문자 카이를 사용했다. 파이 테스트처럼 카이 테스트와 교차곱 합도 다음 문헌에 처음 나타난다. Solomon Kullback, *Statistical Methods in Cryptanalysis* (Laguna Hills, CA: Aegean Park Press, 1976). 대수적으로 동등한 내용은 다음 문헌에 나온다. Friedman, *Military Cryptanalysis*. Part III, pp. 66-67.

(Page 161) **같은 연속키를 갖는 여러 암호문**: 평문은 로버트 루이스 스티븐슨(Robert Louis Stevenson)의 유명한 책의 장 제목에서 가져온 것이다. 모두가 제목의 처음부터 시작하지는 않으며 일부는 두 제목을 합친 것의 일부이다.

(Page 163) **다양한 예를 살펴보기 위해**: 단지 다양한 예만을 위한 것은 아니다. 이는 약간 더 쉽게 작업할 수 있으며, 이 기법은 적인 정사각형 암호표에서도 작동한다. 물론, 시행 착오가 조금 더 필요하지만 말이다.

(Page 164) **일반적인 책에서 얻은 키텍스트를 지닌 암호문**: 키텍스트와 평문은 다음 책에서 얻었다. Rudyard Kipling, *Just So Stories* (1902), Chapters 1 and 7.

(Page 165) **우선순위 단어**: 내가 이 예에서 사용한 평문을 어디서 가져왔는지 알고 있다면, best와 beloved를 우선순위 단어로 선택하는 게 좋을 것이다.

(Page 165) **프랭크 밀러**: Steven M. Bellovin, "Frank Miller: Inventor of the one-time pad," *Cryptologia* 35:3 (2011). 밀러의 시스템은 모듈러 연산만 제외하면 167쪽에서 다루는 독일 외무부 시스템과 비슷하다.

(Page 165) **의견이 분분하지만**: Kahn, *The Codebreakers*, pp. 397-401. 이에 따르면 마보안이 중요한 결정을 내렸다고 한다. 하지만 다음 문헌에 따르면 버냄과 마보안 둘 모두라고 하며 버냄의 편을 든다. Steven M. Bellovin, "Vernam, Mauborgne, and Friedman: The one-time pad and the index of coincidence", Department of Computer Science, Columbia University, May 2014.

(Page 166) **절대로 다시 사용되어서는 안 된다**: 전신타자기의 한 모델에는 실제로 테이프를 재사용할 수 없도록 테이프를 읽고 나서 반으로 자르는 칼날이 달려 있었다. Kahn, *The Codebreakers*, p. 433

(Page 167) **독일 외무부 소속 암호학자들**: Werner Kuze, Rudolf Schauffler, and Erich Langlotz. Kahn, *The Codebreakers*, p. 402.

(Page 167) **독일 외교관의 일회성 패드**: Kahn, *The Codebreakers*, p. 402-3.

(Page 167) **일회성 패드 기법은 일반적으로 해독이 불가능하다**: Bellovin, "Vernam, Mauborgne, and Friedman," 실제로 그 이유를 이해한 최초의 사람은 프리드먼이다.

(Page 167) **섀넌의 증명**: Shannon, "Communication Theory," 이는 그가 확산과 혼돈을 정의한 것과 같은 논문이다. 4.2절과 4.3절을 참고하라. 1941년 소련의 블라디미르 코텔니코프 또한 완벽한 안전성에 대한 이론을 개발했지만, 그의 작업은 여전히 기밀로 분류되어 있다. Natal'ya V. Kotel'nikova, "Vladimir Aleksandrovich Kotel'nikov: The life's journey of a scientist," *Physics-Uspekhi* 49:7 (2006); Vladimir N. Sachkov, "V. A. Kotel'nikov and encrypted communications in our country," *Physics-Uspekhi* 49:7 (2006); Sergei N. Molotkov, "Quantum cryptography and V. A. Kotel'nikov's one-time key and sampling theorems," *Physics-Uspekhi* 49:7 (2006).

(Page 168) **난수키 재료를 교환하는 방법**: 연속키 암호와 달리, 앨리스와 밥은 같은 책의 복사본을 지닐 수 없다.

(Page 168) **키테이프가 모자라서 순환식 키테이프를 두 개 사용하는 방식**: Kahn, *The Codebreakers*, p. 401.

(Page 169) **red phone**: Kahn, *The Codebreakers*, p. 715 – 16.

(Page 169) **소련 스파이의 일회성 패드**: Kahn, *The Codebreakers*, p. 663 – 64.

(Page 169) **카르다노**: 카르다노는 수학자들에게는 3차방정식의 일반 해를 처음 발견한 사람으로 널리 알려졌다.

(Page 171) **암호 및 비밀 문자에 관한 논고**: Blaise de Vigenre, *Traicté des Chiffres, ou Secrètes Manières d'Escrire* (*Treatise on Ciphers, or Secret Methods of Writing*) Paris: A. L'Angelier, 1586.

(Page 171) **"a worthless cracking of the brain"**: 암호해독에 대한 비즈네르의 견해는 "헤아릴 수 없이 뇌를 깨부수는 것"이었다. Vigenre, *Traicté des Chiffres*, p. 12r.

(Page 171) **단계를 추가해서**: 비즈네르는 또한 키스트림을 추가한 후에 암호문이 다시 변경될 가능성도 제시했다.

(Page 172) **"waste all your oil"**: 암호해독에 대한 비즈네르의 또다른 언급. Vigenre, *Traicté des Chiffres*, p. 198r, quoted in Mendelsohn, *Blaise de Vigenère and the "Chiffre Carré."*

(Page 173) **텍스트 문자로 16개**: 사이드바 4.1 참고

(Page 177) **다른 반복키 암호**: 점진적 암호와 반복키 암호, 키 자동키 암호 사이의 구분이 다소 유동적임을 알 수 있다.

(Page 177) **모듈로 10 덧셈**: 이를 받아 올림이 없는 덧셈으로 여길 수 있음을 상기하자.

(Page 178) **소련의 2차 세계대전 암호**: Alex Dettman et al., *Russian Cryptology During World War II*. (Laguna Hills, CA: Aegean Park Press, 1999), p. 40. 여기서 사용한 초기화 벡터와 키는 스탈린그라드 전투의 시작과 끝 날짜이다. 평문 또한 이 전투를 가리킨다.

(Page 178) **크기가 5일 때**: 초기화 벡터를 추가했지만 이 시스템을 설정한 방식으로는 앨리스와 밥이 초기화 벡터를 비밀로 유지할 필요가 없다. 물론, 초기화 벡터는 메시지마다 다르다. Ferguson, Schneier and Kohno, *op. cit.*, p.69.

(Page 179) **어떤 전문가는 OFB 모드를 사용하지 말라고 권한다**: Ferguson et al., *Cryptography Engineering*, p.71.

(Page 180) **카운터 초기화 벡터 요구 사항**: Ferguson et al., *Cryptography Engineering*, p.70.

(Page 180) **데이터 파일을 암호화할 때 유용하다**: Schneier, *Applied Cryptography*, p. 206.

(Page 181) **"multiply like rabbits"**: 피보나치 수열은 원래 피보나치가 토끼 복제 문제를 언급하면서 나온 것이다.

(Page 181) **그로마크 암호**: 그로마크(Gromark)는 'GROnsfeld with Mixed Alphabet and Running Key'를 의미한다. W. J. Hall, "The Gromark cipher (Part 1)," *The Cryptogram* 35:2 (1969). 그론스펠트(Gronsfeld) 암호는 단지 문자 대신 숫자를 키로 사용하는 정사각형 암호표의 변형을 가리키는 이름이다. 이는 여기와 앞선 절의 키 자동키 암호에서 사용했다. 여기서 사용한 버전은 실제로 알파벳을 혼합하지 않았고 반복키와 자동키를 구분했다. 따라서 정확하게는 '그로트락(Grotrak)' 또는 '그롤팍(Grolfak)' 암호라고 불러야 할 것이다.

(Page 181) **VIC 암호**: David Kahn, "Two Soviet Spy Ciphers," in *Kahn on Codes* (New York: Macmillan,1984).

(Page 183) **선형방정식**: 힐 암호 또한 선형방정식을 사용함을 상기하자. 이는 LFSR의 암호해독을 살필 때 관련이 있다.

(Page 183) **피드백**: 이는 또한 평문 피드백 모드, 암호문 피드백 모드, 출력 피드백 모드에서도 나타난다.

(Page 184) **소프트웨어에서 LSFR**: 이들 변형에 대한 자세한 내용은 다음을 참고하라. Schneier, *Applied Cryptography*, p. 378.

(Page 184) **1952년으로 거슬러 올라간다**: 아마 더 이를 수도 있다. 1940년대 후반의 음성 암호화 장치인 AFSAY-816은 LFSR과 매우 유사한 '시프트 레지스터'를 사용했다. Thomas R. Johnson, *American Cryptology during the Cold War, 1945–1989; Book I: The Struggle for Centralization, 1945–1960* (Center for Cryptologic History, National Security Agency, 1995), p. 220; David G. Boak, "A history of U.S. communications security" (Volume I), National Security Agency, July 1973, p. 58.

(Page 185) **KW-26**: Melville Klein, *Securing Record Communications: The TSEC/KW-26* (Center for Cryptologic History, National Security Agency, 2003).

(Page 186) **십진수로 바꾸고 싶을 것이다**: 앨리스는 ASCII를 사용해서 평문 비트를 다시 문자로 변환할 수 없다. 왜냐하면 9와 같은 일부 숫자는 인쇄할 수 있는 문자를 나타내지 않기 때문이다.

(Page 187) **모듈로가 2이고 셀이 4개이고 주기가 15인 LFSR**: 알 수 있겠는가?

(Page 187) **최대 주기를 지닌 LFSR**: Solomon Golomb, *Shift Register Sequences*, rev. ed. (Laguna Hills, CA: Aegean Park Press, 1982), Section III.3.5.

(Page 187) **평문 비트와 대응되는 암호문 비트쌍을 $2j$개**: 주기인 2^j-1과 비교하면 $2j$는 큰 수가 아님을 상기하자. 실제로 j는 100보다 작지만, $2^{30}-1$은 벌써 대략 100억 정도이다.

(Page 188) **초기화 벡터 찾기**: 이들 방정식을 사용하는 것이 초기화 벡터를 찾는 가장 빠른 방법은 아니지만, 수월할뿐더러 제대로 작동한다.

(Page 188) **장단점을 분석하기 더욱 어려워진다**: Schneier, *Applied Cryptography*, p. 412.

(Page 189) **비선형성을 추가하는 대안**: Schneier, *Applied Cryptography*, Section 16.4. 두 가지 대안에 대한 많은 예가 나와 있다.

(Page 189) **A5 암호**: 적어도 세 가지 다른 종류의 A5 암호가 있다. A5/1은 미국과 유럽에서 사용하기 위한 목적이었다. A5/2는 경제협력 개발기구(OECD) 이외의 시장을 겨냥한 약한 버전이다. Elad Barkan, and Eli Biham, "Conditional estimators: An effective attack on A5/1," in *Selected Areas in Cryptography* (Berlin/Heidelberg: Springer, 2006). A5/3은 3G 전화용으로 설계된 완전히 다른 암호이고 LFSR을 사용하지 않는다. A5/4는 A5/3와 같은데 키가 더 길다고 보면 된다.

(Page 189) **국가 정보기관들 사이에 의견 충돌**: Ross Anderson, "A5 (Was: HACKING DIGITAL PHONES)," Posted in uk.telecom (Usenet group), June 17, 1994, http:// groups.google.com/group/uk.telecom/msg/ba76615fef32ba32.

(Page 189) **효율성이 최종 결정에 중요하게 작용**: Ross Anderson, "On Fibonacci Keystream Generators," in *Fast Software Encryption* (Berlin/Heidelberg: Springer, 1995).

(Page 189) **대학 연구자**: Schneier, *op. cit.*, p. 389.

(Page 189) **거의 완벽하게 설명한 글**: Anderson, "A5 (Was: HACKING DIGITAL PHONES)".

(Page 189) **역공학으로 완벽한 암호 설계 내용이 발견되었고, 공개되었고, 인정했다**: Alex Biryukov, Adi Shamir, and David Wagner, "Real Time Cryptanalysis of A5/1 on a PC," in *Fast Software Encryption* (Berlin/Heidelberg: Springer, 2001), Abstract and Introduction. 역공학은 스마트카드 개발자협회(Smart Card Developers Association)의 마크 브리세노(Marc Briceno)가 담당했다.

(Page 189) **A5/1 키 설정**: 실제 GSM 전화기에서 키 설정은 좀 더 복잡하지만 여기서는 중요하게 다루지 않는다. Barkan and Biham, "Conditional estimators."

(Page 190) **각 레지스터는 전체의 3/4만 이동을 하고**: 비트의 각 조합이 동등하다고 가정한다.

(Page 190) **주기가 상당히 감소함**: W. G. Chambers and S. J. Shepherd, "Mutually clock-controlled cipher keystream generators," *Electronics Letters* 33:12 (1997).

(Page 190) **조심스레 사용한다면**: W. Chambers, "On random mappings and random permutations," in *Fast Software Encryption* (Berlin/Heidelberg: Springer, 1995).

(Page 191) **제법 일찍 1994년에**: Anderson, "A5 (Was: HACKING DIGITAL PHONES)".

(Page 191) **1997년 발표된 한 논문**: Jovan Dj. Golic, "Cryptanalysis of alleged A5 stream cipher," in *Advances in Cryptology—EUROCRYPT '97*, edited by Walter Fumy (Konstanz, Germany: Springer-Verlag, 1997).

(Page 191) **크게 개량되었다**: 다양한 논문을 요약한 내용은 다음 문헌을 참고하라. Barkan and Biham, "Conditional estimators".

(Page 191) **실행 계획과 관련된 다양한 이유로**: 오디오 데이터나 파일 전송은 신중히 동기화해야 한다. 원시 디지털 데이터 수집을 위해서는 전화기 자체나 전화기에 연결된 컴퓨터에 즉시 접근해야만 한다.

(Page 191) **2006년 상관관계 공격**: Barkan and Biham, "Conditional estimators."

(Page 192) **2003년 사전계산 공격**: Elad Barkan, et al., "Instant ciphertext-Only Cryptanalysis of GSM Encrypted Communication," in *Advances in Cryptology—CRYPTO 2003* (Berlin/Heidelberg: Springer, 2003).

(Page 192) **사전계산표를 만드는 프로젝트**: Chris Paget, and Karsten Nohl, "GSM: SRSLY?" 2009년 26차 카오스 커뮤니케이션 총회(Chaos Communication Congress)에서 발표된 슬라이드: http://events.ccc.de/congress/2009/Fahrplan/events/3654.en.html.

(Page 192) **부분적으로 암호해독에 성공했다**: Frank A. Stevenson, "[A51] Cracks beginning to show in A5/1 ...." 2010년 5월 1일 A51 메일링 목록으로 보낸 이메일, http://lists.lists.reflextor.com/pipermail/a51/2010-May/000605.html.

(Page 192) **GSM 협회**: GSM Association, "GSMA statement on media reports relating to the breaking of GSM encryption," Press release, December 30, 2009, http:// gsmworld.com/newsroom/press-releases/2009/4490.htm.

(Page 192) **A5/1 암호를 키가 없어도 '처리할 수 있다.'**: NSA, "GSM Classification Guide," September 20, 2006, https://s3.amazonaws.com/s3.documentcloud.org/documents/888710/gsm -classification-guid-20-sept-2006.pdf.

(Page 192) **앞에서 설명한 공격과 비슷한 공격**: Craig Timberg, and Ashkan Soltani, "By cracking cellphone code, NSA has ability to decode private conversations," *The Washington Post* (December 13, 2013).

(Page 192) **주요 무선통신사들**: Ashkan Soltani, and Craig Timberg, "T-Mobile quietly hardens part of its U.S. cellular network against snooping," *The Washington Post* (October 22, 2014).

(Page 192) **"광범위하게 채택할 수 있는 ..."**: The ECRYPT Network of Excellence, "Call for stream cipher primitives, version 1.3," 2005, http://www.ecrypt.eu.org /stream/call.

(Page 192) **eSTREAM**: eSTREAM 프로젝트에 대한 자세한 정보는 다음 문헌을 참고하라. Matthew Robshaw, and Olivier Billet (eds.), *New Stream Cipher Designs: The eSTREAM Finalists* (Berlin, New York: Springer, 2008), 프로젝트 웹사이트: "eSTREAM: the eSTREAM stream cipher project." http://www.ecrypt.eu.org/stream/index.html.

(Page 193) **NIST 인가 운용 모드**: NIST Computer Security Division, "Computer Security Resource Center: Current modes." http://csrc.nist.gov/groups/ST/toolkit /BCM/current_modes.html.

(Page 193) **인증**: 이러한 인증 모드 중 일부는 일반적인 메시지보다 특별한 상황을 위해 설계되었다. 8.4절에서는 인증을 다른 관점에서 바라볼 것이다.

(Page 193) **CBC-MAC**: "Computer Data Authentication, NIST, May 1985.

(Page 194) **서로 다른 키를 두 개**: 만약 앨리스가 CBC와 CBC-MAC에 같은 키를 사용한다면, MAC은 더 이상 안전하지 않다. Ferguson et al., *Cryptography Engineering*, p. 91.

(Page 194) **트리비움 암호**: 트리비움의 설계와 사양은 다음 문헌을 참고하라. Christophe De Cannière and Bart Preneel, "Trivium," in Matthew Robshaw and Olivier Billet (eds.), *New Stream Cipher Designs* (Berlin, New York: Springer, 2008).

(Page 194) **비선형 연산**: 이는 키스트림 비트가 상수에 곱해지고 더해지는 대신, 직접 곱해지기 때문에 비선형이다.

6 지수와 관련된 암호

(Page 196) **숫자 병합**: 이 방법이 수학적으로 보이지 않는다면, 평문 블록에 대한 숫자를 $P=100P_1+P_2$라고 생각해보라. 하지만 이것은 중요한 문제가 아니다.

(Page 198) **피에르 페르마**: Michael Mahoney, *The Mathematical Career of Pierre de Fermat (1601–1665)* (Princeton NJ: Princeton University Press, 1973).

(Page 198) **우리가 이미 탐구했던 아이디어들을 이용하면 발견 과정을 충분히 그려볼 수 있다**: 페르마는 가우스의 모듈러 연산 아이디어나 암호학을 몰랐을 것이므로, 아마 다른 무언가를 염두에 두고 이를 생각했을 것이다. 하지만 누가 알겠는가? 처음 발표된 증명은 1741년 레온하르트 오일러에 의한 것이다. 여기서 증명한 방법은 다소간 다음 문헌을 참고했다. James Ivory, "Demonstration of a theorem respecting prime numbers," *New Series of The Mathematical Respository*, Vol. I, Part II (1806).

(Page 200) **$1\times2\times3\times\cdots\times12$를 약분하면**: 즉, 양변에 $\overline{1\times2\times3\times\cdots\times12}$를 곱하면,

(Page 203) **폴리그-헬만 지수 암호**: M. E. Hellman and S. C. Pohlig, "Exponentiation cryptographic apparatus and method," United States Patent: 4424414, 1984, http://www.google.com/patents?vid=4424414.

(Page203) **폴리그-헬만 지수 암호의 발명**: 이 암호를 설명하는 논문은 1976년에 처음 작성되었지만 1978년이 되서야 발표되었다. 이때는 이미 암호 커뮤니티에 이런 아이디어가 잘 알려져 있었다. S. Pohlig and M. Hellman, "An improved algorithm for computing logarithms over GF(p) and its cryptographic significance (corresp.)," IEEE Transactions on Information Theory 24 (1978). 이렇게 지연된 이야기에 대해서는 다음 문헌을 참고하라. Martin Hellman, "Oral history interview by Jeffrey R. Yost," Number OH 375. Charles Babbage Institute, University of Minnesota, Minneapolis, 2004, pp. 43–44, http://purl.umn.edu/107353. 이제는 폴리그와 헬만 모두 공개키 암호기술과 관련된 다른 아이디어로 더 잘 알려졌다. 헬만은 7.2절에서 살펴볼 디피-헬만 키 합의 체계로 가장 잘 알려졌고, 폴리그는 6.4절에서 살펴볼 이산대수 계산에 관한 실버-폴리그-헬만 알고리즘으로 가장 잘 알려졌다. 이 알고리즘은 역시 폴리그와 헬만이 지수 암호를 다룬 논문에서 함께 처음으로 발표되었다. 이 논문에 따르면 로랜드 실버는 독자적으로 발견했다고 한다. Pohlig and Hellman, "Improved algorithm."

(Page 204) **앨리스는 곱셈을 768번이 아니라 단지 46번만 하면 된다는 것을 알 수 있다**: 사실 769를 이진수로 변환하면 더 나은 결과가 나오지만, 아이디어를 얻는 데는 이것으로도 충분하다.

(Page 204) **이브는 768번 곱해야 한다**: 실제로는 이브가 가장 잘 알려진 기법을 사용하면 이보다는 더 빠를 수 있지만 앨리스와 밥보다는 빠르지 않다.

(Page 205) **35년 이상을 이산대수 문제를 빨리 푸는 방법을 찾으려는 노력**: 컴퓨터 이전까지를 조사한다면 훨씬 오래되었다. 예를 들어 가우스는 이산대수 표를 만들고 이를 '지표(index)'라고 불렀다. Gauss, *Disquisitiones arithmeticae*, Articles 57–59.

(Page 205) **하지만 아무도 확신할 수는 없다**: 사실 누군가 알고 있는데 말하지 않는 것일 수도 있다. 만약 그렇다면 NSA가 가장 가능성이 크고, 아니면 다른 정부나 조직일 수도 있다. 7.2절에서 살펴볼 디피-헬만 문제나 7.4절의 인수분해 문제, 7.6절의 RSA 문제 역시 마찬가지다.

(Page 205) **합성수**: 1.3절에서 암시했듯이 모든 양의 정수는 소수의 곱으로 쓸 수 있다. 따라서 1이 아닌 모든 양의 정수는 소수이거나 합성수이다. 수학자들은 1을 소수도 아니고 합성수도 아닌 것으로 간주한다.

(Page 205) **"Decomposing Composers"**: Monty Python, "Decomposing composers," *Monty Python's Contractual Obligation Album*. Charisma Records, 1980.

(Page 209) **17세기 페르마에 비유되는**: 어쨌든 수학에 한해서는 말이다.

(Page 209) **오일러가 1736년 발표한 논문**: Leonhard Euler, "Theoremata Arithmetica Nova Methodo Demonstrata," *Novi Commentarii Academiae Scientiarum Petropolitanae* 8 (1763).

(Page 209) **오일러 파이 함수라고 불리는 $\varphi(n)$을 소개하고**: 이 표기법은 나중에 가우스에 의해 도입된 것으로 보인다. Gauss, *Disquisitiones arithmeticae*, Article 38.

(Page 209) **오일러 파이 함수**: 2.2절에 나온 페르마의 파이와 혼동하면 안 된다.

(Page 210) **한 번은 도로 포함해야 한다**: 이렇게 뺐다가 도로 포함하는 과정은 포함–배재(inclusion–exclusio)의 원리라고 알려져 있다.

(Page 212) **역원을 찾는 것**: 앨리스가 실수해서 나쁜 키를 골랐다면, 밥은 이 단계에서 이를 발견할 것이다.

(Page 213) **항상 복호화가 알맞게 진행된다**: 대부분의 책은 RSA(7.4절 참고)에 필요한 소수가 2개이므로, 서로 다른 2개의 소수에 대해서만 증명한다. 하지만 다음 문헌에서는 더 많은 소수에 대해 알기 쉽게 일반화한다. S. C. Coutinho, *The Mathematics of Ciphers* (Natick, MA: AK Peters, Ltd., 1998), pp. 166–67 (Section 11.3) 또는 Robert Edward Lewand, *Cryptological Mathematics* (The Mathematical Association of America, 2000), pp. 156–57 (Theorem 4.1). 다음 문헌의 증명은 읽기는 쉽지만 쉽게 일반화하지는 못한다. Thomas H. Barr, *Invitation to Cryptology* (Englewood Cliffs, NJ: Prentice Hall, 2001), pp. 280–81 (Theorem 4.3.2).

(Page 215) **어쨌든 제대로 복호화된 것처럼 보인다**: P와 n 모두 소수로 나누어떨어진다면, n을 나누는 만큼 여러 번 P를 나눠야 한다고 판명되었다. 이를 다시 증명하지는 않겠지만 앞선 213쪽 노트에 있는 문헌을 참고하면 유용할 것이다.

(Page 216) **폴리그와 헬만은 지수 암호를 개발하는 과정에서 합성수를 모듈로로 사용할 생각을 잠깐 했었다**: Hellman, *Oral History Interview by Jeffrey R. Yost*, pp. 43–44.

7 공개키 암호

(Page 217) **사용할 키를 약속하기 위해**: 그리고 아마도 그 시스템은 케르크호프스의 원리를 얼마나 심각하게 받아들이느냐에 달려 있다.

(Page 217) **"간단하지만 비효율적인"**: Arnd Weber (ed.), "Secure communications over insecure channels (1974)" (January 16, 2002), http://www.itas.kit.edu/pub/m/2002/mewe02a.htm.

(Page 217) **연구 과제 제안서**: 머클의 원본은 다음 문헌에서 찾을 수 있다. "CS 244 project proposal" (Fall 1974), http://merkle.com/1974/CS244 ProjectProposal.pdf.

(Page 218) **머클의 컴퓨터 보안 과목 수업**: Levy, *Crypto*, pp. 77－79.

(Page 218) **여러 가지 버전**: Weber (ed.), "Secure communications".

(Page 218) **마지막으로 발표된 버전**: Ralph Merkle, "Secure communications over insecure channels," *Communications of the Association for Computing Machinery* 21:4 (1978). 이 버전은 3년 반이 지난 후 발표되었으며 리뷰어들과 많은 논의를 거쳤다. Weber (ed.), "Secure communications"; Levy, *Crypto*, p. 81.

(Page 218) **"지루하기는 해도 퍼즐이 풀리는"**: Merkle, "Secure communications over insecure channels", p. 296.

(Page 218) **128비트 키를 가진 암호**: 특히, 파이스텔이 1973년에 발표한 루시퍼(Lucifer)의 버전을 제안했다. (Feistel, "Cryptography and computer privacy".) 현대적으로 구현하면 AES를 사용할 수 있다.

(Page 219) **검산용 수**: 여기 예에서는 검산용 수가 거의 필요 없다. 모든 숫자가 한 글자씩 철자로 쓰여지고, 밥이 퍼즐을 풀 때 명백해지기 때문이다. 하지만 숫자가 다른 방식으로 암호화된다면 검산용 수 없이 확신할 수는 없게 된다.

(Page 221) **250차례 복호화**: 이 예에서는 엄격하게 말해 틀린 말이다. 왜냐하면 대신 이브는 각 퍼즐에 대해 훨씬 빠른 알려진 평문 공격을 수행할 수 있기 때문이다. 이것이 바로 머클이 알려진 평문 공격에 대해 훨씬 내성이 강한 암호와 큰 블록 크기를 사용하되 키 집합을 제한한 이유이다. 여기서도 이렇게 할 수 있지만 그러면 예가 훨씬 복잡해진다.

(Page 222) **키 합의 방식**: 때로는 이를 키 교환 방식(key-exchange system)이라고도 부리지만 이는 정확한 말이 아니다. 교환되는 것들은 비밀키로 사용할 수 없으며, 결국 앨리스와 밥은 비밀키를 합의해야 한다.

(Page 222) **머클은 자신의 방식이 결코 이상적이지 않다고 처음부터 인정했다**: Levy, *Crypto*, pp. 82－83.

(Page 222) **한 명은 시간을 두 배로 늘여야 한다**: 또는 각자가 대략 1.4배의 시간을 소비해야 한다.

(Page 223) **디피에 관한 이야기**: Levy, *Crypto*, pp. 20－31.

(Page 223) **"두 가지 문제와 한 가지 오해"**: Whitfield Diffie, "The first ten years of public-key cryptography," *Proceedings of the IEEE* 76:5 (1988).

(Page 223) **"전자서명"**: 머클 또한 이 문제를 고민했지만 성과를 내지는 못했다. Merkle, *CS 244 Project Proposal.*

(Page 223) **"나는 절도나 수색 영장 등에 의해 ..."**: Diffie, "The first ten years of public-key cryptography," p. 560.

(Page 223) **세 사람이**: 그리고 7장 부록에서 살펴볼 적어도 또 한 명.

(Page 224) **사생활과 자립에 대한 의식**: Levy, *Crypto*, for example, p. 34.

(Page 224) **디피와 헬만의 논문**: Whitfield, Diffie and Martin E. Hellman, "Multiuser cryptographic techniques," in Stanley Winkler (ed.), *Proceedings of the June 7－10, 1976, National Computer Conference and Exposition* (New York: ACM, 1976).

(Page 224) **논문의 초고**: Levy, *Crypto*, p. 81－82. 인터넷이 발달하기 전에는 많은 분야의 과학자들이 아직 발표되지 않은 논문의 사본을 관심 있는 동료들에게 보내주는 것이 관례였다. 이는 컴퓨터과학처럼 빠르게 움직이는 분야에서는 더욱 중요하다. 논문이 작성되고 출간된 이후에는 시대에 뒤떨어질 수도 있다. 오늘날 이러한 초고는 종종 웹사이트에 게시된다.

(Page 224) **디피와 헬만, 머클**: Levy, *Crypto*, pp. 76 – 83.

(Page 224) **단방향 함수**: 디피가 생각한 것: Levy, *Crypto*, p. 28; 머클이 생각한 것: Merkle, *CS 244 Project Proposal*.

(Page 224) **디피–헬만 키 합의**: Levy, *Crypto*, p. 84.

(Page 224) **"오늘 우리는 암호기술 혁명의 출발점에 ..."**: Whitfield, Diffie and Martin E. Hellman, "New directions in cryptography," *IEEE Transactions on Information Theory* 22:6 (1976).

(Page 224) **아주 큰 소수**: 디피–헬만 체계는 폴리그–헬만 암호처럼 모듈로 2에 대한 유한체 연산을 사용해서 수행할 수 있다. 앨리스와 밥은 컴퓨터를 사용해서 더 빠르게 할 수 있지만, 이브도 마찬가지이므로 실제 얻는 이득은 없다. Schneier, *Applied Cryptography*, p. 515.

(Page 224) **자리 수가 600 이상**: 즉, 2048비트이다. David Adrian et al., "Imperfect forward secrecy: How Diffie–Hellman fails in practice," in *22nd ACM Conference on Computer and Communications Security*, Association for Computing Machinery Special Interest Group on Security, Audit and Control (New York: ACM Press, 2015).

(Page 224) **모듈로 p에 대한 생성자**: 때로는 이를 모듈로 p에 대한 원시근(primitive root)이라고도 한다.

(Page 225) **모든 소수에 대해 생성자가 적어도 하나 존재**: 가우스에 의해 처음 증명되었다. Gauss, *Disquisitiones arithmeticae*, Articles 54 – 55.

(Page 225) **소수 목록에서 찾아봐도 된다**: 하지만 7.8절에서 다루는 중요한 주의사항을 참고하자.

(Page 226) $p = 2819$: 물론 이 숫자가 실제 보안에 비해 충분히 큰 것은 아니다. 단지 하나의 예일 뿐이다.

(Page 227) **94와 305**: 94305는 스탠퍼드 우편번호이다.

(Page 228) **232자리 소수 모듈러에 대한 이산대수 문제**: Thorsten Kleinjung, "Discrete logarithms in GF(p)—768 digits," E–mail sent to the NMBRTHRY mailing list, 2016, https://listserv.nodak.edu/cgi–bin/wa.exe?A2=NMBRTHRY;a0c66b63.1606.

(Page 228) **이산대수 기록**: 유한체 연산에 대해 더 큰 계산이 수행되었다. 이 글을 쓰는 시점의 기록은 2^{9234}개의 원소를 지닌 유한체에 대한 계산이다. 유한체의 크기는 2779자리, 즉 9234비트 숫자이다. Jens Zumbrägel, "Discrete logarithms in GF(2^9234)," E–mail sent to the NMBRTHRY mailing list, 2014, https://listserv.nodak.edu/cgi–bin/wa.exe?A2=NMBRTHRY;9aa2b043.1401.

(Page 229) **VPN과 IPv6에서의 디피–헬만**: 이러한 네트워크에서 사용되는 보안 시스템을 IPsec(Internet Protocol Security)라 한다. William Stallings, *Cryptography and Network Security: Principles and Practice*, 6th ed. (Boston: Pearson, 2014), Section 20.1. IPsec에서 사용하는 암호체계는 디피–헬만 방식을 기반으로 하며, 기밀성과 인증을 제공한다. Stallings, *Cryptology and Security*, Section 20.5.

(Page 229) **암호화 키를 알고 있더라도 복호화 키를 알아내기 매우 어렵다**: 종종 그 반대도 마찬가지지만, 이 장에서 다루는 체계에서는 필수 사항이 아니다.

(Page 230) **디피–헬만 체계에서 비롯된 많은 비대칭키 암호방식**: Diffie and Hellman, "New directions in cryptography," p. 652.

(Page 232) **1976년 논문**: Diffie and Hellman, "Multiuser cryptographic techniques".

(Page 232) **배낭 암호**: Simson Garfinkel, *PGP: Pretty Good Privacy* (Sebastopol, CA: O'Reilly Media, 1995), pp. 79–82

(Page 232) **리베스트와 샤미르는 흥분하고 애들먼은 아니었다**: Levy, *Crypto*, pp. 92–95.

(Page 232) **리베스트와 샤미르가 암호를 만들어내면**: Levy, *Crypto*, pp. 95–97.

(Page 232) **단방향 함수로서의 소인수분해**: 디피와 헬만 역시 단방향 함수로 소인수분해를 잠시 생각했으나 완성하지는 못했다. Levy, *Crypto*, p. 83.

(Page 232) **유월절 축제**: Levy, *Crypto*, p. 98.

(Page 233) **소파에 누워서**: 한 출처에 따르면 이는 그가 무언가를 생각할 때의 관행이었다. Levy, *Crypto*, p. 98. 다른 출처에서는 그가 두통 때문에 누워있었다고 한다. Garfinkel, *PGP*, p. 74; Jim, Gillogly and Paul Syverson, "Notes on Crypto '95 invited talks by Morris and Shamir," *Cipher: Electronic Newsletter of the Technical Committe on Security & Privacy, A Technical Committee of the Computer Society of the IEEE*. Electronic issue 9 (1995). 와인과 관련이 있는지는 확실하지 않다.

(Page 233) **지수 암호**: 이 시점에서 리베스트가 지수 암호에 대한 폴리그와 헬만의 작업을 보았다는 증거는 없다. 그는 아마 독립적으로 재발명했을지도 모른다.

(Page 233) **600자리 이상의 n**: 다시 2048비트이다. Benjamin Beurdouche et al., "A messy state of the union: Taming the composite state machines of TLS," in *2015 IEEE Symposium on Security and Privacy (SP)*, Los Alamitos, CA: IEEE Computer Society (2015).

(Page 233) $\mathbf{e=17}$: 실제로, $e=17$은 현실 세계에서도 매우 보편적인 선택이다. 이는 충분히 작아서 암호화가 빠르지만, 이브가 활용할 수 있을만큼 작지는 않다. 17은 소수이므로 17과 $\varphi(n)$의 최대공약수는 1이다. 또한, $17=2^4+1$이라는 형식이 되므로 일반적인 컴퓨터 기법을 사용해서 지수 연산을 수행하기 쉽다.

(Page 234) **"Just the factors, ma'am"**: Barbara, Mikkelson and David Mikkelson, "Just the facts," snopes.com, 2008, http://www.snopes.com/radiotv/tv/dragnet.asp.

(Page 235) **4월 4일 아침과 저자 이름 순서**: Levy, *Crypto*, pp. 100–1.

(Page 235) **RSA 기술메모**: Ronald L., Rivest, et al., "A method for obtaining digital signatures and public–key cryptosystems," technical Memo number MIT–LCS–TM–082, MIT, April 4, 1977.

(Page 235) **RSA를 설명하는 논문**: R. L. Rivest, et al., "A method for obtaining digital signatures and public–key cryptosystems," *Communications of the Association for Computing Machinery* 21:2 (1978).

(Page 235) **RSA 특허증**: Ronald L., Rivest et al., "Cryptographic communications system and method," United States patent: 4405829, 1983, http://www.google.com/patents?vid=4405829.

(Page 236) **마틴 가드너의 칼럼**: Martin Gardner, "Mathematical games: A new kind of cipher that would take millions of years to break," *Scientific American* 237:2 (1977).

(Page 236) **4경 년**: 이 추정은 실수인 것 같다; 리베스트는 4경번의 연산이 필요하다고 말했어야 한다. Garfinkel, *PGP*, p. 115. 다음 문헌에서는 '수억 년'이라고 말한다. Levy, *Crypto*, p. 104; 리베스트와 샤미르, 애들먼, 그리고 ACM(Association for Computing Machinery)의 저널을 기반으로 내가 대략 계산한 값은 22,500년이다. 여러분의 계산은 다를지도 모르겠다.

(Page 236) **3천 명 이상이 보고서를 요청했다**: Garfinkel, *PGP*, p. 78.

(Page 236) **안전한 웹 서버(secure web server)에서의 RSA**: Stallings, *Cryptology and Security*, Section 17.2.

(Page 236) **웹 서버의 복합 암호체계**: Stallings, *Cryptology and Security*, Section 17.2.

(Page 238) **소수 판정법들**: Leonard Eugene Dickson, *Divisibility and Primality*, reprint of 1919 edition (Providence, RI: AMS Chelsea Publishing, 1966), p. 426.

(Page 238) **"소수와 합성수를 구별하고 ..."**: Gauss, *Disquisitiones arithmeticae*, Article 329.

(Page 238) **"... 빠른 계산을 가능하게 하기 때문에 ..."**: Gauss, *Disquisitiones arithmeticae*, Article 334.

(Page 238) **처음 깨달은 사람**: R., Solovay and V. Strassen, "A fast Monte-Carlo test for primality," *SIAM Journal on Computing* 6:1 (1977); 이 논문은 1974년 6월 12일 저널 편집자가 처음으로 받았다.

(Page 239) **확률적 소수 판정법**: 기술적으로, 항상 빠르지만 가끔 틀리는 확률적 절차(probabilistic procedure)를 몬테카를로 알고리즘이라 부른다. 반면에, 항상 옳지만 가끔 느린 것을 라스베이거스 알고리즘이라고 한다. 솔베이-스트라센 판정법은 몬테카를로 알고리즘이다.

(Page 239) **증거와 거짓 증거**: 참인 증거와 거짓인 증거라는 말이 좀 더 정확할지는 몰라도 '증거(witness)'와 '거짓 증거(liar)'가 표준 용어이다. 합성수에 대한 페르마 판정법에서 1은 항상 거짓 증거이다. 왜 그런지 알겠는가?

(Page 241) **라빈의 논문**: Michael O. Rabin, "Probabilistic algorithm for testing primality," *Journal of Number Theory* 12:1 (1980).

(Page 241) **밀러의 논문**: Gary L. Miller, "Riemann's hypothesis and tests for primality," in *Proceedings of Seventh Annual ACM Symposium on Theory of Computing*, Association for Computing Machinery Special Interest Group on Algorithms and Computation Theory (New York: ACM, 1975).

(Page 241) **라빈-밀러 소수 판정법**: 라빈-밀러 판정법을 설명하는 것은 아주 어렵지 않지만, 이는 여기서 다룰 주제와 거리가 있다. 이 판정법을 확인하고 싶다면 다음 문헌에 간결하고 읽기 쉬운 설명이 있다. Joseph H. Silverman, *A Friendly Introduction to Number Theory*, 3d ed. (Englewood Cliffs, NJ: Prentice Hall, 2005), pp. 130-31. 다음 문헌에는 몇 가지 세부사항이 있다. Coutinho, *Mathematics of Ciphers*, pp. 100-4 (Sections 6.3-6.4).

(Page 241) **아그라왈–카얄–삭세나 소수 판정법**: 마지막으로 발표된 버전은 다음과 같다. Manindra Agrawal et al., "PRIMES is in P," *The Annals of Mathematics* 160:2 (2004). 다음 문헌에서는 이야기를 멋지게 설명하고 원한다면 수학을 무시할 수 있다. (이 주제에 대해 전문가가 아닌 수학자를 위해 작성되었다.) F. Bornemann, "PRIMES is in P: A breakthrough for 'everyman,' " *Notices of the AMS* 50:5 (2003). 이러한 발견은 많은 젊은 학생들에게 용기를 북돋아 주었다. 카얄과 삭세나는 학부생일 때 이 작업을 시작했고, 졸업 후 첫 여름에 돌파구를 마련했다.

(Page 241) **안전한 RSA 키를 생성하는**: 실제로 전체 과정에서 가장 시간이 걸리는 부분은 소수 판별을 위한 난수를 추측할 수 없게 생성하는 것이다. 컴퓨터의 성능에 따라 이는 1분까지 걸릴 수도 있다.

(Page 243) **빤한 방법보다 더 좋은 방법**: 현대 소인수분해 기술에 대한 자세한 내용은 다음을 참고하라. Carl Pomerance, "A tale of two sieves," *Notices of the American Mathematical Society*. 43:12 (1996). 여기에는 그 문건이 작성된 이후 몇 가지 개선 사항이 담겨 있다. 하지만 기본 아이디어는 2015년의 기술 상태와 같다.

(Page 243) **129자리 모듈로를 소인수분해 풀이**: Garfinkel, PGP, p. 113–15; Derek Atkins et al., "The magic words are Squeamish Ossifrage," in Josef Pieprzyk and Reihanah Safavi–Naini (eds.) *Advances in Cryptology—ASIACRYPT '94*. (Berlin/Heidelberg: Springer–Verlag, 1995).

(Page 243) **232자리 십진수 소인수분해**: Thorsten, Kleinjung Kazumaro Aoki, Jens Franke, Arjen Lenstra, Emmanuel Thom, Joppe Bos, Pierrick Gaudry, et al., "Factorization of a 768–bit RSA modulus," cryptology ePrint Archive number 2010/006, 2010. 더 큰 숫자는 특별한 형태일 때만 소인수분해되었다.

(Page 244) **$\varphi(n)$의 배수를 이용한 인수분해**: 이 알고리즘은 7.5절의 라빈–밀러 소수 판정법과 밀접한 관련이 있다. 이 알고리즘의 초기 버전은 밀러의 "Riemann's hypothesis"에서 볼 수 있지만, 광범위하게 받아들여지되 증명은 되지 않은 추측에 의존한다. 현대판 버전을 누가 생각했는지는 모르지만 다음 문헌에서 설명을 찾을 수 있다. Alfred J. Menezes et al., *Handbook of Applied Cryptography* (Baca Raton, FL: CRC, 1996), p. 287 (Section 8.2.2).

(Page 246) **RSA에 대한 선택 암호문 공격**: 이는 또한 폴리그–헬만 지수 암호에도 적용된다.

(Page 247) **이브는 243과 3125를 알고 있으므로**: 그녀는 다른 평문 블록도 제대로 암호화했기 때문에 해당 평문도 알고 있지만 이는 도움이 되지 않는다.

(Page 247) **d의 값으로 너무 작은 수를 선택하지 마라**: 많은 사람들이 암호화를 빠르게 하고자 작은 e를 선택하는 것처럼(7.4절 참고), 여러분도 복호화를 빠르게 하고자 작은 d를 선택하려 할 수 있다.

(Page 249) **$2214^6 \times 2019^{-1}$ mod 3763**: 여기서 2019^{-1}은 모듈로 3763에 대한 2019의 곱셈에 대한 역원과 같다.

(Page 249) **RSA에 대한 공격의 세부 내용**: 다음 문헌에는 몇 가지 더 많은 공격에 대해 광범위하게 요약되어 있다. Schneier, *Applied Cryptography*, pp. 471–74; 이들 공격 중 일부는 전자서명(8.4절 참고)과 관련 있다. 다음 문헌에서는 많은 공격법을 자세히 다룬다. Dan Boneh, "Twenty years of attacks on the RSA cryptosystem," *Notices of the AMS* 46:2 (1999).

(Page 250) **디피–헬만–머클 체계**: M. E. Hellman, "An overview of public key cryptography," *IEEE Communications Magazine* 40:5 (2002). 하지만 오래된 용어를 바꾸기는 어렵다.

(Page 250) **특허**: Martin E. Hellman et al., "Cryptographic apparatus and method," United States Patent: 4200770, 1980, http://www.google.com/patents?vid=4200770.

(Page 251) **몇 가지 NSA 내부 문건**: Spiegel Staff, "Prying Eyes, Inside the NSA's war on Internet security" *Spiegel Online* (2014). and especially OTP VPN Exploitation Team, "Intro to the VPN exploitation process," http://www.spiegel.de/media/media-35515.pdf.

(Page 251) **로그잼**: 이름에 대해서는 다음 문헌을 참고하라. David Adrian et al., "The logjam attack," (May 20, 2015). https://weakdh.org/. 기술적 설명과 NSA가 이를 사용하고 있다고 믿는 이론적 근거는 다음 문헌을 참고하라. Adrian et al. *Imperfect Forward Secrecy*.

(Page 251) **225자리 소수**: 정확히 말하자면 768비트.

(Page 252) **150자리 소수**: 정확히 말하자면 512비트.

(Page 252) **FREAK**: "Export"는 미국 바깥으로 수출되는 소프트웨어에 작은 키가 필요하다는 사실을 가리킨다. 이름에 대한 자세한 내용은 다음 문헌을 참고하라. Karthikeyan, Bhargavan et al., "State Machine AttaCKs against TLS (SMACK TLS)," https:/www.smacktls.com. 기술적 설명은 다음 문헌을 참고하라. Beurdouche et al., *Messy State of the Union*.

(Page 252) **엘리스에 대한 이야기**: Levy, *Crypto*, pp. 313 – 19.

(Page 253) **시스템 자체는 실용적이지 않으며**: J. H. Ellis, "The history of non-secret encryption," *Cryptologia* 23:3 (1999).

(Page 253) **"그런 암호체계가 이론적으로 가능하다는 것을 ..."**: J. H. Ellis, "The possibility of secure non-secret digital encryption," UK Communications Electronics Security Group, January 1970.

(Page 254) **코드북**: 사실 엘리스는 코드북을 블록 암호(가령 100비트 평문을 100비트 암호문에 대응하는)로 여기지 않았다. 안전한 블록 크기에 대한 그의 생각은 파이스텔과 비슷했다. 이러한 블록 암호는 빈도 분석에 덜 취약하지만, 여기서 나는 코드북이 시각화하기 더 쉽다고 생각한다.

(Page 255) **앨리스는 밥에게 메시지를 보내기 전에 암호화 키에 대해 먼저 물어본다**: 엘리스가 떠올린 시스템에서는 수신자가 암호화를 담당한다는 점을 상기하자.

(Page 255) **'과정(process)'을 발견할 수 있기를 바라서였다**: Ellis, "Possibility".

(Page 255) **"정수론에 약했기 때문에 ..."**: Ellis, "History," p. 271.

(Page 256) **상황은 달라지지 않았다**: Levy, *Crypto*, pp. 318 – 19.

(Page 256) **콕스에 대한 이야기**: Levy, *Crypto*, pp. 319 – 22.

(Page 256) **밑바탕이 되는 수학 분야**: 정수론(Number theory, 정수와 그 속성을 연구하는 학문).

(Page 256) **"그날 저녁 특별하게 할 일이 없었는데 ..."**: Levy, *Crypto*, p. 320.

(Page 256) **본질적으로 완전히 같은 것**: 작은 차이점은 엘리스처럼 콕스도 여전히 앨리스가 밥에게 공개키를 요청하는 시스템을 생각하고 있었다는 점이다. 하지만 그는 앨리스가 한 번 밥의 공개키를 얻으면, 이를 이용해서 그녀가 원하는 만큼 많은 메시지를 암호화할 수 있다고 지적했다.

(Page 256) **콕스의 논문**: C. C. Cocks, "A Note on non-secret encryption," UK Communications Electronics Security Group, November 20, 1973.

(Page 256) **윌리엄슨에 대한 이야기**: Levy, *Crypto*, pp. 322–25. 윌리엄슨은 콕스와 같은 집에 살았지만 GCHQ 규정에 따라 일이나 글쓰기에 대한 대화는 금지되어 있었다.

(Page 256) **윌리엄슨의 첫 논문**: M. J. Williamson, "Non-secret encryption using a finite field," UK Communications Electronics Security Group, January 21, 1974.

(Page 257) **윌리엄슨의 두 번째 논문**: Malcolm Williamson, "Thoughts on cheaper non-secret encryption," UK Communications Electronics Security Group, August 10, 1976.

(Page 257) **GCHQ에서 공개키 암호화의 운명**: Levy, *Crypto*, pp. 324 – 29.

(Page 257) **"계속 비밀로 하는 것이 더는 ..."**: Ellis, "History".

(Page 257) **GCHQ가 게시한 다섯 편의 논문**: 윌리엄슨에 따르면 이들 논문은 '어떤 사람'이 은퇴하기 전까지는 공개할 수 없다고 했다. Levy, *Crypto*, p. 329.

8 기타 공개키 암호체계

(Page 263) **"Tell me three times"**: Lewis Carroll, *The Hunting of the Snark: An Agony in Eight Fits* (London: Macmillan, 1876), Fit the First.

(Page 264) **둘 다 어렵기는 매한가지다**: 두 가지 걸림돌이 있다. 쓰리-패스 프로토콜은 지수 연산의 역도 가능해야 해서 제한이 더 많고, 문제를 풀고자 시도하는데 유효한 답이 없을 때 어떻게 할지도 결정해야만 한다. 이 주제를 좀 아는 사람들을 위한 자세한 수학적 내용은 다음 문헌을 참고하라. K., Sakurai and H. Shizuya, "A structural comparison of the computational difficulty of breaking discrete log cryptosystems," *Journal of Cryptology* 11:1 (1998).

(Page 264) **머리로 하는 포커(mental poker)에 대한 기술보고서**: Adi Shamir et al., "Mental poker," MIT, February 1, 1979.

(Page 264) **관련 논문을 모아 마틴 가드너에게 보냈다**: A., Shamir et al., "Mental poker," in David A. Klarner (ed.), *The Mathematical Gardner* (Boston: Prindle, Weber & Schmidt; Belmont, CA: Wadsworth International, 1981). 이는 비전문가를 위한 읽기 쉬운 문헌이다. 쓰리-패스 프로토콜은 또한 다음 문헌에도 나타난다. Konheim, *Cryptography*, pp. 345 – 46, 여기서는 샤미르의 '발표되지 않은 작업물'이라 묘사한다.

(Page 264) **오무라가 재발명한 쓰리-패스 프로토콜**: J. L. Massey, "An introduction to contemporary cryptology," *Proceedings of the IEEE* 76:5 (1988).

(Page 264) **유럽의 한 주요 암호학 학술대회**: J. Massey, "A new multiplicative algorithm over finite fields and its applicability in public-key cryptography," Presentation at EUROCRYPT '83 March 21-25, 1983).

(Page 264) **매시와 오무라의 특허**: James L., Massey and Jimmy K. Omura, "Method and apparatus for maintaining the privacy of digital messages conveyed by public transmission," United States Patent: 4567600 January 28, 1986, http://www.google.com/patents?vid=4567600.

(Page 265) **엘가말이 비대칭키 암호체계를 고안해내면서**: Taher ElGamal, "A public key cryptosystem and a signature scheme based on discrete logarithms," in George Robert Blakley and David Chaum (eds.), *Advances in Cryptology: Proceedings of CRYPTO '84*, (Santa Barbara, CA: Springer-Verlag, 1985.

(Page 265) **Elgamal과 ElGamal**: "ElGamal"이라는 철자가 원본 논문에 사용되고 이를 표기하는 표준이 되었지만, 정작 엘가말 자신은 이제 소문자 g를 선호한다.

(Page 265) **다른 사람이 사용하는 것을 사용해도**: 하지만 7.8절의 주의 사항을 참고하자.

(Page 265) $\boldsymbol{p = 2819}$: 실제로 p는 이보다 훨씬 크다는 것을 다시 한 번 상기하자.

(Page 265) **은닉값과 힌트**: 이 아이디어는 엘가말에만 있는 독창적 방식은 아니다. 사실, 무작위 은닉값이라는 아이디어는 일회성 패드와 같은 아이디어다. 은닉된 암호문과 암호 힌트를 보내는 아이디어는 1980년대 초반에 시작된 것으로 보인다. 다음 두 문헌에 은닉값과 힌트 체계와 매켈리스 공개키 체계(McEliece public-key system)를 포함한 확률적 암호화의 초기 역사가 잘 요약되어 있다. Ronald L., Rivest and Alan T. Sherman, "Randomized Encryption Techniques," in David Chaum, Ronald L. Rivest, and Alan T. Sherman (eds.), *Advances in Cryptology: Proceedings of CRYPTO '82* (New York: Plenum Press, 1983). 매켈리스 공개키 체계는 무작위 은닉값을 사용하지만 힌트는 사용하지 않는다. 대신 오류 수정 코드를 사용하여 은닉값을 제거한다. 리베스트와 셔먼은 엘가말 체계와 비슷한 은닉값, 힌트 체계를 다음 문헌 덕분으로 본다. C. A. Asmuth and G. R. Blakley, "An efficient algorithm for constructing a cryptosystem which is harder to break than two other cryptosystems," *Computers & Mathematics with Applications* 7:6 (1981), 여기서 그들은 두 가지 암호화 체계를 '결합'하는 것과 관련된 아이디어를 사용한다. 하지만 내가 아는 한 엘가말은 이를 최초로 도입한 공개키 체계이다.

(Page 268) **곱셈 암호**: 엘가말은 곱셈 외에 다른 연산도 사용할 수 있다고 했지만, 곱셈 연산은 지수 연산의 일부이고 지수 연산보다 빠르므로 편리하다. ElGamal, "Public key cryptosystem".

(Page 269) **PGP와 GPG에서의 공개키 옵션**: PGP: Jon Callas et al., "OpenPGP Message Format," IETF, November 2007; GPG: People of the GnuPG Project, "GnuPG frequently asked questions," https://gnupg.org/faq/gnupg-faq.html. 이들은 특히 키 합의가 적합하지 않은 이메일 프로그램이다. 따라서 디피-헬만은 표준 옵션이 아니며, 이들 프로그램에서는 엘가말 암호화가 때때로 '디피-헬만 암호화'라고 불린다. PGP 표준은 디피-헬만을 "OpenPGP 구현에 사용하면 유용하지만 실제로 알고리즘의 구현을 방해하는 문제가 있다."라는 옵션으로 나열한다.

(Page 269) **타원 곡선의 방정식**: 다른 맥락에서 필요한 더 일반적인 형태가 있지만, 여기서는 이것으로 충분하다.

(Page 278) **교환법칙, 결합법칙, 항등원, 역원**: 연산에 있어 결합법칙이 성립하고 항등원과 역원이 있는 집합은 기술적 용어로 군(group)이라고 한다. 또한 교환법칙이 성립하면 가환군이라 한다. 숫자와의 덧셈, 0이 아닌 숫자와의 곱셈, 모듈로 n에 대한 숫자와의 덧셈, 모듈로 n에 대한 상대적인 소수와의 곱셈 등, 타원 곡선은 가환군의 모든 예가 된다. 길이가 n인 순열과의 순열 곱 역시 군이지만 가환군은 아니다.

(Page 279) **만일 타원 곡선 위에서 덧셈에 대한 역원을 찾을 수 없는 지점에 이르면**: 모듈로가 소수이기 때문에 역원이 없는 유일한 숫자는 해당 소수의 모듈로에 대한 0과 같을 때뿐이다.

(Page 279) **모듈로 p에 대한 타원 곡선**: 타원 곡선의 계수와 좌표가 유한체의 요소라고 생각하는 것이 가능하고, 또 때로는 편리하다. 이 경우 공식은 거의 같지만 똑 같은 것은 아니다. 하지만 여기서 이를 고려할 필요는 없다.

(Page 280) **모듈러 지수 연산과 타원 곡선 이산대수 문제는 어렵다**: 그리고 소인수분해 문제도 그렇다. 하지만 소인수분해 문제는 타원 곡선과 유사점이 적다.

(Page 280) **닐 코블리츠의 이야기에 따르면**: Neal Koblitz, *Random Curves: Journeys of a Mathematician* (Berlin/Heidelberg Springer–Verlag, 2008), pp. 298 – 310.

(Page 280) **소련에 머무는 동안의 코블리츠**: 한편, 코블리츠는 모스크바에서 암호기술을 주제로 한 첫 강연을 회상한다. 그는 타원 곡선 암호기술을 이야기하진 않았지만, 핵 실험 금지 조약을 인증하는 데 공개키 암호기술을 적용하는 방안을 언급했다.

(Page 280) **밀러의 논문**: V. Miller, "Use of elliptic curves in cryptography," in Hugh C. Williams (ed.), *Advances in Cryptology – CRYPTO '85 Proceedings* (Berlin: Springer, 1986).

(Page 280) **대략 70자리 소수**: 즉, 224–225비트이다. Elaine Barker et al., "Recommendation for key management—Part 1: General (Revision 3)," NIST, July 2012.

(Page 280) **표에서 찾아볼 수 있다**: 7.8절의 주의 사항이 여기서는 적용되지 않을 수 있다. 왜냐하면 거기서 언급한 사전계산 기법은 타원 곡선 이산대수 문제에 작동하지 않기 때문이다. 대신 8.5절의 다른 주의 사항을 참고하라.

(Page 281) **비밀키로 앨리스는 a를, 밥은 b를 고르면**: 이들이 G로 생성한 점의 개수보다 적고 꼭 필요한 것이 아니라면 편리하다.

(Page 281) **비밀 정보를 공유**: 비밀 정보를 공유한 이 조각은 사실 x와 y좌표를 지닌 하나의 점임을 상기하자. x좌표를 사용하는 것이 일반적이므로 모듈로 p에 대한 숫자가 된다.

(Page 281) **타원 곡선 이산대수 문제의 기록**: Joppe W. Bos et al., "Pollard rho on the PlayStation 3," in *SHARCS '09 Workshop Record*, Virtual Application and Implementation Research Lab within ECRYPT II European Network of Excellence in Cryptography Lausanne, Switzerland: 2009. 유한체에 대한 기록은 2^{113}개의 요소를 지닌 유한체에 대한 연산이다. 이 유한체의 크기는 113비트 숫자이다. Erich, Wenger and Paul Wolfger, "Harder, better, faster, stronger: elliptic curve discrete logarithm computations on FPGAs" *Journal of Cryptographic Engineering* (September 3, 2015).

(Page 282) **코블리츠의 논문**: Neal Koblitz, "Elliptic curve cryptosystems," *Mathematics of Computation* 48:177 (1987).

(Page 282) **타원 곡선 엘가말 암호기법**: 여러분은 평문을 타원 곡선 위의 자명하지 않은 한 점으로 표현할 방법을 찾아야 한다. 코블리츠는 다음 문헌에서 이러한 아이디어를 언급한다. Koblitz, "Elliptic curve cryptosystems," Section 3.

(Page 283) ***f* 찾기**: 8.5절을 참고하자.

(Page 283) ***f*를 빠르게 계산하는 방법**: Koblitz, "Elliptic curve cryptosystems".

(Page 284) **그 키를 이용해 암호화된 메시지**: 즉, 그 키를 사용해 계산한 MAC.

(Page 285) **"이미 사용된 적이 있더라도 위조할 수 ..."**: Diffie and Hellman, "Multiuser cryptographic techniques."

(Page 285) **두 가지 가정이 필요하다**: 이들은 확률적 암호화 체계에서는 사실일 가능성이 매우 적다.

(Page 286) **"everywhere a sign"**: Five Man Electrical Band, "Signs," Single. Lionel Records, 1971.

(Page 286) **진짜 메시지**: 위조범 프랭크가 σ는 모르는 상태에서 v로 인증한 메시지가 의미 있는 영문이 되어 서명을 엮어낼 수 있는 가능성은 매우 적다. 메시지가 텍스트가 아닌 다른 것이라면, 이는 앨리스가 밥이 비교할 수 있도록 서명되지 않은 메시지 사본을 보내고자 하는 경우이다.

(Page 287) **앨리스의 서명과 암호화**: 여기서 한 것처럼 먼저 서명하고 나서 암호화해야 하는지, 아니면 먼저 암호화하고 나서 서명해야 하는지에 대한 논란이 있다. 두 방식 모두 좋은 점이 있다. 나는 "호튼의 원리(Horton principle)"를 선택한다. 이는 무엇에 서명하는지에 의미를 두고, 무엇이 의미가 있는지(단지 의미하는 바를 암호화한 버전이 아닌)에 서명하라는 의미이다. Ferguson et al., *Cryptography Engineering*, pp. 96–97 and 102–4; Dr. Seuss, *Horton Hatches the Egg* (Random House, 1940).

(Page 287) **인증서**: 인증서에 대한 자세한 내용과 인터넷에서 어떻게 쓰이는지는 다음을 참고하라. Simson Garfinkel, *Web Security, Privacy and Commerce*, 2nd ed. (Sebastopol, CA: O'Reilly Media, 2002), pp. 160–93.

(Page 288) **RSA 전자서명 인증서**: 2013년 인터넷 조사에 따르면 99%의 인증서가 RSA를 사용해서 서명된 것으로 나타났다. Zakir Durumeric et al., "Analysis of the HTTPS certificate ecosystem," in *Proceedings of the 2013 Conference on Internet Measurement Conference*, Association for Computing Machinery Special Interest Groups on Data Communication and on Measurement and Evaluation (New York: ACM, 2013).

(Page 288) **RSA 데이터 시큐리티와 넷스케이프**: Garfinkel, *Web Security*, pp. 175–76.

(Page 288) **베리사인과 시만텍**: 2013년의 같은 인터넷 조사에 따르면 인증서의 34%가 시만텍 소유의 회사에서 발급되었고 대략 10%가 베리사인 자체에서 발급되었다고 한다. Durumeric et al., "Analysis of the HTTPS certificate ecosystem."

(Page 288) **인터넷 익스플로러, 파이어폭스, 크롬, 사파리**: 정확히 말해서 2015년에 인터넷 익스플로러와 사파리는 RSA, 디지털 서명 알고리즘, 타원 곡선 디지털 서명 알고리즘(ECDSA)을 지원한다. 크롬과 사파리는 DSA는 제외하고 단지 RSA와 ECDSA만 지원한다. Qualys SSL Labs, "User agent capabilities," 2015. https://www.ssllabs.com/ssltest/clients.html. 이 웹사이트에서는 브라우저가 지원하는 알고리즘을 테스트할 수 있는 옵션도 제공한다.

(Page 289) **밥은 전혀 이상하다고 생각하지 않을 것이다**: 앨리스와 밥이 컴퓨터라면, 밥이 문제를 알아채지 못할 가능성이 더욱 크다. 특히 여기 예에서는 두 번째 메시지가 첫 번째보다 더 그렇다.

(Page 289) **시계를 동기화**: Ferguson et al., *Cryptography Engineering*, Chapter 16.

(Page 290) **짧은 서명**: 이는 종종 해시 함수 또는 메시지 다이제스트 함수를 사용하여 수행된다. 이들 함수는 누구나 키 없이 계산하기 쉽고, 임의의 길이로 된 메시지를 512비트와 같은 고정된 크기의 값으로 가져올 수 있다. 하지만 해시값이 주어질 때나 같은 해시값을 지닌 두 개의 메시지가 있을 때 메시지를 찾기 어려워야 한다. 해시 함수는 이 책의 범위를 벗어나지만 다음 문헌에 잘 소개되어 있다. Barr, *Invitation to Cryptology*, Section 3.6. 또한 다음 문헌은 더 깊이 다루고 있으며, NIST에서 최근 해시 함수 표준을 선택하기 위해 연 AES 스타일의 경쟁에 대한 내용을 포함하는 등 최신 버전이다. Stallings, *Cryptology and Security*, Chapter 11. 다음 문헌에서는 해시 함수의 동작과 사용 방법을 그다지 자세히 설명하지는 않는다. Ferguson et al., *Cryptography Engineering*, Chapter 5.

(Page 290) **엘가말 서명 방식**: ElGamal, "Public key cryptosystem."

(Page 290) **DSA에 있었던 논란**: 초기 반응은 다음 문헌을 참고하라. Schneier, *Applied Cryptography*, Section 20.1.

(Page 291) **소니가 모든 서명에 동일한 임시값을 사용하고 있다**: 해커집단은 이를 가리켜 "fail0verflow"라 부른다. bushing, marcan and sven, "Console hacking 2010: PS3 epic fail," 2010년 27차 카오스 커뮤니케이션 총회(Chaos Communication Congress)에서 발표된 슬라이드, https://events.ccc.de /congress/2010/Fahrplan/events/4087.en.html.

(Page 291) **또 다른 해커**: 키를 발표한 해커는 조지 호츠(George Hotz),일명 "GeoHot"이다. Jonathan Fildes, "iPhone hacker publishes secret Sony PlayStation 3 key," BBC News Web site, 2011. http://www.bbc.co.uk/news/technology-12116051.

(Page 291) **소니의 소송**: David Kravets, "Sony settles PlayStation hacking lawsuit," *Wired Magazine* Web site, http://www.wired.com/2011/04/sony-settles-ps3-lawsuit. 법적 문서는 다음 문헌에서 살펴볼 수 있다. Corynne McSherry, "Sony v. Hotz ends with a whimper, I mean a gag order," Electronic Frontier Foundation Deeplinks Blog, 2011, https://www.eff.org/deeplinks/2011/04/sony-v-hotz-ends-whimper-i-mean-gag -order. 호츠는 소니 제품에 대한 기밀 정보를 더 이상 공유하지 않으며 해킹을 자제하기로 동의했다.

(Page 292) **후천적 선택 암호문 공격**: 엘가말 암호의 원시 버전에서, 이브가 암호문 R과 C를 가지고 있고 밥을 속여 가령 R과 $2C$로 해독하게 만들면, 밥의 결과는 $2P$가 되어 이브는 손쉽게 P를 얻게 된다. 물론, 이브가 개인키를 얻을 수는 없더라도 말이다.

(Page 292) **DHIES와 ECIES**: DHIES와 ECIES는 다음 문헌에서 DLAES라는 이름으로 처음 설명되었다. 비록 타원 곡선에 대한 언급을 찾아보려면 자세히 읽어야 하지만 말이다. Mihir, Bellare and Phillip Rogaway, "Minimizing the use of random oracles in authenticated encryption schemes," in Yongfei Han, Tatsuaki Okamoto, and Sihan Quing (eds.), *Proceedings of the First International Conference on Information and Communication Security* (Berlin/Heidelberg: Springer-Verlag, 1997). 이 방식은 또한 DHES와 DHIES로도 알려졌고, 모듈러 지수 연산 이산대수 버전은 종종 DLIES라 불린다. 다음 문헌에서는 "이는 모두 같은 방식이다."라고 말한다. Michel Abdalla et al., "The oracle Diffie-Hellman assumptions and an analysis of DHIES," in David Naccache (ed.), *Topics in Cryptology-CT-RSA 2001* (Berlin/Heidelberg: Springer-Verlag, 2001).

(Page 292) **초타원 곡선**: 초타원 곡선에 대한 자세한 내용은 다음 문헌을 참고하라. Hoffstein et al., *Introduction to Mathematical Cryptography*, Section 8.10.

(Page 293) **짝짓기 함수**: 개요는 다음 문헌을 참고하라. Trappe and Washington, *Introduction to Cryptography*, Section 16.6. 자세한 세부 사항은 다음을 참고하라. Hoffstein et al., *Introduction to Mathematical Cryptography*, Sections 6.8–6.10.

(Page 293) **3자 디피-헬만 키 합의**: Hoffstein et al., *Introduction to Mathematical Cryptography*, Sections 6.10.1.

(Page 293) **ID 기반 암호체계**: Trappe and Washington, *Introduction to Cryptography*, Section 16.6, 자세한 내용은 다음을 참고하라. Hoffstein et al., *Introduction to Mathematical Cryptography*, Section 6.10.2.

(Page 294) **스위트 B**: NSA/CSS, "Cryptography Today," NSA/CSS Web site, https://www.nsa.gov/ia/programs/suitteb_cryptography/index.shtml. 특별히 더욱 민감한 정보를 위한 '스위트 A'도 분명히 있다. 사용된 알고리즘은 기밀로 분류되어 공개되지 않는다. NSA/CSS, "Fact sheet NSA Suite B cryptography," NSA/CSS Web site, http://wayback.archive.org/web /20051125141648/ http://www.nsa.gov/ia/industry/crypto_suite_b.cfm. 독자 여러분은 케르크호프스의 원리에 비추어 이러한 결정을 고려할 수 있을 것이다.

(Page 294) **초기의 스위트 B**: NSA/CSS, "Fact Sheet NSA Suite B Cryptography". 2008년 키 합의에 대한 두 번째 알고리즘인 타원 곡선 MVQ가 스위트 B에서 제거되었다.

(Page 294) **상업적이면서 정부 표준**: 당시 AES와 해시 함수는 키 합의와 전자서명 카테고리의 경우와는 달리, NIST가 완전히 승인한 유일한 두 개의 알고리즘이었다. 해시 함수는 다른 승인된 함수가 추가되었지만, AES는 여전히 유일하게 완전히 승인된 대칭 암호화 알고리즘이다.

(Page 294) **NSA는 ... 장점을 강조하면서**: NSA/CSS, "The case for elliptic curve cryptography," NSA/CSS Web site, http://wayback.archive.org/web/20131209051540/; http://www.nsa.gov/business/programs/elliptic_curve.shtml.

(Page 294) **Dual EC DRBG**: Bruce Schneier, "Did NSA put a secret backdoor in new encryption standard?" *Wired Magazine* Web site, http://archive.wired.com/politics/security/commentary/securitymatters/2007/11/securitymatters_1115.

(Page 294) **마이크로소프트 소속의 두 연구자**: Dan, Shumow and Niels Ferguson, "On the possibility of a back door in the NIST SP800-90 Dual EC PRNG," Slides from presentation at Rump Session of CRYPTO 2007, http://rump2007.cr.yp.to/15-shumow.pdf. 2005년 초반에 그런 백도어의 존재가 명백히 의심되었다. Matthew Green, "A few more notes on NSA random number generators," A Few Thoughts on Cryptographic Engineering Blog, http://blog.cryptographyengineering.com/2013/12/a-few-more-notes-on-nsa-random-number.html.

(Page 295) **Dual EC DRBG에 대한 스노든의 문서**: Nicole Perlroth, "Government announces steps to restore confidence on encryption standards," *New York Times* Web site, http://bits.blogs.nytimes.com/2013/09/10/government-announces-steps-to-restore-confidence-on-encryption-standards/.

(Page 295) **NIST는 ... 제거했다**: "NIST removes cryptography algorithm from random number generator recommendations," NIST Tech Beat Blog, http://www.nist.gov/itl/csd/sp800-90-042114.cfm.

(Page 295) **"NSA가 할 수만 있다면 언제든 영향을 미칠 수 있는" 상수**: Bruce Schneier, "NSA surveillance: A guide to staying secure," *The Guardian* (2013). 특히 타원 곡선을 사용한다면, 이는 표에서 찾는 대신 곡선과 생성자를 직접 계산해야 하는 이유가 될 수 있다.

(Page 295) **새로운 알고리즘 집합**: NSA/CSS, "Cryptography Today".

(Page 295) **NIST의 양자 내성 암호기술에 관한 보고서**: Lily Chen et al., Report on Post-Quantum Cryptography, NIST, April 2016.

9 암호의 미래

(Page 296) **고양이 밥을 주는 자동장치**: 슈뢰딩거는 원래 이 질문을 다르게 표현했지만, 나는 가정일지라도 죽은 고양이를 논하고 싶지는 않다.

(Page 300) **도이치의 알고리즘**: 이 문제와 알고리즘을 처음 기술한 것은 다음 문헌을 참고하라. D. Deutsch, "Quantum theory, the church-turing principle and the universal quantum computer," *Proceedings of the Royal Society of London, Series A, Mathematical and Physical Sciences* 400:1818 (1985).

(Page 300) **쇼어의 알고리즘**: 쇼어의 알고리즘이 처음 발표된 문헌은 다음과 같다. P. W. Shor, "Algorithms for quantum computation: Discrete logarithms and factoring," in *Proceedings, 35th Annual Symposium on Foundations of Computer Science*, IEEE Computer Society Technical Committee on Mathematical Foundations of Computing (Los Alamitos, CA: IEEE, 1994). 비전문가를 위한 훌륭한 설명은 다음 문헌을 참고하라. Scott Aaronson, "Shor, I'll do it," in Reed Cartwright and Bora Zivkovic (eds.), *The Open Laboratory: The Best Science Writing on Blogs 2007* (Lulu.com, 2008).

(Page 301) **쇼어 알고리즘을 적용할 수 있는 최소 숫자**: 쇼어 알고리즘은 인수분해가 쉬운 짝수나 소수의 완전제곱 형태인 9와 같은 숫자로는 작동하지 않는다. 이들 숫자는 특별한 기법을 사용해서 비교적 빨리 소인수분해할 수 있다.

(Page 301) **15의 소인수분해**: Lieven M. K. Vandersypen et al., "Experimental realization of Shor's quantum factoring algorithm using nuclear magnetic resonance," *Nature* 414:6866 (2001).

(Page 301) **21의 소인수분해**: Enrique Martin-Lopez et al., "Experimental realisation of Shor's quantum factoring algorithm using qubit recycling," *Nature Photonics* 6:11 (2012).

(Page 301) **143의 소인수분해**: Nanyang Xu et al., "Quantum factorization of 143 on a dipolar-coupling nuclear magnetic resonance system," *Physical Review Letters* 108:13 (2012). 단열 양자 연산(adiabatic quantum computation)이라 불리는 이 알고리즘이 쇼어 알고리즘만큼 빠른지는 확실하지 않다.

(Page 301) **56153의 소인수분해**: Nikesh S. Dattani and Nathaniel Bryans, "Quantum factorization of 56153 with only 4 qubits," arXiv number 1411.6758, November 27, 2014. 저자들이 말했듯이, 일반적으로 "이 축약으로 인해 우리는 큰 RSA 코드를 해독할 수 없다."

(Page 301) **그로버의 알고리즘**: 그로버의 알고리즘이 처음 발표된 문헌은 다음과 같다. Lov K. Grover, "A fast quantum mechanical algorithm for database search," in *Proceedings of the Twenty-eighth Annual ACM Symposium on Theory of Computing*, Association for Computing Machinery Special Interest Group on Algorithms and Computation Theory (New York: ACM, 1996). 다음 문헌은 이 기술을 읽기 쉽게 요약했다. Graham P Collins, "Exhaustive searching is less tiring with a bit of quantum magic," *Physics Today* 50:10 (1997).

(Page 301) **256비트 AES 키**: NSA/CSS, *Cryptography Today*.

(Page 301) **포스트 양자 암호기술**: 이 기술에 대한 개요는 다음 문헌을 참고하라. Daniel J. Bernstein, "Introduction to post-quantum cryptography," in Daniel J. Bernstein, Johannes Buchmann, and Erik Dahmen (eds.), *Post-Quantum Cryptography* (Springer Berlin Heidelberg, 2009).

(Page 301) **쉽게 풀 수 없는 문제**: 하지만 공개키 암호기술에서 대부분 그랬듯이, 확실히 풀 수 없다고는 할 수 없다.

(Page 304) **500차원 이상**: Hoffstein et al., *Introduction to Mathematical Cryptography*, Section 7.11.2. 격자의 차원 수는 해당 구역에 N개의 값이 있을 때 $2N$임을 상기하자.

(Page 305) **암호체계의 예**: 명시적으로 격자에 기반을 둔 암호체계는 1997년에 다음 문헌에서 처음 발표되었다. Miklós, Ajtai and Cynthia Dwork, "A Public-key cryptosystem with worst-case/average-case equivalence," in *Proceedings of the Twenty-ninth Annual ACM Symposium on Theory of Computing*, Association for Computing Machinery Special Interest Group on Algorithms and Computation Theory (New York; ACM, 1997).) Ajtai-Dwork 체계는 최단 벡터 문제의 변형을 기반으로 했으며, 현재는 안전하지만 실용적이지 않은 것으로 간주한다. 여기서 설명하는 암호체계는 대략 같은 시기에 발명되었으며, 현재는 실용적이지만 안전하지 않은 것으로 간주한다.

(Page 305) **바바이의 알고리즘**: L Babai, "On Lovász' lattice reduction and the nearest lattice point problem," *Combinatorica* 6:1 (1986).

(Page 307) **'좋은' 격자 생성자 집합과 '나쁜' 생성자 집합 모두**: 밥이 생성자를 찾는 자세한 내용은 생략한다. 간단한 답은 밥이 직각에 가까운 각을 지닌 점들의 집합을 찾아 이를 좋은 집합으로 삼으며, 이를 사용해서 나쁜 집합을 계산한다는 것이다. 자세한 내용은 GGH 암호체계에 대한 문헌을 참고하라.

(Page 309) **아주 작은 정보**: 우리는 이브가 실제 평문을 복구할 수 없더라도 원래 평문 근처의 숫자를 복구할 수 있음을 알 수 있다. 이때 각 숫자에 대한 정보가 적을수록 이브가 '근처'의 정보로부터 평문을 추측하기가 더 어려워진다. 여기의 암호 예에서는 우리가 각 문자를 이진 비트로 암호화하고 각 비트를 분리해서 가져온다면 더욱 안전할 것이다. 더불어 빈도 분석 공격을 방어하고자 몇 가지 무작위 비트를 추가해야 한다. 불행하게도 이 모든 것이 비트를 길게 만든다. 이러한 효과를 메시지 확장(message expansion)이라 부른다.

(Page 309) **"lattice now"**: James Agee and Walker Evans, *Let Us Now Praise Famous Men* (Boston: Houghton Mifflin, 1941).

(Page 310) **거의 확실하다**: 우리가 살펴본 대부분의 암호체계와는 달리, 여기서는 밥의 복호화가 원본 메시지와 일치하지 않을 확률이 낮다. 만약 일치하지 않는다면 이해가 되지 않을 것이므로 쉽게 알 수 있다. 이는 7.5절의 소수 판정법의 경우와 유사하다. 실수로 인한 오류가 발생할 확률이 매우 낮은 한, 체계는 충분히 훌륭하다.

(Page 311) **GGH 암호체계**: Oded Goldreich et al., "Public–key cryptosystems from lattice reduction problems," in Burton S. Kaliski Jr. (ed.), *Advances in Cryptology—CRYPTO '97* (Springer Berlin Heidelberg, 1997). 이 체계에 대한 자세한 내용은 다음을 참고하라. Hoffstein et al., *Introduction to Mathematical Cryptography*, Section 7.8 and Daniele, Micciancio and Oded Regev, "Lattice–based cryptography," in Daniel J. Bernstein, Johannes Buchmann, and Erik Dahmen (eds.), *Post–Quantum Cryptography* (Springer Berlin Heidelberg, 2009), Section 5.

(Page 311) **GGH 암호체계가 실제로는 안전하지 않다**: Phong Nguyen, "Cryptanalysis of the GoldreichGoldwasser–Halevi cryptosystem from CRYPTO '97," in Michael Wiener (ed.), *Advances in Cryptology—CRYPTO '99*, (Springer Berlin Heidelberg, 1999).

(Page 312) **GGH와 유사한 암호체계**: Micciancio and Regev, "Lattice–based cryptography," Section 5.

(Page 312) **가장 전망이 밝은**: Ray A., Perlner and David A. Cooper, "Quantum resistant public key cryptography: A survey," in Kent Seamons, Neal McBurnett, and Tim Polk, (eds.) *Proceedings of the 8th Symposium on Identity and Trust on the Internet* (New York: ACM Press, 2009).

(Page 312) **NTRU**: NTRU는 본래 다음 문헌에서 설명되었다. Jeffrey Hoffstein et al., "Public key cryptosystem method and apparatus," United States Patent: 6081597, 2000, http://www.google.com/patents/US6081597 and Jeffrey Hoffstein et al., "NTRU: A ring–based public key cryptosystem," in Joe P. Buhler (ed.), *Algorithmic Number Theory* (Berlin/Heidelberg: Springer, 1998). 격자 설명과 다른 정보는 다음 문헌을 참고하라. Hoffstein et al., *Introduction to Mathematical Cryptography*, Section 17.10, Micciancio and Regev, "Lattice–based cryptography," Section 5.2, or Trappe and Washington, *Introduction to Cryptography*, Section 17.4.

(Page 312) **소문에 의하면**: Trappe and Washington, *Introduction to Cryptography*, Section 17.4.

(Page 312) **제프리 호프슈타인은 ... 대답한 적 있다**: Personal communication, June 22, 1998.

(Page 313) **전자서명 시스템**: GGH 암호처럼 GGH 전저서명도 안전하지 않은 것으로 밝혀졌다. Phong Q. Nguyen, and Oded Regev, "Learning a parallelepiped: Cryptanalysis of GGH and NTRU signatures," *Journal of Cryptology* 22:2 (2008). NTRU 전자서명의 초기 버전 또한 안전하지 않은 것으로 밝혀졌다. 하지만 2014년 제안된 최신 버전은 아직까지 깨지지 않았다. 이를 발명한 사람은 "안전하다고 판단하기까지 수년 간의 조사가 필요할 것"이라고 지적했다. Hoffstein et al., *Introduction to Mathematical Cryptography*, Section 17.12.5.

(Page 313) **위즈너의 아이디어**: 위즈너에 대한 이야기는 다음을 참고하라. Levy, *Crypto*, pp. 332 – 38. 논문은 결국 다음과 같이 발표되었다. Stephen Wiesner, "Conjugate coding," *SIGACT News* 15:1 (1983).

(Page 313) **베넷과 브라사드**: 베넷의 배경과 브라사드에 대한 이야기는 다음을 참고하라. Levy, *Crypto*, pp. 338-39. IEEE 정보 이론 학회와 국제 암호 연구 협회(IACR)의 합동 연구에서 베넷과 브라사드가 만났다. "Brief history of quantum cryptography: A personal perspective," in *IEEE Information Theory Workshop on Theory and Practice in Information-Theoretic Security, 2005*, Piscataway, NJ.

(Page 313) **BB84**: C. H., Bennett and G. Brassard, "Quantum cryptography: Public key distribution and coin tossing," in *Proceedings of the IEEE International Conference on Computers, Systems, and Signal Processing*, IEEE Computer Society, IEEE Circuits and Systems Society, Indian Institute of Science (Bangalore, India, 1984).

(Page 314) **관찰자가 보기에**: 인간이 실제로 광자를 볼 수 있는 것은 아니다.

(Page 317) **절반의 비트가 남는다**: 여기 예에서는 조금 더 남았다.

(Page 317) **이브가 ... 도청하고 있다면 어떻게 될까?**: 이브에게는 결국 추가로 문제가 생긴다는 것을 곧 살펴볼 것이다. 여기서는 당분간 무시하자.

(Page 319) **이브가 엿듣고 있다는 것**: 아니면 단지 통신의 잡음일 수도 있지만, 앨리스와 밥은 이마저도 설명할 수 있어야 한다. 어떤 경우에는 이브가 비트 일부를 발견했더라도 진행할 수 있다. 다음 문헌은 BB84를 소개하고, BB84의 통신에 잡음이 있을 때와 몇 가지 다른 규약에 대해 잘 소개하고 있다. 또한, 이 주제에서 사용한 이상하게 보이는 표기법도 설명하고 있다. Samuel J. Lomonaco Jr., "A talk on quantum cryptography, or how Alice outwits Eve," in David Joyner (ed.), *Coding Theory and Cryptography: From Enigma and Geheimschreiber to Quantum Theory* (Berlin/Heidelberg; New York: Springer, 2000). 다음은 다소 깊이가 있고 참고자료가 많지만 입문 자료는 적은 문헌이다. Samuel J. Lomonaco Jr., "A quick glance at quantum cryptography," *Cryptologia* 23:1 (1999).

(Page 319) **실질적인 프로토콜 모형을 만들어야겠다고 결론 내렸다**: C. H., Bennett and G. Brassard, "The dawn of a new era for quantum cryptography: The experimental prototype is working!" *ACM SIGACT News* 20:4 (1989); Brassard, "Brief history."

(Page 319) **최초의 키 합의 방식의 양자 암호**: Bennett and Brassard, "Dawn of a new era"; C. H. Bennett et al., "Experimental quantum cryptography," *Journal of Cryptology* 5:1 (1992); Brassard, "Brief history."

(Page 319) **광섬유 케이블을 통한 양자 키 분배**: 이 체계는 BB84 대신, "간섭 단방향 프로토콜(coherent one-way protocol, COW)"을 사용했다. Boris Korzh et al., "Provably secure and practical quantum key distribution over 307 km of optical fibre," *Nature Photonics* 9:3 (2015). 양자 입자를 전송할 때의 문제점 중 하나는 현재 통신 채널이 단일 링크여야 한다는 점이다. 비록 연구자들이 이를 해결하고자 노력하고 있지만 신호를 증폭하거나 방향을 바꾸려 하면 체계가 의존하고 있는 양자 특성을 파괴할 것이다. Nicolas, Gisin et al., "Towards practical and fast quantum cryptography," arXiv number quant-ph/0411022, November 3, 2004.

(Page 320) **대기 중으로 실행한 BB84**: Tobias Schmitt-Manderbach et al., "Experimental demonstration of free-space decoy-state quantum key distribution over 144 km," *Physical Review Letters* 98:1 (2007).

(Page 320) **최초로 양자 암호를 보안기술로 사용한 계좌이체**: A. Poppe et al., "Practical quantum key distribution with polarization entangled photons," *Optics Express* 12:16 (2004). 이 체계는 BB84를 사용하지 않았고 E91과 다소 연관된 프로토콜을 사용했다. E91은 다음 문헌에 처음 발표되었다. Artur K. Ekert, "Quantum cryptography based on Bell's theorem," *Physical Review Letters* 67:6 (1991). E91에 대한 기술적이지 않은 설명은 다음을 참고하라. Artur Ekert, "Cracking codes, part II," *Plus Magazine* No. 35 (2005).

(Page 320) **양자 암호 장비를 판매하거나**: Andrew, Shields and Zhiliang Yuan, "Key to the quantum industry," *Physics World* 20:3 (2007).

(Page 320) **양자 암호로 무장된 다양한 멀티컴퓨터 네트워크**: United States: Shields and Yuan, "Key to the quantum industry," Richard J. Hughes et al., "Network-centric quantum communications with application to critical infrastructure protection," (May 1, 2013); Austria: Roland Pease, "'Unbreakable' encryption unveiled," BBC News Web site, http://news.bbc.co.uk/2/hi/science /nature/7661311.stm; Switzerland: D. Stucki et al., "Long-term performance of the SwissQuantum quantum key distribution network in a field environment," *New Journal of Physics* 13:12 (2011); Japan: M. Sasaki et al., "Field test of quantum key distribution in the Tokyo QKD Network," *Optics Express* 19:11 (2011); China: Jian-Yu Wang et al., "Direct and full-scale experimental verifications towards ground-satellite quantum key distribution," *Nature Photonics* 7:5 (2013).

(Page 320) **"모든 사람이 양자 키 분배 암호를 ..."**: Clay Dillow, "Unbreakable encryption comes to the U.S.," fortune.com, http://fortune.com/2013/10/14/unbreakable-encryption -comes-to-the-u-s/, quoting Don Hayford of Battelle Memorial Institute.

(Page 320) **순수 암호해독**: 이 기법들은 보통 수학적으로 가장 흥미로운 것들이다. 그래서 내가 초점을 맞췄다.

(Page 321) **광자분리 공격**: 이 공격의 이름은 다음 문헌으로부터 나왔다. Gilles Brassard et al., "Limitations on practical quantum cryptography," *Physical Review Letters* 85:6 (2000); 이를 기존에 있던 아이디어를 수정한 버전으로 설명하고 있다.

(Page 321) **가로챈 광자를 ... 보관해 두고**: 단일 광자의 경우에는 이렇게 저장하는 기법을 쓸 수 없다. 왜냐하면 이브는 광자를 저장함과 동시에 밥에게 보내야 하기 때문이다.

(Page 322) **BB84 프로토콜을 개량하는 것**: 이들 중 가장 잘 알려진 것은 SARG04이다. 이는 다음 문헌에 처음 발표되었다. Valerio Scarani et al., "Quantum cryptography protocols robust against photon number splitting attacks for weak laser pulse implementations," *Physical Review Letters* 92:5 (2004).

(Page 322) **교란용 펄스**: Won-Young Hwang, "Quantum key distribution with high loss: Toward global secure communication," *Physical Review Letters* 91:5 (2003). 일본의 양자 네트워크 중 일부는 이 기법을 사용했다. Sasaki et al., "Field test of quantum key distribution".

(Page 322) **밝은 조명 공격**: Lars Lydersen et al., "Hacking commercial quantum cryptography systems by tailored bright illumination," *Nature Photonics* 4:10 (2010). 다른 적극적 공격에는 시간 이동 공격(time-shift attack)이 있는데, 이는 일부 검출기가 0의 반대인 1이란 비트(또는 그 반대)를 기록하지 못할 가능성을 이용한다. Yi Zhao et al., "Quantum hacking: Experimental demonstration of time-shift attack against practical quantum-key-distribution systems," *Physical Review* A 78:4 (2008). 또한, 위상 리매핑 공격(phase-remapping attack)이 있는데, 이는 앨리스의 장비가 광자를 보내는 만큼 받을 수 있는 체계에서 공격하는 기법이다. Feihu Xu et al., "Experimental demonstration of phase-remapping attack in a practical quantum key distribution system," *New Journal of Physics* 12:11 (2010).

(Page 322) **"단언컨대 인간의 창의력이 ..."**: Edgar Allen Poe, "A few words on secret writing," *Graham's Magazine* 19:1 (1841).

■ ■ ■ ■ 추천도서 ■ ■ ■ ■

서문에서 말했듯이 이 책은 암호의 특정한 일면을 다루지만, 암호를 공부할 수 있는 방법은 많다. 여기에 어떻게 시작해야 하는지 몇 가지 방법을 제안한다. 자료 출처에 대한 자세한 정보는 참고문헌을 참고하기 바란다.

암호에 대한 학문적 접근을 원하는 독자를 위해 쓰인 훌륭한 책이 매우 많다. 모두 다 언급할 수는 없지만 내가 좋아하는 책으로 몇 권 소개하겠다. 이 책과 비슷한 수준의 수학적 배경이 필요한 책으로 토머스 바(Thomas Barr)의 《암호학으로의 초대(Invitation to Cryptology)》가 있다. 출판된 지 조금 오래됐지만 나는 운 좋게도 교재로 사용해 봤다. 내용도 좋고 연습 문제도 훌륭하다. 수학이나 컴퓨터를 전공한 학생을 대상으로 강의할 때는 조금 도전적인 교재로 웨이드 트랩(Wade Trappe)과 로렌스 워싱턴(Lawrence Washington) 공저의 《코딩 이론과 암호학 개론(Introduction to Cryptography with Coding Theory)》을 사용한다. 이것 역시 연습 문제가 훌륭하고 우리가 여기에서 다루지 못한 오류 수정 코드도 포함하고 있다. 수학적으로 깊이 접근한 책을 원한다면 제프리 호프슈타인(Jeffrey Hoffstein), 질 파이퍼(Jill Pipher), 조셉 실버만(Joseph Silverman)의 《수학적 암호기법 개론(An Introduction to Mathematical Cryptography)》을 읽어보라. 학부 고학년 학생과 대학원 신입생을 위한 책으로 공개키 암호와 전자서명을 중점적으로 다룬다.

현대 암호를 실제로 사용하는 실용적 측면에 관심이 있는 독자가 읽기에 좋은 책도 많다. 나는 윌리엄 스탤링스(William Stallings)의 《암호와 컴퓨터 보안(Cryptography and Network Security)》도 좋았다. 현대 컴퓨터에 어떤 암호가 사용되는지에 초점을 두며 암호 기술과 수학을 다루는 책으로, 후반부에는 현대 컴퓨터 보안을 유지하는 데 사용되는 특정 하드웨어와 소프트웨어로 이어진다. 암호 관련 서적이 필요 없더라도 우리가 살펴본 암호체계가 컴퓨터에 어떻게 적용되는지 궁금하다면 이 책을 읽어보길 권한다. 그러나 간단한 핸드북을 원한다면 닐스 퍼거슨, 브루스 슈나이어, 타다요시 코노(Niels Ferguson, Bruce Schneier, Tadayoshi Kohno)의 《실용 암호학(Cryptography Engineering)》이 더없이 좋을 것이다. 저자들은 책의 내용이 폭이 좁고 특정 주제에 편중되어 있다고 묘사한다. “우리는 여러 선택권을 제시하지 않는다. 한 가지 선택을 제시하고 그것을 정확하게 어떻게 구현할지 설명한다(p. 28).”

암호의 실용적 측면을 너무 전문적이지 않은 관점에서 살피고 싶다면 브루스 슈나이어의 《비밀과 거짓말: 네트워크 세상의 디지털 보안(Secrets and Lies: Digital Security in a Networked World)》이 좋다. 슈나이어는 저명한 암호작성자이자 내가 가장 좋아하는 암호 전문 저술가이다. 그는 암호의 기술적 측면에서 시작해서 실용적 측면, 사회적 영향에 이르기까지 다양한 각도에서 글을 썼다. 여기서는 그가 쓴 책 몇 권만 소개하지만 사실 그의 모든 책이 다 읽어볼 만하다. 《비밀과 거짓말(Secrets and Lies)》은 디지털 보안이 비즈니스에 어떤 영향을 미치는지에 관심 있는 사업가들을 주요 독자층으로 삼지만, 누구나 읽어도 좋은 책이다. 많은 전문 용어에 허우적대지 않고 실용 암호를 이해하고 싶어 하는 사람에게 더없이 좋다.

암호전문가가 되고 싶다면, 즉 비밀을 안전하게 유지하는 암호체계를 만들거나 해독하는 것을 직업으로 삼고 싶다면, 브루스 슈나이어의 《응용 암호학(Applied Cryptography)》만한 책도 없다. 조금 오래된 책이지만 1996년까지 알려진 주요 암호에 대한 상세한 수학적 원리와 기타 정보를 다룬다. 내가 책을 쓰는 데도 중요한 참고 자료가 되었다. 그다음에는 알프레드 메네제스(Alfred Menezes), 폴 반 오르호트(Paul van Oorschot), 스콧 반스톤(Scott Vanstone) 공저의 《응용암호학 핸드북(Handbook of Applied Cryptography)》을 읽으면 좋다. 슈나이어의 책과 조금 다르고, 조금 더 최신 내용이다. 그러고 나서는 조안 대먼(Joan Daemen)과 빈센트 라이먼(Vincent Rijmen)의 《레인달 암호 설계: 고급 표준 암호 AES (The Design of Rijndael: AES—The Advanced Encryption Standard)》를 읽어보라. AES 경합의 우승자인 대먼과 라이먼은 암호 설계법에 대해 어쩌면 누구보다 능통할 것이다. 수학을 이해할 수 있는 독자를 위해 레인달 암호에 사용된 세부사항과 그것이 사용된 이유를 놀라울 정도로 명쾌하게 설명한다.

암호의 역사에 관심이 있다면 데이비드 칸의 《코드브레이커(Codebreakers)》가 필독서이다. 초판은 1967년 출판되었고, 그때까지 암호의 역사를 다룬 최고의 저서이다. 이후 두 가지 일이 일어났다. 첫째, 이전에 기밀로 분류되었던 암호 관련 자료들, 특히 2차 세계대전 기간에 사용된 암호에 관한 정보가 상당수 공개되었다. 둘째, 컴퓨터에 암호 사용이 폭발적으로 증가했고, 그 결과 재미있는 배경을 지닌 다양한 암호들이 개발되었다. 1996년 출판된 《코드브레이커》 두 번째 판에 이런 내용을 담은 짧은 장이 포함되어 있지만, 그것만으로는 충분하지 않을 것이다. 지금은 2차 세계대전 기간에 사용된 암호를 다룬 좋은 책들이 많이 출판되었다. 그 중 일부는 참고도서 목록에 포함시켜 두었지만 내가 특별히 좋아하는 책은 따로 없다. 하지만 2001년까지 컴퓨터 암호의 발달을 다룬 책으로 스티븐 레비(Steven Levy)의 《크립토(Crypto)》를 좋아한다. 이 책은 안타깝게도 AES 경합의 우승자가 발표되기 직전에 출간되었다. 나는 21세기 초 암호의 역사를 다룬 정말로 훌륭한 책은 아직 세상에 나오지 않았다고 생각한다. 그 책이 나오기를 기다리면서 크레이그 바우어(Craig Bauer)의《비밀의 역사: 암호학 이야기(Secret History: The Story of Cryptology)》에 실린 사진들을 살펴보면 어떨까. 바우어의 책은 수학과 역사의 만남을 암호역사 전문가의 시선으로 그린다. 교재나 참고도서로 써도 좋고 그냥 손이 가는 대로 집어서 재미삼아 몇 쪽 읽기에도 좋다.

나는 이 책을 쓰면서 암호가 사회에 미치는 영향, 특히 개인의 사생활 보호에서 차지하는 역할에 관해 많이 이야기하지 못했다. 전문가가 아닌 일반 독자를 위한 디지털 기술과 사생활에 관한 개론서로 할 아벨슨(Hal Abelson), 켄 레딘(Ken Ledeen), 해리 루이스(Harry Lewis)가 쓴 《디지털 대혁명 그 후(Blown to Bits: Your Life, Liberty, and Happiness After the Digital Explosion)》를 추천한다. 암호기술을 포함해 현대의 사생활 문제를 다양한 각도로 살핀 책이다. 이보다 더 구체적으로 통신기술에 초점을 두면서 더 학문적으로 접근하는 책을 원한다면 위트필드 디피와 수잔 랜도(Susan Landau)의 《위기의 사생활: 도청과 암호의 정치학(Privacy on the Line: The Politics of Wiretapping and Encryption)》이 좋다. 랜도의 《감시인가, 보안인가? 새로운 도청기술의 위험(Surveillance or Security? The Risks Posed by New Wiretapping Technologies)》도 비슷한 주제를 다루지만 더 최신 동향을 포함하고 있다. 내가 이 책을 쓰는 사이에 브루스 슈나이어의 《당신은 데이터의 주인이 아니다(Data and Goliath: The Hidden Battles to Collect Your Data and Control Your World)》가 출판되었다. 아직 읽어보지는 않았지만 정말 기대된다.

여러 차례 언급했듯이 현대 암호는 급속도로 변하는 분야이다. 암호전문가들은 새로운 소식을 얻거나 전파할 목적으로 인터넷을 많이 사용한다. 상당수가 블로그를 운영하는데, 내가 즐겨 찾는 몇 곳을 소개하겠다. 브루스 슈나이어는 암호화 기술부터 컴퓨터 보안, 보안과 사생활에 대한 폭넓은 문제에 이르기까지 다양한 글을 거의 매일 블로그 〈Schneier on Security〉 (https://www.schneier.com)에 게시한다. 게시글 중 많은 수가 논문 동향에 대한 짧은 소식이며 대부분 링크가 걸려 있다. 슈나이어가 직접 쓴 글이 게시글로 있다면 꼭 읽어볼 만할 것이다.

매슈 그린(Matthew Green)은 〈A Few Thoughts on Cryptographic Engineering〉 (http://blog.cryptographyengineering.com)에 한 달에 한 번 정도 글을 게시하는데, 글 대부분이 전문적인 주제를 다루지만 이해하게 쉽게 쓰였다. 주로 상세한 내용을 설명하기에 앞서 전문적이지 않고 쉽게 요약한 글로 출발한다. 매트 블레이즈(Matt Blaze)도 2013년까지 비슷한 블로그 〈Matt Blaze's Exhaustive Search〉 (http://www.crypto.com/blog)를 운영했다. 현재는 운영을 중단한 것으로 보이지만, 활성 상태인 블레이즈의 트위터 아카이브를 비롯해 여러 아카이브와 링크되어 있다. 스티브 벨로빈(Steve Bellovin)은 한 달에 한 번 〈SMBlog: Pseudo-Random Thoughts on Computers, Society, and Security〉 (https://www.cs.columbia.edu/~smb/blog)에 글을 올린다. 내가 보기에 전문 지식을 담고 있는 에세이가 주로 게시되는 것 같은데, 그중에는 최신 소식을 전달하는 데 그치지 않고 최근 동향에 영향을 받아 쓴 글도 있다. 게다가 암호와는 관련이 적지만 암호에 관심이 있는 독자도 흥미로워할 만한 분야의 블로그와 링크되어 있다.

나도 암호학의 최신 동향과 새로운 발견을 포함해 책 내용을 개정할 목적으로 블로그를 운영할 것이다. 주로 앞에서 언급한 참고자료를 참고하겠지만 독자들이 읽고 싶어할 새로운 자료도 추천할 생각이다. 블로그는 이 책의 웹페이지 http://press.princeton.edu/titles/10826.html를 통해 접근할 수 있다.

마지막으로 암호에 관한 최신 연구 동향을 알고 싶은 독자를 위해 출판 예정 기술보고서를 무료로 내려받을 수 있는 두 곳을 소개한다. 하나는 양자물리학을 포함해 물리학, 수학, 컴퓨터과학 및 기타 분야의 자료를 제공하는 '아카이브(arXiv, http://arxiv.org)'이고, 다른 하나는 비교적 주제가 한정적인 '암호학 전자출력 아카이브(Cryptology ePrint Archive, http://eprint.iacr.org/)'이다.

■ ■ ■ ■ 참고문헌 ■ ■ ■ ■

Aaronson, Scott. "Shor, I'll do it." In Reed Cartwright and Bora Zivkovic (eds.), *The Open Laboratory: The Best Science Writing on Blogs 2007*. Lulu.com, January 23, 2008, 197–202. Originally published on the blog "Shtetl-Optimized," http:// scottaaronson.com/blog/?p=208, February 24, 2007.

ABC. "The Muppet Show: Sex and Violence." Television. March 19, 1975.

Abdalla, Michel, Mihir Bellare and Phillip Rogaway. "The oracle Diffie-Hellman assumptions and an analysis of DHIES." In David Naccache (ed.), *Topics in Cryptology—CT-RSA 2001*. Berlin/Heidelberg: Springer-Verlag, 2001, 143–58.

Abelson, Hal, Ken Ledeen, and Harry Lewis. *Blown to Bits: Your Life, Liberty, and Happiness After the Digital Explosion*. Upper Saddle River, NJ: Addison-Wesley Professional, 2008. Also available as a free download from http://www.bitsbook.com.

Abu Nuwas, Al-Hasan ibn Hani al-Hakami. "Don't cry for Layla." Princeton Online Arabic Poetry Project. https:// www.princeton.edu/~arabic/poetry/layla.swf.

Adrian, David, Karthikeyan Bhargavan, Zakir Durumeric, Pierrick Gaudry, Matthew Green, J. Alex Halderman, Nadia Heninger, et al. "Imperfect forward secrecy: How Diffie-Hellman fails in practice." In *22nd ACM Conference on Computer and Communications Security*. Association for Computing Machinery Special Interest Group on Security, Audit and Control. New York: ACM Press, October 2015, 5–17.

______ "The Logjam Attack." (May 20, 2015). https://weakdh.org/.

Agee, James, and Walker Evans. *Let Us Now Praise Famous Men*. Boston: Houghton Mifflin, 1941.

Agrawal, Manindra, Neeraj Kayal, and Nitin Saxena . "PRIMES is in P." The Annals of Mathematics 160:2 (September 2004). 781–793. http://www.jstor.org/stable/3597229.

Ajtai, Miklós, and Cynthia Dwork. "A Public-key cryptosystem with worst-case/ average-case equivalence," In *Proceedings of the Twenty-ninth Annual ACM Symposium on Theory of Computing*. Association for Computing Machinery Special Interest Group on Algorithms and Computation Theory. New York; ACM, 1997, 284–93.

Al-Kadi, Ibrahim A. "Origins of cryptology: The Arab contributions." *Cryptologia* 16 (1992), 97–126.

al Mutanabbi, Abu at-Tayyib Ahmad ibn al-Husayn. "al-Mutanabbi to Sayf al-Dawla." Princeton Online Arabic Poetry Project. http://www.princeton.edu/~arabic /poetry/al_mu_to_sayf.html.

Alvarez, Gonzalo, Dolores De La Gua, Fausto Montoya, and Alberto Peinado "Akelarre: A new block cipher algorithm." InStafford Tavares and Henk Meijer (eds.), *Proceedings of the SAC '96 Workshop*. Kingston, UN: Queen's University, August 1996, 1–14.

Anderson, Ross. "A5 (Was: HACKING DIGITAL PHONES)." Posted in uk.telecom (Usenet group), June 17, 1994. http://groups.google.com/group/uk.telecom/msg/ba76615fef32ba32.

______ "On Fibonacci keystream generators." *In Fast Software Encryption: Second International Workshop Leuven, Belgium, December 14–16, 1994 Proceedings.* Berlin/Heidelberg: Springer, 1995, 346–52. http://dx.doi.org/10.1007/3-540 -60590-8_26.

André, Frédéric. "Hagelin C-36." http://fredandre.fr/c36.php?lang=en.

Asmuth, C. A., and G. R. Blakley. "An efficient algorithm for constructing a cryptosystem which is harder to break than two other cryptosystems." *Computers & Mathematics with Applications* 7:6 (1981), 447–50. http://www.sciencedirect.com /science/article/B6TYJ-45DHSNX-17/2/8877c15616bb560298d056788b59aff6.

Atkins, Derek, Michael Graff, Arjen K. Lenstra, and Paul C. Leyland . "The magic words are Squeamish Ossifrage." In *Advances in Cryptology—ASIACRYPT* '94.Josef Pieprzyk and Reihanah Safavi-Naini (eds.). Berlin/Heidelberg: Springer-Verlag, 1995, 261–77.

Babai, L. "On Lovász' lattice reduction and the nearest lattice point problem." *Combinatorica* 6:1 (March 1986), 1–13.

Bacon, Francis. *Of The Advancement And Proficience Of Learning or the Partitions Of Sciences IX Bookes Written in Latin by the Most Eminent Illustrations & Famous Lord Francis Bacon Baron of Verulam Vicont St. Alban*. Oxford: Printed by Leon Lichfield, printer to the University, for Rob Young and Ed Forrest, 1640. Translated by Gilbert Watts from the Latin *De augmentis scientarium*, which is an enlargement, translated into Latin, of the *Proficience and Advancement of Learning* of 1605.

Barkan, Elad, and Eli Biham. "Conditional estimators: An effective attack on A5/1." In *Selected Areas in Cryptography*. Berlin/Heidelberg: Springer, 2006, 1–19. http://dx .doi.org/10.1007/11693383_1.

Barkan, Elad , Eli Biham, and Nathan Keller. "Instant ciphertext-only cryptanalysis of GSMencrypted communication." In *Advances in Cryptology—CRYPTO* 2003. Berlin/Heidelberg: Springer, 2003, 600–16. http://dx.doi.org/10.1007/978-3-540 -45146-4_35.

Barker, Elaine, William Barker, William Burr, William Polk, and Miles Smid "Recommendation for key management—Part 1: General (Revision 3)."NIST Special Publications Number 800-57, Part 1 NIST, July 2012. http://csrc.nist.gov/publications/nistpubs/800-57/sp800-57_part1_rev3_general.pdf.

Barker, Wayne G. *Cryptanalysis of the Hagelin Cryptograph*. Laguna Hills, CA: Aegean Park Press, June 1981.

Barr, Thomas H. In*vitation to Cryptology*. Englewood Cliffs, NJ: Prentice Hall, 2001.

Bauer, Craig P. *Secret History: The Story of Cryptology*. Boca Ranon, FL: CRC Press, 2013.

Bauer, Friedrich. *Decrypted Secrets: Methods and Maxims of Cryptology*. 3rd, rev., updated ed. Berlin [u.a.]: Springer, 2002.

Bauer, Friedrich L. "An error in the history of rotor encryption devices." Cryptologia 23:3 (1999), 206–10. http://www.informaworld.com/10.1080/0161-119991887847.

Baum, L. Frank. The *Wonderful Wizard of Oz*. Chicago: George M. Hill, 1900. http://www.gutenberg.org/ebooks/55.

Beker, Henry, and Fred Piper. *Cipher Systems: The Protection of Communications*. New York: Wiley, 1982.

Bellare, Mihir, and Phillip Rogaway. "Minimizing the use of random oracles in authenticated encryption schemes." In Yongfei Han, Tatsuaki Okamoto, and Sihan Quing, (eds.), *Proceedings of the First International Conference on Information and Communication Security*. Berlin/Heidelberg: Springer, 1997, 1–16.

Bellovin, Steven M. "Frank Miller: Inventor of the one-time pad." Cryptologia 35:3 (July 2011), 203–22. http://www.tandfonline.com/doi/abs/10.1080/01611194.2011.583711.

______ "Vernam, Mauborgne, and Friedman: The one-time pad and the index of coincidence." Columbia University Computer Science Technical Reports Number CUCS-014-14. Department of Computer Science, Columbia University. May 2014. http://dx.doi.org/10.7916/D8Z0369C.

Bennett, C. H., F. Bessette, G. Brassard, L. Salvail, and J. Smolin. "Experimental quantum cryptography." *Journal of Cryptology* 5:1 (1992), 3–28.

Bennett, C. H., and G. Brassard. "Quantum cryptography: Public key distribution and coin tossing." In Proceedings *of the IEEE International Conference on Computers, Systems, and Signal Processing*. IEEE Computer Society, IEEE Circuits and Systems Society, Indian Institute of Science. Bangalore, India, December 1984, 175–79.

______ "The dawn of a new era for quantum cryptography: The experimental prototype is working!" *ACM SIGACT News* 20:4 (1989), 78–80. http://portal.acm.org /citation.cfm?id=74087.

Bernstein, Daniel J. "Introduction to post-quantum cryptography." In Daniel J. Bernstein, Johannes Buchmann, and Erik Dahmen (eds.), *Post-Quantum Cryptography*. Springer Berlin Heidelberg, 2009, 1–14. http://link.springer.com /chapter/10.1007/978-3-540-88702-7_1. Also available from http://pqcrypto.org/.

Beurdouche, Benjamin, Karthikeyan Bhargavan, Antoine Delignat-Lavaud, Cedric Fournet, Markulf Kohlweiss, Alfredo Pironti, Pierre-Yves Strub, and Jean Karim Zinzindohoue. "A messy state of the union: Taming the composite state machines of TLS." In *2015 IEEE Symposium on Security and Privacy (SP)*. Los Alamitos, CA: IEEE Computer Society. May 2015, 535–52.

Bhargavan, Karthikeyan, Antoine Delignat-Lavaud, Cédric Fournet, Markulf Kohlweiss, Alfredo Pironti, Pierre-Yves Strub, Santiago Zanella-Béguelin, Jean-Karim Zinzindohoué, and Benjamin Beurdouche . "State Machine AttaCKs against TLS (SMACK TLS)." https://www.smacktls.com.

Biham, Eli. "How to make a difference: Early history of differential cryptanalysis." Slidesfrom invited talk presented at Fast Software Encryption, 13th International Workshop. March 2006. http://www.cs.technion.ac.il/$₩sim$biham/Reports/Slides /fse2006-history-dc.pdf.

Biham, Eli, and Adi Shamir. *Differential Cryptanalysis of the Data Encryption Standard*. New York: Springer, 1993.

Biryukov, Alex, and Eyal Kushilevitz. "From differential cryptanalysis to ciphertext-only attacks," In Hugo Krawczyk (ed.), Advances in *Cryptology—CRYPTO '98*. Berlin/Heidelberg: Springer, January 1998 , 72–88.

Biryukov, Alex, Adi Shamir, and David Wagner. "Real time cryptanalysis of A5/1 on a PC." In Fast Software Encryption: 7th International Workshop, *FSE 2000 New York, NY, USA, April 10–12, 2000 Proceedings*. Berlin/Heidelberg: Springer, 2001, 37–44. http://dx.doi.org/10.1007/3-540-44706-7_1.

Boak, David G. "A history of U.S. communications security(Volume I). " National Security Agency. July 1973. http://www.nsa.gov/public_info/_files/cryptologic _histories/history_comsec.pdf.

Bogdanov, Andrey,Dmitry Khovratovich, and Christian Rechberger. "Biclique cryptanalysis of the full AES," in Dong Hoon Lee and Xiaoyun Wang (eds.), *Advances in Cryptology—ASIACRYPT 2011*. Springer Berlin Heidelberg, 2011, 344–71. http://link.springer.com/chapter/10.1007/978-3-642-25385-0_19.

Boneh, Dan. "Twenty years of attacks on the RSA cryptosystem." *Notices of the AMS* 46:2 (February 1999), 203–13. http://www.ams.org/notices/199902/boneh.pdf.

Bornemann, F. "PRIMES is in P: A breakthrough for 'everyman.' " *Notices of the AMS* 50:5 (May 2003), 545–52. http://www.ams.org/notices/200305/fea-bornemann.pdf.

Bos, Joppe W., Marcelo E. Kaihara, and Peter L. Montgomery. "Pollard rho on the PlayStation 3." In SHARCS *'09 Workshop Record*. Virtual Application and Implementation Research Lab within ECRYPT II European Network of Excellence in Cryptography Lausanne, Switzerland: 2009, 35–50.

Brassard, G. "Brief history of quantum cryptography: A personal perspective." *In IEEE Information Theory Workshop on Theory and Practice in Information-Theoretic Security, 2005*. Piscataway, NJ: IEEE Information Theory Society in cooperation with the International Association for Cryptologic Research (IACR), 19–23.

Brassard, Gilles, Norbert Ltkenhaus, Tal Mor, and Barry C. Sanders. "Limitations on practical quantum cryptography." *Physical Review Letters* 85:6 (2000), 1330. http:// link.aps.org/doi/10.1103/PhysRevLett.85.1330.

Brown, Dan. *The Da Vinci Code*. 1st ed.. New York: Doubleday, 2003.

Buonafalce, Augusto. "Bellaso's reciprocal ciphers." *Cryptologia* 30:1 (2006). 39. http:// www.informaworld.com/10.1080/01611190500383581.

bushing, marcan and sven. "Console hacking 2010: PS3 epic fail." Slidesfrom lecture presented at 27th Chaos Communication Congress, December 29, 2010 https://events .ccc.de/congress/2010/Fahrplan/events/4087.en.html.

Callas, Jon, Lutz Donnerhacke, Hal Finney, David Shaw, and Rodney Thayer. OpenPGP Message Format. Request for Comments Number 4880. IETF. November 2007. https://tools.ietf.org/html/rfc4880 (accessed July 28, 2015).

Cannière, Christophe De, and Bart Preneel. "Trivium." In Matthew Robshaw and Olivier Billet (eds.), *New Stream Cipher Designs*. Berlin, New York: Springer, 2008, 244–266.

Carroll, Lewis. *Alice's Adventures in Wonderland*. London: Macmillan,1865. http:// www.gutenberg.org/ebooks/11.

______ *Through the Looking-Glass, and What Alice Found There*. London: Macmillan, 1871. http://www.gutenberg.org/ebooks/12.

______ *The Hunting of the Snark: An Agony in Eight Fits*. London: Macmillan, 1876. http://www.gutenberg.org/ebooks/13.

Chambers, W. "On random mappings and random permutations." *In Fast Software Encryption: Second International Workshop Leuven, Belgium, December 14–16, 1994 Proceedings*. Berlin/Heidelberg: Springer, 1995, 22–28. http://dx.doi.org/10.1007 /3-540-60590-8_3.

Chambers, W. G. and S. J. Shepherd. "Mutually clock-controlled cipher keystream generators." Electronics Letters 33:12 (1997), 1020–21.

Chen, Lily, Stephen Jordan, Yi-Kai Liu, Dustin Moody, Rene Peralta, Ray Perlner, and Daniel Smith-Tone. Report on Post-Quantum Cryptography. National Institute of Standards and Technology Internal Report Number 8105. NIST, April 2016. http:// nvlpubs.nist.gov/nistpubs/ir/2016/NIST.IR.8105.pdf.

Cid, Carlos, and Ralf-Philipp Weinmann. "Block ciphers: Algebraic cryptanalysis and Gröbner bases." In Massimiliano Sala, Shojiro Sakata, Teo Mora, Carlo Traverso, and Ludovic Perret (eds.), *Gröbner Bases, Coding, and Cryptography*. Berlin/Heidelberg: Springer, 2009 , 307–27. http://link.springer.com/chapter/10.1007/978-3-540-93806-4_17.

Clark, Ronald William. *The Man Who Broke Purple: The Life of Colonel William F. Friedman, Who Deciphered the Japanese Code in World War II*. Boston: Little Brown, 1977.

Cocks, C. C. "A Note on non-secret encryption. " UK Communications Electronics Security Group. November 20, 1973. http://www.cesg.gov.uk/publications/media /notense.pdf.

Collins, Graham P. "Exhaustive searching is less tiring with a bit of quantum magic." Physics Today 50:10 (1997), 19–21. http://dx.doi.org/10.1063/1.881969.

Coppersmith, D. "The Data Encryption Standard (DES) and its strength against attacks." *Journal of Research and Development* 38:3 (1994), 243–50. http://portal.acm .org/citation.cfm?id=185915.

Coutinho, S. C. *The Mathematics of Ciphers: Number Theory and RSA Cryptography.* Natick, MA: AK Peters, Ltd., 1998.

Daemen, Joan, and Vincent Rijmen . "AES proposal : Rijndael. " NIST. September 1999. http://csrc.nist.gov/archive/aes/rijndael/Rijndael-ammended.pdf. SeriesAES proposals,Document version 2.

______ *The Design of Rijndael: AES—The Advanced Encryption Standard*, 1st ed. Berlin/Heidelberg;New York: Springer, 2002.

Dattani, Nikesh S., and Nathaniel Bryans. "Quantum factorization of 56153 with only 4 qubits." ArXiv Number 1411.6758. November 27, 2014. http://arxiv.org/abs/1411.6758.

de Leeuw, Karl. "The Dutch invention of the rotor machine, 1915–1923." *Cryptologia* 27:1 (2003). 73. http://www.informaworld.com/10.1080/0161-110391891775.

Dettman, Alex, Wilhelm Fenner, Wilhelm Flicke, Kurt Friederichsohn, and Adolf Paschke. *Russian Cryptology During World War II*. Laguna Hills, CA:Aegean Park Press, 1999.

Deutsch, D. "Quantum theory, the church-turing principle and the universal quantum computer." *Proceedings of the Royal Society of London. Series A, Mathematical and Physical Sciences* 400:1818 (July 1985), 97–117. http://www.jstor.org/stable/2397601.

Dickson, Leonard Eugene. Divisibility and Primality. Reprint of 1919 edition . Volume 1 of *History of the Theory of Numbers.* Providence, RI: AMS Chelsea Publishing, 1966.

Diffie, Whitfield. "The first ten years of public-key cryptography." *Proceedings of the IEEE* 76:5 (1988), 560–77.

Diffie, Whitfield, and Martin E. Hellman. "Multiuser cryptographic techniques." In Stanley Winkler (ed.), *Proceedings of the June 7–10, 1976, National Computer Conference and Exposition*. New York: ACM, 1976, 109–12.

Diffie, Whitfield, and Martin E. Hellman. "New directions in cryptography." IEEE *Transactions on Information Theory* 22:6 (1976), 644–54.

Diffie, Whitfield, and Susan Landau. *Privacy on the Line: The Politics of Wiretapping and Encryption*, updated and expanded edition. Cambridge, MA: MIT Press, 2010.

Dillow, Clay. "Unbreakable encryption comes to the U.S. " fortune.com. October 14, 2013. http://fortune.com/2013/10/14/unbreakable-encryption-comes-to-the-u-s/.

Durumeric, Zakir, James Kasten, Michael Baily, and J. Alex Halderman. "Analysis of the HTTPS certificate ecosystem." In *Proceedings of the 2013 Conference on Internet Measurement Conference*. Association for Computing Machinery Special Interest Groups on Data Communication and on Measurement and Evaluation. New York: ACM, October 2013, 291–304.

Dworkin, Morris. "Recommendation for block cipher modes of operation: Methods for format–preserving encryption." NIST Special Publications Number 800–38G Draft. NIST, July 2013. http://csrc.nist.gov/publications/drafts/800–38g/sp800_38g_draft.pdf.

Dworkin, Morris, and Ray Perlner. Analysis of VAES3 (FF2). Cryptology ePrint Archive Number 2015/306. 2015. http://eprint.iacr.org/2015/306. A slightly abridged version is at http://csrc.nist.gov/groups/ST/toolkit/BCM/documents/comments /800–38_Series–Drafts/FPE/analysis–of–VAES3.pdf.

ECRYPT Network of Excellence. "eSTREAM: TheeSTREAM stream cipher project." http://www.ecrypt.eu.org/stream/index.html.

______ "Call for stream cipher primitives, version 1.3 " (April 12, 2005). http://www .ecrypt.eu.org/stream/call.

Ekert, Artur. "Cracking codes, part II." Plus Magazine No. 35 (May 2005). http://plus .maths.org/issue35/features/ekert/index.html.

Ekert, Artur K. "Quantum cryptography based on Bell's theorem." Physical Review Letters 67:6 (1991), 661–63. http://link.aps.org/doi/10.1103/PhysRevLett.67.661.

Electronic Frontier Foundation. "Frequently asked questions (FAQ) about the Electronic Frontier Foundation's 'DES cracker' machine." http://w2.eff.org/Privacy ₩/Crypto/Crypto_misc/DESCracker/HTML/19980716_eff_des_faq.html.

ElGamal, Taher. "A public key cryptosystem and a signature scheme based on discrete logarithms." In George Robert Blakley and David Chaum (eds.), *Advances in Cryptology: Proceedings of CRYPTO '84* Santa Barbara, CA: Springer–Verlag, 1985, 10–18.

Ellis, J. H. "The possibility of secure non–secret digital encryption." UK Communications Electronics Security Group. January 1970. http://web.archive.org/web/20061013203932/www.cesg.gov.uk/site/publications/media/possnse.pdf.

______ "The history of non–secret encryption." *Cryptologia* 23:3 (1999), 267–73. http:// www.informaworld.com/10.1080/0161–119991887919.

Ernst, Thomas. "The numerical–astrological ciphers in the third book of Trithemius's Steganographia." *Cryptologia* 22:4 (1998), 318. http://www.informaworld.com/10.1080/0161–119891886957.

Euler, Leonhard. "Theoremata Arithmetica Nova Methodo Demonstrata." *Novi Commentarii Academiae Scientiarum Petropolitanae* 8 (1763), 74–104. http://www.math.dartmouth.edu/~euler/pages/E271.html.

Falconer, John (J. F.). *Rules for Explaining and Decyphering All Manner of Secret Writing, Plain and Demonstrative with Exact Methods for Understanding Intimations by Signs, Gestures, or Speech* . . . 2nd ed. London: Printed for Dan. Brown . . . and Sam. Manship . . . , 1692.

Feistel, Horst. "Cryptography and computer privacy," *Scientific American* 228:5 (May 1973), 15 – 23. http://www.apprendre-en-ligne.net/crypto/bibliotheque/feistel/index.html.

Ferguson, Niels, and Bruce Schneier. "Cryptanalysis of Akelarre." In Carlisle Adams and Mike Just (eds.), *Proceedings of the SAC '97 Workshop*. Ottawa, ON: Carleton University, 1997, 201 – 12.

Ferguson, Niels, Bruce Schneier and Tadayoshi Kohno. *Cryptography Engineering: Design Principles and Practical Applications*. New York: Wiley, 2010. This is a revised edition of *Practical Cryptography*, by Ferguson and Schneier.

Fildes, Jonathan. "iPhone hacker publishes secret Sony PlayStation 3 Key." BBC News Web site, January 6, 2011. http://www.bbc.co.uk/news/technology-12116051.

Five Man Electrical Band. "Signs." Single. Lionel Records. May 1971.

Franksen, Ole Immanuel. "Babbage and cryptography. Or, the mystery of Admiral Beaufort's cipher." *Mathematics and Computers in Simulation* 35:4 (October 1993), 327 – 67. http://sciencedirect.com/science/article/B6V0T-45GMGDR-34/2/ba2cfbe86bd5e3c8f912778454feb549.

Friedman, William. *Advanced Military Cryptography*. Laguana Hills, CA: Aegean Park Press, 1976.

______ *Military Cryptanalysis. Part II, Simpler Varieties of Polyalphabetic Substitution Systems*. Cryptographic Series Number 40. Laguna Hills, CA: Aegean Park Press, 1984. http://www.nsagov/public_info/_files/military_cryptanalysis/mil_crypt_II.pdf. Originally published in 1938.

______ *Military Cryptanalysis. Part III, Simpler Varieties of Aperiodic Substitution Systems*. Cryptographic Series Number 60. Laguna Hills, CA: Aegean Park Press, 1992. http://www.nsa.gov/public_info/_files/military_cryptanalysis/mil_crypt_III. pdf. Reprint of a US military text, originally published in 1939. Declassified December 1992.

______ *Military Cryptanalysis. Part IV, Transposition and Fractionating Systems*. Cryptographic Series Number 61. Laguna Hills, CA: Aegean Park Press, 1992. http://www.nsa.gov/public_info/_files/military_cryptanalysis/mil_crypt_IV.pdf. Reprint of a US military text, originally published in 1941. Declassified December 1992.

Gaddy, David W. "The first U.S. Government Manual on Cryptography." *Cryptologic Quarterly* 11:4 (1992). https://www.nsa.gov/public_info/_files/cryptologic_quarterly /manual_on_cryptography.pdf.

______ "Internal struggle: The Civil War." In *Masked Dispatches: Cryptograms and Cryptology in American History*, 1775 – 1900, 3rd ed.Fort George G. Meade, MD: . National Security Agency Center for Cryptologic History, 2013, 88 – 103.

Gardner, Martin. "Mathematical games: A new kind of cipher that would take millions of years to break," *Scientific American* 237:2 (August 1977), 120–24.

Garfinkel, Simson. PGP: Pretty Good Privacy. Sebastopol, CA: O'Reilly Media, 1995.

_____ *Web Security, Privacy and Commerce*, 2nd ed. Sebastopol, CA: O'Reilly Media, 2002. With Gene Spafford.

Garis, Howard Roger. *Uncle Wiggily's Adventures*. New York: A. L. Burt, 1912. http:// www.gutenberg.org/ ebooks/15281.

Garliński, Józef. *The Enigma War: The Inside Story of the German Enigma Codes and How the Allies Broke Them*, hardcover 1st American ed. New York:Charles Scribners, 1980. Appendix by Tadeusz Lisicki.

Gauss, Carl Friedrich. *Disquisitiones arithmeticae*. New Haven and London: Yale University Press, 1966. Translated by Arthur A. Clarke, S.J.

Gentry, Craig. "Fully homomorphic encryption using ideal lattices," in *Proceedings of the Forty-first Annual ACM Symposium on Theory of Computing*. Association for Computing Machinery Special Interest Group on Algorithms and Computation Theory. New York: ACM, 2009, 169–178.

_____ "Computing arbitrary functions of encrypted data," *Communications of the ACM* 53:3 (March 2010), 97.

Gillogly, Jim, and Paul Syverson. "Notes on Crypto '95 invited talks by Morris and Shamir," *Cipher: Electronic Newsletter of the Technical Committe on Security & Privacy, A Technical Committee of the Computer Society of the IEEE*. Electronic issue 9 (September 18, 1995). http://www.ieee-security.org/Cipher/ConfReports/conf-rep-Crypto95.html.

Gisin, Nicolas, et al. "Towards practical and fast quantum cryptography," ArXiv Number quant-ph/0411022. November 3, 2004. http://arxiv.org/abs/quant-ph /0411022.

Givierge, M. *Cours de cryptographie*. Paris: Berger-Levrault, 1925.

Goldreich, Oded, Shafi Goldwasser, and Shai Halevi. "Public-key cryptosystemsfrom lattice reduction problems." In Burton S. Kaliski Jr. (ed.), *Advances in Cryptology*—CRYPTO '97. Berlin/Heidelberg: Springer, 1997, 112–31.

Golic, Jovan Dj. "Cryptanalysis of alleged A5 stream cipher." In Walter Fumy (ed.), *Advances in Cryptology—EUROCRYPT '97, : Proceedings of the 16th Annual International Conference on the Theory and Application of Cryptographic Techniques*. Konstanz, Germany: Springer-Verlag, 1997 , 239–55.

Golomb, Solomon. *Shift Register Sequences*, Rev. ed. Laguna Hills, CA: Aegean Park Press, 1982.

Green, Matthew. "A few more notes on NSA random number generators," A Few Thoughts on Cryptographic Engineering Blog. December 28, 2013. http://blog .cryptographyengineering.com/2013/12/a-few-more-notes-on-nsa-random-number. html.

Grover, Lov K. "A fast quantum mechanical algorithm for database search." In *Proceedings of the Twenty-eighth Annual ACM Symposium on Theory of Computing.* Association for Computing Machinery Special Interest Group on Algorithms and Computation Theory. New York: ACM, 1996, 212–19.

GSM Association. "GSMA statement on media reports relating to the breaking of GSM encryption." Press release (December 30, 2009). http://gsmworld.com/newsroom /press-releases/2009/4490.htm.

Hall, W. J. "The Gromark cipher (Part 1)." The Cryptogram 35:2 (April 1969), 25.

Hamer, David H., Geoff Sullivan, and Frode Weierud. "Enigma variations: An extended family of machines." *Cryptologia* 22:3 (1998), 211–29.

Hawking, Stephen W. *A Brief History of Time: From the Big Bang to Black Holes.* Bantam, 1988.

Hellman, M. E. "An overview of public key cryptography." Toronto; New York: *IEEE Communications Magazine* 40:5 (2002), 42–49. http://ieeexplore.ieee.org/xpls/abs_all .jsp?arnumber=1006971.

Hellman, Martin. "Oral history interview by Jeffrey R. Yost." Number OH 375. Charles Babbage Institute, University of Minnesota, Minneapolis (November 22, 2004). http://purl.umn.edu/107353.

Hellman, Martin E., Bailey W. Diffie, and Ralph C. Merkle. "Cryptographic apparatus and method." United States Patent: 4200770 (April 29, 1980). http://www.google .com/patents?vid=4200770.

Hellman, M. E. and S. C. Pohlig. "Exponentiation cryptographic apparatus and method." United States Patent: 4424414 (January 1984). http://www.google.com /patents?vid=4424414.

Hill, Lester S. "Cryptography in an algebraic alphabet." The American Mathematical Monthly 36:6 (1929), 306–12. http://www.jstor.org/stable/2298294.

Hitt, Parker. *Manual for the Solution of Military Ciphers*. Fort Leavenworth, KS: Press of the Army Service Schools, 1916.

Hoffstein, Jeffrey, Jill Pipher, and Joseph H. Silverman . "NTRU: A ring-based public key cryptosystem." In Joe P. Buhler (ed.), *Algorithmic Number Theory*. Springer Berlin Heidelberg, June 1998, 267–88.

______ "Public key cryptosystem method and apparatus." United States Patent: 6081597 (June 27, 2000) . http://www.google.com/patents/US6081597. Priority date August 19, 1996.

______ *An Introduction to Mathematical Cryptography*, 2nd ed. NewYork: Springer, 2014. http://dx.doi.org/10.1007/978-1-4939-1711-2.

Hughes, Richard J., Jane E. Nordholt, Kevin P. McCabe, Raymond T. Newell, Charles G. Peterson, and Rolando D. Somma. "Network-centric quantum communications with application to critical infrastructure protection." ArXiv Number 1305.0305 (May 1, 2013). http://arxiv.org/abs/1305.0305.

Hwang, Won-Young. "Quantum key distribution with high loss: Toward global secure communication." Physical Review Letters 91:5 (2003), 057901. http://link.aps.org/doi /10.1103/PhysRevLett.91.057901.

Ivory, James. "Demonstration of a theorem respecting prime numbers." *New Series of The Mathematical Respository* Volumel, Part II (1806), 6-8.

Jeljeli, Hamza. "Discrete logarithms in GF(p)—180 digits." E-mail sent to the NMBRTHRY mailing list. June 11, 2014. https://listserv.nodak.edu/cgi-bin/wa.exe? A2=NMBRTHRY;615d922a.1406 (accessed June 16, 2014).

Johnson, Thomas R. *American Cryptology During the Cold War, 1945-1989; Book I: The Struggle for Centralization, 1945-1960*. Volume 5 of *United States Cryptologic History Series VI, The NSA Period, 1952-Present*. Fort George G. Meade, MD: Center for Cryptologic History, National Security Agency, 1995. http://www.nsa.gov/public_info/_files/cryptologic_histories/cold_war_i.pdf.

______ *American Cryptology During the Cold War, 1945-1989; Book III: Retrenchment and Reform, 1972-1980*. Volume 5 of *United States Cryptologic History Series VI, The NSA Period, 1952-Present*. Fort George G Meade, MD: Center for Cryptologic History, National Security Agency, 1995. http://www.nsa.gov/public_info/_files/cryptologic_histories/cold_war_iii.pdf. A differently redacted version is available at http://cryptome.org/nsa-meyer.htm.

Kahn, David. "In Memoriam: Georges-Jean Painvin." Cryptologia 6:2 (1982), 120.http://www.informaworld.com/10.1080/0161-118291856939.

______ "Two Soviet spy ciphers." In *Kahn on Codes: Secrets of the New Cryptology*. New York: Macmillan1984, 146-64. Originally presented at the annual convention of the American Cryptogram Association, September 3, 1960, and published that year as a monograph. Later published in a Central Intelligence Agency journal.

______ *Seizing the Enigma: The Race to Break the German U-Boats Codes, 1939-1943*, 1st ed. Boston: Houghton Mifflin, March 1991.

______ *The Codebreakers: The Story of Secret Writing*, rev. ed. (New York: Scribner, 1996).

Kaliski, B. S., and Yiqun Lisa Yin. "On the security of the RC5 encryption algorithm." Technical Report Number TR-602, Version 1.0. RSA Laboratories (September 1998). ftp://ftp.rsasecurity.com/pub/rsalabs/rc5/rc5-report.pdf.

Kelly, Thomas. "The myth of the skytale." Cryptologia 22 (1998), 244-60.

Kerckhoffs, Auguste. "La cryptographie militaire, I." Journal des sciences militaires IX (1883), 5-38.

Kim, Kwangjo, Tsutomu Matsumoto, and Hideki Imai. "A recursive construction method of S-boxes satisfying strict avalanche criterion," in Alfred Menezes and Scott A. Vanstone(eds.), CRYPTO '90: *Proceedings of the 10th Annual International Cryptology Conference on Advances in Cryptology*. Berlin/Heidelberg: New York: Springer, 1991 , 564-74.

Kipling, Rudyard. *The Jungle Book*. 1894. http://www.gutenberg.org/ebooks/236.

______ *Just So Stories*. 1902. http://www.gutenberg.org/ebooks/2781.

Klein, Melville. *Securing Record Communications: The TSEC/KW–26*. Fort George G. Meade, MD: Center for Cryptologic History, National Security Agency, 2003. http://www.nsa.gov/about/_files/cryptologic_heritage/publications/misc/tsec_kw26.pdf.

Kleinjung, Thorsten, Kazumaro Aoki, Jens Franke, Arjen Lenstra, Emmanuel Thom, Joppe Bos, Pierrick Gaudry, et al. "Factorization of a 768–bit RSA modulus." Cryptology ePrint Archive Number 2010/006. 2010. http://eprint.iacr.org/2010/006.

Knudsen, Lars R., and Vincent Rijmen. "Ciphertext–only attack on Akelarre." *Cryptologia* 24:2 (2000), 135 – 47. http://www.tandfonline.com/doi/abs/10.1080 /01611190008984238.

Koblitz, Neal. "Elliptic curve cryptosystems." Mathematics of Computation 48:177(1987), 203 – 9. http://www.ams.org/journals/mcom/1987–48–177/S0025–5718–1987–0866109–5/.

______ *Random Curves: Journeys of a Mathematician. Berlin/Heidelberg*: Springer, 2008.

Konheim, Alan G. Cryptography, A Primer. New York: Wiley, 1981.

______ *Computer Security and Cryptography*. Hoboken, NJ: Wiley–Interscience, 2007.

Korzh, Boris, Charles Ci Wen Lim, Raphael Houlmann, Nicolas Gisin, Ming Jun Li, Daniel Nolan, Bruno Sanguinetti, Rob Thew, and Hugo Zbinden. "Provably secure and practical quantum key distribution over 307 km of optical fibre." *Nature Photonics* 9:3 (March 2015), 163 – 68.

Kotel'nikova, Natal'ya V. "Vladimir Aleksandrovich Kotel'nikov: Thelife's journey of a scientist." *Physics–Uspekhi* 49:7 (2006), 727 – 36. http://www.iop.org/EJ/abstract /1063–7869/49/7/A05.

Kravets, David. "Sony settles PlayStation hacking lawsuit." Wired Magazine Web site, April 11, 2011. http://www.wired.com/2011/04/sony–settles–ps3–lawsuit/.

Kruh, Louis, and C. A. Deavours. "The Typex Cryptograph." Cryptologia 7:2 (1983), 145. http://www.informaworld.com/10.1080/0161–118391857874.

Kullback, Solomon. *Statistical Methods in Cryptanalysis*. Laguna Hills, CA: Aegean Park Press, 1976. Originally published in 1938. Landau, Susan. "Communications security for the twenty–first century: The Advanced Encryption Standard." Notices of the AMS 47:4 (April 2000), 450 – 59.

______ "Standing the test of time: The Data Encryption Standard." *Notices of the AMS* 47:3 (March 2000), 341 – 49.

______ *Surveillance or Security? The Risks Posed by New Wiretapping Technologies*. Cambridge, MA: MIT Press, 2011.

Lange, André, and Émile–Arthur Soudart. *Treatise on Cryptography* (Washington, DC): U.S.Government Printing Office(1940). Laguna Hills, CA: Aegean Park Press Reprint.

Levy, Steven. *Crypto: How The Code Rebels Beat The Government—Saving Privacy In The Digital Age*. 1st paperback ed. New York: Penguin (Non–Classics), January 2002.

Lewand, Robert Edward. *Cryptological Mathematics*. Washington, DC: The Mathematical Association of America, (December 2000).

Lidl, R., and H. Niederreiter. *Introduction to Finite Fields*. Cambridge, UK: Cambridge University Press, 1986.

Lomonaco, Samuel J. Jr. "A quick glance at quantum cryptography." *Cryptologia* 23:1 (1999) , 1–41. http://www.informaworld.com/10.1080/0161–119991887739.

______ "A talk on quantum cryptography, or how Alice outwits Eve." InDavid Joyner (ed.), *Coding Theory and Cryptography: From Enigma and Geheimschreiber to Quantum Theory*. Berlin/Heidelberg; New York: Springer, January 2000, 144–74. A revised version is available from http://arxiv.org/abs/quant–ph/0102016.

Lydersen, Lars, Carlos Wiechers, Christoffer Wittmann, Dominique Elser, Johannes Skaar, and Vadim Makarov. "Hacking commercial quantum cryptography systems by tailored bright illumination," Nature Photonics 4:10 (October 2010), 686–689. http://dx.doi.org/10.1038/nphoton.2010.214.

Madryga, W. E. "A high performance encryption algorithm." In James H. Finch and E. Graham Dougall (eds.), *Proceedings of the 2nd IFIP International Conference on Computer Security: a Global Challenge*, . Amsterdam: North–Holland, 1984, 557–69.

Mahoney, Michael. *The Mathematical Career of Pierre de Fermat (1601–1665)*. Princeton NJ: Princeton University Press, 1973.

Marks, Leo. *Between Silk and Cyanide: A Codemaker's War, 1941–1945*. 1stUS ed. New York: Free Press, June 1999.

Martin–Lopez, Enrique, Anthony Laing, Thomas Lawson, Roberto Alvarez, Xiao–Qi Zhou, and Jeremy L. O'Brien. "Experimental realisation of Shor's quantum factoring algorithm using qubit recycling." *Nature Photonics* 6:11 (November 2012), 773–76. http://www.nature.com/nphoton/journal/v6/n11/full/nphoton.2012.259.html.

Massey, J. "A new multiplicative algorithm over finite fields and its applicability in public–key cryptography." Presentation at EUROCRYPT '83 (March 21–25, 1983).

Massey, J. L.. "An introduction to contemporary cryptology." *Proceedings of the IEEE* 76:5 (1988), 533–49.

Massey, James L., and Jimmy K. Omura. "Method and apparatus for maintaining the privacy of digital messages conveyed by public transmission." United States Patent: 4567600 (January 28, 1986). http://www.google.com/patents?vid=4567600.

McSherry, Corynne. "Sony v. Hotz ends with a whimper, I mean a gag order." Electronic Frontier Foundation Deeplinks Blog (April 12, 2011). https://www.eff.org /deeplinks/2011/04/sony-v-hotz-ends-whimper-i-mean-gag-order.

Mendelsohn, C. J. "Blaise de Vigenère and the 'Chiffre Carré.' " *Proceedings of the American Philosophical Society* 82:2 (1940), 103-29.

Menezes, Alfred J., Paul C. van Oorschot, and Scott A. Vanstone . *Handbook of Applied Cryptography* Baca Raton, FL: CRC, October 1996. The full text is available online at http://www.cacr.math.uwaterloo.ca/hac/.

Merkle, Ralph. "CS 244 project proposal" (Fall 1974). http://merkle.com/1974/CS244 ProjectProposal.pdf.

_____ "Secure communications over insecure channels." *Communications of the Association for Computing Machinery* 21:4 (April 1978), 294-99.

Micciancio, Daniele, and Oded Regev. "Lattice-based cryptography." In Daniel J. Bernstein, Johannes Buchmann, and Erik Dahmen (eds.), *Post-Quantum Cryptography* Springer Berlin Heidelberg, 2009 , 147-91. http://link.springer.com /chapter/10.1007/978-3-540-88702-7_5.

Mikkelson, Barbara, and David Mikkelson. "Just the facts." snopes.com (December 13, 2008). http://www.snopes.com/radiotv/tv/dragnet.asp.

Miller, Gary L. "Riemann's hypothesis and tests for primality." *In Proceedings of Seventh Annual ACM Symposium on Theory of Computing*. Association for Computing Machinery Special Interest Group on Algorithms and Computation Theory. New York: ACM, 1975, 234-39.

Miller, V. "Use of elliptic curves in cryptography." In Hugh C. Williams (ed.), *Advances in Cryptology-CRYPTO '85 Proceedings*. Berlin: Springer, 1986, 417-26.

Milne, A. A. *Winnie-the-Pooh*. Reissue ed. New York: Puffin, August 1992.

Molotkov, Sergei N. "Quantum cryptography and V AKotel'nikov's one-time key and sampling theorems." *Physics-Uspekhi* 49:7 (2006), 750-61. http://www.iop.org/EJ /abstract/1063-7869/49/7/A09.

Monty Python. "Decomposing composers." *Monty Python's Contractual Obligation Album*. Charisma Records. 1980.

Morris, Robert. "The Hagelin cipher machine (M-209): Reconstruction of the internal settings." *Cryptologia* 2:3 (1978) , 267. http://www.informaworld.com/10.1080/0161 -117891853126.

NBS. "Guidelines for implementingand using the NBS Data Encryption Standard." Federal Information Processing Standards Number 74. NBS. April 1981. https://www.thc.org/root/docs/cryptography/fips74.html.

Neal, Dave. "AES encryption is cracked." The Inquirer (August 17, 2011). http://www.theinquirer.net/inquirer/news/2102435/aes-encryption-cracked.

Nechvatal, James, Elaine Barker, Lawrence Bassham, William Burr, Morris Dworkin, James Foti, and Edward Roback. Report on the development of the Advanced Encryption Standard (AES). NIST (October 2000). http://csrc.nist.gov/archive/aes /round2/r2report.pdf.

Nguyen, Phong. "Cryptanalysis of the Goldreich–Goldwasser–Halevi cryptosystem from Crypto'97." In Michael Wiener (ed.), Advances in *Cryptology—CRYPTO '99*, Springer Berlin Heidelberg, August 1999 , 288 – 304.

Nguyen, Phong Q, and Oded Regev. "Learning a parallelepiped: Cryptanalysis of GGH and NTRU signatures." *Journal of Cryptology* 22:2 (November 2008, 139 – 60.

NIST. "Computer data authentication." Federal Information Processing Standards

Number 113 (May 1985). http://csrc.nist.gov/publications/fips/fips113/fips113.html.

______ "Announcing request for candidate algorithm nominations for the Advanced Encryption Standard (AES)." *Federal Register* 62:177 (September 1997), 48051 – 58. http://csrc.nist.gov/archive/aes/pre–round1/aes_9709.htm.

______ "Announcing the Advanced Encryption Standard (AES)." Federal Information Processing Standards Number 197 (November 2001). http://csrc.nist.gov/publications /fips/fips197/fips–197.pdf.

______ "NIST removes cryptography algorithm from random number generator recommendations." NIST Tech Beat Blog, (April 21, 2014). http://www.nist.gov/itl/csd/sp800–90–042114.cfm.

NIST Computer Security , Division. "Computer Security Resource Center: Current modes. " http://csrc.nist.gov/groups/ST/toolkit/BCM/current_modes.html.

NSA. "GSM classification guide " (September 20, 2006). https://s3.amazonaws.com/s3 .documentcloud.org/documents/888710/gsm–classification–guide–20–sept–2006.pdf.

______ "Summer mathematics, R21, and the Director's Summer Program." *The EDGE: National Information Assurance Research Laboratory (NIARL) Science, Technology, and Personnel Highlights*. September 2008. http://www.spiegel.de/media/media –35550.pdf.

NSA/CSS. "Fact sheet NSA s uite B cryptography." NSA/CSS Web site. http://wayback. archive.org/web/20051125141648/http://www.nsa.gov/ia/industry/crypto_suite_b .cfm. Archived by the Internet Archive from http://www.nsa.gov/ia/industry/crypto_suite_b.cfm on November 25, 2005.

______ "The case for elliptic curve cryptography." NSA/CSS Web site, (January 15, 2009). http://wayback.archive.org/web/20131209051540/http://www.nsa.gov/business/programs/elliptic_curve.shtml. Archived by the *Internet Archive* from http://www.nsa.gov/business/programs/elliptic_curve.shtml on December 9, 2013.

______ "Cryptography today." NSA/CSS Web site. (August 19, 2015). https://www.nsa.gov/ia/programs/suiteb_cryptography/index.shtml.

NSA Research Directorate Staff. "Securing the cloud with homomorphic encryption." *The Next Wave* 20:3 (2014). https://www.nsa.gov/research/tnw/tnw203/articles/pdfs/TNW203_article5.pdf.

OTP VPN Exploitation Team. "Intro to the VPN exploitation process " (September 13, 2010). http://www.spiegel.de/media/media-35515.pdf.

Paget, Chris, and Karsten Nohl. "GSM: SRSLY?". Slides from lecture presented at 26th Chaos Communication Congress (December 27, 2009). http://events.ccc.de/congress /2009/Fahrplan/events/3654.en.html.

Pease, Roland. "'Unbreakable' encryption unveiled." BBC News Web site (October 9, 2008). http://news.bbc.co.uk/2/hi/science/nature/7661311.stm (accessed 2010-11-25 19:45:34).

People of the GnuPG Project. "GnuPG frequently asked questions." October 23, 2014https://gnupg.org/faq/gnupg-faq.html.

Perlner, Ray A., and David A. Cooper. "Quantum resistant public key cryptography: A survey." In Kent Seamons, Neal McBurnett, and Tim Polk (eds.), *Proceedings of the 8th Symposium on Identity and Trust on the Internet*. New York: ACM Press, 2009, 85-93.

Perlroth, Nicole. "Government announces steps to restore confidence on encryption standards." New York Times Web site, (September 10, 2013). http://bits.blogs .nytimes.com/2013/09/10/government-announces-steps-to-restore -confidence-on-encryption-standards/.

Plutarch. *Plutarch's Lives*. London; New York: W. Heinemann; Macmillan, 1914. http://penelope.uchicago.edu/Thayer/E/Roman/Texts/Plutarch/Lives. Translated by Bernadotte Perrin.

Poe, Edgar Allen. "A few words on secret writing." *Graham's Magazine* 19:1 (July 1841), 33-38.

Pohlig, S. and M. Hellman. "An improved algorithm for computing logarithms over GF(p) and its cryptographic significance (corresp.)" *IEEE Transactions on Information Theory* 24 (1978), 106-10.

Polybius. The Histories . Cambridge, MA: Harvard University Press, 1922-1927. http://penelope.uchicago.edu/Thayer/E/Roman/Texts/Polybius. Translated by W. R. Paton.

Pomerance, Carl. "A tale of two sieves." *Notices of the American Mathematical Society.* 43:12 (December 1996), 1473-85. http://www.ams.org/notices/199612/pomerance.pdf.

Poppe, A., A. Fedrizzi, R. Ursin, H. Böhm, T. Lorünser, O. Maurhardt, M. Peev, et al. "Practical quantum key distribution with polarization entangled photons." Optics Express 12:16 (2004), 3865-71. http://www.opticsexpress.org/abstract.cfm? URI=oe-12-16-3865.

Proc, Jerry. "Hagelin C-362." http://www.jproc.ca/crypto/c362.html.

Qualys SSL Labs. "User agent capabilities." 2015. https://www.ssllabs.com/ssltest /clients.html.

Rabin, Michael O. "Probabilistic algorithm for testing primality." *Journal of Number Theory* 12:1 (February 1980), 128-38. http://dx.doi.org/10.1016/0022-314X(80)90084-0.

Reeds, Jim. "Solved: The ciphers in Book III of Trithemius's Steganographia." *Cryptologia* 22:4 (1998), 291. http://www.informaworld.com/10.1080 /0161-119891886948.

Reinke, Edgar C. "Classical cryptography." The Classical Journal 58:3 (December 1962), 113-21. http://www.jstor.org/stable/3295135.

Reuvers, Paul, and Marc Simons. "Fialka " (May 26, 2015). http://www.cryptomuseum .com/crypto/fialka/.

Rijmen, Vincent. "The Rijndael page." http://www.ktana.eu/html/theRijndaelPage.htm. Formerly at http://www.esat.kuleuven.ac.be/~rijmen/rijndael.

Rivest, R. L., A. Shamir and L. Adleman. "A method for obtaining digital signatures and public-key cryptosystems." *Communications of the Association for Computing Machinery* 21:2 (1978), 120-26.

Rivest, Ronald L. "The RC5 Encryption Algorithm." In Bart Preneel (ed.), *Fast Software Encryption*. Berlin/Heidelberg: Springer,January 1995, 86-96.

Rivest, Ronald L., Len Adleman, and Michael L. Dertouzos. "On data banks and privacy homomorphisms." In Richard A. DeMillo, David P. Dobkin, Anita K. Jones, and Richard J. Lipton (eds.), *Foundations of Secure Computation*. NewYork: Academic Press, 1978, 165-79. https://people.csail.mit.edu/rivest/pubs/RAD78.pdf.

Rivest, Ronald L., M.J.B. Robshaw, Ray Sidney, and Yigun Lisa Yin. "The RC6TM block cipher." NIST. August 1998. ftp://cs.usu.edu.ru/crypto/RC6/rc6v11.pdf, series AES Proposals. Version 1.1.

Rivest, Ronald L., Adi Shamir, and Leonard M. Adleman. "Cryptographic communications system and method." United States patent: 4405829. September 20, 1983. http://www.google.com/patents?vid=4405829.

______ "A method for obtaining digital signatures and public-key cryptosystems." Technical Memo Number MIT-LCS-TM-082. MIT. April 4, 1977. http://publications .csail.mit.edu/lcs/specpub.php?id=81.

Rivest, Ronald L., and Alan T. Sherman. "Randomized Encryption Techniques." In David Chaum, Ronald L. Rivest, and Alan T. Sherman (eds.), *Advances in Cryptology: Proceedings of CRYPTO '82*. New York: Plenum Press, 1983, 145-63.

Robshaw, Matthewand Olivier Billet (eds.). *New Stream Cipher Designs: The eSTREAM Finalists. Berlin*;New York: Springer, 2008. Sachkov, Vladimir N. "V AKotel'nikov and encrypted communications in our country." *Physics-Uspekhi* 49:7 (2006), 748-50. http://www.iop.org/EJ/abstract/1063-7869/49/7 /A08.

Sakurai, K., and H. Shizuya. "A structural comparison of the computational difficulty of breaking discrete log cryptosystems." *Journal of Cryptology* 11:1 (1998), 29-43. http://www.springerlink.com/content/ykxnr0e24p80h9x3/.

Sasaki, M., M. Fujiwara, H. Ishizuka, W. Klaus, K. Wakui, M. Takeoka, S. Miki, et al. "Field test of quantum key distribution in the Tokyo QKD Network." Optics Express 19:11 (May 2011), 10387. https://www.opticsinfobase.org/oe/fulltext.cfm? uri=oe-19-11-10387&id=213840.

Scarani, Valerio, Antonio Acn, Grgoire Ribordy, and Nicolas Gisin. "Quantum cryptography protocols robust against photon number splitting attacks for weak laser pulse implementations." *Physical Review Letters* 92:5 (February 6, 2004), 057901. http://link.aps.org/doi/10.1103/PhysRevLett.92.057901.

Schmitt-Manderbach, Tobias, Henning Weier, Martin Frst, Rupert Ursin, Felix Tiefenbacher, Thomas Scheidl, Josep Perdigues, et al. "Experimental demonstration of free-space decoy-state quantum key distribution over 144 km." Physical Review *Letters* 98:1 (January 2007), 010504. http://link.aps.org/doi/10.1103/PhysRevLett.98 .010504.

Schneier, Bruce. *Applied Cryptography: Protocols, Algorithms and Source Code in C*. 2d ed. New York: Wiley, 1996.

______ *Data and Goliath: The Hidden Battles to Collect Your Data and Control Your World*. New York: Norton, 2015.

______ "Did NSA put a secret backdoor in new encryption standard?" Wired Magazine Web site. November 15, 2007. http://archive.wired.com/politics/security/commentary/securitymatters/2007/11/securitymatters_1115.

______ "NSA surveillance: A guide to staying secure." The Guardian (September 9, 2013). http://www.theguardian.com/world/2013/sep/05/nsa-how-to-remain-secure-surveillance.

______ *Secrets and Lies: Digital Security in a Networked World*. New York: Wiley, 2011. Seuss, Dr. *Horton Hatches the Egg*. New York: Random House, 1940.

Shakespeare, William. *Julius Caesar*. 1599. http://www.gutenberg.org/ebooks/2263.

Shamir, A., R. L. Rivest, and L. M. Adleman . "Mental poker." In David A. Klarner (ed.), *The Mathematical Gardner*. Boston: Prindle, Weber & Schmidt; Belmont, CA: Wadsworth International, 1981, 37-43.

Shamir, Adi, Ronald L. Rivest and Leonard M. Adelman. "Mental poker ." Technical Memo Number MIT-LCS-TM-125. MIT. February 1, 1979. http://publications.csail .mit.edu/lcs/specpub.php?id=124.

Shannon, C. E. "Communication theory of secrecy systems." *Bell System Technical Journal* 28:4 (1949), 656-715.

Shields, Andrew, and Zhiliang Yuan. "Key to the quantum industry." *Physics World* 20:3 (March 1, 2007), 24-29. http://physicsworld.com/cws/article/print/27161.

Shor, P. W. "Algorithms for quantum computation: Discrete logarithms and factoring." In *Proceedings, 35th Annual Symposium on Foundations of Computer Science*. IEEE Computer Society Technical Committee on Mathematical Foundations of Computing. Los Alamitos, CA: IEEE, 1994, 124-134.

Shumow, Dan, and Niels Ferguson. "On the possibility of a back door in the NIST SP800-90 Dual EC PRNG." Slides from presentation at Rump Session of CRYPTO 2007. August 21, 2007. http://rump2007.cr.yp.to/15-shumow.pdf (accessed 2014-11-08 10:55:08).

Silverman, Joseph H. *A Friendly Introduction to Number Theory*. 3d ed. Englewood Cliffs, NJ: Prentice Hall, 2005.

Solovay, R., and V. Strassen. "A fast Monte–Carlo test for primality." *SIAM Journal on Computing* 6:1 (March 1977), 84 – 85. http://link.aip.org/link/?SMJ/6/84/1.

Soltani, Ashkan, and Craig Timberg. "T–Mobile quietly hardens part of its U.S. cellular network against snooping." *The Washington Post* (October 22, 2014). https://www.washingtonpost.com/blogs/the–switch/wp/2014/10/22/t–mobile–quietly–hardens–part–of–its–u–s–cellular–network–against–snooping/.

Spiegel Staff. "Prying eyes: Inside the NSA's war on Internet security." Spiegel Online (December 28 2014). http://www.spiegel.de/international/germany/inside–the–nsa–s–war–on–internet–security–a–1010361.html. Translated from the German edition of Der Speigel.

Stallings, William. *Cryptography and Network Security: Principles and Practice*. 6th ed. Boston: Pearson, 2014.

Stevenson, Frank A. "[A51] cracks beginning to show in A5/1. . . " Email sent to the A51 mailing list. May 1, 2010. http://lists.lists.reflextor.com/pipermail/a51/2010–May/000605.html.

Stevenson, Robert Louis. *Treasure Island*. London: Cassell, 1883. http://www.gutenberg.org/ebooks/120.

Strachey, Edward. "The soldier's duty." *The Contemporary Review* XVI (February 1871), 480 – 85.

Stucki, D., M. Legré, F. Buntschu, B. Clausen, N. Felber, N. Gisin, L. Henzen, et al. "Long–term performance of the SwissQuantum quantum key distribution network in a field environment."*New Journal of Physics* 13:12 (December 2011), 123001. http://iopscience.iop.org/1367–2630/13/12/123001.

Suetonius. The Divine Augustus. New York: R. Worthington, 1883. http://www.fordham.edu/halsall/ancient/suetonius–augustus.html. Translated by Alexander Thomson.

______ *De Vita Caesarum, Divus Iulius* (*The Lives of the Caesars, The Deified Julius*). Cambridge, MA: Harvard University Press, 1920. http://www.fordham.edu/halsall /ancient/suetonius–julius.html.Translated by J. C. Rolfe.

Timberg, Craig, and Ashkan Soltani. "By cracking cellphone code, NSA has ability to decode private conversations." *The Washington Post* (December 13, 2013). http://www.washingtonpost.com/business/technology/by–cracking–cellphone–code–nsa–has–capacity–for–decoding–private–conversations/2013/12/13/e119b598–612f

–11e3–bf45–61f69f54fc5f_story.html.

Trappe, Wade, and Lawrence C. Washington. *Introduction to Cryptography with Coding Theory*. 2nd ed. Upper Saddle River, NJ: Prentice Hall, 2005.

Twain, Mark. The Adventures of Tom Sawyer. 1876. http://www.gutenberg.org /ebooks/74.

van der Meulen, Michael. "The road to German diplomatic ciphers—1919 to 1945." Cryptologia 22:2 (1998), 141 – 66. http://www.informaworld.com/10.1080/0161–119891886858.

Vandersypen, Lieven M. K., Matthias Steffen, Gregory Breyta, Costantino S. Yannoni, Mark H. Sherwood and Isaac L. Chuang. "Experimental realization of Shor's quantum factoring algorithm using nuclear magnetic resonance." *Nature* 414:6866(December 20, 2001), 883 – 87. http://dx.doi.org/10.1038/414883a.

Vansize, William V. "A new page–printing telegraph." *Transactions of the American Institute of Electrical Engineers* 18 (1902), 7 – 44.

Vernam, Gilbert. "Secret signaling system." United States Patent: 1310719. July 1919. http://www.google.com/patents?vid=1310719.

Vigenre, Blaise de. *Traicté des Chiffres, ou Secrètes Manières d'Escrire* (*Treatise on Ciphers, or Secret Methods of Writing*) . Paris: A. L'Angelier, 1586. http://gallica.bnf .fr/ark:/12148/bpt6k1040608n.

Wang, Jian–Yu, Bin Yang, Sheng–Kai Liao, Liang Zhang, Qi Shen, Xiao–Fang Hu, Jin–Cai

Wu, et al. "Direct and full–scale experimental verifications towards ground–satellite quantum key distribution." *Nature Photonics* 7:5 (April 21, 2013), 387 – 93.

Weber, Arnd (ed.). "Secure communications over insecure channels (1974), by Ralph Merkle, with an Interview from the year 1995" (January 16, 2002), http://www.itas. kit.edu/pub/m/2002/mewe02a.htm.

Weisner, Louis, and Lester Hill. "Message protector." United States Patent: 1845947. February 16, 1932. http://www.google.com/patents?vid=1845947.

Wenger, Erich, and Paul Wolfger. "Harder, better, faster, stronger: elliptic curve discrete logarithm computations on FPGAs." *Journal of Cryptographic Engineering* (September 3, 2015), 1 – 11.

Wiesner, Stephen. "Conjugate coding." SIGACT News 15:1 (1983), 78 – 88. http://portal .acm.org/citation.cfm?id=1008920.

Williamson, M. J. "Non–secret encryption using a finite field." UK Communications Electronics Security Group. January 21, 1974. http://www.cesg.gov.uk/publications /media/secenc.pdf (accessed 2011–01–02).

Williamson, Malcolm. "Thoughts on cheaper non–secret encryption." UK Communications Electronics Security Group. August 10, 1976. http://web.archive. org/web/20070107090748/http://www.cesg.gov.uk/site/publications/media/cheapnse .pdf.

Xu, Feihu, Bing Qi, and Hoi–Kwong Lo. "Experimental demonstration of phase–remapping attack in a practical quantum key distribution system." *New Journal of Physics* 12:11 (2010), 113026. http://iopscience.iop.org/1367–2630/12/11 /113026.

Xu, Nanyang, Jing Zhu, Dawei Lu, Xianyi Zhou, Xinhua Peng, and Jiangfeng Du. "Quantum factorization of 143 on a dipolar–coupling nuclear magnetic resonance system." *Physical Review Letters* 108:13 (March 30, 2012), 130501. http://link.aps.org/doi/10.1103/PhysRevLett.108.130501.

Zhao, Yi, Chi-Hang Fred Fung, Bing Qi, Christine Chen, and Hoi-Kwong Lo. "Quantum hacking: Experimental demonstration of time-shift attack against practical quantum-key-distribution systems." *Physical Review A* 78:4 (October 2008), 042333. http://link.aps.org/doi/10.1103/PhysRevA.78.042333.

Zumbrägel, Jens. "Discrete logarithms in GF(2^9234)." E-mail sent to the NMBRTHRY mailing list. January 31, 2014. https://listserv.nodak.edu/cgi-bin/wa.exe? A2=NMBRTHRY;9aa2b043.1401.

번호

ㄱ - ㄹ

ㅁ - ㅇ

ㅈ – ㅎ

A – D

E – I

J – N

O – R

S – Z